W0177733

Muğla

ANTALYA *Aspendos* ①

Dalyan
Dalaman

Akçay Elmalı
Tlos *Tahtalı
Dağı* Kemer
Fethiye
Ölüdeniz *Xanthos* *Phaselis*

Rhodos Kalkan Çıralı
Rhodos *Patara* Kaş Finike
Kaputaş Demre
*Kekova
Adası*
⑤ ④ ③ ②

İstanbul Zonguldak Sinop
Çanakkale Bursa
Balıkesir Eskişehir
Pergamon Ankara Amasya
İzmir
Selçuk/ Denizli/
Ephesus Pamukkale Kayseri
Aphrodisias Dalyan Konya
Marmaris
Fethiye Antalya Alanya
Mersin Adana
İskenderun
Anamur Antakya

Kleiner Wanderführer

UNTERWEGS MIT MICHAEL BUSSMANN UND GABRIELE TRÖGER

„Früher war alles besser". Wohin man auch fährt, trifft man auf Reisende, die dort schon vor zehn, 20 oder 30 Jahren waren und ganz dieser Meinung sind. Im Falle

der Lykischen Küste heißt das: Damals, ja damals war Kemer noch ein ursprüngliches Fischerdorf. Keine krakeelenden Russen, keine Hotelklötze. Damals mussten wir noch mit Schlafsäcken an der Lagune von Ölüdeniz nächtigen – da gab's nur Campingplätze. Die Altstadt von Antalya war so schön morbide, kein Freilichtmuseum wie heute. Und teuer ist die Türkei geworden – da ist ja Griechenland mittlerweile billiger!

Nur nicht abschrecken lassen. Die rasante Entwicklung der Türkei samt Wirtschaftsboom und Bauwahn veränderte zwar das Gesicht mancher Orte massiv, sorgte aber auch für viele positive Neuerungen. Wunderschöne Wanderwege wurden markiert, die heute Aktivurlauber aus aller Welt an die Lykische Küste locken. Schmucke Boutiquehotels eröffneten, liebevoll geführt von jungen polyglotten Leuten. Und die Altstadt von Antalya mag deutlich schnieker sein als früher – dafür ist sie nicht mehr tot, sondern voller fröhlicher Bars, in denen weniger Touristen denn Studenten feiern.

Die Lykische Küste, diese nach Jasmin und Pinien duftende Traumlandschaft, ist eine Urlaubsregion der Wiederholungstäter. Selbst jene, die mäkeln, kommen doch immer wieder.

Text und Recherche: Michael Bussmann und Gabriele Tröger **Lektorat:** Peter Ritter, Dagmar Tränkle, Carmen Wurm (Überarbeitung) **Redaktion und Layout:** Lisa Kügel **Karten:** Joachim Bode, Michaela Nitzsche, Gabor Sztrecska, Judit Ladik **Fotos:** siehe Fotonachweis, S. 9 **Grafik S.10/11:** Johannes Blendinger **Covergestaltung:** Karl Serwotka **Covermotive:** oben: Begegnungen an der Lykischen Küste (Michael Bussmann) unten: Die Lagune von Ölüdeniz (Heiko Beyer) gegenüberliegende Seite: Flussrestaurants in Adrasan (Michael Bussmann)

6. KOMPLETT ÜBERARBEITETE UND AKTUALISIERTE AUFLAGE 2014

TÜRKEI – LYKISCHE KÜSTE

SÜDKÜSTE VON ANTALYA BIS DALYAN

MICHAEL BUSSMANN | GABRIELE TRÖGER

Lykische Küste – Reiseziele

Alles im Kasten

 Mit dem grünen Blatt haben unsere Autoren Betriebe hervorgehoben, die sich bemühen, regionalen und nachhaltig erzeugten Produkten den Vorzug zu geben.

Was haben Sie entdeckt?
Trotz gründlicher Recherche kann es immer wieder sein, dass uns etwas entgeht. Wenn sie ein empfehlendwertes Hotel, ein neues gutes Restaurant oder einen idyllischen Strand entdeckt haben, lassen Sie es uns wissen.

Schreiben Sie an: Michael Bussmann, Stichwort „Türkei – Lykische Küste" c/o Michael Müller Verlag GmbH | Gerberei 19, D – 91054 Erlangen michael.bussmann@michael-mueller-verlag.de

Kartenverzeichnis

Zeichenerklärung für die Karten und Pläne

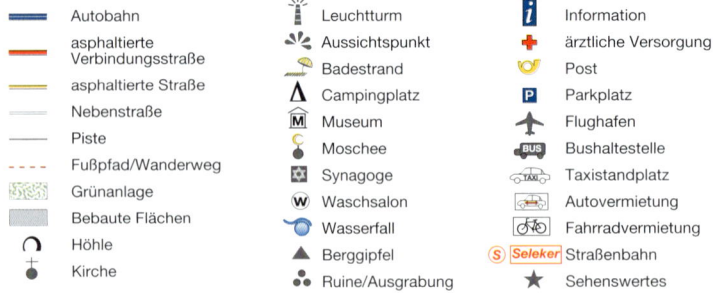

	Autobahn		Leuchtturm		Information
	asphaltierte Verbindungsstraße		Aussichtspunkt		ärztliche Versorgung
	asphaltierte Straße		Badestrand		Post
	Nebenstraße	Λ	Campingplatz	P	Parkplatz
	Piste	M	Museum		Flughafen
	Fußpfad/Wanderweg		Moschee	BUS	Bushaltestelle
	Grünanlage		Synagoge	TAXI	Taxistandplatz
	Bebaute Flächen	W	Waschsalon		Autovermietung
	Höhle		Wasserfall		Fahrradvermietung
	Kirche	▲	Berggipfel	S Seleker	Straßenbahn
			Ruine/Ausgrabung	★	Sehenswertes

Vielen Dank!

Ein besonderer Dank gilt dem MMV-Griechenlandautor Hans-Peter Siebenhaar für die Bereitstellung seiner Rhodos-Texte, Türkan und Mustafa Ocak für die vielen guten Tipps zu Antalya sowie Monika Müller und Petra Pieper für ihre Mithilfe bei der Kaş- und Çıralı-Recherche. Ein herzliches Dankeschön für all die Tipps und Anregungen, die wir im Laufe der letzten Auflage bekamen, geht zudem an folgende Leser: Heidi Huber-Nabitz, Wolfgang Steinmetz (Hamburg), Gunnar von Schlippe, Andreas Marte (Stuttgart), Sylvia Trippensee, Klaus Schulte-Austum, Anja Gamper-Wilhelm und Jens Wilhelm (Hann. Münden), Walter Kastner (München), Maria Farner, Anette Bruder und Ingo Meyer (Heidelberg), U. und H. Kley (Überlingen), Petra Wucher (München), Hans Peter Szustak, Rita Schwahn, Gisela Stäbler (München), Karin Korte (Schloss Unterweilbach), Antje Tomfohrde, Stefan Rieger, Bruno Metz, Marianne Schwenkenbecher, Susanne Köller (Würzburg), Klaus Lehmann (Werne), Ulrike Neubauer, Christian Ell (Wiesbaden), Benjamin Kramer (Stuttgart), Oliver Kaltenecker, Martina Ohlhauser (Spechbach), Anke Büttner (München), W. Diez (Sondershausen), Angelika Kortum (Kirchheim), Susanne Alpers, Petra und Dieter Göbel, Thomas Krause und Friedhelm Jost, Christian Weinbrenner, Dr. Andreas Klumpp (Hohenheim), Mario Lang-Ennerst (München), Dr. Ulf Feuerstein (Asendorf), Alexander Freygner, Dr. Lutz Hoffman (Werther), Rafael Geske, Gerhard Haug (Altbach), Annegret Lange, Andrea Knöll, Barbara Mittermeier (München), Ruth Schayer und Ditmar Möller (Köln), Rosi Krosta, Heinrich Schindler, Dr. Kerstin Schulze (Schleswig), Leonardo De Araujo (Hamburg), Heike und Markus Klung (Fürth), Esra und Heinz Ehrensberger, Christiane Schneider, Ludwig Clauss (Kössen/Tirol), Barbara und Dietrich Nikol (Goldbach), Christine Weggen (Düsseldorf), Anne Schäfers (München), Christina Ketterl, Birgit Murke (Berlin), Nicola Rumpf und Raphael Brungs (Stuttgart), Soli und Hans Dreckmann, Cornelia Bremi (Winterthur), Christian Scholze und Daniela Jochems, Dr. Klaus Lange, Marlis und Svend Neumann (Wesel), Rita Doetinchem, Susanne Lippik (Bonn), Frauke Wiering, Ulrike und Christoph Baron (Leipzig), Irmgard Forkel (Bayreuth), Raja Werner, Renate und Jürgen Renardy, Karin Klosterhuis, Ursel Bauer (Weilheim-Teck), Katharina Ceming, Ursel und Roland Bauer, Jan Gerd Lübben, Helga Albert und Robert Görgens (Erkrath), Günter Reinhart (Schriesheim), Dr. Frank Rambaek (Berlin), Erika Meyer, Christiane Scheffler, Claudia Honu (Basel), Dr. Anna-Telse Jagdmann (Berlin), Jürgen Wiencke (Berlin), Harald Beyer (Unterhaching), Jasmine Freiberger, Holger Werner (Freiburg), Peter Berger (Köln) und Monika Herrmann, Marie-Lise Hinze (Rheinau), Maren und Christian Bockholt, Margret Kuhlman (Bremen), Andrea Brändle, Deniz Güngör, Walter Bolek, Hansjürgen Scheffler (Stuttgart), Margit Finsterwalder, Ina und Karsten Hoffmann (Stuttgart), Bruno Melchert (Köln), Bernd Heckmair (München).

Wohin an der Lykischen Küste?

① Antalya und Umgebung → S. 70

Antalya ist nicht nur der türkische Ferienflughafen Nr. 1, sondern auch eine moderne Millionenmetropole mit einer aufgeputzten Altstadt, einem partyfreudigen Hausstrand vor grandioser Bergkulisse, einem besuchenswerten archäologischen Museum und besten Shoppingmöglichkeiten. Der Mittelmeerhafen ist zudem ein guter Standort für Ausflüge in die Umgebung. Dort gibt es erstklassige Ausgrabungsstätten wie Termessos, Perge oder Aspendos, Wasserfälle, imposante Canyons und sogar ein kleines Skigebiet.

② Kemer-Region/Olympos-Nationalpark/ Finike und Hinterland → S. 104

Wer luxuriöse All-inclusive-Anlagen bevorzugt, wohnt in der Kemer-Region. Die „richtige" Türkei ist zum Glück nicht weit weg. Nur einen Katzensprung entfernt liegt der wunderschöne Strand von Çıralı und Olympos. Çıralı zieht v. a. Ruhe liebende Natururlauber an, Olympos internationale Backpacker. Der Olympos-Nationalpark offeriert zudem beste Wandermöglichkeiten, auch kann der 2365 m hohe Tahtalı Dağı bestiegen werden. Vom Hafenstädtchen Finike lässt sich das bergige Hinterland erkunden.

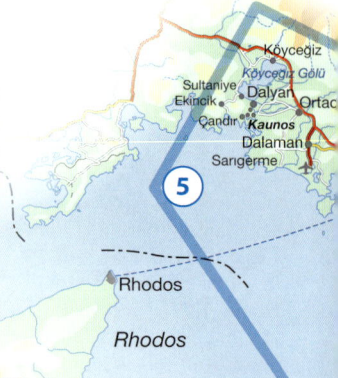

③ Demre, Kekova/Simena, Kaş → S. 141

Zwei Highlights locken Besucher nach Demre: die Kirche des Hl. Nikolaus und die antike Stadt Myra mit ihren bestens erhaltenen Felsnekropolen. Vom Hafen Andriake starten Ausflugsschiffe zu den Unterwasserruinen bei Kekova – die Insel ist dem Bilderbuchdorf Simena vorgelagert, das nur mit dem Boot oder per pedes zu erreichen ist. *Das* Ferienstädtchen dieser Küstenregion ist – auch ohne Sandstrände unmittelbar vor Ort – das von historischer Bausubstanz geprägte Kaş, das auch als Taucher-Hotspot gilt.

④ Kalkan, Patara, Xanthos → S. 152

Einen Hauch Griechenlandflair hat sich das alte Kalkan bewahren können, drum herum die typisch türkischen Feriensiedlungen. Gänzlich unverbaut ist dagegen der Sandstrand von Patara, einer der schönsten der Türkei – auch der Caretta-caretta-Schildkröte gefällt es hier. Im Taurusgebirge dahinter kann man zum dunkelgrünen Bergsee Yeşilgöl wandern; Kulturtouristen zieht es zu den nahen Ruinen wie dem UNESCO-Welterbe Xanthos.

⑤ Fethiye, Dalyan → S. 178

Fethiye ist einer der beliebtesten Ferienorte der Lykischen Küste. Verantwortlich dafür ist die nahe Traumlagune Ölüdeniz. Dort fühlen sich v. a. Pauschalurlauber wohl, was aber alle anderen nicht von einem Besuch abhalten soll – abseits des türkisfarbenen Bilderbuchstrands findet man auch sympathische kleinere Unterkünfte. Weiter nordwestlich, im beschaulichen Flussstädtchen Dalyan, kann man sich die Zeit mit Bootsausflügen und Wanderungen vertreiben oder die Seele am İztuzu-Strand baumeln lassen.

Lykische Küste: Die Vorschau

Die Farben Lykiens

Hätte Lykien eine Flagge, ihre Farben wären Aquamarinblau oder Smaragd für das schimmernde Meer, darüber ein dünner Saum feinsten Goldes für die paradiesischen Strände, dann eine Pinien-Kieferngrün-Mischung für die üppigen Wälder und zum Abschluss ein leuchtendes Weiß für die viele Monate lang schneebedeckten Gipfel des Taurusgebirges. Den Stern im Zentrum würde die ewig strahlende Sonne ersetzen, den Halbmond daneben eine antike Säule, stellvertretend für die unzähligen Ausgrabungsstätten.

Wer über die wilde, zerklüftete Küstenregion berichtet, gerät leicht ins Schwärmen. Daran hat sich über die Jahrhunderte nichts geändert. Den Anfang machte Homer, der sich in der *Ilias* für die rauschenden Fluten des Xanthos-Flusses begeisterte. Und Mustafa Kemal Atatürk, der „Vater der Türken", bezeichnete den Küstenabschnitt gar als den schönsten der Türkei. Dichter und Politiker wissen bekanntlich, wovon sie reden.

Relaxen im Liegestuhl

Wer sich nach Sonne, Sand und Meer sehnt, ist an der rund 400 km langen, zerklüfteten Küste zwischen Antalya und Dalyan genau richtig. Sie prahlt nur so mit ihren Reizen. Ruhesuchende zieht es in die beschaulichen Stranddörfer des Olympos-Nationalparks, allen voran Çıralı, oder an den ewiglangen Strand von Patara, dessen faszinierende, von antiken Ruinen durchsetzte Dünenlandschaft einen Hauch von Sahara versprüht. Auch der Schildkrötenstrand İztuzu Plajı bei Dalyan und die Bucht Sarsala Koyu bei Dalaman bieten unverbautes Idyll. Zu den plakativsten Stränden des ganzen Landes aber gehören die kleine Bucht von Kaputaş mit einem türkisblauen Meer davor und die Traumlagune Ölüdeniz

mit Südseeflair. An Letzterer kann es aber auch schon mal hoch her gehen. Wer damit keine Probleme hat, dem gefällt es auch am Konyaaltı, dem Hausstrand von Antalya mit seinen coolen Beachclubs – die Copacabana der Türkei.

Ruinen über Ruinen

Zahlreiche Ruinenstädte, darunter einige der imposantesten Kleinasiens, zeugen noch von der Bedeutung dieses Küstenabschnitts in der Antike. Auch ein UNESCO-Welterbe ist dabei: Xanthos, einst eine der mächtigsten Städte Lykiens. Das Volk jenes Küstenabschnitts, die rätselhaften Lykier, hinterließen eine eigene Schrift, einzigartige Grabmonumente und schufen mit dem Lykischen Bund, dem Rat der Städte, das erste demokratische Bündnis der Welt. Aber nicht nur die namensträchtigsten Zeugnisse der Antike lohnen sich für Stippvisiten. Auch kleinere Orte ziehen Besucher in ihren Bann:

Die Überbleibsel der antiken Stadt Phaselis liegen bezaubernd in einem Pinienwald am Meer. Die Ruinen von Arykanda und Termessos hingegen erstrecken sich vor atemberaubenden Bergkulissen und vermitteln einen nachhaltigen Eindruck von Vergänglichkeit.

Natur pur erleben

Abseits der touristischen Zentren lassen sich noch viele unberührte Flecken entdecken. Das herbe, imposante Bergland des Lykischen Taurus mit Gipfeln über 3000 m begeistert mit kargen Hochebenen, weiten Wäldern und eindrucksvollen, bis zur Küste reichenden Schluchten, die von tosenden Flüssen im Laufe der Jahrtausende ins Gestein gegraben wurden. Der Lykische Weg, ein traumhaft schöner Fernwanderweg, erschließt die Region. Ein Highlight ist die Besteigung des Tahtalı Dağı im Olympos-Nationalpark – die Anstrengung wird mit unvergesslichen Fernblicken belohnt. Sie können aber

auch im Galopp über Sanddünen reiten, hoch über der Baumgrenze Ski fahren, Schluchten begehen, übers wilde Wasser raften oder per Boot durch die Inselwelt von Kekova mit ihren versunkenen Stätten schippern. Vogelbeobachter zieht es hingegen ins Dalyan-Delta, ein Naturparadies und Eiablageplatz der Caretta-caretta-Schildkröte. Wer lieber selber fliegen möchte und den Adrenalinkick sucht, der startet vom Baba Dağı huckepack mit einem Gleitschirmpiloten und schraubt sich über die Traumlagune von Ölüdeniz hinweg zum Strand hinab.

Seitensprünge

Die Lykische Küste erhielt ihren Namen von der historischen Landschaft Lykien, die sich bäuchlings zwischen Antalya und dem Köyceğiz-See ins Meer vorschiebt. Wir schießen mit diesem Titel ein wenig darüber hinaus, denn die schönsten Ausflugsziele drum herum wollen wir Ihnen nicht vorenthalten. Dazu gehören die grandiosen Ausgrabungsstätten von Aspendos und Perge, die östlich von Antalya liegen und nur einen Katzensprung von der Millionenmetropole entfernt sind, aber auch die stillen Städtchen Elmalı und Gömbe in der rauen Bergwelt des Taurus. Wer mag, kann für einen Tag auf die griechischen Inseln Kastellórizo oder Rhodos hüpfen und prüfen, ob Ouzo besser als Rakı schmeckt. Mit eigenem fahrbaren Untersatz erreicht man von der Küste drei weitere, ganz, ganz große Highlights der Türkei in wenigen Stunden: die antiken Orte Ephesus und Aphrodisias sowie die weißen Sinterterrassen von Pamukkale.

Grillspieß oder Haute Cuisine?

Kreativität zeichnet die türkische Küche aus, das gilt für die Zubereitung der

Speisen genauso wie für die Wahl ihrer Namen. Was z. B. in Deutschland schlicht als „Bulette", „Frikadelle" oder „Fleischpflanzerl" auf den Teller kommt, wird in der Türkei verführerisch als „Frauenschenkel" serviert. Sie machen Urlaub in einem Land, in dem selbst der Snack am Straßenrand zum kulinarischen Highlight werden kann. Wer die Küste abfährt und sich auf die regionale Küche einlässt, wird alle paar Kilometer Neues entdecken. Und nur keine Berührungsängste: In einer einfachen Neonlichtlokanta und bei Mama in der Pension schmeckt es meist besser als im künstlich aufgeputzten Touristenlokal.

Rotznasen willkommen

Die Türkei ist ein wahres Paradies für Reisende mit Kindern: Ob Ihr Nachwuchs im Restaurant Tellersegeln spielt oder längere Zeit im Bus seinen Weltschmerz hinausschreit – niemand wird sich darüber aufregen, die Scherben werden lächelnd beseitigt, das Kind wird allseits getröstet und mit Bonbons versorgt. Egal, ob Sie sich für eine einfache Pension oder ein Luxushotel entscheiden – überall sind Sie willkommen. Erstere weisen eine oft unglaubliche Herzlichkeit auf, es kommt durchaus vor, dass der Hausherr die Kleinen auch einmal mit auf sein Boot zum Fischen nimmt. Letztere bieten oft „Mini-Clubs" mit Animateuren, die ein buntes Kinderprogramm zusammenstellen. Und wenn Ihr Kind nicht unbedingt auf Kebab oder Grillfisch steht – alles kein Problem, Pommes mit Ketchup oder Spaghetti mit nichts sind ruckzuck herbeigezaubert. Für Abwechslung zum Sandburgenbau sorgen das Spielzeugmuseum oder das Aquarium von Antalya, ein Eselsritt durchs Bergdorf Beycik, ein Kamelritt am Strand von Kemer und, und, und …

Abfahrt der Ausflugsboote (Ölüdeniz)

Hintergründe & Infos

Das besterhaltene römische Theater Kleinasiens

Anreise

Mit dem Flugzeug

Das Gros aller Türkeibesucher reist bequem mit dem Flugzeug an. In ungefähr drei Stunden sind Büroalltag und die nervenden Nachbarn vergessen. Als Zielflughäfen im Reisegebiet stehen Antalya (AYT) und Dalaman (DLM) zur Auswahl (nähere Informationen auf S. 72 bzw. S. 205). Abflugmöglichkeiten bestehen von allen größeren deutschen, schweizerischen und österreichischen Städten. Im Sommer ist das Angebot selbstverständlich größer als im Winter, wenn zudem fast alle Airlines Dalaman aus dem Programm nehmen. Eine Überlegung wert ist stets ein Gabelflug (z. B. hin nach Antalya, zurück von Dalaman). Bei *Turkish Airlines (Türk Hava Yolları),* kurz *THY*, sind solche Flüge jedoch meist mit einem Umsteigen in İstanbul verbunden. Welche Dokumente Sie für die Einreise in die Türkei benötigen, erfahren Sie unter Wissenswertes von A bis Z/Reisepapiere auf Seite 54.

Air Berlin: www.airberlin.com

Austrian Airlines: www.austrian.com bzw. myholiday.austrian.com

Condor: www.condor.com

Easyjet: www.easyjet.com

Edelweiss Air: www.edelweissair.ch

Germania Airline: www.flygermania.de

Germanwings: www.germanwings.com

Niki: www.flyniki.com

Pegasus: www.flypgs.com

Sun Express: www.sunexpress.com

Swiss: www.swiss.com

THY: www.turkishairlines.com

TUI: www.tuifly.com

Oft gute Angebote für Charterflüge auch unter www.oeger.de.

Auf **www.atmosfair.de** können Sie freiwillig einen Klimaschutzbeitrag leisten, abhängig von den Emissionen Ihres Fluges. ■

Nur-Flug-Angebote: Das Gros der Preise bewegt sich je nach Saison bei den meisten Airlines zwischen 250 und 550 € für Hin- und Rückflug. Sie können natürlich auch viel mehr bezahlen (z. B. in der Business Class), aber auch viel weniger (z. B. mit Low-Cost-Airlines, die Flüge nach Antalya zuweilen bereits ab rund 40 € anbieten). Grundsätzlich gilt: möglichst früh buchen! Günstige Last-Minute-Schnäppchen bekommt man kaum mehr, mit Glück aber dennoch ab rund 70 € (one-way) inkl. aller Gebühren.

Pauschalangebote: Um im Dschungel der Saison- und Sonderarrangements die besonders günstigen zu erhaschen, sollte man sich ebenfalls möglichst früh und vielseitig informieren – die Veranstalter haben für ein und dieselbe Leistung z. T. erheblich unterschiedliche Preise. Im Reisegebiet werden in erster Linie die großen All-inclusive-Anlagen rund um Kemer und Fethiye vermittelt. Gleich mitbuchen kann man Mietwagen oder Rundreisen nach Pamukkale oder Ephesus. Angeboten werden ferner Segeltörns entlang der Küste, sog. „Blaue Reisen" (→ S. 27). Die Türkeispezialisten haben auch Tauch- und Wanderreisen im Programm, zudem offerieren sie kleine Hotels, z. B. in Dalyan, Kaş oder Kalkan. Wenn Sie sich für ein Last-Minute-Pauschalarrangement entscheiden, lassen Sie sich am besten den Katalog mit dem regulären Angebot zeigen – einige findige Geschäftemacher bieten nämlich reguläre Reisen als „Last-Minute-Schnäppchen" an. Vorsicht zudem vor gewonnenen Reisen oder unglaublich günstigen „Specials"! Kein Veranstalter oder Hotelier hat etwas zu verschenken.

Transport von Gepäck und Sportgeräten: Die Freigepäckgrenze für Flüge in die Türkei beträgt bei den meisten Airlines 15,20 oder 23 kg für aufgegebenes Gepäck und 6–10 kg für Handgepäck, das häufig die Maße 20 x 40 x 50 cm (nicht bei allen Airlines gleich) nicht überschreiten darf. Wer jedoch Business anstatt Tourist Class fliegt, länger als 28 Tage vor Ort bleibt oder im Besitz einer Kundenkarte der Airline oder seines Reiseveranstalters ist, darf meist 30 kg mitnehmen – erkundigen Sie sich diesbezüglich bei Ihrer Airline. Achtung aber bei Billigfliegern: Manche Billigflieger erlauben nur die kostenlose Mitnahme von Handgepäck. Für die Aufgabe von Gepäckstücken fallen oft schon Gebühren an, bei der Aufgabe von Sportgepäck werden die Billigflieger zuweilen ihrem Namen alles andere als gerecht. Die Gebühren und Freigewichtsgrenzen für Sportgeräte unterscheiden sich von Airline zu Airline z. T. erheblich. Bei den einen gehen Golf- oder Tauchausrüstungen sowie Fahrräder bis 15 kg umsonst mit, andere verlangen dafür Gebühren zwischen 30 und 150 €. Rechtzeitige Anmeldung und sachgerechte Verpackung sind obligatorisch.

Weitere Anreisemöglichkeiten

Mit dem eigenen Fahrzeug: Sie benötigen einen gültigen Reisepass, eine grüne Versicherungskarte und Fahrzeugpapiere, die auf Ihren Namen ausgestellt sind. Versichern Sie Ihr Fahrzeug am besten vollkasko und erkundigen Sie sich bei Ihrer Kfz-Versicherung, welche Deckungssumme Sie für den asiatischen Teil der Türkei haben.

Es stehen zwei Routen für die Anreise zur Auswahl: Die eine führt über den Balkan, die bequemere zweite über Italien mit anschließender Fährpassage. Auf der Balkanroute müssen Sie bei der Fahrt durch Bulgarien und Serbien mit schikanierenden Grenzbeamten und Polizisten rechnen. Die Fahrzeit von Frankfurt nach Antalya (2959 km) z. B. beträgt ca. 37 Std. (ohne Pausen), hinzu kommen 10–20 Std. Wartezeit an den Grenzen, falls Sie zur Hauptreisezeit der Auslandstürken unterwegs sind. Eine Alternative auf dieser Route bildet der *Optima-Express* (s. u.), ein Autoreisezug der Kategorie „Holzklasse" von Villach (Österreich) nach Edirne (Türkei, europäischer Teil).

Wer sich hingegen für die Italienroute mit Fährpassage nach Griechenland (seit 2011 keine Fähren mehr in die Türkei) entscheidet, sollte für die Hauptferienzeit früh buchen, z. B. bei *Anek Lines* (www.anek.gr), *Minoan Lines* (www.minoan.gr) oder *Superfast Ferries* (www.superfast.com). Als Abfahrtshäfen in Italien stehen Venedig, Triest, Ancona, Brindisi und Bari zur Auswahl. Als griechische Zielhäfen Igoumenítsa (von da noch lange 1600 km bis Antalya) oder Patras, von wo es nur 210 km bis zum Fährhafen Piräus sind. Von Piräus wiederum gelangt man per Schiff nach Rhodos und von dort weiter nach Fethiye oder Marmaris – einziger Haken dieser Variante: sehr teuer.

Preise/Dauer Optima-Express Fahrtdauer laut Optimatours 31 Std., laut Leserzuschriften bis zu 40 Std. Einfach ab 149 €/Pers., Auto ab 259 €, Motorrad 197 €. Informationen in jedem türkischen Reisebüro oder direkt bei Optimatours, Karlsstr. 58, 80333 München, ☎ 089/548800111, www.optimatours.de.

Preise/Dauer Route Italien – Griechenland Venedig – Igoumenítsa, Fahrtdauer ca. 25 Std., einfache Passage für 2 Pers. mit Pkw ab ca. 230 €. Preiswertere und schnellere Verbindungen von den südlicheren Häfen Italiens. **Venedig – Patras**, ca. 35 Std., **Piräus – Rhodos**, ca. 6 Std., **Rhodos – Marmaris**, ca. 1 Std.; 2 Pers. mit PKW sollten auf dieser Route allein an Fährgeldern in eine Richtung mit mind. 550 € rechnen.

Mit dem Bus: Die *Deutsche Touring GmbH/Eurolines* (www.touring.de) bietet ganzjährig Fahrten von verschiedenen deutschen Städten über den Balkan nach İstanbul an (Dauer 35–44 Std.). *Varan* (www.varan.com.tr) fährt von verschiedenen Städten Österreichs (ab Wien 28 Std.) nach İstanbul. Einen Linienbusverkehr von der Schweiz in die Türkei gibt es nicht. Je nach Abfahrtsort bewegen sich die Preise für ein Retourticket zwischen 160 und 260 €. Endstation in İstanbul ist der Büyük İstanbul Otogarı, von wo regelmäßige Verbindungen zu allen Zentren der Südküste (z. B. nach Antalya, Dauer ca. 12 Std.) bestehen.

Mit der Bahn: Wer mit dem Zug in die Türkei reisen will, muss tief in die Tasche greifen, sofern er ein Ticket für die gesamte Strecke im Heimatland bucht – kalkulieren Sie mit dem Doppelten des Bustickets. Infos unter www.bahn.de, www.sbb.ch und www.oebb.at. Billiger wird es, wenn Sie das Ticket in jedem Land einzeln kaufen. Von Wien bis nach İstanbul sind Sie ca. 35 Std. unterwegs, von Zürich ca. 56 Std. Von Deutschland aus führen die Verbindungen i. d. R. über München (ab da noch ca. 43 Std.) und Salzburg nach Wien und von dort weiter über Budapest, Belgrad und Sofia (zuweilen auch über Bukarest) zum İstanbuler Bahnhof Yenikapı auf der europäischen Seite. Von İstanbul geht es dann mit dem Bus weiter, denn die Lykische Küste ist nicht an das Gleisnetz angeschlossen.

Egal ob mit dem eigenen Fahrzeug, mit der Bahn oder mit dem Bus: Erkundigen Sie sich vor Reiseantritt über die Einreiseformalitäten der Transitländer: z. B. unter www.auswaertiges-amt.de, www.bmaa.gv.at oder www.eda.admin.ch.

Im Hafen von Andriake

Unterwegs zwischen Antalya und Dalyan

Mit Auto, Motorrad oder Wohnmobil

Ein eigenes Fahrzeug, egal, ob geliehen oder mitgebracht, macht das Reisen entlang der Lykischen Küste unkompliziert. Vorsicht ist jedoch geboten. Denn so kämpferisch und stolz, wie die Türken einst auf ihren Steppenpferden bis nach Wien jagten, so selbstbewusst geben sich ihre Ur-Ur-Ur-Enkel heute im Straßenverkehr. Nur der Kampfschrei wird durch die Hupe ersetzt. Doch trotz der leicht chaotischen Verhältnisse auf türkischen Straßen – Sorgen brauchen Sie keine zu haben und mit etwas Selbstvertrauen werden Sie die Sache meistern. Türkeineulingen empfehlen wir jedoch, nicht unmittelbar nach der Ankunft am Flughafen von Antalya mit dem Mietwagen im engen Gassenwirrwarr der Altstadt auf Zimmersuche zu gehen. Nehmen Sie besser ein Taxi und lassen Sie sich die Wagenschlüssel einen Tag später aushändigen.

Mietfahrzeuge: Pkws kann man in den Touristenzentren fast an jeder Ecke mieten, das Angebot an Mopeds, Motorrädern und Fahrrädern ist dagegen bescheiden. Wer ein Fahrzeug mieten will, muss seinen Führerschein und Pass oder Personalausweis vorlegen. Manche Anbieter setzen voraus, dass der Fahrer mindestens 21 oder sogar 23 Jahre und jünger als 70 Jahre alt ist und seit mindestens einem Jahr den Führerschein besitzt. Da die Treibstoffpreise meist um die 30–40 % über denen in Deutschland liegen, können sich die Mehrausgaben für ein moderneres und sparsameres (am besten Diesel schluckendes) Fahrzeug schnell lohnen.

Preise für Mietfahrzeuge Die Preise der international operierenden Verleiher unterscheiden sich wenig, je nach Saison muss man mit ca. 40–70 €/Tag für das günstigste Modell rechnen. Die lokalen Verleiher sind i. d. R. erheblich billiger. Je nach Saison bezahlen Sie bei den Kleinanbietern 30–50 €/Tag für ein Fahrzeug der billigsten Kategorie. Aber Achtung: Es gibt viele schwarze Schafe unter den Anbietern, v. a. unter den ganz billigen. Den Preisvorteil erzielen die lokalen Verleiher durch einen meist älteren und weniger gepflegten Fuhrpark.

Egal wo, i. d. R. sind alle Kilometer frei. Preiswerter ist es meist, wenn man bereits von zu Hause aus wochenweise bucht. Die Preise für **Motorräder** beginnen ab ca. 30 €/Tag, für **Motorroller** ab 20 €/Tag. Für **Wohnmobile** → Camping S. 31.

≫≫ Unser Tipp: Ein empfehlenswerter Autoverleiher ist die **Agentur Say** mit Hauptsitz in Antalya (→ S. 74). 1-a-Service (deutschsprachig und deutschsprachige Verträge), gepflegter Fuhrpark, sehr gute Versicherungsleistungen, Kindersitze, gutes Kartenmaterial, HGS (s. u.) kostenlos, Navigationsgeräte von TomTom, Übergabe des Fahrzeugs auch am Flughafen bzw. Hotel möglich. Büro in der Altstadt von Antalya, Mescit Sok. 37, ✆ 2430923 (24-Std.-Service unter ✆ 0532/2645054), www.say-autovermietung.de. Dazu Partneragenturen an der gesamten Südküste und Buchungsmöglichkeit in Deutschland (Info und Reservierung in Nürnberg, ✆/✆ 0911/686266). ≪≪

Kleingedrucktes Achten sollte man auf den vertraglich festgelegten **Versicherungsschutz**, insbesondere auf den Eigenanteil im Schadensfall. Um zudem den gegnerischen Schaden – sollte er allzu hoch sein – bei Selbstverschulden des Unfalls abzudecken, ist eine sog. „Mallorca Police" angeraten. Trotz Vollkasko sind i. d. R. Unterbodenschäden und Reifenpannen nicht mitversichert. Die großen international operierenden Verleiher untersagen i. d. R. das Verlassen von asphaltierten Straßen, d. h., viele Buchten und Ausgrabungsstätten dürfen Sie theoretisch nicht ansteuern.

Verkehrsvorschriften Höchstgeschwindigkeit in Ortschaften 50 km/h, außerhalb 90 km/h (mit Anhänger oder mit dem Motorrad 70 km/h, Minibusse 80 km/h). Auf mehrspurigen Überlandstraßen jedoch, die durch einen Grünstreifen oder Ähnliches getrennt sind, dürfen Pkw 110 km/h fahren, Minibusse 90 km/h. Auf Autobahnen gelten für Pkw 120 km/h (mit Anhänger oder mit dem Motorrad 80 km/h, mit dem Minibus 90 km/h). Die **Promillegrenze** für Fahrer von Pkw ohne Anhänger liegt bei 0,5 – ansonsten herrscht absolutes Alkoholverbot (auch für Motorradfahrer).

Tanken Das Tankstellennetz ist sehr gut ausgebaut. Die Farbkennzeichnung der Kraftstoffe an den Zapfsäulen entspricht der daheim, Bleifrei heißt *kurşunsuz*, Diesel entweder *dizel* oder *motorin*. Auch Flüssiggas bekommt man problemlos.

Entfernungstabelle (in km, K = Küstenroute, I = Inlandroute)

	Antalya	Kaş	Fethiye	Dalaman	Selçuk	Pamukkale
Antalya		193	212 (I) 298 (K)	262 (I) 348 (K)	403	294
Kaş	193		105	155	397	333
Fethiye	212 (I) 298 (K)	105		50	292	251
Dalaman	262 (I) 348 (K)	155	50		236	242
Selçuk	403	397	292	236		195
Pamukkale	294	333	251	242	195	

Selbstfahrer können auf diesen Strecken mit einer Durchschnittsgeschwindigkeit von 70–80 km/h rechnen. Wer den Bus wählt, kommt im Schnitt mit 50–70 km/h voran, je nachdem, wie oft man umsteigen muss und in wie vielen Städten unterwegs gehalten wird.

Besondere Hinweise

■ Von **Nachtfahrten** sollte man absehen. Gefahr droht durch mangelhaft beleuchtete Lkws und Pkws, durch unvorhersehbare Schlaglöcher und nur mit Steinen abgesicherte Baustellen. Dazu kommen allzu sorglose Fußgänger.

■ Stehen Sie an einer roten **Ampel** in der ersten Reihe, schauen Sie unbedingt nochmals nach rechts und links, wenn das Licht auf Grün springt. Nicht alle Verkehrsteilnehmer interessieren sich für das Farbenspiel.

■ Drücken Sie auf die **Hupe**: vor dem Überholen (egal ob Fahrradfahrer oder Lkw), vor unübersichtlichen Kurven, wenn Kinder am Straßenrand spielen etc.! Mit der Hupe fordert man die Vorfahrt ein! Nur nicht schüchtern sein.

■ Vorsicht vor **Rollsplitt**, insbesondere auf Neubaustrecken. Tausende von Frontscheiben gehen dadurch jährlich zu Bruch. Halten Sie hier zu Lkws einen großen Abstand!

■ Vorsicht auch bei **Regen**, insbesondere nach längerer Trockenheit. Die Straßen sind dann zuweilen spiegelglatt.

■ Um die Raserei einzudämmen, werden häufig **Radarkontrollen** durchgeführt (Mindeststrafe für zu schnelles Fahren 55 €, man bekommt Rabatt, wenn man sofort zahlt). Zudem gibt es an Ortseinfahrten und in Wohngebieten vielfach **Bodenwellen**. Für Ortsunkundige sind sie oft heimtückisch, denn i. d. R. macht weder ein Schild auf sie aufmerksam noch sind sie – bis auf größere Ölflecken – farblich markiert.

■ Verkehrsschilder – was heißt was? Bozuk satıh – schlechte Wegstrecke; **Dikkat** – Achtung bzw. Vorsicht; **Dur** – Stopp; **Düşük banket** – unbefestigte Straße; **Kaygan yol** – glatte Fahrbahn; **Otopark** – Parkplatz; **Park yapılmaz** – Parken verboten; **Şehir merkezi** – Stadtmitte; **Tamirat** – Straßenarbeiten; **Taşıt geçemez** – Durchfahrt verboten; **Yavaş** – langsam fahren; **Yasak** – verboten.

Autobahnen   Gebührenpflichtig und etwas kompliziert zu benutzen, denn eine Barzahlung an den Mautstellen ist nicht möglich. Stattdessen benötigen Sie einen sog. **HGS-Sticker** mit Chip (HGS = *Hızlı Geçiş Sistemi* = Schnelles Passiersystem), der im Inneren des Fahrzeugs an die Windschutzscheibe geklebt wird. Über einen dazugehörigen Strichcodestreifen (gut aufbewahren!) kann man den Chip mit dem gewünschten Guthaben aufladen. Beim Auffahren auf die Autobahn wird der HGS-Streifen – bitte nicht schneller als 30 km/h fahren – von einem Mautgerät abgelesen, beim Verlassen der Autobahn ebenfalls, und die fällige Autobahngebühr abgezogen. Wenn man alles richtig macht, blinkt es grün. Den Klebstreifen samt Strichcode bekommt man an Autobahnzufahrten (leider nur an sehr wenigen), an Grenzübergängen (leider nicht immer), an manchen (!) *Shell*-Tankstellen und bei fast allen Postämtern (am besten dort hingehen). Kostenpunkt – abhängig vom Radstand des Fahrzeugs – für einen Minibus z. B. erstmalig ca. 18 € (wovon ca. 12 € Guthaben sind), was i. d. R. vollkommen ausreicht: 100 km kosten je nach Fahrzeug 1–1,50 €. Falls Sie ohne HGS-Streifen auf die Autobahn fahren, haben Sie 7 Tage Zeit, sich noch einen zu besorgen, um straffrei zu bleiben – sofern sich die türkische Autobahngesellschaft nicht die nächste Neuerung überlegt hat (dieses Kapitel schreiben wir regelmäßig um!). Achtung: Leihwagen kleiner Mietwagenfirmen sind meist nicht mit dem HGS-System ausgestattet. Weitere Infos auf http://hgsmusteri.ptt.gov.tr.

Unfall   Sollten Sie in einen Unfall verwickelt werden, muss die Polizei gerufen werden (für die Schadensklärung ist ein Polizeiprotokoll erforderlich). Unterschreiben Sie keine Protokolle, die Sie nicht lesen können, oder vermerken Sie auf dem Protokoll, dass Sie es nicht lesen konnten.

Pannenhilfe Keine Sorge, man lässt Sie nicht im Regen stehen, die Türken sind sehr hilfsbereit. Fragen Sie nach dem Oto Sanayi, eine Ansammlung von Werkstätten, meist an den Ein- oder Ausfallstraßen der größeren Ortschaften.

Mit dem Bus

Die Zahl der Gesellschaften, die das im ganzen Land dichte Netz bedienen, ist nahezu unüberschaubar. Das Busunternehmen, das die Küste westlich von Antalya am besten bedient, ist **Batı Antalya Tur** (www.batiantalyatur.net, leider nur auf Türkisch). Bei den meisten Gefährten handelt es sich um moderne Mercedes- oder Mitsubishibusse, die in der Türkei in Lizenz hergestellt werden. Zum Standard gehören Klimaanlage (Pulli mit in den Bus nehmen!), Video und getönte Scheiben. Toiletten sind oft verschlossen, dafür werden regelmäßig Pinkel- und Raucherpausen eingelegt. Bei renommierten Unternehmen wie **Metro** (www.metroturizm.com.tr), **Ulusoy** (www.ulusoy.com.tr), **Truva** (www.truvaturizm.com), **Pamukkale** (www.pamukkale.com.tr) oder **Kamil Koç** (kamilkoc.com.tr) bekommen Sie für Ihr verstautes Gepäck einen Jeton, mit dem Sie es am Ende der Fahrt wieder einlösen können, eine im Ganzen recht zuverlässige Sache. Unterwegs betreut ein meist jugendlicher Steward die Passagiere. Kostenlos verteilt werden Kekse und Getränke sowie eine türkische Kölnischwasser-Variante *(kolonya)* für verschwitzte und verklebte Handflächen. Die im Reiseteil angegebenen Fahrtzeiten dienen nur der groben Orientierung und beziehen sich auf die Angaben der größeren Busunternehmen. Weitere Informationen zum Reisen mit dem Bus finden Sie unter „Basis-Infos/Verbindungen" bei den jeweiligen Städten.

Unterwegs im lykischen Hinterland

Preise Im Schnitt bezahlt man pro Kilometer ca. 0,05 €, bei Nobelfirmen etwas mehr. Eine Fahrt von Kaş nach Antalya kommt demnach auf ca. 10 €. Mit der Buchung ist eine Platzreservierung verbunden, auf die Sie Einfluss nehmen können, indem Sie auf dem Plan den gewünschten Sitz bestimmen – die vorderen sind i. d. R. die besseren, jedoch auch meist dem Zigarettenrauch der Busfahrer (er ist der Einzige, der glaubt, rauchen zu dürfen) ausgesetzt!

Busbahnhöfe Die türkischen Busbahnhöfe *(otogar, terminal* oder *garaj)* entsprechen in Funktion und Ausstattung (WC, Wartesäle, Kioske, Restaurants, Geschäfte) unseren Zugbahnhöfen. Falls es keine offizielle Gepäckaufbewahrung gibt, können Sie Ihre Siebensachen i. d. R. am Schalter Ihrer Busgesellschaft abstellen. Meist liegen die Busbahnhöfe einige Kilometer außerhalb des Zentrums, sind jedoch gewöhnlich mit öffentlichen Stadtbussen oder Dolmuşen erreichbar. Renommierte

> **Achtung Abfahrt**: Gestartet wird pünktlich bis 5 Min. zu früh!

und vor Ort ansässige Busgesellschaften bieten zudem i. d. R. einen Zubringerservice mit Kleinbussen ins Zentrum. Kleinere Orte verfügen häufig nur über eine Ansammlung von schlichten Büros in der Nähe des Zentrums. In diesen Fällen gehen die Busse von dort ab oder halten kurz an der Umgehungsstraße.

Hinweis An größeren Busbahnhöfen arbeiten Schlepper für diverse Busgesellschaften und werden versuchen, Sie mit irgendwelchen Argumenten an den einen oder anderen Schalter zu führen. Gehen Sie nicht darauf ein! Vergleichen Sie in Ruhe Abfahrtszeiten und Preise!

Mit dem Dolmuş (Sammeltaxi)

Das Sammeltaxi zählt im innerstädtischen Verkehr, aber auch auf Fahrten zwischen den Orten zu den wichtigsten Verkehrsmitteln. Dolmuş heißt auf Deutsch so viel wie „voll besetzt" – und nennt das wesentliche Kennzeichen der Sammeltaxis, denn ein Dolmuş fährt in aller Regel erst dann ab, wenn alle Plätze belegt sind. Als Dolmuş verkehren Kleinbusse in der Größenordnung eines Ford Transit. Zu erkennen sind Dolmuşe an ihrem Schild auf dem Dach oder an einer Tafel hinter der Windschutzscheibe, die das Fahrtziel angibt. In Städten gibt es separate Dolmuş-Bahnhöfe für Verbindungen in die Region, ansonsten fahren sie von zentralen Stellen ab. In Großstädten werden bestimmte Routen bedient, an denen entlang es Haltestellen gibt. Man kann ein Dolmuş aber auch per Handzeichen stoppen und irgendwo unterwegs zusteigen.

Preise: Die Preise (von den Stadtverwaltungen festgelegt) liegen im Stadtverkehr etwas höher als bei den Bussen, auf längeren Strecken etwas darunter. Bezahlt wird während der Fahrt. Sofern die Tarife nicht aushängen, ist es ratsam, sich an den Beträgen der Mitreisenden zu orientieren, wenn man keinen „Touristenzuschlag" zahlen will. Längere Routen sind in Teilstücke gegliedert. Sie zahlen nur den Abschnitt, den Sie mitfahren.

Weitere Verkehrsmittel

Flugzeug: Direktflüge zwischen Antalya und Dalaman bot zuletzt nur einmal die Woche, und das auch nur im Sommer, **Atlasjet** an (www.atlasjet.com, Tickets ab 30 €, jedoch für diesen Preis nur selten zu bekommen). Da die türkischen Airlines ihren Flugplan in den letzten Jahren stetig erweiterten, kann es gut sein, dass künftig auch **Anadolu Jet** (www.anadolujet.com), **Borajet** (www.borajet.com.tr) **Sun Express** (www.sunexpress.com), **THY** (www.turkishairlines.com) oder **Onur Air** (www.onurair.com.tr) diese Strecke bedienen – informieren Sie sich diesbezüglich auf deren Webseiten. Mehr Flugverbindungen zwischen Dalaman und Antalya bestehen über die Drehkreuze İstanbul und Ankara. **Pegasus** (www.flypgs.com) bietet zuweilen Flüge zwischen Dalaman und Antalya mit Umstieg in Istanbul ab 56 € one-way an.

Taxi: Ein *Taksi* findet man in den Touristenzentren an jeder Ecke. Die Tarife für längere Fahren zu den umliegenden Sehenswürdigkeiten sind meist in verschiedenen Währungen auf einer Tafel angeschrieben. Für Fahrten innerhalb der Städte wählt man am besten ein Taxi mit Taxameter oder handelt den Preis im Voraus aus. Achtung: Manchmal drücken Taxifahrer „versehentlich" beim Taxameter auf den Knopf, der zum teureren Nachttarif abrechnet. Tagsüber muss auf dem Display *gündüz* erscheinen (*gün* = Tag, *gündüz* = tagsüber; *gece* = Nacht).

Bahn: Entlang der Lykischen Küste fahren keine Züge.

Schiff: Es verkehren keine Fährschiffe entlang der Lykischen Küste. Regelmäßige Verbindungen bestehen zu den griechischen Inseln Rhodos (von Fethiye aus) und Kastellórizo (von Kaş aus).

Fahrrad: Gibt es nicht allzu oft zu leihen – und wenn doch, dann meist in Kaufhausqualität. Eine empfehlenswerte Adresse ist **Lukka Outdoor** (✆ 0541/6515233, mobil, www.lycian-adventures.com, Zustellung in der Kemerregion 10 €). Hier kann man hochwertige Mountainbikes ab 20 €/Tag oder 130 €/Woche mieten, außerdem bietet Lukka Outdoor geführte Mountainbiketouren inkl. Transfer. Ansonsten bringt man für Touren zwischen Antalya und Dalyan am besten sein eigenes Bike mit und dazu einen Helm. Empfehlenswert ist zudem ein sog. *Dog Chaser*, der einem durch Hochfrequenztöne die Hirtenhunde vom Leib hält. In der bergigen Landschaft sollte man über eine gute Kondition verfügen. Literaturtipp: Bike Guide Türkische Riviera von Werner Eichhorn, Bergverlag Rother 2007. 35 Touren zwischen Antalya und Fethiye, darunter einfache, familientaugliche sowie anspruchsvolle für erfahrene Biker. Infos auch unter www.bike-guide-tuerkei.eu.

Trampen ist aufgrund der niedrigen Preise für öffentliche Verkehrsmittel nicht verbreitet, aber grundsätzlich überall möglich. Allein reisende Frauen sollten davon absehen.

Unter Segel

Die Lykische Küste zählt zu den beliebtesten Segelrevieren des Mittelmeeres, Boote mit und ohne Skipper lassen sich vor Ort und von Deutschland aus chartern. Im Gegensatz zu früher haben viele Vercharterer jedoch nur noch größere Boote im Programm, da die Kosten (Liegegebühr, Wartung, Crew usw.) für große und kleine Boote nahezu identisch sind, der Verdienst an großen Booten aber erheblich höher ist.

Zentren des Yachttourismus sind im Reisegebiet u. a. Finike, Göcek und Fethiye; aber auch fast alle anderen größeren Urlaubsorte verfügen über eine Marina. Zudem lässt es sich in vielen abgeschiedenen Häfen und Buchten herrlich ankern. Wer mit dem eigenen Schiff unterwegs ist oder ein Boot ohne Skipper chartert, dem sei der Hafenführer „Türkische West- und Südküste" von Axel Kramer, See Verlag, empfohlen. Die beste Zeit für einen Törn ist von Mai bis Oktober.

Organisierte Ausflüge

Per Helikopter nach Pamukkale, mit dem Bus nach Ephesus oder mit dem Ausflugsboot zur versunkenen Stadt bei Kekova – zu Luft, zu Land und zu Wasser werden in allen touristischen Zentren unzählige Halbtages-, Tages- und Zweitagestouren zu den Sehenswürdigkeiten der näheren und weiteren Umgebung angeboten. Für alle,

Blau reisen – Segeltörns entlang der Küste

Einen wahren Boom erleben an der Lykischen Küste und der Südägäisküste die sog. „Blauen Reisen". Dabei handelt es sich um eine Art All-inclusive-Urlaub auf einer *Gulet*, einer schönen, aus Holz gezimmerten, dickbäuchigen Yacht. Die Schiffe haben Masten und Segel, fahren aber meist unter Maschine. Das einzige Segel, das so gut wie immer gesetzt ist, ist das Schatten spendende Sonnensegel. Die Schiffe sind im Unterschied zu reinen Segelyachten nicht nur praktisch, sondern i. d. R. sehr komfor-

tabel ausgestattet, denn bei der „Blauen Reise" steht nicht das sportlich ambitionierte Segeln im Vordergrund, vielmehr das Genießen der Küste vom Boot aus, das Baden in einsamen Buchten und die gemeinsame Unterhaltung an Bord. Letzteres ist der Risikofaktor eines solchen Törns. Denn den engen Raum mit Spießern oder Kiffern zu teilen, kann je nach Einstellung Freude ins Gegenteil kehren. Daher empfiehlt es sich, eine solche Reise gleich als Gruppe zu buchen und am besten ein ganzes Schiff zu chartern.

Namensgebend für derartige Törns waren die Schiffsreisen eines illustren Philosophenzirkels um den Journalisten und Bohemien Cevat Şakir Kabaağaçlı. Der türkische Jean-Paul Sartre publizierte ab 1925 unter dem Pseudonym *Der Fischer von Halikarnas*, nachdem er wegen seiner antimilitaristischen Gesinnung nach Bodrum verbannt worden war. Die jungen Intellektuellen, die sich um ihn sammelten, schipperten auf Schwammtaucherbooten die Ägäisküste entlang, ernährten sich in erster Linie von Fisch und Rakı und nannten ihre Seelenreinigungstrips *Mavi Yolculuk*, „Blaue Reise".

die die Planung und Durchführung eines Ausflugs nicht selbst in die Hand nehmen wollen, eine bequeme Art, mehr von der Türkei kennenzulernen. Preislich rechnen sich solche Touren insbesondere für Alleinreisende, zu zweit kann man für das gleiche Geld schon oft einen Mietwagen nehmen. Lohnenswert sind insbesondere Bootsfahrten zu einsamen Buchten, die auf eigene Faust nicht zu erreichen sind. Von Jeepsafaris sollte man jedoch Abstand nehmen, hinter dem Steuer sitzen häufig verantwortungslose Draufgänger.

Der große Haken vieler Bustouren oder Bootsausflüge: Die Routen der meisten Veranstalter sind annähernd identisch, und so erleben viele Buchten oder Sehenswürdigkeiten für ein paar Stunden am Tag einen herdenartigen Ansturm. Was wo angeboten wird, erfahren Sie im Reiseteil unter den Stichworten „Organisierte Touren" und „Bootsausflüge".

Preise: Große Preisunterschiede gibt es zwischen den meisten Veranstaltern nicht. Sollte eine Tour erheblich preiswerter angeboten werden als beim Gros der Veranstalter, sind unter Garantie weitaus mehr Shoppingpausen mit Teppichknüpfvorführungen im Programm als sonst. Bei allem, was Sie kaufen, verdienen die Touranbieter mit.

Eines von vielen schönen Hotels entlang der Küste: Hotel Hadrian in Kaş

Übernachten

Das Angebot an Übernachtungsmöglichkeiten zwischen Dalyan und Antalya ist vielseitig. Von Clubanlagen, wo im Whirlpool die Caipirinha gereicht wird, bis zu Absteigen, deren Toiletten man ohne Badeschuhe in seinem Leben nie betreten würde, ist alles vorhanden.

Das Zimmerangebot ist gigantisch, jedoch ist nicht überall für jeden etwas dabei: An dem einen Strandabschnitt dominieren All-inclusive-Anlagen, anderswo kleine charmante Pensionen – im Reiseteil erfahren Sie, was Sie wo erwartet. In Antalya haben zahlreiche Unterkünfte ganzjährig geöffnet, in reinen Badeorten oft nur von Ostern bis Anfang/Mitte November. Aber auch im Winter bekommt man immer ein Zimmer, nur ist die Auswahl dann bescheiden.

Die zuletzt starke türkische Lira und die Zunahme des Binnentourismus haben dazu geführt, dass sich die Zimmerpreise in den letzten fünf Jahren vielerorts mehr als verdoppelt haben. Vor allem in der Hochsaison, also zur türkischen Ferienzeit im Juli und August (jedoch nicht in der Ramadanzeit, → S. 49), lässt in Urlaubsorten, die auch Türken gerne aufsuchen, das Preis-Leistungs-Verhältnis mittlerweile zu wünschen übrig. Dazu gehört z. B. Çıralı – die Preise für gleichwertige Zimmer sind hier in etwa doppelt so hoch wie im preiswerten, bei türkischen Urlaubern unpopulären Patara. In der Nebensaison aber, wenn die Preise purzeln (bis zu 50 %), ist das Preis-Leistungs-Verhältnis noch immer recht gut. Die Erfahrung hat gezeigt, das Preisschwankungen von 20–30 % (nach oben oder unten) zwischen dem einen und dem anderen Jahr keine Seltenheit sind. Dementsprechend sind die angegebenen Preise nur zur groben Orientierung gedacht.

All-inclusive-Anlagen: Das Gros der All-inclusive-Anlagen im Reisegebiet findet man um Fethiye, Antalya, bei Dalaman und an der Kemerküste. Die oft wie Hochsicherheitstrakte abgeriegelten Ferienanlagen, teils mit Kapazitäten von bis zu 2000 Betten, sind auf Individualreisende nicht eingestellt und daher vor Ort entweder gar nicht oder nur mit viel Aufwand und zu extrem hohen Preisen buchbar. Falls Sie kurzfristig in eine All-in-Anlage einchecken möchten, reservieren Sie ein Zimmer über eine Hotelreservierungsplattform (z. B. www. hotelscombined.com), das ist billiger und unkomplizierter als an der Rezeption. Der Begriff „all inclusive" ist übrigens nicht eindeutig definiert, und so manches Hotel führt diese Bezeichnung, ohne sie eigentlich zu verdienen. Erkundigen Sie sich daher im Voraus, ob das angebotene Sportprogramm oder alle Getränke im Preis inbegriffen sind. Und auch wenn alles „inclusive" ist, ist das, was „inclusive" ist, nicht immer das Gleiche. Wird der O-Saft frisch gepresst oder als Chemiebrause serviert? Die Geiz-ist-geil-Mentalität vieler Urlauber lässt die Qualität mehr und mehr sinken.

Preise je nach Ausstattung, Service, Umfang des Büfetts, Sportangebot, Anzahl der Animateure 75–250 €/Nacht und DZ.

Hotels: Wer seine Unterkunft nach der Anzahl der Sterne wählt, sollte bedenken, dass sich die Einstufung durch das Ministerium für Kultur und Fremdenverkehr an der Ausstattung der Unterkünfte (Minibar, Fernseher, Aufzug, Restaurant, Klimaanlage usw.) orientiert und Kriterien wie Lage, Sauberkeit, Architektur, Freundlichkeit des Personals usw. unberücksichtigt lässt. Hinzu kommt, dass die Kategorisierung bisweilen längst nicht mehr den aktuellen Verhältnissen entspricht. Viele türkische Hotels sind aufgrund ihrer billigen Bauweise und Ausstattung oft schneller abgewohnt und daher erheblich im Wert gemindert, als die Rückstufung erfolgt. Das gilt insbesondere für Drei-Sterne-Hotels. Klassische Boutiquehotels (s. u.) werden nicht nach Sternen kategorisiert.

Noch ein Hinweis: Pauschaltouristen werden von ihrer Reiseleitung zuweilen darauf hingewiesen, dass man besser nie außer Haus etwas essen oder trinken sollte, um Magenproblemen vorzubeugen. Das ist Humbug! Man will Sie mit solchen Aussagen nur an die Hotelbar binden, wo die Bierpreise weitaus höher sind als außerhalb der Anlage.

DZ in der HS in gehobeneren Hotels 80 € aufwärts. In einfacheren Häusern, in denen ein privates Bad und Klimaanlage dennoch Standard sind, DZ ab 45 €. EZ kosten meist 30 % weniger. Von Mitte Sept. bis Mitte Juni werden die Preise z. T. um 50 % gesenkt.

Boutiquehotels: Dabei handelt es sich um kleine, stilvolle Unterkünfte (oft auch als Pensionen vermarktet), die nicht selten in alten restaurierten Natursteinhäusern oder osmanischen Stadtvillen untergebracht sind. Teils besitzen sie eine gepflegte Poolanlage, teils nur ein lauschiges Gärtchen. Bei der Unterkunftsauswahl für dieses Buch wurde ein besonderes Augenmerk auf Boutiquehotels gelegt. Aber Achtung: Nicht überall, wo „Boutiquehotel" draufsteht, ist auch Boutiquehotel drin!

Die große Nachfrage nach Boutiquehotels und -pensionen hat dazu geführt, dass sich mittlerweile auch große sterile Stadthotels und einfachste Familienpensionen mit dem Beinamen „Butik" schmücken. Einen Überblick über die schönsten Boutiquehotels und -pensionen des Landes finden Sie u. a. auch auf www.boutiquesmallhotels.com.

Die Preise hängen zum einen von der Ausstattung ab, zum anderen sind sie extrem saisonabhängig: DZ in der HS ab 70 € (nach oben keine Grenzen), in der NS ab 40 €, EZ 30–50 % billiger.

Pensionen: Im Vergleich zwischen einfacheren Hotels und kleinen Pensionen sind Letztere meist die bessere Wahl, da ihre Betreiber sich i. d. R. mehr um das Wohl der Gäste kümmern. Auch gegenüber manch vornehmem Hotel macht die Freundlichkeit vieler Pensionsbesitzer den fehlenden, nicht selten überflüssigen Luxus wett. Klimaanlage und privates Bad sind nahezu überall Standard. Wie bei einfacheren Hotels müssen Sie sich aber in Pensionen der unteren Preisklasse darauf einstellen, dass es nicht immer heißes Wasser gibt und die Armaturen nicht immer einwandfrei funktionieren. Eine Vielzahl an gemütlichen Pensionen findet man in Antalya, Çıralı, Adrasan, Kekova, Kaş, Kalkan, Patara (sehr gutes Preis-Leistungs-Verhältnis) und Dalyan. Spartanisch ausgestattete, aber meist recht schön gelegene Zimmer, z. T. in Bungalows, vermieten zudem manche Campingplätze (s. u.).

Es gibt erhebliche örtliche Preisunterschiede. Ein DZ mit Du/WC/Klimaanlage bekommt man in der HS ab 50 € in Çıralı bzw. ab 25 € in Patara. Auch hier großzügige Rabatte in der NS. Singles erhalten meist ein DZ zum ermäßigten Preis.

Apartments: Vor Ort lassen sich Apartments oft nur über wenige Aparthotels oder Pensionen anmieten, aufgrund stetig steigender Restaurantpreise werden Ferienwohnungen jedoch immer beliebter. Zur Grundausstattung gehören Küchenzeile oder kleine Küche, Salon mit Couch und TV und – je nach Größe – ein oder mehrere Schlafräume.

Die Preise variieren naturgemäß je nach Größe, Ausstattung und Ort erheblich. Ein ordentliches Apartment für 4 Pers. bekommt man in der HS ab ca. 350 €/Woche. Auch hier fallen die Preise in der NS.

Jugendherbergen/Hostels: An der Lykischen Küste sind Jugendherbergen Fehlanzeige. Es gibt jedoch z. B. in Olympos, Fethiye oder Köyceğiz ein paar Hostels bzw. hostelähnliche Travellerherbergen, die preiswert Betten ab ca. 11 € in Schlafsälen oder Treehouses vermieten.

Treehouses: Dabei handelt es sich um windschiefe Hütten auf Stelzen oder an bzw. auf Bäumen errichtet. Auch simpelste Bungalows werden gerne als Treehouses verkauft. Komfort bieten sie keinen, dafür wildromantische Nächte ab ca. 13 € pro Person. Treehouses findet man insbesondere in Olympos und in Kabak sowie im Butterfly Valley nahe Ölüdeniz. Sie sind Treffpunkte der internationalen Backpackerszene.

Campingplätze: Immer mehr Campingplätze an der Lykischen Küste wurden in den letzten Jahren aufgegeben, gewinnträchtigere Hotelanlagen nehmen heute das Areal ein. Unter denen, die es noch gibt, befinden sich recht nette Anlagen. Die besseren besitzen warme Duschen, Stromanschlüsse und Restaurants, zuweilen auch Camperküchen. Einige wenige Plätze vermieten neben Stellplätzen für Zelt und Wohnmobil auch **Bungalows**. Dabei handelt es sich meist um einfache Holzhütten ohne jeden Komfort, z. T. sind sie aber auch mit gefliestem Boden, Bad und WC ausgestattet.

Gecampt werden darf i. d. R. auch auf diversen von der Forstverwaltung ausgewiesenen **Picknickplätzen** *(Orman İçi Dinlenme Yeri)*. Sie sind mit Abfall-

Dinner mit Aussicht

körben (leider werfen viele Besucher ihren Dreck daneben), Toiletten und Tischen, häufig auch mit bescheidenen Grillmöglichkeiten ausgestattet. **Wildcampen** kann aufgrund von neugierigen Dörflern und Polizeikontrollen zu einem nervigen Unterfangen werden. Wer mit dem Wohnmobil unterwegs ist, kann an Tankstellen oder Raststätten (in der NS zuweilen auch vor Strandlokalen) eine Nacht stehen – fragen Sie vorher nach.

Preise Für 2 Pers. mit Zelt oder Wohnmobil sollte man je nach Ausstattung des Platzes mit 9–20 € rechnen, Bungalows kosten je nach Ausstattung 30–65 €.

Öffnungszeiten Viele Campingplätze haben nur Mai–Okt., manche auch nur Juni–Sept. geöffnet. Großer Andrang herrscht lediglich im Hochsommer. Bereits Ende Sept. kann es Ihnen passieren, dass Sie der einzige Gast auf dem Campingplatz sind und daher auch Bar und Restaurant geschlossen vorfinden.

Wohnmobilverleih 2 Anbieter mit Zweigstellen in Antalya: **Let's go Camper Turkey Motorhome Rental**, ✆ 0242/3160830, www.letsgocamper.com. Vermietet kleine Camper, in der HS ab 80 €/Tag, Mindestmietdauer 7 Tage.

Casavan Turkey Motorhome Rental, ✆ 0216/4280494, www.casavan.com. Im Programm größere Fahrzeuge ab 132 €, ebenfalls Mindestmietdauer 7 Tage.

Warten auf Kundschaft: Restaurant an der Beymelek-Lagune bei Kale

Essen und Trinken

„Der Imam ist in Ohnmacht gefallen", als er „Frauenschenkel" und den „Nabel der Dame" probieren sollte. „Dem Herrscher hat's gefallen", als man ihm den „Finger des Wesirs" servierte. Mit den Namen türkischer Gerichte lassen sich ganze Dramen inszenieren.

„Leben kommt aus dem Magen", lautet ein türkisches Sprichwort, das deutlich macht, welchen Stellenwert das Essen in der türkischen Kultur und Gesellschaft einnimmt. Dementsprechend besitzt die türkische Küche ein Niveau, das sich mit den besten Cuisines der Welt messen kann – zur Verwunderung all jener, die bislang nur den *Döner Kebap* mit der Türkei in Verbindung bringen können. Grundlage der Gerichte ist i. d. R. frisches Gemüse, darunter Sorten, die in Mitteleuropa eher unbekannt oder vergessen sind, z. B. Kichererbsen *(nohut)*, Okraschoten *(bamya)* oder Portulak *(semizotu)*. Anders bei den Kräutern und Gewürzen: Verwendet werden keinesfalls geheimnisvolle orientalische Exoten, sondern in erster Linie die uns vertrauten Klassiker wie Pfeffer, Paprika oder Petersilie. Auch Knoblauch kommt zum Zuge, aber bei weitem nicht in dem Maß, wie es sich mancher vorstellt.

Wo isst man?

In den großen Touristenzentren gibt es vom Chinarestaurant über die italienische Pizzeria bis zum bayerischen Biergarten alle erdenklichen Lokalitäten. Bei den türkischen Speiselokalen unterscheidet man vornehmlich zwischen *Lokanta* und *Restoran*. Egal wo, überall herrscht Rauchverbot (zumindest offiziell), lediglich auf Terrassen darf geraucht werden.

Lokanta Hier isst man, um satt zu werden, nicht um seine Verlobte auszuführen. Lokantas sind einfach, gut und günstig: Ab 4,50 € is(s)t man dabei. Die Innenausstattung präsentiert sich mit gekachelten Wänden und kaltem Neonlicht äußerst spartanisch. Das vorgekochte Essen wird in Vitrinen warm gehalten, Sie können wählen zwischen Fleisch- und Gemüsegerichten, Suppen und Eintöpfen. Je besser die Lokanta besucht ist, desto frischer i. d. R. die Speisen. Lokanta-Varianten gibt es viele: Je nachdem, worauf sich eine Lokanta spezialisiert hat, heißt sie auch *kebapçı*, *köfteci* oder *pideci*. Beim *işkembeci* bekommt man Kuttelflecksuppe und andere Innereien. Die meisten Lokantas haben keine Alkohollizenz.

Restoran/Restaurant Restaurants haben i. d. R. eine Alkohollizenz, die gediegenere Innenausstattung, den besseren Service und so auch die höheren Preise. Nur die Küche unterscheidet sich nicht immer von jener der einfachen Lokantas, das gilt insbesondere für Mittelklasserestaurants. Eine volle Mahlzeit mit einem Getränk beginnt dort bei ca. 9 €. Nach oben sind keine Grenzen gesetzt: Wer sein Candle-Light-Dinner in einem eleganten Lokal am Meer genießt, bezahlt schnell 25 € und mehr pro Person (ohne Wein). Auch Fischlokale, die Wildfang statt Zuchtfisch servieren, gehören i. d. R. zu den gehobeneren Restaurants, für ein komplettes Menü sollte man ebenfalls mit 25 € aufwärts pro Person rechnen.

> **Tipping-Tipps:** In einfachen Lokantas wird kein Trinkgeld erwartet, wohl aber in Restaurants. Ist der Service noch nicht in der Endsumme verrechnet, was in gehobeneren Restaurants und Touristenlokalen durchaus vorkommt, gibt man etwa 10 %. In Lokalen, die keine Speisekarte haben und in denen auch die Preise nicht aushängen, ist es ratsam, sich vor dem Bestellen nach den Preisen zu erkundigen – Schlitzohren unter den Kellnern gibt es einige.

Was isst man?

Frühstück: Zu einem traditionellen türkischen Frühstück *(kahvaltı)* werden frisches Weißbrot, Marmelade, Ei (meist hartgekocht), Oliven, Gurken, Tomaten, Butter und Schafskäse gereicht. Letzteren genießen Türken zusammen mit Honig auf dem Brot. Dazu trinkt man Tee. Filterkaffee ist nicht üblich, wer will, bekommt Nescafé oder verwandte Surrogate. Für Tee und heißes Wasser (egal ob zum Verdünnen des Tees oder für den Kaffee) steht meist ein Samowar bereit. Türken essen als Brotaufstrich auch *Pekmez* (eingedickter Traubensaft) mit *Tahin* (Sesam-Mus) zum Frühstück – sehr empfehlenswert, auf den Frühstücksbüfetts der Hotels ist beides allerdings nur selten zu finden. In den großen Hotels der Touristengebiete erwartet Sie am Morgen auch ein europäisches Frühstück – je nach Hotelkategorie als üppiges Büfett oder in der Magervariante mit Kaffee, Konfitüre, Schmelzkäse und Ei. Wer außer Haus frühstücken möchte, sucht am besten eine *pastane* auf, eine Konditorei, in der man neben leckeren Kuchen und Torten auch herzhafte Snacks bekommt.

Vorspeisen: Wählen Sie zwischen pikanten Joghurtcremes *(haydari)*, würzigen Gemüsepürees *(ezme)*, kaltem Gemüse in viel Olivenöl *(zeytinyağlı)*, gefüllten Weinblättern *(yaprak dolması)*, Melone mit Schafskäse *(peynirli karpuz)* und ähnlichen Köstlichkeiten. *Meze* nennen die Türken solche Vorspeisen, die in Vitrinen zur Auswahl stehen. In besseren Restaurants bereichern auch Fisch und Meeresfrüchte wie *tarama* (rosafarbene Rogenpaste mit Zitrone) oder Krabben *(karides)* die Mezetabletts. Außerdem gibt es hier mit Fleisch zubereitete kalte Leckereien wie z. B. Hühnchensalat *(tavuk salatası)*. Sie können auch auf den Hauptgang verzichten und nur Vorspeisen ordern; in vielen Restaurants ist das kein Problem. Dazu wird stets – wie zu allen Gerichten – frisches Weißbrot *(ekmek)* gereicht.

Suppen nehmen die Türken als Vorspeise außerhalb der eigenen vier Wände eher selten zu sich. Man isst sie als Frühstücksersatz, zwischendurch oder nach durchzechten Nächten. Viele Schnapsnasen schwören auf die Alka-Seltzer-Wirkung von Kuttelflecksuppe *(işkembe çorbası)* – sicher nicht jedermanns Geschmack. Wer dennoch als Vorspeise eine warme Suppe vorzieht, sollte die herzhafte Linsensuppe *(merçimek çorbası)* probieren.

Fleischgerichte: Am beliebtesten sind *kebap* und *köfte*. *Kebap* ist der Oberbegriff für Fleischgerichte jeglicher Couleur. Diese können gegrillt, geschmort, gebraten oder gebacken sein und stammen vom Lamm *(kuzu)*, manchmal auch vom Kalb *(dana)* oder Geflügel, dann insbesondere vom Huhn *(tavuk)*. Zu *döner kebap* braucht wohl nichts mehr gesagt zu werden. Beim *şiş kebap* handelt es sich um einen zarten, auf Holzkohleglut gerösteten Fleischspieß, zu dem als Beilage gewöhnlich Reis oder Bulgur (Weizengrütze) gegessen wird. Beim *patlıcan kebap* wird der Spieß mit Hackfleisch und Auberginen bestückt. *Bursa kebap* (oft auch *İskender kebap* genannt) verdient seinen Namen nur dann, wenn das Fleisch zusammen mit Joghurt und Tomatensoße auf geröstetem Fladenbrot angerichtet wird. Beim *tandır kebap* werden Hammelstückchen im geschlossenen Tontopf geschmort. Kosten Sie auch den *adana kebap*, einen scharf gewürzten Hackfleischspieß. Unbedingt probieren sollte man das vielerorts angebotene *güveç*, zartes Schmorfleisch mit Gemüse im Tontopf. Oder *saç kavurma*: Geschnetzeltes Fleisch wird in einer flachen Blechpfanne (türk. *saç* = Blech) zusammen mit Tomaten, Peperoni und Zwiebeln im eigenen Fett gebraten.

Unter die Bezeichnung *köfte* fallen frikadellenähnliche Hackfleischgerichte aus Hammel, Lamm oder Rind (gebraten oder gegrillt). Die leckeren „Frauenschenkel" *(kadınbudu)*, die mit Reis und Zimt verfeinert und anschließend paniert werden, haben ihren Namen übrigens von der Form der Frikadelle.

Türken lieben zudem Innereien wie z. B. gebratene Leber *(ciğer)* oder Nieren *(böbrek)*. Als Innereiensnack wird an vielen Straßenecken *kokoreç* angeboten: gegrillte Därme, die mit Zwiebel und Tomate ins Brot kommen (mancherorts auch *boklu sandviç* – „Sandwich mit Scheiße" – genannt). Nebenbei haben Sie auch noch die Möglichkeit, eine Vielzahl anderer Kuriositäten zu probieren, z. B. gegrillte Schafshoden *(koç yumurtası)*, gedünstete Schafsköpfe *(kelle)* oder gekochte Hammelfüße *(paça)*.

Wirt Hassan aus Üçağız …

Die Türkei für Vegetarier

Ein müdes Lächeln ist alles, was der gewöhnliche Türke einem Vegetarier entgegenbringt: Denn wer freiwillig auf so leckere Dinge wie *şiş kebap, köfte* oder Kuttelflecksuppe verzichtet, muss krank sein – oder verrückt. Doch keine Sorge: Auch ohne Fleisch kann man in der Türkei Köstlichkeiten genießen. Das Gros der Vorspeisen ist rein vegetarisch, zudem warten schmackhafte Gemüseeintöpfe, sämige Suppen, Salate und gefüllte Teiggerichte auf ihre Entdeckung. Um keine bösen Überraschungen zu erleben, vergewissern Sie sich am besten mit „Etsiz mi?" („Ist das ohne Fleisch?", gesprochen: „Ätsis mi?") und bekräftigen Ihre Frage mit „Et yemiyorum" („Ich esse kein Fleisch", gesprochen: „Ät jämijorum").

Gemüsegerichte: Gemüse *(sebze)* ist weniger Beilage als vielmehr die Grundlage türkischer Gerichte. Die Auswahl an Schmortöpfen, Aufläufen und Eintöpfen ist riesig. Beliebt sind insbesondere die Dolma-Gerichte. Dabei handelt es sich um gefülltes Gemüse, z. B. mit Reis und Hackfleisch gefüllte Zucchini *(kabak dolması)* oder Paprikaschoten *(biber dolması)*. Meist wird dazu Joghurt gegessen. Ebenfalls schmackhaft sind diverse Eintöpfe wie *kıymalı ıspanak* (Spinat mit Hackfleisch). Ein Genuss sind aber auch Kichererbsen *(nohut)* oder Okraschoten *(bamya)* mit Lamm. Achtung: Häufig schwimmt das Essen in Olivenöl – auf Mägen, die dergleichen nicht gewöhnt sind, kann dies die gleiche Wirkung wie eine gehörige Dosis Rizinusöl haben.

Fischgerichte: An Meeresfischen werden häufig Seebarsch *(levrek)* und Goldbrasse *(çupra o. çipura)* angeboten – beide Fischsorten sind relativ preiswert, da sie i. d. R. aus der Zucht kommen. Vor allem als Wildfang und oft nach Gewicht berechnet, stehen Steinbutt *(kalkan)*, Mittelmeermakrele *(kolyos)*, Brauner Zackenbarsch *(orfoz)*, Weißer Zackenbarsch *(lagos)*, Gabelmakrele *(kuzu balığı)*, Makrele *(uskumru)* und fangfrische Sardinen *(sardalya)* auf der Karte. Auch Thunfisch *(palamut* oder *orkinos)* kann in verschiedenen Zubereitungsarten genossen werden. Oktopus *(ahtapot)* und Calamares *(kalamar)* finden auch in leckeren Vorspeisensalaten Verwendung. Unter den Süßwasserfischen ist insbesondere die Forelle *(alabalık)* beliebt, im Hinterland findet man viele auf Forellen spezialisierte Restaurants.

… genießt unter Seglern Kultstatus.

Stichwort „Bio"

Die Türkei ist europaweit einer der größten Exporteure von Bioprodukten, daher richtet sich die Bio-Gesetzgebung nach EU-Standards, auch das staatliche Bio-Siegel wurde an das EU-Logo angelehnt. Im Land selbst sind Bioprodukte v. a. unter der jungen, reichen Oberschicht hip. Was die meisten Restaurantbesitzer an der Küste aber als „Bio" (türk. *organik*) verkaufen, ist nichts anderes als Gemüse aus dem eigenen Garten!

Süßspeisen und Obst: Eine der beliebtesten Süßspeisen *(tatlı)* ist *baklava,* ein Gebäck aus mehreren Teigschichten, zwischen die Mandeln und Pistazien eingestreut sind. Die kleinen Rechtecke werden mit einem Sirup aus Zucker, Zitronensaft und Honig übergossen. Genauso süß und klebrig ist *helva,* eine Kalorienbombe aus Weizenmehl, Sesamöl, Honig und Zucker. Unserem Geschmack vertrauter sind Mandelpudding *(keşkül)* oder Milchreis *(sütlaç)*. Experimentierfreudige sollten einmal *aşure* probieren, eine gallertartige Süßspeise, die, in bester Qualität zubereitet, mehr als 40 Zutaten enthalten muss, darunter Rosenwasser, Nüsse, Zimt und sogar Bohnen. Der Legende nach wurde sie auf der Arche Noah kreiert – man schüttete alle Speisereste zusammen und kochte sie auf. Ähnlich seltsam liest sich die Zusammensetzung von *tavuk göğüsü:* Hier werden klein gehackte Hühnerbrust, Reismehl, Milch und Zucker verarbeitet. All das und noch viel mehr bietet der *muhallebici* an, eine Art Süßspeisenschnellimbiss.

Auch mit Obst *(meyve)* schließt man gerne eine Mahlzeit ab. Je nach Jahreszeit werden Melonen, Feigen, Trauben, Pfirsiche, Kirschen, Erdbeeren, Granatäpfel oder Zitrusfrüchte serviert. Gründlich waschen!

Snacks: Nahezu eine komplette Mahlzeit ersetzt *börek,* eine blätterteigähnliche Strudelspezialität, die mit Hackfleisch, Spinat oder Schafskäse gefüllt wird. Mit ähnlichen Zutaten belegt man die *pide,* ein knuspriges Teigschiffchen. Eine Kostprobe wert ist auch *lahmacun,* die türkische Pizza mit Hackfleisch und Kräutern. *Mantı* nennen sich die türkischen Ravioli; man isst sie mit Knoblauchjoghurt, zerlassener Paprikabutter und Minze. Unübersehbar sind die *Simit*-Verkäufer; ihre Sesamkringel sind in der Früh am knusprigsten. Oft sieht man zudem Frauen *gözleme* zubereiten, eine Art Pfannkuchen, der auf verschiedene Arten süß oder herzhaft gefüllt wird. Und: Kosten Sie *kumpir,* wenn sich die Möglichkeit ergibt. Die gefüllten Riesenkartoffeln stopfen für etliche Stunden.

Was trinkt man?

Softdrinks: Ob *Pepsi* oder *Coke,* überall werden die auch bei uns bekannten Softdrinks angeboten. Zum Essen wird oft Wasser *(su)* auf den Tisch gestellt. Kommt es aus der Leitung, sollten Sie darauf verzichten. Empfehlenswert sind frisch gepresste Fruchtsäfte *(meyve suyu)*. Auch in der Dose werden überall leckere Fruchtsäfte verkauft. *Ayran* ist ein erfrischendes Mixgetränk aus Joghurt, Salz und kaltem Wasser, das ein wenig an Buttermilch erinnert.

Heißgetränke: Das türkische Nationalgetränk ist der *çay*. Der gute schwarze Tee aus den Plantagen der Schwarzmeerküste wird zu jeder Gelegenheit getrunken. Ob beim Frühstück, bei Geschäftsbesprechungen, im Teppichladen oder beim Friseur – nirgends fehlen die kleinen bauchigen Gläser. Für Nachschub wird stets gesorgt. *Elma çayı* nennt sich der unter Touristen sehr beliebte Apfeltee. Türkischen Mokka *(Türk kahvesi),* den man entweder süß *(şekerli),* mittelsüß *(orta şekerli)* oder ohne Zucker *(sade)* bestellt, trinkt man für gewöhnlich nach einem üppigen Essen. Wer auf Krümel zwischen den Zähnen wenig Wert legt, bestellt *Neskafe.* In schickeren Cafés bekommen Sie auch Cappuccino, Espresso oder Latte Macchiato.

Alkohol: Beliebt ist v. a. der *Rakı*, ein ca. 45 %iger Anisschnaps, der geschmacklich dem griechischen *Ouzo* ähnelt. Die Türken trinken ihn mit Eis und Wasser verdünnt aus schmalen, hohen 0,2-Liter-Gläsern. Er erhält dann eine milchig-trübe Färbung und wird nicht zuletzt deswegen auch „Löwenmilch" genannt. Rakı gilt als Magenelixier und Heilmittelchen gegen alle möglichen Beschwerden – zum Wohle des Landes werden daher jährlich 70 Millionen Liter abgefüllt. Guter Rakı unterscheidet sich von minderwertigem dadurch, dass er am Glasrand einen Film zieht, hochgeschätzt wird z. B. die Marke „Tekirdağ".

Neben Rakı wird auch gerne ein Bier *(bira)* zum Essen getrunken, am weitesten verbreitet ist das *Efes Pilsen*, das es auch *Unfiltered* gibt. Aus dem gleichen Haus kommt das *Gusta* (Weizenbier) oder das süffig-malzige *Bomonti*; zudem braut Anadolu Efes für den türkischen Markt das *Beck's*, das *Miller* und das *Mariachi*.

Türkischer Wein *(şarap)* kann hervorragend sein, immer öfter kassieren türkische Weine Goldmedaillen bei internationalen Wettbewerben. Dafür sorgen diverse autochthone – also in der Türkei heimische – Rebsorten, die bei uns (noch) weitgehend unbekannt sind. Weinliebhaber können sich also auf Überraschungen gefasst machen, sofern sie entdeckungsfreudig sind und die Gelegenheit zur Kostprobe haben (All-inclusive-Anlagen und leider auch viele Restaurants legen auf eine gute Weinauswahl keinen besonderen Wert). Unter den weißen autochthonen Sorten sind *Emir* (frisch, kräftig, ähnlich dem Silvaner), *Narince* (feine gelbfruchtige und leicht nussige Note) und *Sultaniye* (saftig, schmeckt jung am besten) hervorzuheben. Unter den roten Rebsorten sind dies *Öküzgözü* (öküz gözü = Ochsenauge; die „ochsenaugengroßen" Beeren werden zu feinwürzigen, gut strukturierten Weinen ausgebaut), *Boğazkere* (tanninreich, dunkel und lagerfähig) und *Kalecik Karası* (dezente Tannine, leichter Geschmack nach Kirsche). Einziger Haken: Türkische Weine sind, wie sämtlicher Alkohol, teuer. Supermarkt-Flaschenpreis ab 5 € (ab ca. 8 € kauft man genießbare Weine).

Teurer Trinkspaß: Nicht nur durch Restriktionen (Verkaufseinschränkungen und Konsumverbote) versucht die islamisch-konservative AKP den Alkoholkonsum im Land zu unterbinden, sondern auch durch höhere Steuern. Rakı z. B. verteuerte sich seit 2004 um 272 % (Inflation im gleichen Zeitraum 113 %). Das führt leider auch dazu, dass immer mehr Alkohol gepanscht wird. Kaufen Sie hochprozentigen Alkohol nur in vertrauenswürdigen Geschäften. Mit folgenden Restaurantpreisen müssen Sie rechnen: Flasche Bier (0,5 l) ab 3 €, Glas Wein ab 3,50 €, Flasche Rakı (35 cl) ab 21 €.

Ruinenstätte Hierapolis

Wissenswertes von A bis Z

Adressen

Befindet Sich Ihr Hotel in der XY Cad. 1208 Sok. Atatürk Mah.? Nicht verzweifeln, türkische Adressen sind ein Kapitel für sich. Hinter „Cad." (= Cadde) verbirgt sich i. d. R. eine größere Straße (gelegentlich auch Bul. = Bulvarı genannt), von der kleinere Gassen (Sok. = Sokak) abgehen, die in vielen größeren Städten mangels Ideenreichtum der Stadtväter oft nur nummeriert sind. D. h., eine 5. Sokak gibt es mehrmals, nur die Zuordnung zur abgehenden Hauptstraße lässt auf ihre Lage schließen. Straßen und Gassen zusammen ergeben wiederum ein Mah. (Mahalle = Stadtviertel), die Untereinheit eines Stadtteils. Doch damit nicht genug: Suchen Sie eine Adresse mit der Bezeichnung 1208 Sok. XY Apt. 22 D:5 K:2? Keine Sorge. Neben der Hausnummer (= 22) erhalten viele Apartmentblocks (= Apt.) zusätzliche Bezeichnungen. Ihre gesuchte Adresse befindet sich damit in Hausnr. 22 der 1208 Sok., und zwar hinter der Wohnungstür 5 (D = Daire = Wohnung/Büro) im 2. Stock (K = Kat = Stockwerk).

Ärztliche Versorgung

Auch wenn zwischen Ihrem Land (Deutschland, Österreich oder Schweiz) und der Türkei ein Sozialversicherungsabkommen besteht, ist der Abschluss einer privaten **Auslandsreisekrankenversicherung** dringend zu empfehlen. Zum einen haben Sie mit einer privaten Auslandsreiseversicherung eine mehr oder weniger freie Arztwahl (die privaten Krankenhäuser sind oft besser ausgestattet als die staatlichen), zum anderen gewährleistet diese i. d. R. auch den Krankenrücktransport. Das vorgestreckte Geld für Behandlung und Medikamente wird in der Heimat nach Vorlage einer Quittung mit Stempel, Datum und Unterschrift des türkischen Arztes bzw. Apothekers erstattet.

Für kleinere Fälle reicht es häufig auch aus, wenn Sie eine Apotheke aufsuchen und dem Apotheker irgendwie Ihr Leid verdeutlichen. Dieser beherrscht zwar meist keine Fremdsprache, die Mittelchen gegen die gängigsten Touristenleiden hat er aber schon unzählige Male über den Ladentisch gereicht. Bei Durchfall hilft oft schon, einen kleinen Löffel Teeblätter und/oder gesalzenen Schwarzen Tee hinunterzuwürgen.

Deutschsprachige Ärzte und das jeweils nächstgelegene Krankenhaus sind im Reiseteil unter der Rubrik „Basis-Infos" bzw. „Adressen" aufgeführt. Auch die Konsulate und Botschaften des Heimatlandes erteilen Auskünfte über deutschsprachige Ärzte.

Apotheken   In türkischen Apotheken (*ezcane*, Mo–Sa 9–19 Uhr) gibt es kaum etwas, was es bei uns nicht auch gibt, vieles jedoch unter einem anderen Namen, zudem rezeptfrei und preiswerter. Arzneimittel, auf die Sie ständig angewiesen sind, sollten Sie trotzdem sicherheitshalber von zu Hause mitbringen – im Falle von Viagra ist dies übrigens nicht vonnöten. Im Schaufenster ist der nächstgelegene Notdienst (*nöbetçi*) vermerkt.

Schutzimpfungen   Vorgeschrieben ist nichts. Es wird jedoch geraten, die eigenen Daten zu den Standardimpfungen entsprechend dem Impfkalender des Robert-Koch-Instituts (www.rki.de) zu überprüfen und zu vervollständigen. Des Weiteren ist eine Impfung gegen Hepatitis A ratsam.

Mückenstiche   Moskitos gibt es mancherorts viele, mancherorts wenige, aber es genügt ja nachts nur ein einziges dieser Biester am Ohr, um verrückt zu werden ... Gegen Moskitos und Zecken hilft z. B. *Nobite* (vor Ort nicht erhältlich) oder *Moustidose* (auch vor Ort erhältlich). Dem quälenden Juckreiz nach Insektenstichen rückt man am besten mit *Stilex* auf den Leib – das türkische Pendant zum *Fenistil-Gel* ist in jeder Apotheke zu bekommen.

> Falls Sie während Ihres Aufenthalts ein Schnupfen plagt: Öffentliches Naseputzen gilt in der Türkei als sehr unfein!

Ausgrabungsstätten und Museen

Ephesus, Aphrodisias, Xanthos oder Aspendos sind antike Ausgrabungsstätten von Weltrang. Im Reisegebiet stoßen Sie aber auf eine Vielzahl weiterer Ausgrabungsstätten, braune Schilder machen auf sie aufmerksam. Die bedeutendsten und sehenswertesten sind im Reiseteil beschrieben.

Die Eintrittspreise für antike Stätten und archäologische Museen sind nicht einheitlich und werden jährlich neu festgesetzt, Preissprünge von 30–50 % (nach oben oder unten) sind keine Seltenheit. Ermäßigungen für ausländische Studenten mit einer ISIC-Karte gab es 2013 nicht – das kann sich jedoch wieder ändern, fragen Sie stets nach. Fotografieren oder Filmen (Video) kostet gelegentlich extra, und dann meist nicht wenig (bis zu 10 €). Es gibt aber auch eine Vielzahl von Ausgrabungsstätten, die frei und kostenlos zugänglich sind. Nicht selten versuchen dort allerdings selbsternannte Aufseher, Touristen ein paar Lira abzuknöpfen. Lassen Sie sich nicht übers Ohr hauen – wer von offizieller Seite dazu befugt ist, kann Ihnen eine Eintrittskarte aushändigen. Türkische Staatsbürger haben die Möglichkeit, eine sog. *Müze Kart* zu erwerben, die für umgerechnet 13 € für ein Jahr Zutritt zu den meisten Ausgrabungsstätten und Museen des Landes gewährt (Infos unter www.muzekart.com). Zu den Öffnungszeiten → S. 53.

Antike Stätten – die wichtigsten Begriffe

Agora: Markt und Versammlungsplatz in der griechischen Antike; meist von einem Säulengang mit Geschäften umringt

Akropolis: Burgberg, auch Oberstadt

Andron: Männerhaus

Architrav: auf Säulen ruhender Hauptbalken (meist aus Stein)

Basilika: zentrale römische Halle, bei der die Seitenschiffe niedriger als das Hauptschiff liegen, erst später für Kirchen verwendet

Bouleuterion: Ratssaal des Senats in hellenistischer und römischer Zeit

Cavea: Zuschauerraum des antiken Theaters, in römischer Zeit meist halbkreisförmig, in griechischer meist darüber hinausgehend

Cella: Hauptraum eines Tempels, meist mit einer oder mehreren Kultstatuen

Gymnasion: Zentrum für athletisches Training, ursprünglich Teil einer Schule

Heroon: Kultbau zu Ehren eines Helden oder Würdenträgers

Kapitell: oberster Abschluss einer Säule

Nekropole: Gräberfeld

Nymphäum: Brunnenanlage

Odeion: theaterähnliches Gebäude für kleinere kulturelle Veranstaltungen

Orchestra: Spielfläche des Theaters

Palästra: Ringkampfplatz

Pantheon: Tempel für alle Götter

Peristyl: Säulenhalle um einen Hof

Pronaos: Vorhalle eines Tempels

Propylon: Torbau

Stoa: Säulenhalle

Baden

Die Lykische Küste bietet einige der schönsten und bekanntesten Strände der Türkei, man denke nur an Ölüdeniz oder Patara. Aber auch abseits dieser Paradeexemplare findet man herrliche Strände und eine Vielzahl idyllischer Buchten. Die Wasserqualität ist fast überall sehr gut, an vielen Stränden weht die blaue Flagge (Infos unter www.blueflag.org). An nur wenigen Stränden sind jedoch ausgebildete Rettungsschwimmer stationiert – eine Schande für ein Land, das so vom Badetourismus profitiert.

Durchschnittliche Wassertemperatur im Golf von Antalya in °C

Januar	Februar	März	April	Mai	Juni
15	14	15	16	18	21

Juli	August	September	Oktober	November	Dezember
24	25	24	22	19	17

Nacktbaden ist in der Türkei verboten. Oben ohne wird vor den Clubhotels der touristischen Zentren praktiziert, andernorts aber nur von schnauzbärtigen Spannern aus dem Hinterland gern gesehen.

Diplomatische Vertretungen

Die Botschaften Deutschlands, Österreichs und der Schweiz befinden sich in Ankara. Deutschland und Österreich sind zudem durch Konsulate im Reisegebiet vertreten. Als Anlaufstellen stehen sie aber nur in extremen Notfällen zur Verfügung.

Türkische Botschaften Deutschland, Tiergartenstr. 19–21, 10785 Berlin, ☎ 030/275850, http://berlin.be.mfa.gov.tr.

Österreich, Prinz-Eugen-Str. 40, 1040 Wien, ☎ 01/5057338, http://viyana.be.mfa.gov.tr.

Schweiz, Lombachweg 33, 3006 Bern 15, ☎ 031/3597070, http://bern.be.mfa.gov.tr.

Botschaften in der Türkei Deutsche **Botschaft**, Atatürk Bul. 114, 06690 Ankara,

☎ 0312/4555100, www.ankara.diplo.de.

Österreichische Botschaft, Atatürk Bul. 189, 06680 Ankara, ☎ 0312/4055190, www.bmeia.gv.at/botschaft/ankara.html.

Schweizer Botschaft, Atatürk Bul. 247, 06680 Ankara, ☎ 0312/4573100, www.eda.admin.ch/ankara.

Konsulate im Reisegebiet → Antalya/ Adressen, S. 74.

Ein- und Ausfuhrbestimmungen

Zollfrei in die Türkei eingeführt werden dürfen neben Waren des persönlichen Bedarfs 200 g Tabak oder 400 Zigaretten (billiger in den Duty-free-Shops vor der Zollabfertigung auf türkischen Flughäfen), eine 1-l-Flasche oder zwei 0,75-l-Flaschen Spirituosen, max. zehn Zuchtfische sowie Geschenke im Wert bis 300 €.

Für die Ausfuhr antiker Gegenstände aus der Türkei benötigt man die schriftliche Genehmigung eines Museumsdirektors. Das gilt für alte, behauene Steine genauso wie für Siegel, Orden, Teppiche usw. Bei Zuwiderhandlung drohen hohe Haftstrafen. Die Mitnahme von Mineralien bedarf ebenfalls einer schriftlichen Bestätigung (zuständig dafür MTA in Ankara, ☎ 0312/2873430). Bei der Ausfuhr von Teppichen muss eine Quittung vorgelegt werden. Auf der Rückreise dürfen für den privaten Gebrauch gekaufte Waren (wie z. B. Kleidung) nach Deutschland und Österreich bis zu einem Wert von 430 € (300 € auf dem Landweg) zollfrei eingeführt werden, für Schweizer gilt die Obergrenze von 300 sfr.

Einkaufen und Handeln

Vieles ist im westeuropäischen Vergleich preiswert, vieles aber auch von minderer Qualität. Lederwaren, Teppiche, Goldschmuck, Keramik, Tee, Gewürze, Onyxprodukte und alle Dinge, die einen Hauch von Orient erwecken, zählen zu den beliebtesten Souvenirs. Dazu T-Shirts, Jacken und Hosen mit dem Schriftzug bekannter Designer – Imitate, die zumindest ihren Zweck erfüllen. Aber Achtung vor den täuschend echt verpackten Parfüms.

Am besten kauft man in Boutiquen und Einkaufszentren der größeren Städte ein. In den Shoppingmalls von Antalya bekommt man Markenklamotten z. T. 30 % billiger als daheim. Auf Märkten, wo es keine Festpreise gibt, müssen Sie handeln. Um aber gut handeln zu können, sollten Sie den Wert und die Echtheit einer Ware einschätzen können. Türkische Händler sind leider, ohne es böse zu meinen, fast durch die Bank Schlitzohren. Lassen Sie sich also kein Kunstleder als Nappa verkaufen und glauben Sie nur einen Bruchteil von dem, was Ihnen erzählt wird ... Falls Sie schon vor der Abreise wissen, dass Sie sich für Goldschmuck oder einen Teppich interessieren, so machen Sie sich am besten im Heimatland mit den Produkten und deren Preisen vertraut.

Unter *pazar* verstehen die Türken übrigens einen Wochenmarkt mit Gemüse-, Käse-, Klamotten- und Schuhständen. Feste Einrichtungen wie den Basar von Antalya oder Marktviertel mit richtigen Läden nennt man in der Türkei hingegen *çarşı*.

Mehrwertsteuerrückerstattung: Wer in Geschäften und Boutiquen mit dem Tax-free-Symbol am Schaufenster Waren im Wert von umgerechnet ca. 70 € und mehr einkauft, kann sich bei der Ausreise an sog. „Cash Refund Offices" am Flughafen Antalya (in Terminal 1 und 2) und am Flughafen Dalaman die Mehrwertsteuer (uneinheitlich, auf Textilien z. B. 8 %) zurückerstatten las- sen. Dafür bedarf es eines vollständig aus- gefüllten Tax-free-Schecks vom Verkäufer.

Elektrizität

Die elektrische Spannung beträgt 230 Volt – i. d. R. benötigt man für mitgebrachte Geräte keine Adapter. Zur Sicherheit kann man jedoch einen für Südosteuropa ins Gepäck stecken.

Feste und Feiertage

Von vielen Feiertagen bekommt man in den Touristenzentren an der Küste nur wenig mit.

Hinweis: Wer während des Opfer- oder Zuckerfestes in der Türkei ist, sollte Zimmer und Tickets frühzeitig buchen – das halbe Land ist dann zur Ver- wandtschaft unterwegs oder nutzt die Tage für einen Kurzur- laub. Ramadan → S. 49.

1. Januar: Neujahr

23. April: Unabhängigkeitstag – am 23.4.1920 versammelte sich das Parlament in Ankara zu seiner ersten Sitzung. Wird heute auch als „Tag der Kinder" gefeiert.

1. Mai: Frühlingsfest (inoffizieller Feiertag, Ersatz für den ehemaligen Tag der Arbeit).

19. Mai: Beginn des nationalen Befreiungs- kriegs (1919). Heute Tag der Jugend und des Sports.

29.–31.7.2014, 18.–20.7.2015, 7.–9.7.2016: Zuckerfest (Şeker Bayramı), → S. 49.

30. August: Tag des Gedenkens an den Sieg über die Griechen im Jahr 1922.

4.–7.10.2014, 23.–26.9.2015, 12.–15.9.2016: Opferfest (Kurban Bayramı), → S. 49.

29. Oktober: Tag der Republik – am 29.10.1923 wurde die Türkische Republik aus- gerufen. Aufmärsche begleiten das Fest.

10. November: Todestag Atatürks (1938) – quasi ein halbamtlicher Feiertag, aber nicht gesetzlich verankert. Ein Großteil der Bevöl- kerung gedenkt des Gründers der Türki- schen Republik und bleibt der Arbeit fern.

Flora und Fauna

Eine typisch mediterrane Vegetation mit Pinien- und Zypressenwäldern sowie ge- strüppartige Macchia, bestehend aus Oleander, Stechpalme, Kermeseiche, Buchs- baum, Myrte, Lavendel, Johannisbrotbaum usw., prägt die Lykische Küste. In höhe- ren Lagen ist die Brutische Kiefer die vorherrschende Baumart, vereinzelt finden sich dort auch Tannen, Schwarzföhren und die Libanonzeder. Den Holzreichtum des Taurus schätzte man schon in der Antike, bis nach Ägypten exportierte man Stämme für den Bootsbau. Zu Füßen des Taurusgebirges, das die Küste vom zentral- anatolischen Hochland abschirmt, erstrecken sich Olivenhaine und Baumwollfel- der, dazu dominieren Gewächshäuser für den Gemüseanbau. Geerntet wird von der Tomate bis zur Melone alles, auch Bananen, Weintrauben, Feigen, Zitrusfrüchte usw.

Unkontrollierte Jagden auf jegliches Wild haben dazu geführt, dass sich die Tierbe- stände in freier Natur stark dezimiert haben. Die Löwen starben in der Türkei schon im 19. Jh. aus. In den Tauruswäldern tummeln sich jedoch noch Rehe, Hirsche, Füchse, Wildschweine, Dachse, Iltisse, Baum- und Steinmarder und die vom Aus- sterben bedrohten Stachelschweine oder Nagetiere - wie das dem Murmeltier ver- wandte putzige Ziesel. Wölfe und Bären kommen nur noch in den abgeschieden- sten Regionen des Taurus vor.

Souvenirs aus Kaş: Klasse statt Kitsch

Hinweise zum Teppichkauf

Die Türkei ist bekannt als ein Land, in dem man preiswert Teppiche kaufen kann. Das setzt aber voraus, dass man sich mit der Materie auskennt und genau weiß, was man will. Nur dann wird der Teppich zum Schnäppchen. Das Gros der Urlauber jedoch, das sich spontan zu einem Kauf hat überreden lassen, bringt i. d. R. einen überteuerten und dazu noch einen viel zu großen oder viel zu kleinen Teppich mit nach Hause, der zudem oft farblich nicht einmal in die Wohnung passt.

Um einen guten Preis aushandeln zu können, sollten Sie in der Lage sein, Qualität von Billigware zu unterscheiden. Vergessen Sie den Ratschlag, ein Produkt um ein Drittel herunterzuhandeln, um einen guten Preis zu erzielen. Das gelingt jedem beim zehnten Tee. Auch die Händler kennen diesen Ratschlag, und wer sagt Ihnen, dass diese nicht bei einem vielfach höheren Preis anfangen?

Daher unser Tipp für alle, die keine Ahnung von Teppichen haben: Kaufen Sie – wenn überhaupt – ein billiges Stück als Souvenir, das notfalls in einer Kiste auf dem Dachboden die Motten ernährt, oder gehen Sie zu Hause in ein Fachgeschäft. Dort dürfen Sie den Teppich gegen Pfand mitnehmen und können ihn in Ihren vier Wänden zur Probe auslegen.

Wer dennoch als Ahnungsloser sein Glück versuchen will, sollte wenigstens den Eindruck eines Teppichexperten erwecken. Dazu gehört der fachmännische Blick auf die Dicke der Knoten sowie die Frage nach der Anzahl der Knoten je Quadratzentimeter. Hantieren Sie mit dem Stück unter freiem Himmel etwas herum, teilen Sie gar den Flor mit den Fingern, um die Farbechtheit zu testen. Riechen Sie daran: Um neue Teppiche kostbar alt aussehen zu lassen, werden sie gerne gechlort. Passen Sie auf, dass Sie beim berüchtigten Gewebetest mit dem Feuerzeug kein Loch in den Teppich brennen, sonst sind Sie unten durch. Fragen Sie zudem, ob der Teppich fliegen kann. Wenn nicht, drücken Sie sofort den Preis um 50 %. Beherzigen Sie die Ratschläge, dann weiß der Händler, dass Sie zumindest gewisse Grundkenntnisse besitzen. Und noch etwas: Lassen Sie sich niemals aus Bequemlichkeit auf das Angebot des Händlers ein, dass er Ihnen den Teppich mit der Post nach Hause schickt!

Freiheit für Flipper!

An der türkischen Mittelmeerküste eröffnete bis 2010 ein Delfinarium nach dem anderen. Viel Geld ließ sich damit verdienen, man sprach von bis zu 20.000 € Tagesumsatz. Die Tiere kamen häufig aus blutigen Treibjagden vor der japanischen Küste. Man schätzt, dass die Japaner rund 20.000 Delfine jährlich abschlachten. Die schönsten Exemplare lassen sie aber am Leben, denn der Verkauf der Meeressäuger (bis 150.000 € pro Exemplar) an Delfinarien macht die Treibjagd überhaupt erst lukrativ. In die Schlagzeilen der internationalen Medien kam das Thema durch den Dokumentarfilm *The Cove* (www.thecovemovie.com), daraufhin nahmen diverse Reiseveranstalter den Besuch von Delfinshows aus ihrem Programm. Bitte unterstützen Sie den Boykott von Delfinarien – damit die blutigen Treibjagden vor Japans Küsten enden, aber auch, weil eine artgerechte Haltung von Delfinen in Gefangenschaft nicht möglich ist. Schon gar nicht in einem Land ohne jegliche Tierschutzkultur; in einem Land, in dem sich Hoteliers zur Unterhaltung der Gäste auch schon mal Delfine im Hotelpool leisteten.

Am Boden kriechen Eidechsen, Geckos und Schildkröten (Letztere gibt es zu Land und zu Wasser). Bei Wanderungen sieht man gelegentlich auch Schlangen, von den 37 in der Türkei vorkommenden Arten gehören die meisten zu den Familien der Nattern, Vipern und Ottern und sind größtenteils ungiftig (bezüglich der Gefahren am Wegesrand → Kleiner Wanderführer, S. 247). Nicht selten sind ferner Chamäleons – allerdings fallen sie naturgemäß wenig auf.

Unter den Vögeln faszinieren Störche, die in der Türkei nicht gejagt werden dürfen, zudem gibt es viele Raubvögel wie Adler, Falken und Bussarde. Ornithologen können sich am Strand von Patara und im Dalyan-Delta zudem auf Grau- und Purpurreiher, Eisvögel, Weißstörche, Cistensänger, Nachtschwalben und anderes Federvieh freuen.

Zum Schluss noch ein Hinweis in Sachen „tierische Quälgeister": Moskitos, Flöhe und Kakerlaken sehen nicht nur die Wälder als ihre Heimat an!

Frauen

Die Stellung der Frau in der Türkei ist nicht mit der der Frauen in arabischen Ländern gleichzusetzen. Dies hängt zum einen mit Atatürks Reformen aus den 1920ern (→ Geschichte) zusammen, zum anderen mit dem 2005 in Kraft getretenen, neuen Strafgesetzbuch, mit dem Ankara Forderungen der EU erfüllte. Dieses stärkte die Rechte der Frauen enorm: Vergewaltigung in der Ehe ist seitdem Straftatbestand und sog. „Ehrenmördern", denen im Gerichtssaal zuvor viel Milde gewährt wurde, drohen lebenslange Haftstrafen.

Zwischen den Rechten der Frauen und den von der männlichen Gesellschaft auferlegten Zwängen herrscht jedoch, je nachdem, wo man sich in der Türkei aufhält, eine große Diskrepanz. Das Emanzipationsgefälle in der Türkei hat wesentlich mit der Ausbildung der Frauen zu tun. Während an der Mittelmeerküste und in den modernen Städten des Landes über 50 % der weiblichen Arbeitskräfte eine Ausbildung besitzen, die über das Grundschulniveau hinausgeht, sind es auf dem Lande gerade 5 %. Polygamie und verkaufte Bräute in minderjährigem Alter (obwohl das

Ehealter gesetzlich auf 18 Jahre heraufgesetzt wurde) gehören in vielen unterentwickelten Regionen, v. a. Südostanatoliens, noch immer zum Alltag. Zugleich haben in der Türkei weit mehr Frauen als in vielen anderen europäischen Ländern Führungspositionen inne. Allein ein Drittel der Ärzte, ein Viertel der Anwälte und ein Fünftel der Richter sind Frauen.

Allein reisende Frauen: Es ist kein Problem, als Frau alleine die Lykische Küste zu bereisen. In touristischen Zentren oder westlich orientierten Städten wie Antalya, wo auch Türkinnen mit hohen Absätzen und Minirock über die Gehwege flanieren, fällt die Anmache – wenn überhaupt – nicht anders aus als in Italien oder Spanien. Um prinzipiell Unannehmlichkeiten vorzubeugen, ist es ratsam, dezente Kleidung zu tragen und dazu einen Ehering (auch wenn er aus dem Automaten ist). Zu einer ehrbaren, unantastbaren Frau werden Sie auch, wenn Sie Fotos von Ihrem Mann und Kind mitbringen (falls Sie beides nicht haben, tut's auch ein Bild mit dem Schwager und dessen Kindern). Spricht man Sie an, bleiben Sie formell und höflich, aber vermeiden Sie übertriebene Freundlichkeit und Augenkontakt, beides wird gerne fehlinterpretiert. Wandernde Hände im überfüllten Dolmuş o. Ä. (passiert selten) kommentiert man lautstark, egal in welcher Sprache. Die Schande für den Betroffenen wird groß und die Empörung der Umgebung offensichtlich sein. Auch in gehobenen Bars und Diskotheken brauchen Touristinnen ohne männliche Begleitung keine Rüpeleien zu befürchten, dafür sorgen Türsteher. Den nächtlichen Heimweg sollte man am besten in einem Taxi zurücklegen.

Geld

Gesetzliches Zahlungsmittel ist die Türkische Lira (*Türk Lirası*, kurz TL, nur in Finanzkreisen Try). In Umlauf sind Banknoten im Wert von 5, 10, 20, 50, 100 und 200 TL, zudem Münzen zu 1 TL sowie zu 5, 10, 25 und 50 *Kuruş* (KR, 100 KR = 1 TL).

1 € = 2,75 TL, 1 sfr = 2,23 TL (Stand November 2013)

Devisenvorschriften Bargeldbeträge im Gegenwert von über 5000 US-Dollar müssen bei der Ausreise deklariert werden.

Geldwechsel Banken (i. d. R. Mo–Fr 9–12 u. 13.30–17 Uhr) und Wechselstuben gibt es en masse. Die Kursunterschiede sind insgesamt gering.

Bankomaten Sind weit verbreitet. Der Kurs beim Abheben mit der Bankkarte *(Maestro)* ist besser als beim Barumtausch. Jedoch fressen die dafür anfallenden Gebühren (Infos dazu bei Ihrer Bank) den Kursvorteil beim Ziehen niedriger Summen wieder auf. Daher am besten in die Vollen gehen, je nach Bankomat sind mit der Maestro-Karte max. 1000 TL/Tag möglich, so manche Automaten rücken jedoch nicht mehr als 600 oder 800 TL heraus.

Kreditkarten werden in allen besseren Restaurants, Hotels und Geschäften akzeptiert. Bei ausgehandelten Preisnachlässen in Hotels z. B. muss oft bar gezahlt werden.

Verlust der Kredit- oder Maestro-Karte Deutsche wählen die Servicenummer 0049-116116. Abhängig vom Ausstellungsland der Karte gelten zudem folgende Spermmummern: Für **American Express:** ☎ 0049-69-97971000 (D/A), ☎ 0041-44-6596333 (CH); **Diners Club:** ☎ 0049-180-5070704 (D), ☎ 0041-58-6661111 (CH), ☎ 0043-1-50135135 (A); **Visa:** ☎ 00800135 350900 (Servicenr. in TR für D, A, CH); **Master/Eurocard:** ☎ 00800138870903 (Servicenr. in TR für D, A, CH); **Maestro-Karte:** ☎ 0049-1805021021 (D), ☎ 0043-1-2048800 (A), ☎ 0041-800800488 (Credit Suisse), 0041-442712230 (für alle anderen Schweizer Maestro-Karten).

Trinkgeld In Restaurants (→ Tipping-Tipps, S. 33) gibt man i. d. R. 10 %, Masseuren, Zimmermädchen oder Friseuren rund einen Euro. Lediglich Taxifahrer gehen leer aus.

Ermäßigungen Studenten → Ausgrabungsstätten und Museen, S. 39.

Information

Touristeninformationen (**Turizm Danışması**) finden Sie vor Ort in allen größeren Urlaubszentren (→ Reiseteil, Basis-Infos/Information).

Fremdenverkehrsämter der Türkei
Baseler Str. 37, 60329 Frankfurt/M., ☎ 069/233081.

Tauentzienstr. 9–12, 10789 Berlin, ☎ 030/2143752.

Singerstr. 2/8, 1010 Wien, ☎ 01/5122128.

Stockerstraße 55, 8001 Zürich, ☎ 044/2210810.

> Interessante Links und aktuelle Informationen zu diesem Buch finden Sie auch im Internet auf den Seiten des Michael Müller Verlags unter der Adresse: www.michael-mueller-verlag.de.

Infos im Internet www.goturkey.com: offizielle Seite des **Kultur- und Tourismus-ministeriums**

www.hurriyetdailynews.com: Webseite der englischsprachigen Tageszeitung *Daily News & Economic Review.*

www.deutsch-tuerkische-nachrichten.de: deutschsprachiges Internetmagazin zu Gesellschaft und Politik, aber auch zu Sport und anderen Themen.

www.kultur.gov.tr: informiert u. a. über die Museen und Ausgrabungsstätten des Landes.

www.neredennereye.com: englisch-türkische Seite (z. T. auch auf Deutsch); informiert über Bahn-, Flug- und Busverbindungen, leider werden nicht alle Strecken und Transportunternehmen berücksichtigt.

www.reisemangel.de: Die Seite zum Thema Reiserecht. Informiert über Schadensersatzansprüche laut Frankfurter Liste, wenn Ihr Flug Verspätung hat, Ihr Hotel zu laut ist usw.

Internetzugang

Viele Hotels und Pensionen bieten WLAN oder verfügen über einen oder mehrere Terminals mit Internetzugang für ihre Gäste. Zudem offerieren Restaurants, Bars oder Cafés WLAN. Die Zahl der Internet-Cafés (1–1,50 €/30 Min.) nimmt von Jahr zu Jahr ab; da sich deren Adressen zudem ständig ändern, sind sie nicht im Reiseteil aufgeführt. Wollen Sie sich mit Ihrem Smartphone häufiger ins türkische Netz einwählen, so empfiehlt sich der Kauf eines Datenpakets bereits im Heimatland (→ Telefonieren/Mobiles Internet).

Islam

Der Islam (arab. = Unterwerfung, Hingabe), die jüngste der großen Weltreligionen, ist ebenso wie das Judentum und das Christentum eine streng monotheistische Religion, d. h. seine Anhänger glauben an den einen allmächtigen Gott. Nach islamischer Auffassung ist Allah Schöpfer und Bewahrer aller Dinge und allen Lebens. Er versorgt, führt und richtet die Menschen, wobei sich das Richten auf den Tag des Jüngsten Gerichts bezieht, an dem die „Geretteten" ins Paradies eingehen, während die „Verdammten" in die Hölle absteigen.

Religionsstifter war Mohammed (um 570–632), der als Waisenkind in ärmlichen Verhältnissen in Mekka aufwuchs. Sein religiöses und politisches Wirken begann um 610, nachdem ihm in einer Vision der Erzengel Gabriel erschienen war. In seiner Geburtsstadt stand man seinen öffentlichen Auftritten zunächst sehr skeptisch gegenüber. Erst in Medina, wohin er 622, dem Beginn der islamischen Zeitrechnung, abgewandert war, verschaffte sich Mohammed weltliche und geistliche Autorität und wurde als Gesetzgeber und Prophet allgemein akzeptiert. Einige der von ihm verbreiteten Botschaften hatten für die damalige Zeit geradezu revolutionäre Inhalte, z. B. die Verdammung der Sklaverei im Namen Gottes.

Die Rolle, die der islamische Glaube in der Türkei einnimmt, ist von Region zu Region, teils aber auch von Stadtviertel zu Stadtviertel verschieden. Mancherorts, wie in den unbeschwerten, westlich orientierten Küstenorten, scheint sie gar gegen null zu tendieren. Doch schon ein paar Kilometer weiter im Landesinnern kann alles anders aussehen. Den laizistisch geprägten Regierungen der Vor-AKP-Zeit waren religiös-fundamentalistische Strömungen stets ein Dorn im Auge. So ernennt der Staat bis heute die Vorbeter (Imame) und schreibt vor, was gepredigt und in Korankursen gelehrt werden darf. Aus der strengen Kontrolle wurde jedoch mit der Machtübernahme der AKP gegenseitiger Zuspruch. Seitdem sprießen Moscheen wie Pilze aus dem Boden, alte werden aufwändig restauriert.

Koran und Sunna sind die grundlegenden Quellen der islamischen Glaubenslehre. Dabei wird der Koran, der aus 114 Suren (Kapitel) besteht, als das authentische Wort Gottes verstanden, das Mohammed durch den Erzengel Gabriel übermittelt wurde. Daraus erklärt sich der Unfehlbarkeitsanspruch, der dem Koran zugeschrieben wird. Grundlage der Sunna (arab. = Gewohnheit) hingegen bilden die Hadithe, die Überlieferungen der Aussagen und Taten Mohammeds. Die Sunna wird im Unterschied zum Koran nicht für unfehlbar gehalten.

Propheten: Da die Menschen moralisch schwach und fehlbar sind, schickt Gott ihnen Propheten, welche die göttliche Botschaft verbreiten, an der sich das Handeln der Menschen orientieren soll. Zu diesen Propheten zählt im Islam neben Abraham und Moses u. a. auch Jesus. Die christliche Auffassung, nach der es sich bei Jesus um den Sohn Gottes handelt, wird vom Islam nicht geteilt. Die Muslime glauben dagegen, dass sich das Prophetentum mit Mohammed vollendet hat und der Koran die letztgültige und vollkommenste Offenbarung Gottes ist.

Abendstimmung in der Bucht von Kalkan

Islamische Gruppierungen: Streitigkeiten um die Nachfolge des Propheten führten nach Mohammeds Tod zu einer Spaltung der Muslime in zwei Hauptgruppen: Sunniten und Schiiten. Über 70 % der Türken sind Sunniten. Die Sunniten sahen im Kalifen den rechtmäßigen Nachfolger Mohammeds und das Oberhaupt der muslimischen Welt. Für die Schiiten (ihr Name leitet sich vom arabischen Wort *Schia* für „Partei" ab) hingegen konnte diesen Führungsanspruch nur ein Blutsverwandter des Propheten wahrnehmen. Da dieser aber keine überlebenden Söhne hinterlassen hatte, sahen die Schiiten in Ali, Vetter und Schwiegersohn Mohammeds, und seinen Nachkommen die legitimen Nachfolger.

Rund 20 % der Türken sind Aleviten (darunter viele Kurden), die der Schia zugerechnet werden. Mit der Schia iranischer Prägung hat der Alevismus nur die Nachfolgeregel gemein, lehnt als libertäre Glaubensrichtung jedoch z. B. die Scharia ab. Dieses antiquierte islamische Rechtssystem beruht auf einer über 1000 Jahre alten, nahezu unveränderten Auslegungsvariante des Korans und der Sunna und beschreibt die Rechte und Pflichten des Einzelnen in der Gemeinschaft.

Die fünf Säulen des Islam: Die als die fünf Säulen des Islam bekannten Pflichten werden als zentrale Bestandteile im Leben eines jeden Muslims angesehen. Die erste Pflicht ist das Glaubensbekenntnis *(kelimei şahadet*: „Ich bezeuge, dass es keinen Gott gibt außer Allah, und Mohammed ist sein Prophet …"), die zweite sind die fünf täglichen Gebete *(namaz)* mit den vorgeschriebenen Waschungen, die dritte ist die Almosengabe an Bedürftige *(zekat)*, die vierte das Einhalten des Fastenmonats Ramadan *(oruç)* und die fünfte die Pilgerfahrt nach Mekka *(hac)*. Bei einigen Geboten gibt es etwas Spielraum. So braucht der Muslim seine Pilgerfahrt nur dann durchzuführen, wenn er gesund ist und es ihm (finanziell) möglich ist. Die Waschungen können notfalls ohne Wasser, d. h. als bloßes Ritual, ausgeführt werden, und schwangere Frauen können aus gegebenem Anlass die Fastenzeit verschieben.

Moschee: Moscheen (türk. *cami*) sind die islamischen Sakralbauten. Für gewöhnlich betritt man eine Moschee über einen Vorhof *(avlu)*, wo am Reinigungsbrunnen *(şadırvan)* die rituellen Waschungen vor dem Gebet vorgenommen werden. Zur Grundausstattung des mit Teppichen ausgelegten Gebetssaals gehören eine Gebetsnische *(mihrab)*, die stets in Richtung Mekka weist, eine Kanzel für die Freitagspredigt *(minbar)* und ein Stuhl oder eine Art Thron *(kürsü)*, von dem der Vorbeter *(İmam)* Passagen aus dem Koran verliest. Männer und Frauen beten getrennt, stets jedoch Richtung Mekka. Indem man kniet und den Kopf zu Boden neigt, zeigt man Allah Demut und Respekt. Zum Gebet ruft fünfmal am Tag der Muezzin vom Minarett der Moschee. Die Minarette kamen übrigens erst im 8. Jh. auf, zuvor kletterten die Muezzins dazu aufs Dach. Heute ertönt der für Europäer so verheißungsvoll und orientalisch klingende Gebetsruf meist nur noch aus dem Lautsprecher.

Hinweis: Türkische Moscheen können von Nichtmuslimen jederzeit besucht werden – nur zur Gebetszeit werden Touristen oft abgewiesen. Beachten Sie die Kleidervorschriften: Herrenbeine und -arme dürfen nicht entblößt sein, der Rock der Dame sollte mindestens knielang sein, ihr Kopf (Kopftuch!) und die Oberarme bedeckt. Vor dem Betreten der Moschee zieht man die Schuhe aus. Betende sollten nicht fotografiert werden.

Der Ramazan

So nennen die Türken den islamischen Fastenmonat, der in den meisten anderen islamischen Ländern *Ramadan* heißt. 30 Tage lang darf der Gläubige zwischen Sonnenauf- und -untergang nicht essen, trinken, rauchen oder Geschlechtsverkehr haben. Mit dem Böllerschuss zum Sonnenuntergang wird jedoch alles ausgiebig nachgeholt. Vor Sonnenaufgang wiederum sorgen mächtig laute Ramadan-Trommler dafür, dass kein Gläubiger sein Frühstück versäumt. In konservativen Gegenden sind während der Fastenzeit tagsüber viele Lokale geschlossen, in erzkonservativen Gegenden alle. Dafür gibt es abendliche Ramadanmärkte mit Ständen, traditioneller Musik, Schattenspieltheater etc. – Christkindlesmarkt auf Türkisch. In den internationalen Ferienzentren an der Küste merkt man hingegen kaum einen Unterschied zu den restlichen Monaten. Dort aber, wo überwiegend Türken Urlaub machen, herrscht während des Ramadan Nebensaisonstimmung – viele Türken bleiben lieber daheim, als in den Ferien fasten zu müssen.

Ramadan-Daten: 28.6.–27.7.2014, 18.6.–16.7.2015, 6.6.–5.7.2016

Religiöse Feiertage: Die genaue Terminierung wird Jahr für Jahr nach dem islamischen Mondkalender neu bestimmt (→ Feste und Feiertage, S. 42). Nach islamischer Konvention beginnt ein Feiertag jedoch bereits mit dem Sonnenuntergang am Vortag, bei großen religiösen Festen sind sogar ab Mittag des Vortages alle Läden, Büros usw. geschlossen. Besonders hervorzuheben sind:

Kadir Gecesi („Nacht der Macht"): In der 27. Nacht des Fastenmonats Ramadan wird die Offenbarung des Koran gefeiert. Mohammed soll in dieser Nacht durch den Erzengel Gabriel zum Boten Gottes ernannt worden sein. Nach dem Volksglauben gehen Wünsche und Gebete, die in dieser Nacht ausgesprochen werden, in Erfüllung.

Şeker Bayramı (Zuckerfest): Es bildet den Abschluss des Fastenmonats Ramadan. Man besucht Verwandte, und die Kinder ziehen von Haus zu Haus und bitten um Süßigkeiten. Daher rührt auch der Name der dreitägigen Feierlichkeiten, bei denen Behörden, Banken und Geschäfte geschlossen bleiben.

Kurban Bayramı (Opferfest): Das höchste Fest des Islam dauert 4 Tage. Hintergrund des Opferfestes ist die (auch biblische) Geschichte von Abraham, der, um Gott seine Treue zu beweisen, seinen Sohn Isaak opfern will. Das Fest ist gesetzlich verankert, sodass alle öffentlichen Einrichtungen geschlossen bleiben.

Kinder

Familien mit Kindern sind in der Türkei die Könige unter den Gästen. Auch an der Lykischen Küste gestaltet sich das Reisen mit Kindern problemlos. In den größeren Clubs kümmern sich geschulte Animateure um den Nachwuchs, in den kleinen Unterkünften übernimmt auch mal die Pensionsmama das Babysitting. Spielplätze sind leider rar gesät. Die beste Windelmarke soll übrigens *Ultra Prima* sein, bei Babynahrung haben die Produkte von *Ülker* und *Milupa* einen guten Ruf – in großen Supermärkten und in Apotheken erhältlich. Wer mag, kann sich zwischen Antalya und Kemer ab 49 €/Woche auch einen Buggy leihen (Übergabe am Flughafen oder im Hotel), Näheres unter www.silvias-buggyservice.de. Und noch etwas: Vor vielen Pensionen im Grünen spazieren Hühner frei herum. Die sorgen dafür, dass Ihre Kinder draußen sorglos spielen können. Denn wo Hühner sind, gibt es keine Skorpione!

Kleidung

Abseits der Ferienorte wird in der Türkei großer Wert auf ein korrektes, sauberes und gesittetes Erscheinungsbild gelegt. Fürs Kofferpacken orientieren Sie sich am besten an der Klimatabelle. Für einen Badeurlaub an der Küste reicht insgesamt leichte Kleidung, möglichst aus Baumwolle. Bedenken Sie, dass im Frühjahr abends von See her noch eine kühle Brise weht. Für den Besuch von Moscheen → Islam/Moschee.

Klima

Die Bergkette des Taurus (mit Höhen von über 3000 m ü. d. M.) verhindert bis in den Spätherbst das Vordringen kühler Luftmassen vom anatolischen Hochland an die Südküste. Dementsprechend sind die Sommer an der Lykischen Küste heiß und trocken, die Temperaturen können tagsüber auf über 45 °C ansteigen. Der Winter ist eher mild und verregnet.

Reisezeit: Die Monate April, Mai, Juni sowie September und Oktober sind für Besichtigungen am besten geeignet. Die Badesaison reicht um Dalyan und Fethiye von April bis Oktober, um Antalya kann man von März bis November baden. Infos zu den besten Wandermonaten → Kleiner Wanderführer, S. 250.

Monat	Durchschnittliche Lufttemperaturen in °C (Min./Max.- Ø in °C)	Sonnenstunden	Regentage
Januar	10 (7/16)	5	11
Februar	11 (7/17)	6	10
März	13 (8/18)	7	7
April	16 (11/21)	8,5	4
Mai	20 (15/25)	10	3
Juni	25 (19/30)	12	0
Juli	28 (23/34)	13	0
August	28 (23/34)	12	0
September	25 (19/31)	10	1
Oktober	20 (15/26)	8,5	5
November	15 (11/21)	6	7
Dezember	12 (8/18)	4,5	11

Kriminalität

Delikte wie Diebstahl oder Raub treten in der Türkei verhältnismäßig selten auf. Korruption nennt sich das Übel des Landes, aber die tut dem Touristen nicht weh. In Großstädten und Touristenzentren müssen Urlauber jedoch wie überall auf der Welt damit rechnen, dass Betrüger und Trickdiebe die Reisekasse plündern wollen. Achten Sie beim Abheben mit Maestro- oder Kreditkarte darauf, dass niemand Ihren PIN-Code ausspäht.

Sperrnummern Für Maestro- oder Kreditkarte → Geld, S. 45.

Drogen Illegale Drogen werden in der Türkei genauso gehandelt und konsumiert wieüberall auf der Welt. Die Strafen für die Ein- und Ausfuhr oder den Genuss von Drogen sind drastisch und die türkischen Gefängnisse international für ihre miserablen Zustände bekannt.

> **Achtung**: Wenn Sie gebeten werden, ein Päckchen nach Deutschland mitzunehmen, schauen Sie sich den Inhalt sorgfältig an.

Literaturtipps

Zu Lykien Treuber, Oskar: Geschichte der Lykier. BiblioBazaar, Charleston 2008. Das Standardwerk zur Region stammt von 1887 und wurde jüngst neu aufgelegt.

Marksteiner, Thomas: Lykien. Ein archäologischer Führer. Phoibos Verlag, Wien 2010. Aktuelle und ausführliche Beschreibungen aller lykischen Stätten.

Zu Land und Leuten Schlötzer, Christiane: Das Mädchen mit dem falschen Namen. Türkische Tabus. Picus Verlag, Wien 2006. Von der SZ-Korrespondentin in İstanbul. Spannende Reportagen, die vom gesellschaftlichen Wandel in der Türkei erzählen.

Alanyalı, Iris: Gebrauchsanweisung für die Türkei. Piper Verlag, 5. Aufl. München 2009. Humorige Einblicke in den türkischen Alltag.

Kelek, Necla: Bittersüße Heimat. Bericht aus dem Inneren der Türkei. Goldmann Verlag, München 2009. Woher kommt und wohin geht die Türkei? Das ist die Hauptfrage der Frauenrechtlerin Necla Kelek in ihrem Werk über die politische und gesellschaftliche Stellung der Türkei.

Anderson, Perry: Die Türken, ihr Staat und Europa. Berenberg Verlag, Berlin 2009. Brillante Essays zur modernen Türkei.

Belletristik Livaneli, Zülfü: Glückseligkeit. Rowohlt Verlag, Reinbek 2010. Die herzzerreißende Geschichte einer jungen Ostanatolierin, der ein Ehrenmord bevorsteht. Spannend bis zur letzten Seite.

Orhan Pamuk – erster Nobelpreisträger der Türkei

Die Ernennung Orhan Pamuks zum Träger des Literaturnobelpreises 2006 spaltete damals die Nation. „Unser Stolz", titelte die liberale Tageszeitung *Radikal*. Als einen Mann, „der sein Volk verkauft hat" und „keiner von uns" sei, bezeichnete ihn das Boulevardblatt *Sabah*. Zu oft hatte der Literat Missstände in der Türkei angeprangert und damit die Nationalisten im Land gegen sich aufgebracht. In einem Interview mit dem Zürcher *Tages-Anzeiger* 2005 bedauerte er z. B., dass sich kaum jemand in seinem Land traue, die Verbrechen an den Armeniern und Kurden anzusprechen. Die Folgen für ihn: Gewaltandrohungen und ein Verfahren wegen „Herabsetzung des Türkentums", das später jedoch eingestellt wurde.

Orhan Pamuk, Jahrgang 1952, entstammt der kosmopolitischen, westlich geprägten Oberschicht İstanbuls. Er studierte Architektur und Publizistik. Drei Jahre lang lebte er in New York, ansonsten konnte er der Bosporusmetropole nie länger den Rücken kehren. Seine Romane handeln größtenteils von Identitätskonflikten zwischen westlicher und östlicher Welt. Die meisten spielen in İstanbul, und meistens schneit es. Unser Pamuk-Tipp für den Urlaub: *Rot ist mein Name* (Carl Hanser Verlag 2001), eine faszinierende Mischung aus historischem Kriminalroman, orientalischem Märchen und Liebesgeschichte. Oder *Museum der Unschuld* (Hanser Belletristik 2008), ein großartiger Liebesroman.

Kemal, Yaşar: Memed, mein Falke. Unionsverlag, Zürich 2005. In 40 Sprachen übersetzter Roman über den Kampf eines türkischen Robin Hood gegen Hass und Unterdrückung.

de Bernières, Louis: Traum aus Stein und Federn. Fischer TB, 2. Aufl. Frankfurt 2006. Epischer Monumentalroman (670 Seiten) über das türkisch-griechische Zusammenleben in einer westanatolischen Kleinstadt vor dem Bevölkerungsaustausch. Inspiriert wurde der Autor vom Geisterdorf Kayaköy (→ S. 194).

Musik und Bauchtanz

Auch wenn sich für das mitteleuropäische Ohr alles ziemlich gleich anhört – türkische Musik unterteilt sich in unterschiedliche Stilrichtungen.

Volksmusik Bei der traditionellen türkischen Volksmusik (*Halk müziği*), die auch *Türkü* genannt wird, steht die *saz*, eine Laute mit meist drei Saiten, im Vordergrund. Alleinunterhalter oder kleine Combos besingen dabei Themen aus dem Leben des einfachen Landvolkes: Geburt, Tod, Liebe. Die Musik hört man vorrangig in gemütlich-orientalischen Kneipen, fragen Sie nach einer „Türkü-Bar".

Klassische Kunstmusik Im Gegensatz zur Volksmusik wird die auch *Fasıl* genannte Kunstmusik in Restaurants präsentiert. Die schwer zu definierende, anspruchsvolle Musik hat ihre Ursprünge in der osmanischen Palastmusik, doch haben auch modernere Einflüsse Spuren hinterlassen. Folgende Instrumente begleiten meist den Gesang: *kanun* (Zither), *darbuka* (Handtrommel), *tef* (Tamburin) und *ud* (Laute). Eine der erfolgreichsten Interpretinnen der klassisch-türkischen Kunstmusik ist Bülent Ersoy: Die prallbusige, grell geschminkte und mit Nerzen und Glitterkleidung wie eine korpulente Barbie geschmückte Dame war bis 1979 ein Mann.

Popmusik Die türkische Popmusik spricht in ihren Liedern das gleiche Thema an wie deutsche Schlager: Liebe. Türkpop vermischt traditionell-türkische Melodien mit modernen Einflüssen. Die Interpretenpalette reicht dabei von niveauvollen Songwriterinnen wie Sezen Aksu (die „Madonna vom Bosporus") über Stars wie Tarkan (der „türkische Ricky Martin") bis hin zu Schnulziers wie İbrahim Tatlıses oder Mahsun Kırmızıgül (jeder Vergleich wäre eine Beleidigung). Letztere werden auch der arabesken Musik (s. u.) zugerechnet.

Arabeske Musik Die arabeske Musik, die (wie der Name schon sagt) Einflüsse aus Arabien aufweist, hat die ausweglose Liebe zum Thema. Die singsangartigen, orientalisierenden Trauergesänge hört man für gewöhnlich im Fernsehen *TRTint* oder im Dolmuş. Als Idol schlechthin galt der 2013 verstorbene Müslüm Gürses, bei dessen Konzerten das Publikum nicht selten in eine kreischend-heulende Ekstase verfiel.

Bauchtanz Der Bauchtanz gilt für viele Europäer als Inbegriff türkisch-orientalischer Sinneslust. Dabei hat diese Kunst in der Türkei bis heute etwas Anrüchiges, das man gerne anderen Kulturen in die Schuhe schiebt. So behaupten konservative Türken, die erotisierend klimpernde Nabelschau stamme aus Ägypten, während die Araber davon überzeugt sind, die osmanischen Besatzer hätten den Tanz eingeschleppt. Zu sehen ist Bauchtanz heute in erster Linie als Touristenspektakel.

Rock und elektronische Beats Einprägsame Gitarrensound liefern die Schrammlerinnen Özlem Tekin und Şebnem Ferah, der Solist Teoman oder das Trio Duman. Punkig ist die Musik von Rashit. In die Grunge-Schublade kann man Mor ve Ötesi einordnen, Psychedelisches hört man von Baba Zula. Der Percussionist Burhan Öçal trommelte sich in die internationale Worldmusicszene, und die Band Orient Expressions kombiniert anatolische Volkslieder mit Beats aus der Maschine. Und für türkischen Ska steht Athena. Zu den populärsten DJs des Landes zählen Emre und Murat Uncuoğlu, die mit Progressive House, Deep Trance und Deep Garage einheizen. Nicht verpassen sollte man – sofern sich die Gelegenheit bietet – eine Performance des in Montreal und İstanbul lebenden DJs und Allroundkünstlers Mercan Dede (auch Arkın Allen genannt). Er präsentiert eine skurrile Mischung aus Ambient und traditioneller Sufi-Musik. Nicht selten bläst er hinter dem DJ-

Pult auch die *Ney*-Flöte oder lässt ein Roma-Kind singen. Gelegentlich tritt er zusammen mit der kurdischen Sängerin Aynur auf. Sie ist die erste Künstlerin, die je in einem türkischen Film ein kurdisches Volkslied gesungen hat. Auch mit dem Rapstar Ceza war Mercan Dede schon zusammen auf der Bühne zu sehen.

Notrufnummern

Polizei ✆ 155

Verkehrspolizei ✆ 154

Ambulanz ✆ 112

Feuerwehr ✆ 110

Öffnungszeiten

Der islamische Ruhetag ist der Freitag, der gesetzliche Ruhetag in der Türkei seit Atatürks Reformen jedoch der Sonntag.

Banken Mo–Fr 9–12 u. 13.30–17 Uhr.

Behörden Mo–Fr 8.30–12 und 13–17.30 Uhr, Sa/So geschl.

Geschäfte Für den Einzelhandel gibt es keine einheitlichen Öffnungszeiten. Für gewöhnlich öffnen die Geschäfte Mo–Sa 9–19 Uhr, So sind sie dicht. Kleine Lebensmittelhändler haben vielfach auch sonntags und bis in die Nacht geöffnet. In Touristenzentren ist jeder Tag ein Verkaufstag. Auch große Shoppingcenter haben meist täglich bis spät in den Abend geöffnet.

Post Mo–Fr 8–12 und 13–17 Uhr.

Museen/Ausgrabungsstätten → Museen/Ausgrabungsstätten im Reiseteil. Die Monate, für welche die Sommeröffnungszeiten gelten, variieren von Jahr zu Jahr. Mal gelten sie vom 15. Mai–15. Okt., mal vom 15. April–31. Okt., mal vom 1. Juni–31. Sept. ...

Restaurants In der Regel tägl. ab 11 Uhr bis mind. 23 Uhr. Kleine Lokantas schließen oft schon früh am Abend.

Was türkische Namen aussagen können

Stellen Sie sich vor, Ihr Metzger würde *Etyemez* („Er isst kein Fleisch") heißen oder der Getränkehändler ums Eck *Suiçmez* („Er trinkt kein Wasser"). In der Türkei kann das vorkommen. Die Fülle lustig-blumiger Familiennamen geht auf ein Gesetz von 1934 zurück. Im Zuge von Atatürks Reformen mussten sich nämlich die bis dato nachnamenlosen Türken einen solchen zulegen. Teils konnten sie den Namen selbst wählen, teils wurde ihnen einer zugewiesen. Manche trafen zum damaligen Zeitpunkt vielleicht eine passende Wahl, bedachten aber nicht, dass der Name an ihre Söhne und Töchter weitervererbt würde. Und so kann der Klavierspieler an der Hotelbar auch *Parmaksız* („Ohne Finger") heißen ...

Heute bleibt leider nur noch die Wahl der Vornamen übrig, aber auch diese stehen den Nachnamen an Einfallsreichtum kaum nach: Der Freude über die Geburt des ersten Kindes wird z. B. gerne mit Namen wie *Devletgeldi* („Das Glück ist gekommen") oder *Gündoğu* („Die Sonne ist aufgegangen") Ausdruck verliehen. Wem die Familie irgendwann aber zu groß ist, hofft, mit Namen wie *Yeter* („Es reicht") oder *Dursun* („Es soll aufhören") den Kindersegen stoppen zu können – relativ egal, ob gerade ein Männlein oder ein Weiblein das Licht der Welt erblickt hat.

Polizei

Die türkische Polizei ist überall präsent. Gegenüber Touristen verhält sie sich i. d. R. korrekt und hilfsbereit, wenn nicht gar zuvorkommend. Falls Sie nach dem Weg fragen wollen, sprechen Sie ruhig eine Streife an. Ferner sorgt die **Jandarma**, eine militärische Einheit in grünen Uniformen, für Ordnung und Sicherheit.

Post

Postämter (PTT für „Posta, Telefon, Telegraf", i. d. R. Mo–Fr 8–12 und 13–17 Uhr) sind im Reiseteil bei allen größeren Orten und Touristenzentren unter „Basis-Infos" angegeben. Egal ob die Grüße nach Deutschland, Österreich oder in die Schweiz gehen, Briefe bis 20 g oder Postkarten kosten ca. 1,60 €. Bis eine Postkarte in der Heimat angekommen ist, vergeht ungefähr eine Woche.

Preise

Im Vergleich zu Deutschland, Österreich oder der Schweiz ist die Türkei immer noch ein günstiges Reiseziel, auch wenn die Preise in den letzten Jahren angezogen haben und in den internationalen Ferienorten weit über dem Landesdurchschnitt liegen. Selbstverständlich korrelieren die Kosten einer Reise mit den Ansprüchen des Urlaubers, das breit gefächerte Angebot an touristischen Leistungen hält aber für fast jeden Geldbeutel etwas parat. Am leichtesten sparen lässt sich – v. a. an Übernachtungskosten –, wenn man die Monate Juli und August meidet.

Preisschwankungen: Die im Buch angegebenen Preise entsprechen dem Stand der letzten Recherche (2013). Diese können sich von den Preisen, die Sie vor Ort erfahren, erheblich unterscheiden. Das hängt zum einen mit extremen Wechselkursschwankungen zusammen (gegenüber dem Euro verlor die türkische Lira allein 2013 über 13 %), zum anderen auch damit, dass in der Türkei die Preise vielfach nicht linear zur Inflationsrate angepasst werden, sondern nach einer längeren stabilen Preisetappe um einen umso größeren Schritt.

Was kostet was?

Cola vom Kiosk ca. 0,75 €	Döner ab 1,50 € (Huhn) bzw. 2,50 € (Lamm)
Päckchen Zigaretten 2,50–3,50 €	Glas Tee ab 0,40 €
1 l Benzin bleifrei ca. 1,95 €	Alkoholpreise → S. 37
Mittagessen ohne Getränk ab 4,50 €	Doppelzimmer ab 25 €

Reisepapiere

Für deutsche und Schweizer Urlauber genügt bei der Einreise auf dem Luftweg in die Türkei der Personalausweis bzw. die Identitätskarte. Empfehlenswert ist dennoch die Mitnahme des Reisepasses, da manche Beamte (z. B. bei Verkehrskontrollen) darüber nicht informiert sind. Falls Sie mit dem Personalausweis einreisen, bekommen Sie einen Einreisestempel auf einem separatem Blatt, dieses muss bei der Ausreise wieder vorgezeigt werden. Österreicher brauchen ein Visum, das man an der Grenze bzw. am Flughafen zum Preis von ca. 15 € erhält (Mindestgültigkeit des Passes noch sechs Monate). Kinder benötigen ein eigenes Ausweisdokument. Alle, die länger als drei Monate am Stück im Land verweilen möchten, benötigen in jedem Fall ein Visum. Führen Sie Ihren Ausweis stets bei sich.

Einreise mit dem Auto → S. 19.

Einreise mit Haustieren Hunde und Katzen benötigen den EU-Heimtierausweis bzw. das schweizerische Pendant, in welchem vermerkt ist, dass Katzen mindes-

tens 15 Tage vor der Einreise gegen Tollwut, Hunde zusätzlich noch gegen Parvovirose, Distemper, Hepatitis und Leptospirose geimpft sind. Aber Achtung, für viele Hotels gilt: Reisende mit Hunden oder Katzen müssen draußen bleiben.

Schwule und Lesben

Homosexualität ist in der Türkei verpönt, ein Outing führt zu gnadenloser Diskriminierung. Verhalten Sie sich dezent! Homosexualität wird auch als einer der ganz wenigen Gründe akzeptiert, sich vom Militärdienst befreien zu lassen. Zuweilen muss das Schwulsein dabei mit Fotos oder Videos bewiesen werden. Ausweichen können türkische Schwule und Lesben in die Anonymität der Millionenstadt İstanbul. Dort findet sich eine Vielfalt an Clubs und Kneipen, die europaweit ihresgleichen sucht. In Antalya ist das Angebot für Schwule und Lesben dagegen bescheiden, lediglich einen Club können wir empfehlen (→ Antalya/Nachtleben, S. 83). Reisen für Schwule und Lesben nach Antalya bieten **Lila Reisen** (www.lila-reisen.de) und **Pride Travel** (www.turkey-gay-travel.com). Über die türkische Schwulen- und Lesbenszene im ganzen Land informiert www.kaosgl.org, die Seite der gleichnamigen schwul-lesbischen Organisation aus Ankara (z. T. auch deutschsprachig).

Sport und Freizeit

Golf Das Golfzentrum der Türkei mit über 15 Plätzen ist **Belek**, eine Ansammlung von All-inclusive-Anlagen etwa 45 km östlich von Antalya (Infos dazu unter www.bilyana golf.com). Im Reisegebiet selbst gab es zur Zeit der letzten Recherche keine Golfplätze.

Mountainbiking → (Unterwegs zwischen Antalya und Dalyan/Fahrrad, S. 26.

Paragliding Internationaler Treffpunkt der Flieger ist der Baba Dağı (1900 m) über der Lagune von **Ölüdeniz** (→ S. 192). Tandemflüge werden angeboten, wer alleine startet, sollte erfahren sein! Des Weiteren können Sie auch vom Asaz Dağı bei **Kaş** (→ S. 148) fliegen.

Reiten Reiterhöfe, die Ausritte ins Hinterland anbieten, sind z. B. unter der Güver-Schlucht, unter Kemer und Fethiye aufgeführt (→ Reiseteil). Auch bieten diverse Tourenveranstalter vor Ort Reitmöglichkeiten an.

Skifahren 3 Lifte bietet das Skigebiet **Saklıkent** bei Antalya (→ S. 96). Schneesicher ist es jedoch selbst im Winter nicht.

Tennis Viele der großen All-in-Anlagen verfügen über Tennisplätze.

Wandern Im **Kleinen Wanderführer** am Ende des Buches ab S. 246 haben wir Ihnen die 10 schönsten Wanderungen im Reisegebiet zusammengestellt. Dort finden Sie auch die nötigen Infos zum Wandern an der Lykischen Küste. Auch im Reiseteil finden Sie unter der Rubrik „Wandern" weitere Vorschläge.

Segeln → Unter Segel, S. 27.

Tauchen Nahezu an allen Küstenabschnitten darf getaucht werden. Das Auflesen und die Mitnahme historischer bzw. antiker Gegenstände und die Unterwasserjagd sind strengstens verboten. Das Tauchzentrum an der Lykischen Küste ist **Kaş**. Für weitere Infos siehe unter den einzelnen Küstenorten.

Surfen Manche Clubhotels haben für ihre Gäste Bretter zum Leihen, ansonsten kaum Möglichkeiten. Die Surfreviere des Landes sind die Halbinseln von Çeşme und Bodrum.

Kajak/Rafting Diverse Tourenveranstalter haben das Paddelerlebnis im Programm. Entsprechende Möglichkeiten bieten u. a. der Eşen bei Xanthos, der **Dalaman-Fluss** zwischen Dalyan und Fethiye (allerdings meist nur bis in den Frühsommer) und der **Köprü-Fluss** zwischen Antalya und Side.

Sonstiger Wassersport In den internationalen Touristenorten an der Küste werden diverse Fun-Sportarten auf dem Wasser angeboten. Mit folgenden Preisen müssen Sie rechnen: 15 Min. Wasser- o. Jetski 25–30 €,   10 Min.   Parasailing   35 €,   15 Min. Bananafahrt o. Ringo 10–15 €, 1 Std. Speedboat mit 50 PS 70–80 €, mit 115 PS 110–120 €. Die Veranstalter finden sich i. d. R. an den Stränden.

Wo Körper und Seele ein Bad nehmen – Erholung im Hamam

In den Hamams, so sagt man, sei die osmanische Vergangenheit noch lebendig. Und wer eines der historischen Dampfbäder besucht, glaubt in eine andere Welt einzutauchen. Man spürt die Schwere der heißnassen Luft, atmet den Geruch von Seife, vernimmt das Geplätscher des Wassers und lauscht dem Gemurmel von nackten Menschen, die in geheimnisvollem Licht auf marmornen Steinen liegen.

Ein Hamam ist in drei Bereiche gegliedert. Den *camekân*, den Eingangsbereich, schmückt meist ein ausladender Brunnen. Drum herum befinden sich die Rezeption und die Umkleidekabinen. *Soğukluk* heißt der Durchgang in den Schwitzbereich und Hauptteil des Hamams, den *hararet*. Die große, von unten erwärmte Marmorplattform in der Mitte nennt sich *göbek taşı*, Nabelstein. Auf ihn legt man sich zum Schwitzen und zur Massage. Bevor die Massage beginnt, werden Sie mit einem rauen Lappen kräftig abgerieben, *kese* heißt diese Prozedur. Bei den Frauen verrichten diese Tätigkeit i. d. R. schwergewichtige Masseurinnen, bei den Männern drahtig-muskulöse Meister ihres Faches. Auch wenn Sie bei der anschließenden Massage malträtiert werden wie ein Wiener Schnitzel vorm Panieren – hinterher fühlen Sie sich gut und entspannt.

Die meisten Hamams besitzen separate Abteilungen für Männer *(erkekler)* und Frauen *(kadınlar)*. Bei kleineren Bädern baden die Geschlechter zu unterschiedlichen Zeiten oder an unterschiedlichen Tagen. In touristischen Zentren ist z. T. auch ein gemeinsames Bad möglich. Übrigens tragen Männer ein Tuch um die Lenden, Frauen baden nackt. Handtücher braucht man nirgendwo mitzubringen.

Leider ist die Hamamkultur in der Türkei im Niedergang begriffen. Die Zeiten, als die Hamams noch „Badeanstalten" für die breite Gesellschaft waren, sind passee. Viele junge Türken haben noch nie einen Hamam besucht, die Dusche zu Hause ist bequemer. Wer noch ins traditionelle Badehaus geht, gehört nicht selten zu den sozial Schwachen. Lediglich in konservativen Gegenden dienen die Hamams noch als Treffpunkte der sonst fast ausschließlich ans Haus gebundenen Frauen. Anders der Sachverhalt in den Ferienorten: Bei Touristen stehen Hamambesuche hoch im Kurs. Dort kostet der Eintritt i. d. R. zwar das Drei- bis Fünffache, dafür ist auch Geld für Pflege und Restaurierung vorhanden.

Reitausflug am Strand von Patara

Telefonieren

Internationale Vorwahlnummern nach Deutschland ☎ 0049, nach Österreich ☎ 0043, in die Schweiz ☎ 0041. Danach wählt man die Ortsvorwahl ohne die Null am Anfang, dann der Rufnummer.

Wer **in die Türkei** telefonieren möchte, wählt ☎ 0090 als Landesvorwahl und lässt die Null der Regionalvorwahlnummer weg.

Telefonkarten (telefon kartı) gibt es in Postämtern, an Kiosken und kleinen Verkaufsständen an der Straße. 50 Einheiten kosten rund 2 € und reichen für ca. 10 Min. Gesprächsdauer ins deutsche Festnetz.

Mobiltelefon Nahezu überall guter Empfang.

Prepaid SIM Card Turkcell Europe und Türk Telekom bieten Prepaid-SIM-Karten (ab 9,90 €), mit denen sich bei Gesprächen innerhalb der Türkei und von der Türkei nach Deutschland Geld sparen lässt, Infos auf www.turktelekommobile.de bzw. www.turkcell.de. Diese SIM-Karten kaufen Sie noch zu Hause, nicht erst in der Türkei. In der Türkei gekaufte SIM-Karten funktionieren in Mobiltelefonen, die aus dem Ausland mitgebracht werden, nur für ca. 15 Tage (zuweilen nicht mal eine Woche). Theo-retisch kann man zwar sein mitgebrachtes Handy bei Turkcell-Extra-Filialen freischalten lassen, die Praxis sieht jedoch anders aus. Wer also eine Prepaid-SIM-Karte in der Türkei (hazır kart, gibt es ab rund 10 € Gesprächsguthaben) kaufen will und länger bleibt, sollte gleich ein türkisches Mobiltelefon (egal ob gebraucht oder neu, gibt es an jeder Ecke) mitkaufen.

Mobiles Internet Über **Turkcell Europe** (www.turkcell.de) und **Türk Telekom** (www.turktelekommobile.de) kann man bereits von zu Hause aus verhältnismäßig preiswert Datenpakete für deren türkisches Netz kaufen (Voraussetzung ist eine Prepaid-Karte der Anbieter).

Notrufnummern

Polizei ☎ 155

Verkehrspolizei ☎ 154

Ambulanz ☎ 112

Feuerwehr ☎ 110

Toiletten

Männer finden das stille Örtchen hinter Türen mit der Aufschrift *Bay,* Frauen achten auf *Bayan.* In Touristenzentren haben die Toiletten i. d. R. mitteleuropäischen Standard, abseits der Urlaubsorte ist das Stehklo noch weit verbreitet. Papier gibt es auf diesen stillen Örtchen nicht immer; ein eigener kleiner Vorrat ist daher dringend angeraten. Steht in der Toilette ein kleiner Eimer, dann werfen Sie das Papier dort hinein und spülen es bitte nicht runter. Die zu dünnen Abwasserrohre verstopfen schnell, zudem verzögert das Toilettenpapier in den Sickergruben den Zersetzungsvorgang.

Hinweis: Wenn Sie das dringende Bedürfnis bei einer Stadtbesichtigung ereilt – Toiletten finden Sie immer bei einer Moschee.

Verständigung

In den Touristenzentren an der Küste kommt man mit Englisch oder Deutsch recht gut durch. Selbst in den entlegensten Ortschaften wohnt jemand, der bei Verständigungsproblemen zu Hilfe gerufen werden kann. Wissenswertes zur Aussprache des Türkischen, die wichtigsten Wörter und ein paar Redewendungen finden Sie am Ende des Buches ab S. 273.

Zeit

Gegenüber der Mitteleuropäischen Zeit (MEZ) besteht eine Stunde Zeitunterschied. Das heißt, bei Ankunft die Uhr eine Stunde vorstellen, egal ob im Sommer oder Winter (12 Uhr Frankfurt = 13 Uhr Antalya)! Die Umstellung von Sommerzeit auf Winterzeit erfolgt in der Türkei am gleichen Tag wie in Deutschland.

Zeitungen

Deutsche Zeitungen und Zeitschriften bekommt man überall, wo sich deutsche Urlauber tummeln. Die *Bild* wird gar in Antalya gedruckt, die aktuelle Ausgabe der *SZ* oder *FAZ* erhält man i. d. R. schon am Nachmittag. Die englischsprachigen Tageszeitungen *Hürriyet Daily News & Economic Review* und *Today's Zaman* (das Sprachrohr der konservativen Islamisten) bieten Hintergrundinformationen und Aktuelles zu Politik, Wirtschaft, Sport und Kultur.

Begegnungen im Hinterland

Atatürk – Vater der Türken

Geschichte im Abriss

ab 150.000 v. Chr. Höhlenfunde wie z. B. aus der Karain-Höhle nahe Antalya (→ S. 89) belegen, dass nomadisierende Jäger und Sammler bereits im Paläolithikum die türkische Mittelmeerküste durchstreifen.

8000–5500 v. Chr. Während des Neolithikums entstehen im Landesinnern erste stadtähnliche Siedlungen – sie zählen heute zu den ältesten „Städten" der Welt. Für den Bau von Behausungen wird Lehm verwendet, damit einhergehend entwickelt sich die Töpferei. Bei Grabungen nahe Konya entdeckten Archäologen u. a. Kleinplastiken wie schwerbrüstige Göttinnen als Symbole der Fruchtbarkeit. Mit der Sesshaftwerdung beginnen auch Ackerbau und Viehzucht.

5500–3200 v. Chr. Chalkolithikum (Kupfersteinzeit). Feiner gearbeitete Töpferwaren und einfache Werkzeuge aus Kupfer brachten z. B. die Ausgrabungen von Hacılar bei Burdur, rund 150 km nördlich von Antalya, zu Tage.

ab 3200–2000 v. Chr. Frühe Bronzezeit. Die Spinnerei und Weberei breitet sich aus, zudem wird Schmuck aus Bronze gearbeitet. Eigene regionale Kulturen entstehen, an der Nordägäis z. B. Troja. Händler aus Assur (am Tigris im heutigen Nordirak) treten mit den Kulturen Zentral- und Ostanatoliens in Kontakt und bringen die Schrift nach Anatolien.

2000–1200 v. Chr. Mit dem Vordringen der Hethiter über den Kaukasus wird Zentralanatolien Teil des Althethitischen Reiches, aus dem später das Großhethitische Reich hervorgeht. Zu ihrem Zentrum machen sie Hattuša (ca. 170 km östlich von Ankara).

Gleichzeitig dehnen die Mykener (frühe Griechen) ihr Herrschaftsgebiet über die Ägäis hinweg bis zum minoischen Kreta aus. Troja entwickelt sich infolgedessen zu einer mächtigen Handelsstadt.

um 1200 v. Chr.   Die sog. Seevölker, über die nur wenig bekannt ist, fallen von Norden her über Thrakien ein. Darunter sind auch die Phryger, die einen wesentlichen Anteil an der Zerstörung Trojas haben sollen. Sie beenden auch die Vormachtstellung der Hethiter und Mykener. Die Hethiter hinterlassen u. a. Felsreliefs und viele in Stein gemeißelte Schriftzeugnisse.

1200–700 v. Chr.   Nach dem Untergang Trojas ziehen griechische Stämme von der Westküste unter Führung der Seher Mopsos, Kalchas und Amphilochos durch Kleinasien an die Südküste und gründen dort Städte wie Perge und Sillyon. So überliefern es antike Quellen, die in der Wissenschaft allerdings umstritten sind. Tatsache ist auf jeden Fall, dass sich ab dem 11. Jh. v. Chr. vermehrt griechische Kolonisten (Äolier, Ioner und Dorer) an den Mittelmeerküsten Kleinasiens niederlassen. Sie treten in Konkurrenz zu den heimischen Stämmen der Leleger, Karer, Lykier, Lyder u. a. Bereits im 9. Jh. sind viele dieser griechischen Siedlungen zu ansehnlichen Hafenstädten angewachsen.

690–550 v. Chr.   Im Westen Kleinasiens gründen die Lyder ein großes Reich mit Sardes als Hauptstadt (ca. 90 km östlich von İzmir). Legendär wird ihr König Krösus. Sie unterwerfen auch weite Teile der Südküste. Kunst, Kultur und Wissenschaft beginnen in den Städten zu blühen.

ab 545 v. Chr.   Unter Kyros dem Großen dringen die Perser bis nach Westanatolien vor und zerstören das Lyderreich. Zur Verwaltung Kleinasiens setzen sie Satrapen (Provinzregenten) ein. Immer wieder kommt es zu Aufständen gegen die Perser.

ab 479 v. Chr.   Die Perser ziehen sich von der Ägäisküste zurück. Vorübergehend können sich Stadt- und Kleinstaaten bilden.

334/333 v. Chr.   Alexander der Große erobert Kleinasien, er selbst verbringt den Winter in Phaselis (→ S. 113). Es beginnt die sog. Hellenistische Zeit, die bis zur römischen Kaiserzeit andauert und gewaltige Kulturleistungen hervorbringt.

ab 323 v. Chr.   Nach Alexanders Tod zerfällt das Makedonische Reich. Seine Heerführer teilen es unter sich auf. Zu den bedeutendsten dieser Diadochenreiche zählen das der Ptolemäer (in Ägypten), zu dem auch Lykien und weite Teile der Südküste gehören, ferner das der Attaliden (Pergamenisches Reich in Westanatolien) und das der Seleukiden (das von Babylon ausgehend den größten Teil des einstigen Alexanderreiches umfasst).

197 v. Chr.   Unter Antiochus III. erobern die Seleukiden Lykien.

190 v. Chr.   Die Attaliden schlagen mit Unterstützung von Rom und Rhodos die Seleukiden in der Schlacht von Magnesia (dem heutigen Manisa). Damit geht fast das gesamte Seleukidenreich im mit Rom verbündeten Pergamenischen Reich auf. Lediglich Lykien fällt an Rhodos.

Ab 167 v. Chr.   Die lykischen Städte lösen sich von Rhodos und bilden einen Bund, der aufgrund einer geschickten, romfreundlichen Diplomatie für rund zwei Jahrhunderte seine Unabhängigkeit bewahren kann.

ab 133 v. Chr.   Mit dem Tod Attalos III. fällt Pergamon testamentarisch an Rom. Das Pergamenische Reich bildet fortan die Provinz Asia. Mehrere Städte der Südküste interessieren sich für die Gesetze Roms jedoch wenig und frönen der Piraterie.

67–63 v. Chr.   Der römische Feldherr Pompeius setzt der Piraterie ein Ende. Vier Jahre später gründet er die römische Provinz Syrien.

42 v. Chr.   Nach der Ermordung Cäsars (44 v. Chr.) fällt der Osten des römischen Imperiums an Mark Anton.

ab 31 v. Chr. Mit dem Sieg Oktavians, des späteren Kaisers Augustus, über die Flotte Mark Antons in der Schlacht von Actium beginnt eine fast 250 Jahre währende Friedensepoche im Römischen Reich. Während der *Pax Romana* durchdringt die römische Kultur alle Städte Kleinasiens. Tempel, Prachtstraßen, Theater, Aquädukte usw. zeugen noch heute von dem Glanz dieser Epoche.

43 n. Chr. Lykien wird mit Pamphylien zu einer römischen Provinz zusammengefasst, der Lykische Bund besteht aber selbst noch unter den Römern weiter.

45–60 n. Chr. Missionsreisen des Apostels Paulus, der in verschiedenen Städten an der Lykischen Küste Station macht. Die ersten Christengemeinden entstehen.

um 290 In Patara wird ein Kind geboren, das später als der Hl. Nikolaus weltberühmt wird.

330 Konstantin der Große ernennt das ehemalige Byzantion (heute İstanbul) unter dem Namen *Nea Roma* (Neues Rom) zur neuen Hauptstadt des Römischen Reiches. Schon bald nach dem Tod des Kaisers setzt sich der Name Konstantinopel durch.

380 Das Christentum wird Staatsreligion, alle heidnischen Kulte werden verboten.

395 Endgültige Teilung des Imperiums in West- und Oströmisches Reich. Letzteres, später Byzantinisches Reich genannt, wird Kerngebiet des Christentums mit römischem Recht und griechischer Sprache.

527–565 Unter Kaiser Justinian I. erreicht das Byzantinische Reich seine größte Ausdehnung und Blüte. Es erstreckt sich von Süditalien über die Balkanhalbinsel und ganz Kleinasien bis zum Rand des iranischen Hochlands. Jegliche Bautätigkeit konzentriert sich auf Konstantinopel. Die Küstenstädte spielen fortan eine untergeordnete Rolle, auch wenn viele von ihnen zu Bischofssitzen erhoben werden.

622 Mit der Hedschra, Mohammeds Flucht nach Medina, beginnt das erste Jahr islamischer Zeitrechnung.

ab 636 Der Osten des Byzantinischen Reiches wird von den Arabern erobert. Angeleitet von syrischen Seeleuten wagen sich die Wüstensöhne aufs Meer und plündern mit ihren Flotten die byzantinischen Küstenstädte. Zum Schutz werden Festungen verstärkt oder neu errichtet – nicht selten muss dafür antikes Baumaterial herhalten.

860 Die Araber besetzen Antalya.

1041 Eine der letzten großen erfolgreichen Schlachten des Byzantinischen Reiches führt Basil II. (976–1025) gegen die Bulgaren. 15.000 Bulgaren nimmt er gefangen, und fast alle lässt er blenden. Nur jeder Hundertste behält sein Augenlicht – um die geschlagene Armee zurück ins Zarenreich führen zu können. Damit ist der Gipfel der Macht des Reiches überschritten, und ein siechender Zerfall setzt ein.

1054 Bruch zwischen der römisch-katholischen und der griechisch-orthodoxen Kirche.

ab 1071 Die Seldschuken, ein Turkmenenstamm, der von den kirgisischen Steppen nach Westen vordringt, schlagen die Truppen von Byzanz in der Schlacht von Manzikert. Sie bringen den Islam mit, breiten sich in Zentralanatolien aus, machen Konya zu ihrer Hauptstadt und halten den noch verbliebenen Rest des Byzantinischen Reiches in Angst und Schrecken.

ab 1096 Hilfe für Byzanz kommt aus dem Abendland, das in der Folgezeit Kreuzzüge unternimmt, um die verlorenen heiligen Stätten von islamischer Herrschaft zu befreien.

1204–1261 Der 4. Kreuzzug richtet sich gegen Konstantinopel selbst, und zwar mit der Absicht, den römisch-katholischen Glauben wiederzubeleben. Nach der Einnahme der Stadt etablieren die Ritter dort das Lateinische (katholische) Kaiserreich. Die griechischen Byzantiner ziehen sich nach Nikaia (İznik) zurück und können erst 1261 unter Michael VIII. Paläologos die Lateiner wieder aus Konstantinopel vertreiben.

1226 Die Seldschuken erobern weite Teile der Küstenregion. Venezianer und Genueser erhalten in der Folgezeit die Erlaubnis, Handelsniederlassungen zu errichten.

ab 1243 Das Seldschukenreich zerfällt unter dem Ansturm der Mongolen. An seine Stelle treten in Anatolien mehrere kleine Fürstentümer turkmenischer Dynastien.

ab 1309 Der Johanniterorden begründet auf Rhodos einen Ritterstaat, und lässt in den folgenden Jahren diverse Festungen in der Ägäis errichten.

1326 Osman (1281–1326), Heerführer und Emir eines turkmenischen Stammes, erobert die westanatolische Stadt Bursa, die daher gerne als die Wiege des Osmanischen Reiches bezeichnet wird. Da der Osten von mongolischen Reiterheeren beherrscht wird, orientieren sich Osmans Nachfolger nach Norden und Westen.

1354 Die Osmanen betreten erstmals europäischen Boden.

1402–1406 Der Tatarenherrscher Timur Lenk (1365–1405), auch Tamerlan genannt, gibt ein kurzes und blutiges Gastspiel in Anatolien. Zurück bleiben unzählige verwüstete Städte. Dem Aufstieg des Osmanischen Reiches tut dies aber keinen Abbruch.

1453 Die Osmanen erobern Konstantinopel und löschen damit das Byzantinische Reich von der Landkarte, das an seinem Ende aus nichts mehr anderem als seiner Hauptstadt bestanden hatte. Von nun an ist *Konstantiniya,* das künftige Istanbul, Hauptstadt des Osmanischen Reiches, dessen Machtbereich in der Folgezeit beständig wächst. Keine 20 Jahre später ist die türkische Südküste eingenommen.

1517 Selim I. (1512–1520) erobert Syrien und Ägypten. Damit kommt das Kalifat an den Bosporus.

1520–1566 Süleyman I., genannt der Prächtige, erobert Bagdad, Belgrad, Rhodos, Ungarn, Georgien, Aserbeidschan und Gebiete Nordafrikas. 1529 wird Wien erstmals belagert. Er führt das Osmanische Reich an den Zenit seiner Macht – 75 Minuten braucht nun die Sonne, um über dem Imperium unterzugehen, das sich über drei Erdteile erstreckt, 72 Sprachen kennt das Vielvölkerreich. Für die Entwicklung in den Küstenstädten Kleinasiens zeigt Süleyman wie seine Nachfolger wenig Interesse.

1574–1595 Regierungszeit von Murat III. Dieser zeigt sich, wie so viele Sultane, im Harem reger als in der Politik. Er bringt es auf über 100 Kinder. Doch die Frauen des Sultans gebären nicht nur, sondern erdrosseln ihre Sprösslinge auch, um die Thronnachfolge zu regeln. Und die Tatsache, dass die angehenden Sultane in der realitätsfernen Welt des Harems heranwachsen, umschmeichelt von intriganten Höflingen, führt dazu, dass immer häufiger unfähige Regenten nachkommen.

ab 1683 Die Niederlage bei der zweiten Belagerung Wiens bedeutet das Ende der Expansion und läutet den allmählichen Niedergang des Reiches ein. Peu à peu schrumpft es in den nächsten Jahrhunderten zusammen, zudem flammen immer wieder innenpolitische Unruhen auf.

ab 1808 Unter Mahmut II. (1808–1839) erfolgen die ersten Versuche, das Reich schrittweise zu reformieren. Mit einem Massaker löst er z. B. die Janitscharen (militärische Eliteeinheit) auf, die gegen alle fortschrittlichen Strömungen gekämpft hatten. Er verbietet auch den Turban und führt dafür den Fez ein.

1853–1856 Krimkrieg. Rückeroberung der russisch besetzten Gebiete.

Fresken der Nikolauskirche von Demre

1875 Der „kranke Mann am Bosporus" bekommt die Quittung für den verpassten Anschluss an die industrielle Revolution und die vielen kostspieligen Kriege. Frankreich und England streichen die notwendigen Kredite. Die Folge ist der Staatsbankrott.

ab 1876–1909 Während der Regierungszeit von Abdül Hamit II., der antichristliche Ressentiments der moslemischen Bevölkerung systematisch gegen Armenier einsetzt, kommt es zu mehreren Pogromen. Unter ihm erfolgt auch der Bau der Bagdadbahn. Mit der Jungtürkischen Revolution erzwingen Offiziere die Abdankung des Sultans. Die tatsächliche Macht liegt fortan in den Händen des Militärs.

1912/13 In den Balkankriegen verliert das Osmanische Reich den größten Teil der ihm noch verbliebenen europäischen Gebiete.

1914–1918 Im Ersten Weltkrieg schlagen sich die Türken auf die Seite der Deutschen. Letztere schauen zur Seite, als die jungtürkischen Nationalisten das Gros der armenischen Bevölkerung Anatoliens in die syrische Wüste schicken. Nach unterschiedlichen Schätzungen kommen dabei zwischen 200.000 und 1,5 Mio. Armenier ums Leben. Den Vorwurf des Genozids weist die Türkei, die Rechtsnachfolgerin des Osmanischen Reichs ist, vehement von sich. Am Ende des Krieges verteilen die Siegermächte die Beute: Griechische Truppen marschieren auf Ankara zu, Italien besetzt den Küstenstreifen um Antalya, Frankreich Kilikien, englische Truppen kontrollieren den Bosporus. Das Osmanische Reich besteht nur noch aus Inneranatolien.

1919/20 Der für das Osmanische Reich schikanöse Friedensvertrag von Sèvres wird zwar von İstanbul notgedrungen akzeptiert, nicht jedoch von den Nationalisten. In Ankara konstituiert sich die Große Nationalversammlung und setzt eine neue Regierung unter Mustafa Kemal, dem späteren Atatürk (→ Kasten), ein. Dieser organisiert den militärischen Widerstand.

1921/22 Kemals Truppen schlagen die griechische Armee am Sakarya-Fluss. Die Italiener und Franzosen bekommen es mit der Angst zu tun und ziehen freiwillig ab.

1923 Mit dem Vertrag von Lausanne erkennen die Alliierten die Unabhängigkeit und Souveränität der neuen Türkei an. In Ankara als neuer Hauptstadt proklamiert die Nationalversammlung die Republik und wählt Mustafa Kemal zum Staatspräsidenten. Noch im gleichen Jahr schlägt Völkerbundskommissar Fritjof Nansen einen Bevölkerungsaustausch zwischen Griechen und Türken vor. Ankara stimmt sofort zu. Damit endet die dreitausendjährige Geschichte des kleinasiatischen Griechentums (→ Kasten „Griechen und Türken …", S. 177).

1924 Eine neue Verfassung tritt in Kraft, die u. a. die Trennung von Staat und Religion vorsieht. Das islamische Recht wird vom Schweizer Zivilrecht, italienischen Strafrecht und deutschen Handelsrecht abgelöst.

1925–1938 Bis zu Atatürks Tod werden zahlreiche Reformen durchgeführt, um die Türkei zu europäisieren: Schriftreform (Übergang zum lateinischen Alphabet), Bildungsreform (unter Mithilfe von hunderten von Wissenschaftlern aus Deutschland, die vor der Nazidiktatur flohen), Einführung von Familiennamen, Umstellung des Ruhetags von Freitag auf Sonntag usw.

1945 Die Türkei erklärt Deutschland den Krieg. Im selben Jahr wird sie Gründungsmitglied der UNO.

1952 Die Türkei tritt der NATO bei.

ab 1960 Mehrere Male greift das Militär korrigierend in die Politik des Landes ein. 1960 putschen kemalistische Offiziere und lassen den Ministerpräsidenten Adnan Menderes hinrichten. 1971 wird das Kabinett zum Rücktritt gezwungen. 1980 übernimmt abermals das Militär die Macht und löst das Parlament auf. Bis heute sieht sich das Militär als Hüter des Laizismus (Trennung von Religion und Staat) und als Verwalter von Atatürks geistigem Erbe. Es steht in klarer Gegnerschaft zu islamischen Fundamentalisten und linksradikalen Gruppierungen.

1974 Nach Jahren des Terrors griechischer Zyprer gegen die türkischen Inselbewohner und ihrem brutalen Kampf für einen Anschluss an Griechenland besetzen türkische Truppen den Norden Zyperns.

ab 1984 In den südöstlichen Provinzen des Landes beginnen türkische Kurden gewaltsam einen eigenen Staat zu fordern. 15 Jahre lang kommt es immer wieder zu heftigen Kämpfen zwischen PKK-Rebellen und der türkischen Armee. 25.000–30.000 Menschen verlieren dabei ihr Leben. Mit der Verhaftung des PKK-Chefs Abdullah Öcalan 1999 entspannt sich die Lage. Ein Waffenstillstand wird vereinbart, den die PKK 2004 wieder aufkündigt. Es folgen Terroranschläge, auch in den Ferienorten der Mittelmeerküste. Seit Ende 2012 herrscht abermals Waffenruhe, gleichzeitig beginnen die bislang vielversprechendsten Friedensgespräche zwischen der türkischen Regierung und der PKK.

ab 1995 Die islamistisch-fundamentalistische Wohlfahrtspartei Refah Partisi (RP) gewinnt die Wahlen. Die Partei wird 1998 als verfassungsfeindlich verboten. Viele Mandatsträger wechseln in die neu gegründete Tugendpartei Fazilet Partisi (FP), die ihrerseits 2001 verboten wird. Als Auffangbecken dienen diesmal die Glückspartei Saadet Partisi (SP) und die heute regierende „Partei für Gerechtigkeit und Entwicklung" AKP.

1999 Am 17. August trifft ein schweres Erdbeben den Nordwesten der Türkei, rund 20.000 Menschen sterben.

2002 Aus der Parlamentswahl geht die AKP als klarer Sieger hervor. Parteiführer Recep Tayyip Erdoğan, der schon die Moscheen als „unsere Kasernen", die Minarette als

Atatürk, Vater der Türken

Atatürks Konterfei grüßt in jedem Büro, Geschäft und Restaurant, verabschiedet sich mit jeder Note beim Bezahlen – und lähmt den Einfallsreichtum der türkischen Bildhauer, denn außer für Atatürk-Statuen werden nur selten öffentliche Aufträge vergeben. Kaum einem anderen Staatsmann wird posthum noch solch ein Personenkult zuteil. Mustafa Kemal, um 1881 als Sohn eines Zollbeamten und einer Bauersfrau in damals weltoffenen Saloniki (das heutige Thessaloniki) geboren, zeichnete sich nicht nur als Offizier aus, sondern auch als Präsident, der die Türkei in einem gewaltigen Kraftakt säkularisierte und europäisierte. Er vertrat den Kurs einer strikten Trennung von Staat und Religion. Für den Staatsgründer war der Islam das größte Hindernis bei der Modernisierung des Landes („Der Politiker, der zum Regieren die Hilfe der Religion braucht, ist nichts anderes als ein Schwachkopf"). Kemal verwarf die islamische Jahresrechnung und hob die Stellung des Islam als Staatsreligion auf. Für seine Verdienste verlieh ihm das Parlament 1934 den Namen Atatürk, „Vater der Türken". Selbst Winston Churchill erkannte neidvoll an: „Jedes Jahrhundert bringt nur eine geniale Person hervor, leider gab Gott in diesem Jahrhundert diese geniale Person den Türken." Vier Jahre später verstarb Atatürk an Leberzirrhose in İstanbul. Seine Gebeine ruhen im Atatürk-Mausoleum in Ankara. Für alle Türken, die die Theokratisierung des Landes fürchten, leuchtet sein Stern heute heller denn je.

„unsere Bajonette" und die Demokratie als „nur einen Zug" bezeichnet hatte, „auf den wir aufsteigen, bis wir am Ziel sind", wird ein Jahr später Regierungschef. Zu Anfang lenkt Erdoğan den Zug gen Europa. Unter seiner Führung wird gegen den wirtschafts- und rechtspolitischen Reformstau vorgegangen. Gesetze werden im Akkord verabschiedet, um die Kopenhagener Kriterien zu erfüllen, welche die EU-Beitrittsverhandlungen ermöglichen.

ab 2005 EU-Beitrittsverhandlungen werden aufgenommen. Zwischen 2007 und 2013 unterstützt Brüssel Ankara mit rund 4,837 Mrd. Euro. Bis heute ist erst eines von 35 Verhandlungskapiteln abgeschlossen, acht sind noch gar nicht eröffnet. Der Abschluss der Verhandlungen wird nicht vor 2023 erwartet. Ob die Türken bis dahin überhaupt noch in die EU wollen, ist eine andere Frage. Die Ihr-seid-doch-gar-nicht-willkommen-Haltung vieler EU-Länder führte dazu, dass die Zahl der Befürworter eines EU-Beitritts von 70 % (2004) auf 30 % (2011) sank. Ob eine AKP unter Erdoğan den Beitritt jemals wirklich wünschte, ist ebenfalls fraglich. Der Schwenk Richtung Europa half v. a., die Macht des Militärs zu brechen.

2013 Proteste gegen ein geplantes Bauprojekt im İstanbuler Gezi-Park weiten sich zu landesweiten Demonstrationen gegen Erdoğan aus, den „Volkstribun von Anatolien" *(Spiegel).* Die Demonstrationen werden blutig niedergeschlagen, es gibt Tote und mehrere Tausend Verletzte. Die Angst vor der zunehmenden Islamisierung des Landes und der Unmut über die Bevormundung des Volkes treibt die Menschen auf die Straßen.

2014/2015 Die Präsidentschaftswahlen im August 2014 und die Parlamentswahlen im Juni 2015 werden entscheiden, wie viel Pluralismus in der türkischen Demokratie noch möglich ist.

Land und Leute unter dem Halbmond –
die Türkei in Fakten und Zahlen

Offizieller Name: Türkiye Cumhuriyeti (Republik Türkei).

Geographie: Mit einer Fläche von 779.452 km² ist die Türkei gut zweimal so groß wie Deutschland. 3 % der Fläche befinden sich auf dem europäischen Kontinent, der Rest – allgemein als Anatolien bezeichnet – gehört zu Asien. Der höchste Berg ist der Ararat (5165 m ü. d. M.) ganz im Osten des Landes. Bedingt durch tektonische Aktivitäten mit Grabenbrüchen und Verschiebungen infolge des Aneinanderdriftens der Eurasischen und der Arabischen Platte kommt es immer wieder zu Erdbeben.

Politisches System: Die Türkei war z. Z. d. Drucklegung eine parlamentarische Demokratie, die Nationalversammlung (das Parlament mit 550 Sitzen) die Legislative. Die letzten Wahlen 2011 (Legislaturperiode 4 Jahre) brachten der regierenden konservativen AKP eine absolute Mehrheit von 326 Sitzen ein. Die Oppositionsparteien waren die sozialdemokratische CHP und die nationalistische MHP, alle anderen Parteien scheiterten an der 10 %-Hürde. Noch vor der nächsten Präsidentschaftswahl 2014, bei der erstmals der Staatspräsident direkt vom Volk gewählt wird, plant Ministerpräsident Recep Tayyip Erdoğan (AKP, seit 2003 im Amt) den Umbau des Staates in eine Präsidialdemokratie. Dann will er Staatspräsident Abdullah Gül (seit 2007 im Amt, keine Wiederwahl mehr möglich) beerben. Ob Erdoğans Pläne aufgehen oder ob er von der politischen Bühne gedrängt wird, war bei Redaktionsschluss noch nicht absehbar. Der Laizismus (Trennung von Religion und Staat) ist in der Verfassung verankert. Nur wie lange noch? Die AKP forciert eine Entsäkularisierung.

Wirtschaft: Die Türkei erlebte in den letzten Jahren – trotz eines kurzen Dämpfers durch die Finanzkrise – ein Wirtschaftswachstum, das weltweit zuweilen nur noch China toppen konnte. In der Rangfolge der größten Volkswirtschaften der Welt nimmt die Türkei nach Erhebungen der OECD mittlerweile Rang 17 ein. Doch der Boom, so befürchten Experten, könnte mit einem großen Knall enden, die türkische Wirtschaft gilt mehr und mehr als überhitzt. 2013 schwächte sich das Wirtschaftswachstum bereits deutlich ab. Auf das ganze Land bezogen trägt zum BIP die Landwirtschaft, in der über 25 % aller Erwerbstätigen ihr Auskommen finden, nur 10 % bei, die Industrie (v. a. die Textil-, Chemie- und Elektrobranche sowie der Fahrzeug- und Maschinenbau) 30 % und der Dienstleistungssektor 60 %. Das Pro-Kopf-BIP liegt über dem von Bulgarien oder Rumänien.

Die Arbeitslosigkeit schwankte in den letzten Jahren um die 10 %, die Inflation lag zwischen 6 und 10 %, das jährliche Pro-Kopf-Einkommen wird – je nach Quelle – mit 7000 bis 12.000 € angegeben. Angaben dieser Art lassen sich aufgrund der beträchtlichen Schattenwirtschaft niemals exakt ermitteln. 2013 mussten als Bruttomindestlohn monatlich 979 YTL (ca. 420 €) gezahlt werden.

Vorm Museum stapeln sich die Tempelfriese

Tourismus: Die Türkei zählte 2013 trotz Unruhen im Land über 30 Mio. ausländische Gäste, davon über 5 Mio. Deutsche.

Bevölkerungsstruktur: 2013 hatte die Türkei rund 76 Mio. Einwohner (1960: 28 Mio.), das Durchschnittsalter beträgt 29 Jahre (in Deutschland 42 Jahre).

Bevölkerungsgruppen: ca. 75 % Türken, 20 % Kurden, 2% Zaza, 2 % Araber, 0,5 % Tscherkessen. Der Rest: Armenier, Griechen, Bosniaken, Albaner, Lasen, Georgier und muslimische Bulgaren.

Gesundheit/Soziales: Auf 1000 Einwohner kommen 1,6 Ärzte (Deutschland 3,6). Die Lebenserwartung liegt für Frauen im Durchschnitt bei 75 Jahren, für Männer bei 70 Jahren. Da ein sehr hoher Anteil der Arbeitnehmer einer informellen Beschäftigung nachgeht und nicht in die Sozialversicherungssysteme einzahlt, haben viele Türken keine Kranken- oder Arbeitslosenversicherung, nur rund 40 % der Türken über 65 Jahre beziehen Leistungen aus der Rentenversicherung. Für die Ärmsten der Armen gibt es die „Grüne Karte", die kostenfreien Zugang zu den staatlichen Krankenhäusern gewährt.

Bildung: 2012 trat eine umstrittene Schulreform in Kraft, um – Zitat Erdoğan – „eine religiöse Generation heranzuziehen". Dabei wurde die Schulpflicht von 8 auf 12 Jahre erhöht. Jedoch dürfen konservative Eltern ihre Kinder nun bereits nach der 4. Klasse auf religiöse İmam-Hatip-Schulen („Vorbeter-und-Prediger-Schulen") schicken, zudem können sie Mädchen nach der 8. Klasse von der Schule nehmen und deren Ausbildung per Fernunterricht fortsetzen lassen. Die Analphabetenrate schätzt man bei Frauen auf ca. 18 %, bei Männern auf ca. 6 %, wobei diese jedoch einem starken Ost-West-Gefälle unterliegt: Im Westen sind vorwiegend ältere Menschen betroffen, im Osten auch Kinder; Kinderarbeit ist dort noch gang und gäbe. Ein Drittel aller Schulabgänger beginnt ein Hochschulstudium, ein Drittel aller Studierenden sind Frauen. In der Türkei gibt es 102 staatliche Universitäten und 62 staatlich anerkannte private Stiftungsuniversitäten.

Medien und Pressefreiheit: Eine Vielzahl staatlicher und privater Radio- und TV-Sender, dazu Tages- und Wochenzeitungen prägen die Medienlandschaft. Die Pressefreiheit ist zwar in der Verfassung veran-

Hoch über Fethiye

kert, doch im türkischen Strafgesetzbuch finden sich Paragraphen, die sich nicht mit dem Recht auf freie Meinungsäußerung vertragen, so z. B. der Maulkorb-Paragraph 301 („Herabwürdigung der türkischen Nation"), der fast willkürlich gegen jede Kritik am Staat auslegbar ist, oder der Paragraph 216 („Öffentliche Erniedrigung religiöser Werte"), der jüngst vermehrt selbst bei kleinsten Spötteleien Anwendung fand. Zudem wirft *Reporter ohne Grenzen* der türkischen Regierung den Missbrauch der umstrittenen Antiterrorgesetze vor, um unliebsame Stimmen in den Medien zum Schweigen zu bringen. So verwundert es nicht, dass in der Türkei mehr Journalisten inhaftiert sind als in China. Dementsprechend belegt die Türkei in der Rangliste der Pressefreiheit den traurigen Platz 154. Für deutsch- und englischsprachige Zeitungen → S. 58.

Religion: 99 % der türkischen Bevölkerung bekennen sich zum Islam. Den verbleibenden Rest stellen Juden sowie syrisch- und griechisch-orthodoxe Christen.

Schon mal schöner gerastet?

Lykische Küste – Reiseziele

Blick über die Altstadt von Antalya

Antalya (ca. 1,5 Mio. Einwohner)

Umrahmt von den mächtigen, bis zu 3000 m ansteigenden Gipfeln des Taurusgebirges, erstreckt sich die Millionenmetropole über einer schroffen Steilküste. Die Altstadt Antalyas wird wegen ihrer Schönheit in der Literatur mit Lorbeeren und in der Realität mit Touristen überschüttet.

Kaum ein Reisebüro, das nicht mit einem Sonderarrangement nach Antalya, dem türkischen Ferienflughafen Nummer eins, wirbt. Wer aber aus dem Katalog bucht, steigt i. d. R. irgendwo an den Stränden östlich oder westlich der Metropole ab. Antalya selbst ist für das Gros der Reisenden lediglich Ziel eines Tagesausflugs. Dabei besucht man die charmante Altstadt mit ihren engen, schattigen Gassen und osmanischen Holzhäusern, deren hübsche Erker, schindelgedeckte Dächer und Gärtchen mit Orangenbäumen und Hibiskus ins Auge fallen. Oder man bummelt auf palmengesäumten Boulevards durch das angrenzende moderne Stadtzentrum, wo schicke Boutiquen und Einkaufszentren zum Shopping einladen. Es sind vorrangig Individualreisende, die in Antalya auch nächtigen. Die Altstadt bietet ein großes Angebot an Unterkünften jeglicher Couleur.

Ist die Provinz Antalya, die sich bis Alanya erstreckt, die meistbesuchte Ferienregion des Landes, so ist die Stadt selbst eine pulsierende Wirtschaftsmetropole. Boomtown Antalya profitiert aber nicht nur vom Tourismus, ebenso haben Industrie und Handel für den regen Aufschwung gesorgt. Eisenchrombetriebe und Textilfabriken verschiffen ihre Güter in alle Welt, und zwar vom großzügig angelegten Hafen, der eigens zu diesem Zweck wenige Kilometer westlich der Stadt gebaut wurde. Auch die Obstplantagen der Gegend werfen reiche Erträge ab und tragen zum Wohlstand der Stadt bei. Im Umland werden zudem Gemüse, Baumwolle, Erdnüsse und Sesam angebaut. Damit es weiterhin bergauf geht, wurde ein modernes Kongresszentrum errichtet, das glaspyramidenförmige *Sabancı Congress Centre* am 100. Yıl (Yüzüncü Yıl) Bulvarı. Es soll Geschäftswelt und Wissenschaft an die Stadt binden.

Geschichte

Antalya ist eine für türkische Verhältnisse junge Stadt. 158 v. Chr. wurde sie von König Attalos II. von Pergamon (159–138 v. Chr.) als *Attaleia* gegründet, nachdem er vergebens versucht hatte, Side zu erobern. Im Jahr 36 v. Chr. geriet die Stadt unter römische Herrschaft. Unter Kaiser Hadrian (117–138 n. Chr.) erhielt sie den Status einer selbstständigen Provinz mit einem Senator als Statthalter. Einen Namen machte sich die Stadt im römischen Imperium wegen ihrer auserlesenen Weine – ob es die edlen Tropfen waren, die in den folgenden Jahrhunderten immer wieder Piraten anlockten, sei dahingestellt. In byzantinischer Zeit wurde *Adalia,* wie man nun sagte, zum Bischofssitz. Im 12. Jh. diente die Stadt den Kreuzfahrern als Nachschubhafen, 1207 wurde sie von den Seldschuken erobert, 100 Jahre später fiel sie in den Machtbereich der Emire von Eğirdir. Unter Sultan Murat I. wurde *Adalia* 1387 schließlich dem Osmanischen Reich einverleibt. Mit der Autorität des Korans ging die Tradition des Weinanbaus verloren, stattdessen wurde nun die Rosenzucht gefördert. Rosenöl, der Grundstoff kostbarer Parfüms, sollte für die nächsten Jahrhunderte eine der Haupteinnahmen sein. Auch die Seidenraupenzucht wurde fortan gepflegt.

Orientierung: Vom kleinen Hafen steigt die verwinkelte Altstadt *(Kaleiçi)* mit ihren Pensionen und Souvenirgeschäften in einem Halbrund steil an. Rings um die Altstadt erstreckt sich das geschäftige, moderne Antalya. Je weiter man sich vom Meer entfernt, desto mehr verschwinden die Renommierfassaden. Landeinwärts wird die Altstadt weitestgehend von einer ursprünglich hellenistischen Stadtmauer umgeben. Entlang dem zinnenbewehrten Wall, der von den Seldschuken und Osmanen immer wieder umgebaut wurde, verläuft die Atatürk Caddesi gen Süden. Den Norden der Altstadt grenzt die Cumhuriyet Caddesi ab, die gen Westen zum Archäologischen Museum und zum Konyaaltı-Strand führt. Entlang dieser beiden Straßen holpert auch eine betagte Straßenbahn. Eine moderne Linie führt vom Zentrum gen Norden zum Busbahnhof. Für die Fahrt in die Altstadt mit dem eigenen Fahrzeug → S. 75.

Um 1885 zählte Antalya rund 25.000 Einwohner (ein Drittel davon Christen), es gab zehn Moscheen und vier Kirchen. 1918 wurde der hiesige Küstenstreifen von italienischen Truppen besetzt, 1921 räumten sie das Feld wieder. Zwei Jahre später mussten die griechischen Einwohner der nun Antalya genannten Stadt infolge des Bevölkerungsaustauschs ihre Häuser verlassen. In den 1970ern setzte die Entwicklung des verschlafenen Städtchens (damals rund 40.000 Einwohner) zu einer modernen Wirtschaftsmetropole ein. Damit einher ging ein rapider Bevölkerungsanstieg, denn die Stadt zog massenweise Glücksritter aus Ostanatolien an: Anfang der 1990er zählte Boomtown Antalya schon 450.000 Einwohner, Mitte der 90er bereits 800.000. Wie viele Menschen heute in Antalya leben, weiß keiner so genau. Schätzungen gehen von 1,5 Millionen Einwohnern aus. Darunter befinden sich angeblich über 2000 Euro-Millionäre (!) und in der gleichnamigen Provinz um die 7000 Deutsche, die sich einen Platz an der Sonne geleistet haben. Um dem Bevölkerungsanstieg und dem damit einhergehenden wachsenden Verkehrsaufkommen gerecht zu werden, wird eine Umgehungsstraße nach der nächsten gebaut – doch ist es nur eine Frage der Zeit, bis diese wieder zu Stadtautobahnen werden, zumal für das Jahr 2030 um die 10 Millionen Einwohner prognostiziert werden.

Basis-Infos

Information Tourist Information, am verkehrsberuhigten Abschnitt der Cumhuriyet Cad. keine 200 m westlich des Uhrturms. Im Sommer tägl. 9–18 Uhr, im Winter 8.30–17 Uhr. ✆ 0242/2411747, www.antalyakulturturizm.gov.tr. Infos auch auf www.antalyaguide.org.

Flughafen Der internationale **Flughafen Antalya** (www.aytport.com) liegt ca. 15 km östlich von Antalya. Er besitzt 3 Terminals, 2 internationale (Terminal 1 und Terminal 2) sowie einen nationalen (İç hatlar). Terminal 1 liegt in Laufnähe zum nationalen Terminal (einfach Terminal 1 verlassen und rechts halten), Terminal 2 ca. 2 km von den anderen entfernt. Es bestehen keine Shuttlebusverbindungen zwischen den Terminals! Im Ankunftsbereich der internationalen Terminals finden Sie Wechselstuben (schlechte Kurse) und Bankomaten, im Ankunfts- und Abflugbereich Duty-free-Shops (billiger als daheim). Autoverleiher haben vorrangig im nationalen Terminal und im Terminal 2 ihren Sitz.

Transfer von und zum Flughafen Am einfachsten mit dem **Taxi**, ca. 19 € vom bzw. ins Zentrum. Es gibt auch 2 Stadtbuslinien ins Zentrum, was die Taxifahrer am Flughafen jedoch verneinen! Die Busse fahren vom nationalen Terminal und vom Terminal 2 ab. Tickets zu 1,50 € kann man direkt bei den Busfahrern kaufen.

Stadtbus Ⓑ **600** fährt vom Flughafen vorbei am Zentrum zum Busbahnhof *(Otogar)*. Vom Flughafen zum Busbahnhof verkehrt er von 7–1.45 Uhr jede halbe Std., dann nur noch um 3.45 und 6 Uhr (Stand: 2013). Vom Busbahnhof zum Flughafen verkehrt der Bus von 5.30–1 Uhr jede halbe Std., dann nur noch um 2.30 u. 4.45 Uhr. Um in die Altstadt zu gelangen, steigt man am besten an der Haltestelle Meydan aus (Fahrer Bescheid geben) und legt den restlichen Weg mit der Straßenbahn zurück (mehr zur Straßenbahn s. u.). Am Busbahnhof fährt der Bus vor dem *İlçeler Terminal* ab, achten Sie auf die Aufschrift „Havaalanı" für „Flughafen".

Stadtbus Ⓑ **600 A** fährt vom Flughafen über Lara ins Zentrum von Antalya bis zum Akdeniz Bul. (Aquarium) und dann zurück. Er verkehrt allerdings (in beide Richtungen) nur zwischen 6.15 u. 22.15 Uhr alle 2 Std. Wer ins Zentrum/Altstadt will, steigt an der Station Doğu Garajı aus (→ Stadtplan, S. 77). Wer von der Altstadt zum Flughafen will, steigt am Cumhuriyet Meydanı auf Höhe des Tickethäuschens für die Oper zu.

Überlandbus Der Busterminal *(Otogar,* www.antalyaotogar.com.tr) liegt etwa 8 km vom Zentrum entfernt an der Ausfallstraße nach Burdur. Anbindung ins Zentrum mit der Straßenbahn *ANTRay* (s. u., hier unterirdisch, auf die Beschilderung „Tramvay" achten und in Fahrtrichtung Meydan einsteigen).

Am Cumhuriyet Meydanı

Taxi vom Busbahnhof ins Zentrum ca. 13 €. Vom Busbahnhof bestehen hervorragende Verbindungen entlang der Küste, in alle größeren Städte des Landes und zu den kleineren Orten in der Umgebung (z. B. nach Serik für Aspendos). Nach Selçuk kostet die Fahrt rund 19 € (ca. 6–7 Std.), nach Denizli/Pamukkale 13 € (4 Std.), nach İstanbul 26 € (ca. 12 Std.) und nach Fethiye 13 € (Inland ca. 3 Std.).

Dolmuş/Minibus Richtung **Kemer, Çıralı, Olympos** und **Kumluca** steigt man entweder am Busbahnhof (mit großem Gepäck besser, da man den Busbahnhof bequem mit der Straßenbahn erreicht) oder am Akdeniz Bul. zwischen Migros Shoppingcenter und Aquarium zu. Diese Abfahrtsstelle erreicht man u. a. von der Innenstadt (Konyaaltı Cad.) mit Minibus Ⓑ CV47.

Straßenbahn Es gibt bislang 2 Linien, eine alte und eine neue. Die **alte Straßenbahnlinie**, übrigens ein Geschenk der Partnerstadt Nürnberg, führt vom Archäologischen Museum über die Konyaaltı Cad. (die parallel zur Küste verläuft und in die Cumhuriyet Cad. übergeht) mitten ins Herz der Stadt und auf der Atatürk Cad. gen Süden bis zum Ende der Işıklar Cad. Sie fährt von 7–23 Uhr jede halbe Std.

Die zweite Straßenbahnlinie, die *AntRay*, führt vom Busbahnhof *(Otogar)* über die Abdi İpekçi Cad. und die Şarampol Cad. zur İsmet Paşa Cad. (hier aussteigen für die Altstadt) und weiter über die Ali Çetinkaya

Cad. wie auch den Aspendos Bul. zum Meydan. Den Ausbau Richtung Flughafen torpediert die Taximafia. Es sollen in den nächsten Jahren zudem Straßenbahnlinien zum Westhafen und gen Lara folgen.

Taxi Taxis fahren zum Festpreis zu allen bekannten Zielen der näheren und weiteren Umgebung, besonders außerhalb der HS ist jedoch Handeln mit größeren Spielräumen möglich. Preisbeispiele hin u. zurück: Termessos 50 €, Perge und Aspendos (kombiniert) 60 €, Phaselis und Olympos (kombiniert) 80 €, Belek oder Kemer 50 €.

Tickets für die alte Straßenbahn (0,60 €) bekommt man direkt in der Bahn. Für die *AntRay* muss man sich vor Antritt der Fahrt an den Ticketschaltern bei den Zugängen eine Chipkarte, die sog. *A-Kent Kartı,* besorgen und mit einem gewünschten Betrag (Minimum 2,10 €/5 TL) aufladen lassen. An den Lesegeräten bei den Schranken auf den Gleisen wird der entsprechende Betrag abgezogen. Die *A-Kent Kartı* ist auch in den städtischen Bussen und der alten Straßenbahn einsetzbar. Mehr zu Tickets und Fahrplänen auf www.antalya ulasim.com.tr (nur in Türkisch).

Bootsausflüge Geschippert wird entweder Richtung Westen oder Osten die Küste entlang. Einige Beispiele aus dem breit gefächerten Programm: Einstündiger Kurztrip 5 €, 2 Std. untere Düden-Wasserfälle (→ S. 89) und Piratenhöhle (eine Grotte im Hafenbecken von Antalya) 10 €, 6-Std.-Tour zur Ratteninsel (westlich von Antalya, die Tour ist meist mit einem 1 ½-stündigen Badestopp verbunden) und zur Çaltıcak-Bucht (weiter Richtung Kemer) 35 €.

Organisierte Touren Büros von Tourenveranstaltern in den Gassen der Altstadt – insgesamt aber nur wenige Anbieter. Tages-

touren z. B. nach Perge, Aspendos und zu den Kurşunlu-Wasserfällen, nach Kekova und Myra (mit Bootstour) oder nach Termessos und zu den Düden-Wasserfällen ab ca. 35 €. Egal wo Leser buchten – stets werden die vielen Stopps bei Schmuckfabriken und Ledergeschäften bemängelt.

Parken Gebührenpflichtige, bewachte Parkplätze am Yachthafen in der Altstadt (2,10 €, egal wie lange, Wohnmobile 4,20 €) sowie neben dem Stadion (nahe der Altstadt; gleiche Preise). Zudem ein Parkhaus gegenüber der Post an der Güllük Cad. (3 €/Tag, 1,70 €/2 Std.) und in der Shoppingmall Mark Antalya (→ Einkaufen).

Adressen

Ärztliche Versorgung Einen sehr guten Ruf besitzt das private Özel Antalya Yaşam Hastanesi (www.antalyayasam.com.tr) nahe dem Dedeman Hotel in Lara. Şirinyalı Mah. 1487 Sok. 4, ☎ 0242/3108080. Englischsprachige Ärzte und deutschsprachige Dolmetscher.

Dr. Adnan Adalı, der Deutsch sprechende Zahnarzt bohrt in Lara in der Metin Kasapoğlu Cad. 71 (1. Stock). ☎ 0242/3164470 o. 3164480, www.adnanadali.com. Die Praxis befindet sich schräg gegenüber dem Hotel Dedeman. Mit Ⓑ KL08 (Zusteigemöglichkeit u. a. an der Işıklar Cad.) bis Haltestelle Dedeman 2.

Autoverleih Eine seit Jahren bewährte und von vielen Lesern empfohlene Autovermietung ist **Say**, Barbaros Mah. Mescit Sok. 37, ☎ 0242/2430923, www.say-autovermietung.de (→ Unterwegs zwischen Antalya und Dalyan, S. 22). 24-Std.-Service unter ☎ 0532/2645054 (mobil). 2013 lag das billigste Modell bei 25 €. Wer bei unseriösen Anbietern weniger bezahlen will oder bei seriösen mehr, spaziert die Fevzi Çakmak Cad. entlang, an der mehrere Autoverleiher vertreten sind, z. B. **Avis** (Hnr. 30, im Talya Oteli, ☎ 0242/2481772; am Flughafen, ☎ 0242/3303073; www.avis.com.tr).

Diplomatische Vertretungen Deutschland (Außenstelle des Generalkonsulats İzmir), Çağlayan Mah., Barınaklar Bul. 54, ☎ 0242/3141101, www.izmir.diplo.de. Von der Işıklar Cad. mit Ⓑ KL08 zu erreichen, rechter Hand Ausschau halten.

Österreich (Honorarkonsulat), Barut Hotels Lara Resort Spa & Suites, Güzeloba Mah.,

Tesisler Cad. 170, Lara, ☎ 0242/3522200, antalyafahrikonsolosluk@baruthotels.com.

Gottesdienste Ökumenische Gottesdienste in deutscher Sprache finden in der St.-Nikolaus-Kirche, Haşim İscan Mah., 1295 Sok. (nahe der Altstadt), stets So um 11 Uhr statt. Wegbeschreibung: Vom Hadrianstor der Atatürk Cad. (Straßenbahnseite) gen Süden folgen, links ab in die 1298 Sok., dann nach nur wenigen Schritten rechts halten. Weitere Infos bei Pfarrer Rainer Korten, ☎ 0544/3162622 (mobil).

Polizei Für die Altstadt ist die Polizeistation Yenikapı Polis Karakolu an der 19 Mayıs Cad. 19 zuständig. ☎ 155.

Post Hauptpostamt in der Güllük Cad. (auch: Anafartalar Cad.), einer Seitenstraße zur Cumhuriyet Cad. Kleines Postamt zudem an der İsmetpaşa Cad.

Reisebüro Pamfilya Tours für Flugtickets (THY, Pegasus, Onur Air u. a.), Fährpassagen etc. Işıklar Cad. 57/8, ☎ 0242/2431500, www.pamfilya.com.tr.

Sprachkurse Türkisch lernen kann man bei **Tömer**, dem Sprachlehrinstitut der Universität Ankara. 4-wöchiger Kurs mit 20 Std./Woche ca. 300 €. Cebesoy Cad. 10, ☎ 0242/3125013, www.tomer.ankara.edu.tr.

Waschsalon Sempatik Laundry, in der Altstadt in Nachbarschaft zum Kesik-Minarett bzw. gegenüber der Pension Villa Verde. Eine Trommel waschen 8,50 €.

Quicktime Waschsalon, unter deutscher Leitung, ebenfalls in der Altstadt. Eine Trommel waschen und trocknen ca. 6,50 €. Mescit Sok. 44.

Mit dem Auto in die Altstadt – ein Chaos!

Um das Verkehrsaufkommen in den engen Gassen der Altstadt einzudämmen, gelten für die Fahrt in die Altstadt besondere Regelungen. Die Einfahrt in die Altstadt ist kostenlos, sofern man diese innerhalb von 2 Std. mit dem Fahrzeug wieder verlässt. Für eine Verweildauer von 2–6 Std. bezahlt man 2,10 €, für 6–8 Std. 4,20 €, für 8–10 Std. 10,60 €, für 10–12 Std. 21 € und für über 12 Std. satte 43 €. Autoverleiher mit Sitz in der Altstadt haben i. d. R. für ihre Fahrzeuge Altstadtparklizenzen, die unbegrenztes Parken ermöglichen. Hoteliers müssen die Fahrzeuge der Gäste unmittelbar nach der Einfahrt anmelden, damit diese die Altstadt am nächsten Morgen wieder kostenfrei verlassen können. Die Ein- und Ausfahrten sind getrennt. Einfahrten befinden sich beim Uhrturm (zu erreichen, indem man über die İsmet Paşa Cad. auf die Altstadt zusteuert und sich kurz davor bei den Straßenbahngleisen rechts hält) und an der Kocatepe Sok. Hinausfahren kann man über die Mescit und die Yenikapı Sok. Ein- und Ausfahrten sind durch ein verwirrendes Einbahnstraßensystem miteinander verbunden – wer sich den Stress sparen will, parkt außerhalb (z. B. beim Stadion).

Zeitungen Deutschsprachige Tages- oder Wochenblätter an einigen Kiosken an der Cumhuriyet und der Ali Çetinkaya Cad.

Zweiradverleih Etliche Verleiher in der Altstadt und an der Fevzi Çakmak Cad. Angeboten wird alles zwischen 125-ccm-Yamaha-Scooter (ca. 30 €/Tag) und Honda Enduro mit 600 ccm (ca. 70 €). Lassen Sie

Kratzer oder Defekte an den Zweirädern im Vertrag vermerken, es kommt vielfach zu Reklamationen.

Fahrräder werden hingegen nur wenige vermietet, den Verleihern bringen sie mehr Ärger als Umsatz. Dennoch haben diverse Autoverleiher ein oder zwei Räder im Programm. Die Preise liegen bei ca. 15 €/Tag.

Einkaufen/Veranstaltungen

→ Karten S. 76/77 und S. 81

Einkaufen im Zentrum Etliche Leder- und Modegeschäfte im Basar um die Ali Çetinkaya Cad. Besser aber kauft man in den Shoppingmalls ein (s. u.) oder in den Läden und Boutiquen an der Atatürk Cad., der Işıklar Cad. und Cumhuriyet Cad. (viel trendige Klamotten).

🌿 Wer auf außergewöhnliche Schuhe steht, kann bei **Osmanlı Sultan Çarık** 🔳 an der Hesapçı Sok. 3/B vorbeischauen. Hier werden „osmanisch angehauchte" Latschen aus Büffel- und Rindsleder gefertigt. Verwendet werden ausschließlich Naturfarben. Ziemlich ökomäßig, aber auch irgendwie cool. ■

Silber- und Goldschmuck findet man in den zahlreichen kleinen Juwelierläden im Norden der Atatürk Cad.

Eine Ansammlung von **Kunsthandwerksläden** 🔳 mit schönen Mitbringseln aus Kupfer oder Messing findet man zwischen Ali

Çetinkaya Cad. und İsmetpaşa Cad. Teils kann man bei der Produktion zusehen. Dazwischen, in einem turmartigen Neubau, ein Ofenmuseum (*Soba Müzesi*). Zudem diverse Kunsthandwerksläden in der Altstadt.

Märkte Mittwochsmarkt am Portakal Çiçeği Bul. südöstlich der Altstadt: Obst, Gemüse, Lebensmittel, Kleidung, Haushaltswaren, keine Souvenirs. Um dorthin zu gelangen, folgt man der Işıklar Cad. und all ihren Verlängerungen. Auch Ⓑ KL08 (von der Işıklar Cad.) fährt nahe daran vorbei, sagen Sie dem Fahrer Bescheid.

Mittwochsmarkt Cumhuriyet Mahallesi Katlı Kapalı Pazarı: Im Norden der Stadt, mit der Straßenbahn *AntRay* von der İsmetpaşa Cad. bis Station Sigorta, dann den Menschen hinterher. Laut, bunt, einfach, riesig, dazu komplett touristenfrei, fest in der Hand von Zuzüglern. 2 Etagen, unten Lebensmittel, oben Klamotten: billig, aber auch ramschig.

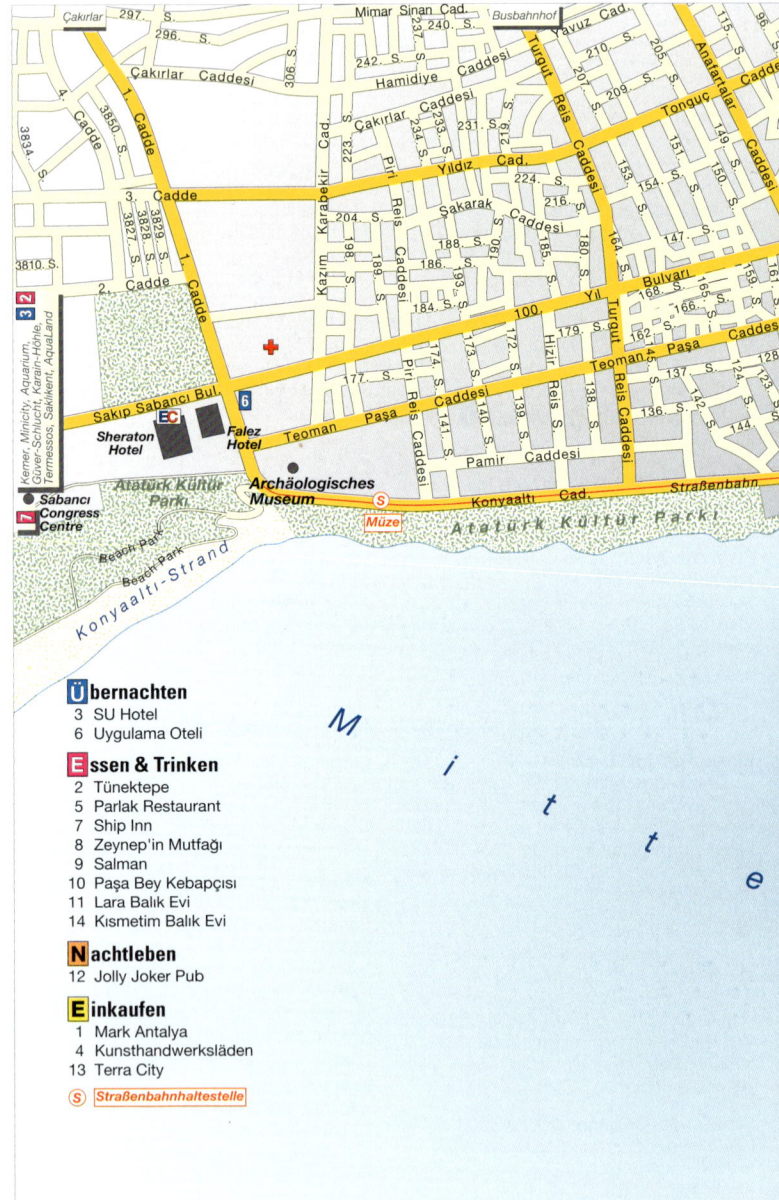

Übernachten

3 SU Hotel
6 Uygulama Oteli

Essen & Trinken

2 Tünektepe
5 Parlak Restaurant
7 Ship Inn
8 Zeynep'in Mutfağı
9 Salman
10 Paşa Bey Kebapçısı
11 Lara Balık Evi
14 Kısmetim Balık Evi

Nachtleben

12 Jolly Joker Pub

Einkaufen

1 Mark Antalya
4 Kunsthandwerksläden
13 Terra City

Ⓢ Straßenbahnhaltestelle

Antalya und Umgebung → Karte S. 76/77

Großer **Freitagsmarkt** bei der Murat-Pascha-Moschee.

Zu einer Touristenattraktion ist mittlerweile der riesige **Samstagsmarkt** in Lara (nahe dem Marmara Hotel) geworden.

Shoppingmalls Mark Antalya **1**, der neueste (2013 eröffnet) Shoppingtempel im Zentrum. Über 150 Läden *(darunter C & A, H & M, Bershka, Mavi, Rossmann* usw.). Dazu 10 Kinos. Eski Otogar.

Terra City 13, angesagteste Mall der Stadt, in Lara, dem Stadtteil mit der höchsten Kaufkraft. *Apple Store, Camper, Polo Garage, Guess, Mango …* Tekelioğlu Cad. 55. Ⓑ KL08 von der Işıklar Cad. bis Haltestelle Konak 2.

Fußball Antalya Spor, der ständige Auf- und Absteiger zwischen der ersten und der zweiten Liga, kickte 2013 im Akdeniz-Üniversitesi-Stadion auf dem Unicampus (Pınarbaşı Mah., 6 km westlich des Zentrums). Ein neues Stadion in Konyaaltı gegenüber der Glaspyramide ist im Bau. Spiele meist Sa und So. www.antalyaspor.com.tr.

Kinderspaß Karussele, Schiffschaukel, Boxautos u. Ä. im Aktur Lunapark am Atatürk Bul. gegenüber dem Shoppingcenter Migros. Zu erreichen u. a. mit Ⓑ KL08 von der Fahrettin Altay Cad. (Haltestelle vor dem Friedhof). Teuer, aber ebenfalls ein Erlebnis für Kinder, ist der Besuch des **Aquariums** (→ S. 88).

Oper & Ballett Aufführungen der **Antalya Devlet Opera ve Balesi** (Staatsoper und -ballett) finden im *Haşim İşcan Kültür Merkezi* an der Mevlana Cad. statt. Vorverkauf (Tickets ab ca. 5 €) u. a. in einem Kiosk am Cumhuriyet Meydanı. Was auf dem Programm steht, erfahren Sie unter www.antdob.gov.tr.

Türkisches Bad (Hamam) In der Altstadt gibt es u. a. das etwas versteckt in der Kocatepe Sok. gelegene **Sefa Hamamı** (gemischtes Bad, tägl. 9.30–22 Uhr, Eintritt 13 € inkl. Massage und *Kese*) und das **Balıkpazarı Hamamı** an der Ecke Balıkpazarı Sok./Paşa Cami Sok. (restauriertes osmanisches Bad, groß und schön, getrennte Abteilungen für Frauen und Männer, tägl. 8–24 Uhr, Komplettbehandlung 21 €).

Veranstaltungen Anfang Okt. gehen im *Antalya Kültür Merkezi* (am 100. Yıl Bul. zwischen Sheraton und Glaspyramide) die traditionellen **Filmfestspiele von Antalya** über die Bühne, bei denen der beste Streifen mit der „Goldenen Orange" *(Altın Portakal)* ausgezeichnet wird. Im Mittelpunkt stehen türkische Filme. www.altinportakal.org.tr.

Sehens- und hörenswert sind auch die im Rahmen des **Aspendos-Festivals** (i. d. R. Juni/Juli) stattfindenden Opern- und Ballettaufführungen im Freilichttheater von Aspendos. Tickets um die 22 € (Stand 2013), man bekommt sie u. a. am Kiosk der Staatsoper (s. o.) oder im Archäologischen Museum. Zu vielen Veranstaltungen wird ein Transferservice eingerichtet. www.aspendosfestival.gov.tr.

Noch ein Tipp: Erkundigen Sie sich in der Touristeninformation, wann im Spätsommer die **Altın Kiraz Yağlı Pehlivan Güreşleri** („Ölringkämpfe im Zeichen der Goldenen Kirsche") im rund 60 km entfernten 22.000-Einwohner-Städtchen Korkuteli über die Bühne gehen. Im Gegensatz zu dem konservativen, langweiligen Bergstädtchen sind die Ölringkämpfe sehenswert.

⌒ Übernachten/Camping   → Karten S. 76/77 und S. 81

In der Altstadt gibt es viele Pensionen und kleine Hotels: Vom Vorhang mit Goldkante bis zum Laken mit Schmutzrand reicht das Angebot. Über eine Klimaanlage verfügen fast alle Zimmer, auch die der einfachen Pensionen. Grundsätzlich gilt aber: Je näher Sie am Hafen wohnen, desto lauter die nächtlichen Beats des Clubs Ally! Ganz im Westen Antalyas, hinter dem Strand Konyaaltı und dem vierspurigen Küstenboulevard, findet man einige Mittelklasse-Hotels, dazu einige wenige Clubhotels und Pensionen. Ebenfalls Hotels aller Preisklassen bietet Lara (→ S. 90).

In der Altstadt Otel Tuvana **19**, stilvolle Unterkunft. 45 schöne, z. T. jedoch etwas kleine und dunkle Zimmer, auf 4 historische Gebäude verteilt: Holzdecken, geschmackvoll platzierte Antiquitäten und Repliken alter Möbelstücke. Netter Garten mit Orangenbäumen und Pool. Sehr gutes, gehobenes Restaurant (→ Essen & Trinken). DZ ca.

180 €. Etwas versteckt in der Karanlık Sok. 18, ℡ 0242/2476015, www.tuvanahotel.com.

Hotel Alp Paşa , zu einer schmucken Herberge umgebautes osmanisches Haus. Unterschiedliche Zimmer, alle komfortabel-elegant im alttürkischen Stil eingerichtet (für manche Leser „etwas zu plüschig-dunkel") und nach osmanischen Paschas benannt. Kleiner Poolbereich, an dem am Abend zu Tisch gebeten wird. DZ ab 90 €. Hesapçı Sok. 30, ℡ 0242/2475676, www. alppasa.com.

Pension Villa Verde , überaus sympathische, gehobenere Pension, die 2 Gebäude belegt: einen Neubau im traditionellen Stil mit verglastem Erdgeschoss und einen restaurierten Altbau. Freundlich eingerichtete Zimmer mit schönen Holzböden. Im Altbau vorrangig Suiten. Ruhig gelegen, viel Grün, nette Außenbereiche mit Hängematte. Zum Frühstück Blick auf das Kesik-Minarett. DZ 60–120 €. Seferoğlu Sok., ℡ 0242/ 2482559, www.pensionvillaverde.com.

Atelya Art Hotel , gut geführtes Hotel mit 30 ganz unterschiedlichen Zimmern, die auf mehrere historische Stadthäuser verteilt sind. Ultrahohe Decken, knarrende Holzböden, orientalisch dekoriert. Schlicht, aber sehr charmant, manche Zimmer mit Bal-

kon. Der Hit ist jedoch der idyllische, von Jasminduft erfüllte Innenhof. DZ 60–70 €. Civelek Sok. 21, ℡ 0242/2416416, www.atelya hotel.com.

》》 Unser Tipp: Villa Tulipan , unter holländischer Leitung. 5 Zimmer, 1 Suite und 2 Apartments. Alle liebevoll und unterschiedlich eingerichtet. Z. T. mit großen Balkonen und grandiosen Ausblicken. Wer ein Zimmer ohne Aussicht hat, kann auf die fantastische Dachterrasse ausweichen. DZ ab 45 €, Apartment 65 €. Kaledibi Sok. 6, ℡ 0242/2449258, www.villatulipan.com. 《《

Ninova Pension , komfortable Pension. Sehr gut in Schuss, sehr sauber. 19 überaus freundliche Zimmer (größtenteils mit Holzböden, die schönsten Zimmer in den oberen Stockwerken) verteilen sich auf zwei 200 Jahre alte Konaks. Hübscher Garten. Ruhige Lage. Gutes Preis-Leistungs-Verhältnis. DZ 50 €. Hamit Efendi Sok. 9, ℡ 0242/2486114, www.ninovapension.net.

Sibel Pansiyon , unter Leitung der Französin Sylvie, die mit ihrem türkischen Mann in Berlin gelebt hat und deswegen auch Deutsch kann. 9 sehr gepflegte und sehr saubere Zimmer mit Marmorböden, teilweise recht geräumig. Netter, schattiger Innenhof. Familiäre Atmosphäre. Von

Antalya und Umgebung → Karte S. 76/77

Ausflugsboote am Hafen

Lesern hoch gelobt. DZ mit leckerem Frühstück 40 €, EZ 30 €. Fırın Sok. 30, ☎ 0242/2411316, www.sibelpansiyon.com.

Sabah Pension 🔢, nahe dem Zitadellenturm an der Flaniermeile durch die Altstadt. 24 Zimmer (es gibt große und sehr kleine, vorher zeigen lassen!), verteilt auf einen renovierten Altbau und einen stilgerechten Anbau, alle mit Aircondition. Dazu eine Innenhofterrasse. Bei Backpackern sehr beliebt. Es werden auch Autos vermietet und Touren in die Umgebung angeboten, dazu kocht die Mutter gut – doch all das wird man Ihnen leider nicht nur einmal sagen. DZ ab 38 €, EZ 30 €. Hesapçı Sok. 60, ☎ 0242/2475345, www.sabahpansiyon.8m.com.

Özmen Pansiyon 🔢, nahe dem Hıdırlık Kulesi. Größeres Haus mit 25 blitzsauberen Zimmern, 8 davon mit Balkon. Tolle Dachterrasse mit Blick über die halbe Stadt und das Meer – zugleich der gemütliche Treffpunkt am Abend. Sehr gutes Frühstücksbüfett. Wer dieses Buch zeigt, bezahlt für ein DZ mit Aircondition 36 € (sonst 40 €), für ein EZ 30 € (sonst 35 €). Zeytin Çıkmazı 5, ☎ 0242/2416505, www.ozmenpension.com.

Hinter dem Konyaaltı-Strand ***** SU Hotel 🔢, siebenstöckiger Kasten mit 293 Zimmern. Darin ein Designhotel mit cooler Lounge. Alle Zimmer in Weiß gehalten, vorne raus mit toller Aussicht. Stylish auch der Poolbereich. *Gay friendly.* DZ ab ca. 200 €, über Hotelreservierungsseiten teils erheblich billiger. Konyaaltı, ☎ 0242/2490700, www.hotelsu.com.tr.

Uygulama Oteli 🔢, der steril-ältliche, achtstöckige Zweckbau dient Hotelfachschülern zur Einführung in die Berufspraxis. Günstig, da der perfekte Service ja erst gelernt wird. 94 Zimmer mit altbacken-kitschiger Ausstattung auf vergangenem 3-Sterne-Niveau, alle mit Balkon, z. T. mit herrlichen Ausblicken auf den Strand. Pool. Zwar unattraktive Lage, aber ideal für Selbstfahrer, die sich die Fahrt in die Altstadt ersparen wollen (großer Parkplatz – Zufahrt und Rezeption gegenüber der Zufahrt zum Hotel Falez). EZ 22,50 €, DZ 40 €. 100. Yıl Bul. Müze Arkası (gegenüber dem Falez Hotel), ☎ 0242/2385130.

Camping Keine Plätze mehr vor Ort. Campingplätze gibt es jedoch in der Nähe von Termessos (→ S. 99) und in Beldibi in der Kemer-Region südwestlich von Antalya (→ S. 108).

Essen & Trinken → Karten S. 76/77 und S. 81

Rund um den alten Hafen und darüber an der Steilküste findet man viele romantische Restaurants mit herrlicher Aussicht, wo man wortwörtlich gerne über den Tellerrand blickt. Versteckt in den engen Gassen der Altstadt liegen weitere nette Restaurants, z. T. in lauschigen Pensions- und Hotelgärten. Das Angebot richtet sich jedoch vornehmlich an Touristen, dementsprechend sind die Preise höher und ist die Qualität nicht immer die allerbeste. Günstige Schnellrestaurants findet man v. a. östlich des Hadrianstors in den Gassen jenseits der Atatürk Cad. Die trendigsten und besten Lokale liegen außerhalb, am Konyaaltı-Strand (→ Nachtleben u. Baden) und oberhalb der Küste auf dem Weg nach Lara, wo die High Society von Antalya residiert.

Seraser 🔢, die Adresse für *Fine Dining* in der Altstadt, gehört zum Hotel Tuvana. Türkisch-internationale Küche „with a twist". Im schönen Garten kann man es sich bei gefüllten Wachteln, Entenconfit oder Carpaccio gut gehen lassen. Mittags günstigere Lunchangebote wie Pasta oder Hamburger. Hg. sonst 12,50–21 €. Sehr guter Service und gute Weinauswahl. Reservierung empfehlenswert. Karanlık Sok. 18, ☎ 0242/2476015.

Arma 🔢, am Yachthafen, Treffpunkt der jungen Oberschicht. Innen wie auf der herrlichen Terrasse überwiegt die Farbe Weiß. Fisch, gute Steaks, aber auch Pide oder Pizza mit Meeresfrüchten. Hg. 11–19 €. ☎ 0242/2449710.

Lara Balık Evi 🔢, bestes zentrumsnahes Fischrestaurant. Direkt über der Steilküste – Traumterrasse! Große Vitrine, aus der man seinen Fisch wählt (Kilopreise). 2 Pers. sollten inkl. Getränken mit ca. 70 € rechnen. Mit der alten Straßenbahn gen Süden fahren, kurz vor der Endstation rechter Hand. ☎ 0242/2298015.

Essen & Trinken
15 Bahçe Kafe
16 Seraser
17 Restaurant Hasanağa
23 Arma
28 Tarihi Balık Pazarı
   Unlu Mamülleri
29 Kale Bar
32 Café-Bar Dem-Lik
39 Castle Bistro

Übernachten
19 Otel Tuvana
22 Ninova Pension
27 Atelya Art Hotel
30 Hotel Alp Paşa
33 Villa Tulipan
34 Pension Villa Verde
36 Sabah Pension
37 Sibel Pansiyon
38 Özmen Pansiyon

Nachtleben
18 Simurg
20 Ally
21 Athena Ceyn
24 Filika Café & Bar
26 Tudors
31 Mr. Blues Pub
35 Art Café Gallery
40 Dolma Meyhane

Einkaufen
25 Osmanlı
   Sultan Çarık

Mevlana-Konvent · Medrese · Cumhuriyet C.
Uhrturm · Einfahrt in die Altstadt
Yivli-Minarett/Alaeddin-Moschee
Cumhuriyet C.
Ausfahrt aus der Altstadt
Cumhuriet Meydani
Tekeli-Mehmet-Pascha-Moschee
Atatürk-Denkmal
Faraşar S.
İskele Cad.
Tabakhane S.
Aydoğdu S.
Mektep Sok.
İzmirli S.
Atatürk Cad.
Spielzeug-museum
Zeytin Sok.
Balıkpazarı Hamamı
Say (Autoverleih)
Hadrianstor (Üçkapılar)
Sefa Hamamı
Akdeniz Diving
Ausflugsboote
Aralık S.
Mermerli Banyo S.
Mermerli Restaurant
Ömer Efendi S.
Kaledibi
Hıdırlık Sok.
Musalla S.
Kaleiçi-Museum
Einfahrt in die Altstadt
Kocatepe S.
Tuzcular S.
Kandiller S.
Kesik Minare S.
Kesik-Minarett
Wasch-salon
Golf von Antalya
Zeytin Çık.
Zeytin S.
Hesapcı Sok.
Hıdırlık Kulesi
Hesapci Sok.
Tabakhane S.
Kadirpaşa S.
Yenikapı S.
Zafer S.
Tırılı S.
Ausfahrt aus der Altstadt
St.-Nikolaus-Kirche
100 m
Karaalioğlu-Park
Antalya Altstadt (Kaleiçi)

Ship Inn **7**, gepflegtes, lichtdurchflutetes Restaurant mit schöner Terrasse an einem Teich im Atatürk Kültür Parkı hinter dem Konyaaltı-Strand. Leckere Meze (Portion 3 €, mit Meeresfrüchten 6,50–8,50 €) und türkisch-internationale Hauptgerichte (darunter Pasta, Wiener Schnitzel, Züricher Geschnetzeltes und Käsefondue) zu 8–13 €. Fisch nach Gewicht. Am einfachsten mit dem Taxi zu erreichen. Wer sich nicht scheut, vor dem Essen einen kleinen Spaziergang zu unternehmen, fährt mit der alten Straßenbahn bis zur Station Müze, spaziert dann in Fahrtrichtung weiter, ignoriert die Abzweigung zum Konyaaltı-Strand und biegt ca. 150 m dahinter (vor dem Falez Hotel) nach links auf den Fußweg ab, der oberhalb des Konyaaltı-Strandes entlang der Küste verläuft. Nach ca. 1 km erreicht man ein Amphitheater, hier rechts halten, 100 m weiter sieht man bereits den Teich, an dessen anderem Ende das Lokal liegt. Atatürk Kültür Parkı İçi 329, ✆ 0242/2385235.

Kısmetim Balık Evi **14**, eher einfaches, authentisches Fischlokal in Lara. Draußen sitzt man in einem parkähnlichen Gelände, allerdings kein Meeresblick. Den Fisch sucht man sich aus einer Vitrine aus, beste Qualität, mittlere Preisklasse. Anfahrt: Von Antalya kommend der Straße nach Lara folgen (Beschilderung „Lara Plajlar", nicht die Straße direkt am Meer entlang fahren). Dabei passiert man das Hotel Dedeman. Kurz vor dem Supermarkt Migros geht es rechts ab, das Lokal liegt dann geradewegs voraus. Auch mit Ⓑ KL08 zu erreichen (beim Adonis Hotel aussteigen). Eski Lara Yolu 7, ✆ 0242/3171171.

Restaurant Hasanağa **17**, in einem alten, renovierten Stadthaus in der Altstadt. Schöner Innenhof mit Orangenbäumen, zuvorkommender Service, Fr Folklore. Spezialität des Hauses: der *Osmanlı Tabağı* (Osmanischer Teller), ein brodelnder Steintopf mit zartem Fleisch in würziger, sämiger Soße (10,60 €). Mescit Sok. 15, ✆ 0242/2471313.

Parlak Restaurant ⑤, etwas versteckt am Beginn der Kazım Özalp Cad. Seit rund 50 Jahren im Geschäft. Große Auswahl an türkischen Gerichten, leckere grillte Hähnchen. Überdachter Terrassenbereich. Mittlere Preisklasse. Rechnung besser überprüfen. Kazım Özalp Cad. 7, ☎ 0242/2419160.

Castle Bistro ㊴, unmittelbar neben dem Hıdırlık Kulesi, aber nicht an der Touristenflaniermeile oben, sondern etwas versteckt unten am Turmsockel. Baumbestandenes Terrassenlokal, grandioser Blick aufs Meer und die Berge bei Antalya. Tolle Adresse für einen Drink am Abend. Man kann aber auch essen, und das gar nicht schlecht (Pasta, Chicken Wings, Meze und Kleinigkeiten zum Bier). Zuvorkommendes Personal. Viele Einheimische, auch von Lesern gelobt. Hıdırlık Sok. 48/1, ☎ 0242/2486549.

Paşa Bey Kebapçısı ⑩, in Laufnähe zur Altstadt. Gepflegtes Kebablokal mit Terrasse und Garten. Ohne Aufpreis bekommt man südostanatolische Vorspeisen, u. a. *Ayran Çorbası* (Ayran-Suppe mit Weizen), *Ezme* (scharfe Paprikasoße) und *Çig Köfte* (Köfte aus rohem Fleisch und Weizengrütze). Danach gibt's Pide und überaus leckere Fleischgerichte mit frischem Fladenbrot aus dem Steinofen. Hg. 4–8 € – und damit für das Gebotene sehr günstig. Kein Alkohol. Von der Altstadt der Işıklar Cad. gen Süden folgen. Wenn linker Hand das Büro der Busgesellschaft Kâmil Koç auftaucht, links ab, dann rechter Hand. Işıklar Cad. 1319 Sok. 4, ☎ 0242/2449690.

Zeynep'in Mutfağı ⑧, kleines, einfaches Lokal, davor ein paar Tische. Serviert wird beste Hausmannskost, die man sich aus der Vitrine auswählt. Mittagessen mit Getränk ca. 4,50 €. Nur tagsüber. Man findet das Lokal, indem man vom Hadrianstor der Atatürk Cad. (Straßenbahnseite) gen Süden folgt, bis es nach links in die 1304 Sok. abgeht. Nach nur wenigen Schritten rechter Hand.

Außerhalb Arkadaş, im Norden Antalyas nahe den Düden-Wasserfällen (→ S. 89). Das überaus beliebte Forellenlokal liegt idyllisch in einem wildromantischen Tal an einem rauschenden Fluss. Die leckeren Fische kommen aus der hauseigenen Zucht. Faire Preise (Forelle 5,50 €). An der Straße zu den Wasserfällen großes Arkadaş-Werbeschild, unmittelbar davor geht es rechts ab. Auch mit dem Minibus zu erreichen. Vom Restaurantparkplatz noch ca. 5 Min. zu Fuß: Treppe runter und flussaufwärts halten. ☎ 0242/3610165.

Çakırlar, kein Restaurant, sondern eine Ansammlung etlicher Grillrestaurants im Westen Antalyas an der Straße nach Saklıkent. In den lauschigen Restaurantgärten bereitet man auf bereitgestellten Grills sein Fleisch (i. d. R. zu Metzgerpreisen) selbst zu. Dazu gibt es Meze, Bier oder Rakı. Nicht teuer und ein Heidenspaß! So gut wie touristenfrei. Mit dem Auto folgt man der Wegbeschreibung nach Saklıkent (→ S. 96), wobei man die Restaurants automatisch passiert. Teilen sich mehrere Gäste die Kosten, lohnt auch die Anfahrt mit dem Taxi (Preis vorher ausmachen).

Tünektepe ②, das Panoramacafé auf dem gleichnamigen Felsen über der Bucht von Antalya dreht sich – zumindest, wenn genügend Gäste da sind! Die Blicke von der Terrasse und vom extrem altbackenen Inneren sind gigantisch, die Preise niedrig. Es gibt allerdings nicht viel mehr als Tee, Kaffee und Toast. Häufiger Betreiberwechsel. Anfahrt: Richtung Kemer halten. Am südwestlichen Ende der Bucht, wenn es links zum „Yat Limanı/Marina" abgeht, rechts ab, ausgeschildert. Kurz darauf folgt eine Schranke, an der 2,10 € Einfahrtsgebühr (4,20 € für Minibusse/Wohnmobile) zu entrichten sind. Dann noch ca. 7 km steil bergauf.

Cafés Bahçe Kafe ⑮, beim Yivli-Minarett. Ein beschauliches, schattiges Fleckchen abseits des Touristenstroms. Einheimisches Publikum, kein Alkohol.

Kale Bar ㉙, die Traumterrasse der Cafébar bietet einen der schönsten Ausblicke auf den Hafen. Man kann auch essen – preislich noch im Rahmen. Mermerli Sok.

Café-Bar Dem-Lik ㉜, eine von Lesern entdeckte Altstadtoase. Idyllisches, schattiges Gartencafé mit Mandarinenbäumen und bunten Blumenrabatten. Liebevoll dekoriert. Gemäßigte Preise. Kleine Gerichte. Hesapçı Sok.

Salman ⑨, Konditorei mit angegliedertem modernen Café. Süßigkeiten, Gebäck, Torten und *Börek*. Gute Frühstücksadresse. Man bezeichnet sich als „Deutscher Treffpunkt". Fevzi Çakmak Cad. 7.

Teegärten → Sehenswertes/Muratpaşa Belediye Recep Bilgin Parkı…, S. 87.

Bäckerei Tarihi Balık Pazarı Unlu Mamülleri ㉘, kleine alteingesessene Bäckerei an der Ecke Mescit Sok./Balıkpazarı Sok. Brot und süße Leckereien.

Abendromantik in Kateiçi

Nachtleben → Karten S. 76/77 und S. 81

Am Konyaaltı-Strand (auch: Antalya Beach Park, www.beachpark.com.tr) In dem gepflegten Grünstreifen unmittelbar hinter dem Strand (Anfahrt → Baden) reihen sich Restaurants, Open-Air-Kneipen, Discobars und Clubs aneinander. Das gesamte Eck ist Antalyas Sommer-Nightspot Nr. 1. Hier kann man auf weichen Polstern und gemütlichen Sofas einen relaxten Sundowner bei dezenter Musik genießen, danach unterm Sternenhimmel am Strand mit DJs aus İstanbul und dem Ausland feiern oder in romantischen Garten-Openair-Bars türkischer Livemusik lauschen. Für jeden Geschmack ist etwas dabei.

In der Altstadt Hier ist die Fluktuation enorm, manche Kneipen schließen schon nach wenigen Monaten wieder. Immerhin machen seit ein, zwei Jahren mehr Kneipen und Bars auf als zu. Diese locken nicht nur Touristen an, sondern v. a. junge Antalyalılar. Der südliche Bereich der Hesapçı Sok. mutierte zuletzt gar zu einer kleinen Barstraße. Danceclubs sind in der Altstadt rar gesät, es wird mehr getrunken als getanzt.

Clubs Ally **20**, eine Art Vergnügungspark für Gaumen und Ohr mit Essen, Dance und lauter Musik (wer in der Nähe wohnt, den beißen die Hunde). Höheres Preisniveau, nur im Sommer. Veranstaltungen auf www.ally.com.tr. Sur Sok. 4/8.

Simurg **18**, rustikale, rockige Hinterhoflocation, wo zwischen Grunge und Gipsy-Sound so ziemlich alles geboten wird, was an alternativer Livemusik möglich ist. Fast tägl. Gigs. Tabakhane Sok. 7.

Tudors **26**, auch hier gibt's fast jeden Abend Livemusik, nicht selten hört man lustige Coverbands. 2012 eröffnet, 2013 der Renner in Antalya. Oscar Sineması yanı.

Athena Ceyn **21**, erster Anlaufpunkt in Sachen schwul-lesbisches Nachtleben, versteckt in einer kleinen Ansammlung (halbseidener) Clubs zwischen Cumhuriyet Cad. und Yachthafen. In den Clubnächten teils bis zu 13 € Eintritt inkl. Freigetränk. Von der Cumhuriyet Cad. die Treppe gegenüber dem Militärstützpunkt (Ordu Evi) nehmen, dann rechter Hand. 59. Sok.

Bars/Kneipen Filika Café & Bar **24**, beliebte, einfache Türkü-Bar, in der meist tägl. ab 21 Uhr türkische Volksmusik live dargeboten wird. Auch Tische auf der Straße davor. Paşacami Sok.

Art Café Gallery **35**, nomen est omen. Zuweilen legen DJs auf. Viele Sorten Bier. Hesapçı Sok. 51.

Dolma Meyhane **40**, einfache Bier- und Rakıkneipe, in der man auch Kleinigkeiten zu essen bekommt. Bis Mitternacht wird die Gasse davor oft mit Livemusik beschallt und es wird fröhlich mitgegrölt. Yenikapı Sok. 9.

Mr. Blues Pub **31**, kleine Bar ganz im Zeichen des Blues und Jazz – etwas für ältere Semester. Nach dem zweiten Besuch wird man vom Wirt schon wie ein alter Stammgast begrüßt. Zum Bier gibt es auf Wunsch *Köfte* oder Hühnerspieße. Hıdırlık Sok.

Zwischen Antalya und Lara The Jolly Joker Pub **12**, Vergnügungstempel auf 3 Etagen: Im EG ein **Starbucks** und ein Bistro, im OG das **Jolly Joker** mit allabendlicher Livemusik (viel Retro, keine Tanzfläche, getanzt wird zwischen den Tischen, meist gerammelt voll) und im Kellergeschoss der **Club Soho** (oft Livemusik, manchmal aber auch Technopartys). Programm auf wwww.jjantalya.com. Im Südosten Antalyas am Özgürlük Bul., der Straße nach Lara (in unmittelbarer Nähe des Hotels Dedeman).

Baden/Sport
→ Karten S. 76/77 und S. 81

Attalos plante bei der Gründung der Stadt keine schwimmbegeisterten Touristen ein und platzierte Antalya direkt auf einem Fels über dem Meer. Folglich liegen die Strände außerhalb der Altstadt. Einzige Ausnahmen für einen Sprung ins Meer sind der gebührenpflichtige Sandfleck keine 100 m südlich des alten Hafens (Zugang vom Restaurant **Mermerli**) und das zentrumsnahe **Adalar Beach Café** (Zugang über den Karaalioğlu-Park nahe dem Restaurant Deniz), eine mit Liegestühlen bestückte Holzplattform zwischen Felsen über dem Meer.

Baden/Wassersport Konyaaltı (auch: **Antalya Beach Park**): Ein langer Sand-Kies-Strand, der etwa 2 km westlich des Zentrums beginnt. Spielend mit der alten Straßenbahn zu erreichen: Bis zur Endstation beim archäologischen Museum fahren und von dort noch ca. 5 Min. bergab. Taxi einfach ca. 7,50 €. Die Bars und Beachclubs (→ Nachtleben) organisieren den Liegestuhlverleih, bieten Umkleideräume, Duschen und natürlich gute Cocktails. Wer davon zu viele hat und untergeht, darf auf die Rettungsschwimmer hoffen. Geboten werden zudem diverse Wassersportmöglichkeiten zwischen Bananariding und Parasailing.

Lara: → S. 90.

Weitere Bademöglichkeiten bestehen **zwischen Antalya und Kemer**, überwiegend in größeren und kleineren Buchten nahe der Küstenstraße (seit deren Ausbau aber nur wenig Idylle). In der Regel werden Eintritts-gebühren verlangt (ca. 3,60 €/Auto, 1,50 €/Pers.). Von Antalya kommend, passiert man der Reihe nach die Strände **Topçam** (super Picknickplatz, nur in Fahrtrichtung Antalya – Kemer zu erreichen), **Küçük Çaltıcak** und **Büyük Çaltıcak** (recht groß).

Reiten → Güver-Schlucht, S. 97.

Tauchen Akdeniz Diving Center, Tauchbasis am alten Hafen nahe dem Parkplatz, deutschsprachige Instruktoren. Bootstauchgänge zu einem vorgelagerten Wrack (ca. 35 €), ferner Schnuppertauchen für 50 € und diverse Tauchkurse ab 300 €. ☎ 0532/7641409 (mobil), www.akdenizdiving.de.

Aquapark AquaLand, etwas zurückversetzt vom Konyaaltı-Strand, hinter dem Hotel Su. Mit Megarutsche, mehreren Pools etc. Eintritt 17 €, Kinder 10 €. www.aqualand.com.tr. Von der Innenstadt (Konyaaltı Cad.) mit Minibus ⒷCV47 zu erreichen (linker Hand Ausschau halten).

Sehenswertes

Die meisten Sehenswürdigkeiten Antalyas liegen in oder nahe der Altstadt *(Kaleiçi)*. Man kann sie spielend zu Fuß abklappern, sie sind aber im verwinkelt-verwirrenden, engen und abschüssigen Gassensystem nicht immer leicht bzw. auf Anhieb zu finden. Kein Stadtplan wird dem Gassenchaos gerecht, das z. T. ein Erbe der Griechen ist. Auf diese folgten in den 1920ern mehrheitlich Sinti-Familien. Viele von ihnen wanderten im Laufe der Zeit wieder ab. Diejenigen, die blieben, zählen heute zu den sozial schwachen Altstadtbewohnern. In manchen Gassen kontrastieren ihre ruinösen Wohnhäuser mit den restaurierten Anwesen der Pensionsbetreiber, doch jedes Jahr werden es weniger. Die Stadtväter tun viel, um Kaleiçi in eine Bilderbuchaltstadt zu verwandeln – leider auch auf Kosten ihres vormaligen morbiden Charmes. Zuletzt wurde das Viertel in weiten Teilen verkehrsberuhigt, wobei man die Hesapçı Sokak, die vom Hadrianstor zum Hıdırlık Kulesi führt, in eine mit Marmor gepflasterte Flaniermeile ausbaute.

Yivli-Minarett/Alaeddin-Moschee: Das seldschukische Minarett der Alaeddin-Moschee aus dem frühen 13. Jh. ist das Wahrzeichen Antalyas. Die Dominante in der Altstadtskyline ragt etwas unterhalb der Cumhuriyet Caddesi in den Himmel. Der Ziegelturm hat die Form eines Rundstabbündels und diente Seefahrern Jahrhunderte lang als Orientierungspunkt. Die dazugehörige Moschee wurde auf dem Fundament einer

Konyaaltı, Antalyas Hausstrand vor atemberaubender Kulisse

byzantinischen Kirche errichtet. Ihre zwölf Säulen, die heute die sechs Ziegelkuppeln tragen, stammen noch aus dem Vorgängerbau und so manche Säulenbase wurde als Kapitell verwendet. Sultan Alaeddin Keykobat I., einer der bedeutendsten Seldschukenherrscher, gab Moschee samt Minarett in Auftrag. Gegenüber dem Minarett sieht man die Ruinen der *Medrese*. Die Mauerreste der einstigen seldschukischen Koranschule sind von einer Stahl- und Glaskonstruktion überdacht, heute wird darin Kunsthandwerk verkauft. Etwas weiter liegt der ehemalige *Konvent der Mevlana-Derwische*. 2013 wurde das Gebäude restauriert – ob das Gebäude künftig wieder die *Güzel Sanatlar Galerisi* (Galerie der Schönen Künste) beherbergen wird, stand zum Zeitpunkt der letzten Recherche noch in den Sternen. Auch ein Mevlana-Museum war für den Konvent im Gespräch.

Uhrturm/Murat-Paşa-Moschee: Der Uhrturm, dessen Fundament Teil der alten Stadtbefestigung ist (noch im 17. Jh. mit 80 Türmen und vier Toren), steht unübersehbar am Eingang zur Altstadt, an der hier verkehrsberuhigten Cumhuriyet Caddesi. Gleich daneben befindet sich die *Tekeli-Mehmet-Pascha-Moschee*, deren Silhouette zwar die Altstadt bereichert, die architektonisch jedoch unbedeutend ist. Folgt man vom Uhrturm der lebendigen Einkaufsstraße Kazim Özalp Caddesi, gelangt man zur Murat Paşa Camii in einem kleinen Park. Diese Moschee aus der zweiten Hälfte des 16. Jh. lohnt einen Besuch, ihr Inneres ist reich mit Fayencen verziert.

Hafen: Im 2. Jh. v. Chr. liefen hier die ersten Schiffe ein, die mächtigen Landmauern stammen aus römischer Zeit. Über 2000 Jahre lang war er das Tor Antalyas zur Welt, bis er vom neuen Hafen westlich der Stadt abgelöst wurde. Heute legen hier nur noch Ausflugsschiffe, ein paar Yachten und Fischerboote an.

Kesik-Minarett: Einst stand hier ein Rundtempel, der dem ptolemäischen Gott Serapis geweiht war. Auf diesen folgte an gleicher Stelle im 5. Jh. die byzantinische *Panaghia-Kirche*, die wiederum 800 Jahre später in eine Moschee umgewandelt wurde. Im Jahre 1851 ging diese bei einem Großbrand in der Altstadt in Flammen auf. Zurück blieb eine Ruine. Seit diesem Zeitpunkt spricht man auch vom Kesik-Minarett – dem „abgeschnittenen Minarett". Zwischen den umzäunten Mauerresten an der gleichnamigen Gasse wächst heute Unkraut.

Suna ve İnan Kıraş Kaleiçi-Museum: Es ist untergebracht in einem osmanischen Herrenhaus. Zu sehen gibt es ein paar alte Fotografien der Stadt, zudem werden in drei extrem klimatisierten Räumen mit lebensgroßen Puppen Szenen aus dem vorletzten Jahrhundert nachgestellt, wie z. B. das Servieren von Kaffee, das Rasieren des Bräutigams oder der Henna-Abend vor dem Hochzeitsfest. Das klingt nicht gerade spannend, und so ist es auch. Zum Museumskomplex gehört auch eine *griechisch-orthodoxe Kirche* aus der zweiten Hälfte des 19. Jh., die wechselnden Ausstellungen dient, gelegentlich finden darin auch Konzerte statt.
Kocatepe Sok. 25. Tägl. (außer Mi) 9–12 u. 13–18 Uhr. 1,30 €, erm. die Hälfte. www.kaleicimuzesi.com.

Hadrianstor – Eingang in die Altstadt

Hadrianstor: Der prunkvolle, im Türkischen *Üçkapılar* („Drei Tore") genannte Triumphbogen aus Marmor mit seinen beiden wuchtigen Türmen wurde 130 n. Chr. für Kaiser Hadrian errichtet, als dieser der Stadt einen Besuch abstattete. Heute ist das Tor auch für Nichtkaiser ein hübscher Eingang von der Atatürk Caddesi in die Altstadt. Die Kerben in den Bodenplatten unter dem gläsernen Fußgängersteg sollen Spurrillen römischer Wagen sein. Deutlicher erkennt man, dass das Höhenniveau der alten römischen Stadt ein paar Meter unter dem heutigen lag. Welche Ruinen unter der Altstadt noch schlummern, ist unbekannt.

Hıdırlık Kulesi/Karaalioğlu-Park: Der 17 m hohe Turm ganz im Süden der Altstadt stammt aus römischer Zeit. Ob er als Mausoleum oder Teil einer alten Zitadelle gebaut wurde, weiß man nicht – die Forschung tappt hier noch im Dunkeln. Genutzt wurde er später u. a. als Leuchtturm und Kanonenplattform zur Sicherung des Hafens. Weiter südlich schließt der Karaalioğlu-Park an: Blumenmeer trifft Mittelmeer.

Teegärten und Restaurants laden zum Verweilen ein. Ein kleiner Abenteuerspielplatz mit Hängebrücke und Rutschen erfreut Kinderherzen. Tipp: Schauen Sie sich hier den Sonnenuntergang an.

Atatürk-Museum: Das *Atatürk Evi Müzesi*, das dem Staatsgründer Referenz erweist, ist untergebracht in einem Nachbau jenes osmanischen Konaks, in dem Atatürk vom 6.–12. März 1930 nächtigte. Zu sehen sind diverse Fotografien von Atatürk während seines Antalya-Besuches, ferner Briefmarken, Banknoten, Münzen mit Atatürk-Konterfei, seine Schuhe, Gamaschen und Socken.

İşıklar Cad. (im Osten des Karaalioğlu-Parks). Tägl. (außer Mo) 8.30–17 Uhr, im Sommer 9–19 Uhr. Eintritt frei. www.antalya muzesi.gov.tr.

Spielzeugmuseum (Antalya Oyuncak Müzesi): Das in zwei historischen Gebäuden am Yachthafen eingerichtete Museum zeigt Spielzeug aus dem 19. und 20. Jh. E.T, Kermit, Piggy, Nikolaus und Osterhase – alle sind da. Zudem ist Blechspielzeug der Firma Lehmann aus Brandenburg zu sehen, für das Sammler aus aller Welt heute horrende Preise bezahlen.

İskele Cad. 82. Tägl. (außer Mo) 9.30–12.30 und 13.30–18.30 Uhr. 2,60 €, Kinder (ab 3 Jahren) 1,50 €. http://oyuncakmuzesi.antalya.bel.tr.

Zu Besuch bei Hermes im Archäologischen Museum

Muratpaşa Belediye Recep Bilgin Parkı, Çağdaş Yaşam Kültür Alanı und Atatürk Kültür Parkı: Verlässt man die Altstadt gen Westen, erstrecken sich zwischen Steilküste und Cumhuriyet Caddesi der Muratpaşa Belediye Recep Bilgin Parkı, der Çağdaş Yaşam Kültür Alanı und anschließend, noch weiter westlich zwischen der Konyaaltı Caddesi und der Steilküste, der Atatürk Kültür Parkı. In den gepflegten Parkanlagen laden Cafés und Teegärten zu einer Pause ein. Obendrein hat man herrliche Ausblicke über die Bucht von Antalya: im Westen die Berge bei Kemer, im Osten die Steilküste von Lara. In den Parkanlagen finden immer wieder kulturelle Veranstaltungen statt. Für manche Abschnitte wird zuweilen ein kleiner Eintritt verlangt.

Archäologisches Museum: Es gehört zu den führenden Museen seiner Art in der Türkei und ein Besuch ist absolut lohnenswert. Gezeigt werden Funde aus Lykien und Pamphylien in chronologischer Anordnung. So manche der Funde sind spektakulärer als der Anblick der Ausgrabungsstätten heute. Der Rundgang beginnt mit der prähistorischen Sammlung und schließt mit einer ethnographischen Abteilung ab. Seinen besonderen Ruf verdankt das Museum den übergroßen Götter- und Kaiserstatuen von Perge, darunter Hadrian, Trajan, Zeus usw. Auch die reich verzierten, sehenswerten Sarkophage stammen überwiegend aus Perge. Halten Sie nach jenem Ausschau, dessen Marmorfries die Heldentaten des Herkules zeigt – eine grandiose Steinmetzarbeit. Dabei wurden solche Sarkophage im 2. u. 3. Jh., als die Sarkophagproduktion ihren Höhepunkt erreichte, wie Katalogware hergestellt. Ferner kann man Goldschmuck aus Patara bestaunen, kleine Metallfiguren aus Arykanda, Mosaike aus Seleukeia, byzantinische Ikonen, eine umfangreiche Münzsammlung (stolz ist man dabei insbesondere auf den sog. „Schatz von Elmalı", → S. 133) u. v. m. Im Museumsgarten lädt ein Café zu einer Pause ein.

Konyaaltı Cad. 88. Im Westen der Stadt, kurz bevor die Straße zum Strand von Konyaaltı hinabführt, auf der rechten Seite. Am einfachsten mit der alten Straßenbahn zu erreichen (bis Endstation fahren). Im Sommer tägl. (außer Mo) 9–19 Uhr, im Winter 8–17 Uhr. 6,50 €. www.antalya muzesi.gov.tr.

Aquarium und Minicity: Das Ozeaneum von Antalya ist die neueste Attraktion der Stadt. Es besitzt den angeblich längsten Aquariumtunnel der Welt (131 m lang und 3 m breit), darüber und in Themenbecken (u. a. Hai-, Stör-, Koi- und Quallenbecken) Tausende von Fischen aus verschiedenen Weltmeeren. Der Besuch ist, sofern man noch nie ein Ozeaneum gesehen hat, ein Erlebnis, auch wenn die Unterwasserwelt teils extrem kitschig mit Dionysos & Co in Szene gesetzt wurde. Der Haken aber: die horrenden Eintrittspreise für Ausländer (Türken bezahlen etwa die Hälfte). Zukünftig soll das Aquarium durch eine Rifflandschaft, über die man hinweg schwimmen kann, erweitert werden. Bereits vorhanden ist in dem Gebäude die *Snow World*, die zu einer Schneeballschlacht bei minus fünf Grad einlädt. Von der Dachterrasse blickt man auf die Minicity, die keine 200 m weiter liegt: ein kleiner, von Restaurants umringter Freizeitpark mit über 70 Nachbildungen berühmter Baudenkmäler des Landes im Miniaturformat (Maßstab 1:25).

Dumlupınar Bul. (im Westen Antalyas). Von der Innenstadt (Konyaaltı Cad.) mit Minibus ⒷCV47 (rechter Hand Ausschau halten). Tägl. 10–23 Uhr. Eintritt für Ausländer 23 €, Kinder bis 14 J. 17 €. Minicity 3 € extra, bis 12 J. 1,50 €. www.antalyaaquarium.com.

Ausflugsziele östlich von Antalya

Die beiden antiken Ruinenstädte Perge und Aspendos sind die publikumsträchtigsten Attraktionen östlich von Antalya. Perge wartet mit einem der größten Stadien und Aspendos mit dem besterhaltenen römischen Theater Kleinasiens auf.

Im Rahmen eines Tagesausflugs lassen sich diese beiden antiken Städte Pamphyliens (das „Land aller Stämme", eine historische Landschaft, die östlich an Lykien anschloss) spielend erkunden. Wer will, kann unterwegs noch einen Abstecher zu den Düden- und den Kurşunlu-Wasserfällen machen oder die gigantischen Clubhotels von Kundu bestaunen.

Perge und Aspendos sind nach dem Schema angelegt, das bei den meisten Stadtgründungen im Golf von Antalya Anwendung fand: Die Siedler suchten einen schroffen, steil abfallenden Tafelberg, der leicht zu verteidigen war, in dessen Umgebung Ackerbau betrieben werden konnte und von dem aus das Meer auf einem Fluss zu erreichen war. Aus Angst vor Seeräubern wagte man es nämlich nicht, sich unmittelbar an der Küste niederzulassen. Heute liegen die Ruinenstädte in einer Welt voller Gewächshäuser.

Düden-Wasserfälle

Die **oberen Wasserfälle** liegen in einem kleinen Park *(Düdenbaşı Piknik Alanı)* im Nordosten Antalyas – noch vor einem Jahrzehnt im Nirgendwo weit außerhalb, in naher Zukunft von Hochhäusern eingekeilt. An Sonntagen dient der Park Familien als Picknickplatz und Tanzterrain, Teegärten und Restaurants (→ Antalya/Essen & Trinken, S. 82) sorgen für Speis und Trank. Aus einer Felskaverne kann man den Wasserfall auch von hinten sehen. Im Sommer kann das Rauschen allerdings ausfallen, denn dann ist der Fluss Düden bisweilen ziemlich ausgetrocknet. Die **unteren Wasserfälle** *(Düden Parkı)* liegen ca. 10 km östlich des Zentrums von Antalya vor Lara (s. u.) am Meer und sind das Ziel vieler Bootsausflüge und Touristenbusse. Durch die Ablagerung von Quellkalk hat der Düden hier Gesteinsformationen entstehen lassen, die sich im Laufe der Jahrtausende immer weiter ins Meer vorschoben.

Anfahrt/Öffnungszeiten Die **oberen Wasserfälle** sind von der West-Ost-Tangente, dem Gazi Bul., mit „Düden Şelalesi" ausgeschildert. Zu erreichen auch mit Ⓑ VC56 ab der Doğu Garajı (→ Stadtplan). Im Sommer 8–20 Uhr, im Winter 8–17 Uhr. 1,60 €.

Zu den **unteren Wasserfällen** gelangt man, indem man von Antalya (Işıklar Cad.) immer der Beschilderung nach Lara bzw. „Lara/Plajlar" folgt. Halten Sie dann rechter Hand nach einer Feuerwehrstation Ausschau, dort geht es rechts ab. Ⓑ KL08 (ab der Işıklar Cad.) fährt nahe an den Fällen vorbei. Sagen Sie dem Fahrer Bescheid, dass Sie am „Düden Parkı" aussteigen wollen. Das Gelände ist stets frei zugänglich und kostet keinen Eintritt.

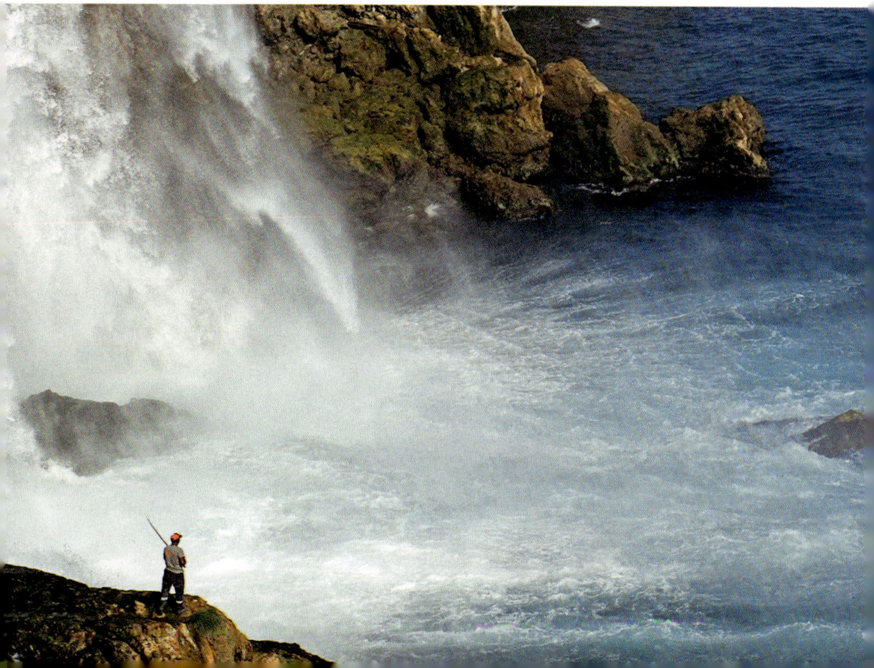

Antalya und Umgebung → Karte S. 76/77

An den unteren Düden-Wasserfällen bei Lara treffen sich die Angler

Lara und Kundu

Lara, 12 km südöstlich von Antalya gelegen, ist nicht viel mehr als eine gesichtslose Hotelbettenburg und Apartmentsiedlung, über welche die Flugzeuge zum Airport Antalya donnern. Um ins Meer zu springen, fährt man am besten bis zum Club-Hotel Sera. Östlich der Clubanlage beginnt ein 5 km langer und 50–100 m breiter Strand, erst feiner Kies, dann Sand. Je weiter Sie Richtung Osten tingeln, desto ruhigere Plätzchen finden Sie, Abgeschiedenheit jedoch nie. Hinter dem Strand ist noch Platz für den Bau von rund 20 Clubanlagen. Bis zu ihrer Entstehung laden an deren Stelle gebührenpflichtige Beachclubs mit chilligen Liegewiesen ein, es fehlt jedoch die harmonische Einheit des Konyaaltı-Strandes im Westen von Antalya. In einem abgegrenzten Bereich werden allsommerlich Sandskulpturen präsentiert, achten Sie auf die Beschilderung „Kum Müzesi".

Auf den Strand von Lara folgt gen Osten, durch einen Flusslauf getrennt, der ebenfalls rund 5 km lange Strand von Kundu. Dahinter entstand im letzten Jahrzehnt ein weitläufiger Ferienort ohne Zentrum. Bis zu zehnstöckige Apartmentblocks, teils schon bezogen, manchmal noch im Rohbau, wechseln sich mit Shoppingcentern, Touristenbasaren und v. a. kolossalen Fünf-Sterne-Themenhotels im Disneyland-Stil ab – der Topkapı-Palast und der Kreml stehen sich hier gegenüber. Das Ende des Kundu-Strandes markiert das 560-Zimmer-Hotel Mardan Palace, der angeblich kostspieligste Hotelbau Europas (Kosten über eine Milliarde Euro!). Der weiße Sand davor stammt aus Ägypten, durch die Wasserlandschaft der Hotelanlage (mit Aquarien) fahren Gondeln. 1200 Angestellte sorgen sich um das Wohl der Gäste, vielfach Russen, die sich in einer der 14 Bars oder zehn Restaurants ohne mit der Wimper zu zucken ein Glas Champagner für 50 € leisten.

Der Lara-Strand ist mit „Lara-Plajlar" ausgeschildert. Lara und Kundu sind von Antalya (von der Işıklar Cad.) mit Ⓑ KL08 zu erreichen. Essen → Antalya/Essen & Trinken.

Kurşunlu-Wasserfälle

Sie sind unwesentlich größer als die Düden-Wasserfälle und wurden 1991 zum Naturschutzgebiet erklärt. Man sollte nicht zu viel erwarten, es stürzt auch hier kein imposanter Strom zu Tale. Andrang herrscht nur vor dem türkisfarbenen Becken des Hauptfalls; auf den kleinen Pfaden des reich bewachsenen Geländes verlieren sich die Spaziergänger dann aber zusehends. Wer dem Fluss folgt, gelangt zu einem kleinen See zwischen Felsen, Büschen und Bäumen. Es gibt eine Reihe von Restaurants.

Anfahrt Antalya Richtung Osten (Alanya) verlassen, nach etwa 10 km weist ein Hinweisschild („Kurşunlu Şelalesi") den Weg zu den noch 8 km entfernten Fällen. Die Wasserfälle sind von Antalya (Meydan, östliche Endhaltestelle der neuen Straßenbahnlinie mit Ⓑ 519 u. Ⓑ 524 zu erreichen (zuletzt nur alle 2 Std., ein 30-minütiger Rhythmus ist jedoch in Planung).

Öffnungszeiten Tägl. von 8 Uhr bis kurz vor Sonnenuntergang. 1,50 €. www.kursunluselalesi.com.tr.

Perge   (antike Stadt)

Perge ist ein weites schattenloses Trümmerfeld: 1000 Steine, aber keiner erinnert mehr an den berühmten Artemistempel der antiken Stadt. Schenkt man alten Reiseberichten Glauben, so befanden sich die Ruinen von Perge bis zum Anfang des 20. Jh. in einem außerordentlich guten Zustand. In den 1920ern restaurierten

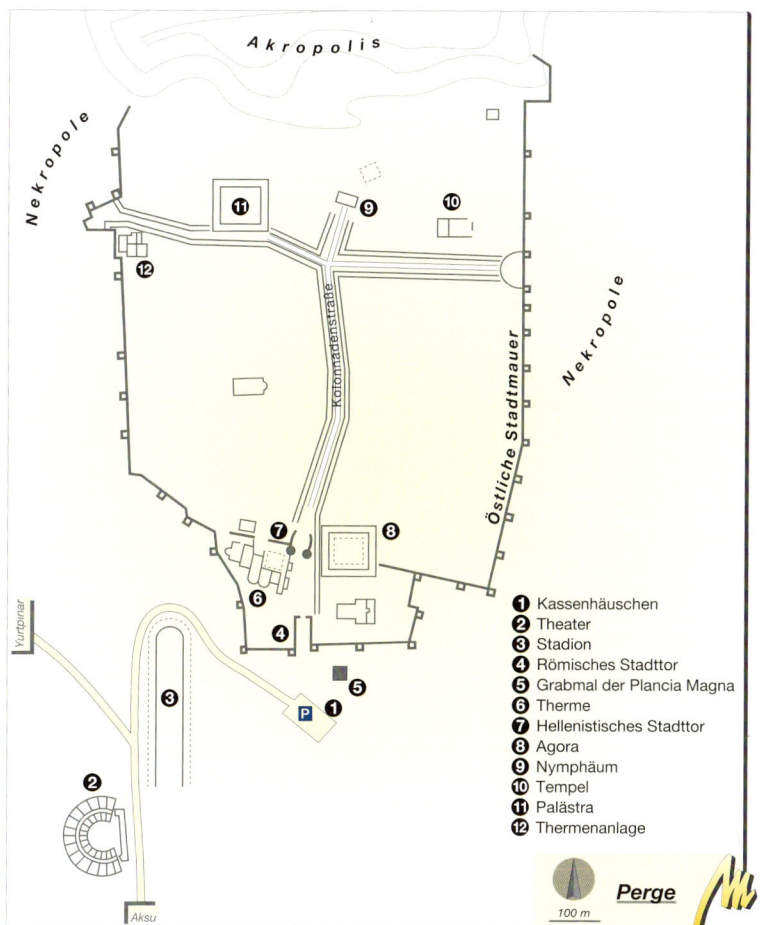

Perge

❶ Kassenhäuschen
❷ Theater
❸ Stadion
❹ Römisches Stadttor
❺ Grabmal der Plancia Magna
❻ Therme
❼ Hellenistisches Stadttor
❽ Agora
❾ Nymphäum
❿ Tempel
⓫ Palästra
⓬ Thermenanlage

100 m

und vergrößerten jedoch die Bewohner des nahen Murtuna ihr Dorf mit der historischen Bausubstanz Perges – ein irreparabler Raubbau an der Antike. Unter türkischer Leitung durchgeführte Ausgrabungen begannen 1946, sie dauern bis heute an und bringen immer wieder beeindruckende steinerne Zeugnisse aus hellenistischer, römischer und byzantinischer Zeit ans Tageslicht.

Gegründet wurde Perge ca. 1000 v. Chr., der Legende nach von den trojanischen Sehern Kalchas und Mopsos, vermutlich aber ganz banal von siedlungsfreudigen Lakedämoniern. Die ersten Jahrhunderte der Stadtgeschichte unterscheiden sich nicht wesentlich von denen anderer Städte am Golf von Antalya: Im 7. Jh. v. Chr. wurde Perge lydisch, später persisch. Einen eigenen Weg schlug Perge erst 333 v. Chr. ein: Die Stadt unterwarf sich kampflos Alexander dem Großen und stellte ihm wegen ihrer schlechten Beziehungen zu den Nachbarstädten Aspendos und Side gar „Pfadfinder" zur Verfügung, die seine Truppen schnell und sicher durch den unwegsamen Taurus führten. Nach dem Tod Alexanders des Großen wurde die Stadt dem Seleukidenreich einverleibt. 188 v. Chr. eroberten die Römer Perge und vertrauten es Eumenes II. von Pergamon an. Zusammen mit dem pergamesischen Königreich fiel die Stadt nach dem Tod des Herrschers zurück an Rom. In römischer Kaiserzeit war Perge berühmt für seinen Artemiskult (→ Kasten, S. 93).

48 n. Chr. traf Apostel Paulus mit Begleiter Barnabas in Perge ein. Die Missionare waren herzlich willkommen – was v. a. damit zusammenhing, dass man sie für die Götter Zeus und Hermes höchstpersönlich hielt. Perge besaß bald darauf eine der ersten Christengemeinden Kleinasiens, die aber noch für ein paar Jahrhunderte ein Schattendasein neben der lokalen Artemisverehrung führte. Das änderte sich endgültig unter byzantinischer Herrschaft. Mit dem Aufstieg Perges zur Bischofsstadt baute man drei Basiliken und zerstörte den berühmten Tempel samt dem Kultbild der Artemis Pergaia. Während der Sarazenenüberfälle im 7. Jh. gaben die Einwohner ihre Stadt zugunsten des besser geschützten Attaleia (Antalya) auf. Bereits zur Seldschukenzeit fegte nur noch der Wind durch die leeren Straßen. Heute gräbt hier alljährlich ein Team des Archäologischen Museums von Antalya.

Anfahrt In Aksu (auch: Çalkaya, mittlerweile ein Ortsteil von Antalya; 16 km östlich von Antalya) von der Nationalstraße 400 ausgeschildert, von dort noch 2 km. Wer mit dem **Bus** von Antalya aus unterwegs ist

Ⓑ AC03 von der Dr. Burhanettin Onat Cad., → Stadtplan, S. 76/77), muss in Aksu aussteigen und den Rest (ca. 20 Min.) laufen.

Öffnungszeiten April–Okt. tägl. 9–19 Uhr, Nov.–April 8–17 Uhr. 6,40 €.

Sehenswertes

Theater: Bereits auf der Zufahrtsstraße zum gebührenpflichtigen Teil des Ausgrabungsgeländes passiert man das Theater (nicht immer zugänglich). Der ursprünglich griechische Bau wurde im 2. Jh. n. Chr. von den Römern erweitert und mit einem dreigeschossigen Bühnenhaus und einem dekorativen *Nymphäum* versehen. Angelegt an einem Hügel vor der Stadt, bot es 14.000 eng gedrängten Zuschauern Platz. Nicht wenige besaßen „Dauerkarten" – an manchen Plätzen sind Namen eingraviert.

Stadion: Kurz darauf erstreckt sich rechts der Zufahrtsstraße das Stadion mit einer Länge von 234 m – eines der größten Kleinasiens. Es diente sportlichen Wett- und blutigen Gladiatorenkämpfen. Da es in einer Ebene angelegt war, mussten für die 12.000 Zuschauer gewaltige Unterbauten geschaffen werden, welche die noch heute hervorragend erhaltenen Sitzreihen stützten. In den miteinander verbundenen, massiven Gewölben dieser Unterbauten befanden sich einst Läden. Vorbei an der Nordkurve des Stadions gelangt man zum Parkplatz von Perge.

Spätrömisches und hellenistisches Stadttor: Nachdem man den Eingang zum Ausgrabungsgelände passiert hat, fällt sogleich der Blick auf ein *spätrömisches Stadttor*. Die zangenförmige Anlage war einst mit Marmorsäulen verkleidet und wurde vermutlich im frühen 4. Jh. erbaut, als das Stadtareal nach Süden erweitert wurde. Den Platz dahinter schlossen linker Hand einst ein *Nymphäum* und eine *Therme* ab. Badebecken und Bodenmosaiken lassen sich noch ausmachen.

Das durch sein Quadermauerwerk monumental wirkende *hellenistische Stadttor* mit seinen zwei mächtigen Rundtürmen besaß einen hufeisenförmigen Hof. In den Nischenreihen der Innenmauern standen Statuen auf beschrifteten Sockeln, unten von Göttern, oben u. a. von den legendären trojanischen Stadtgründern. Gestiftet

Die Rundtürme der hellenistischen Toranlage von Perge

wurden die Statuen im Jahre 120 von Plancia Magna, einer reichen Mäzenin Perges (ihr Grabbau befindet sich beim Parkplatz), die fast ihr gesamtes Vermögen für städtische Bauten bereit stellte. Zum Dank wurde ihre Person mit Statuen an verschieden Plätzen der Stadt gewürdigt.

Agora: Rechts des hellenistischen Stadttors lag die Agora, das einstige Zentrum des gesellschaftlichen Lebens. In der Mitte stand ein Rundtempel der Glücksgöttin Tyche. Im Nordosteck der Agora lässt sich zudem ein „Spielstein" entdecken, mit dem sich die Alten die Zeit vertrieben und auf das Glück Tyches hofften.

Kolonnadenstraße: Vom hellenistischen Stadttor führte eine 20 m breite Kolonnadenstraße, deren Säulen z. T. wieder aufgerichtet wurden, gen Norden zu einem Nymphäum am Fuße des Akropolishügels, das eine Statue des Flussgottes Kestros krönte. In der Straßenmitte verlief in Kaskaden ein 2 m breiter Kanal. Rechts und links davon zeigt das Pflaster noch Wagenspuren. Parallel dazu bzw. hinter der

Muttergöttin und Jungfrau Maria – die Artemis von Perge

Wie in Ephesus wurde auch in Perge der Artemiskult gepflegt. Der Tempel der Artemis, der Göttin der Jagd und des Bogenschießens, der Fruchtbarkeitsspenderin, der Beschützerin wilder Tiere, Kinder und alles Schwachen, lag außerhalb der Stadt, war ein berühmter Wallfahrtsort und bot Verfolgten Asyl. Die Artemis von Perge war auch von Anfang das beherrschende Motiv auf pergamenischen Münzen. Auf den ältesten Münzen heißt sie noch *Vanassa Preiia*, „Königin von Perge", und wird als viereckiger Steinblock mit einer menschlichen Büste dargestellt. Genau genommen handelt es sich dabei um eine altanatolische Muttergöttin, die ein griechisches Namensmäntelchen umgehängt bekam. Auch unter den Frühchristen lebte der Artemiskult fort: Die Jungfrau Maria hielt man, bevor sie sich als Gottesmutter voll durchsetzen konnte, in Perge anfangs nur für eine weitere Inkarnation der uralten Muttergottheit.

Säulenreihe wandelte das Volk auf Mosaiken entlang einer Ladenzeile. Die Straße war zugleich die Hauptachse der Stadt, die sich zu beiden Seiten ausbreitete und noch weitestgehend unausgegraben ist.

Weitere Sehenswürdigkeiten: Folgt man der Prachtstraße zum Nymphäum (an vier Säulen rechter Hand können Sie die Reliefs von Apollon, Artemis, Kalchas und Tyche entdecken), gelangt man zu einer Kreuzung, die einst ein Triumphbogen zierte. Hält man sich hier links, kommt man an den Resten der *Palästra* und einer weiteren *Thermenanlage* vorbei zur *Westnekropole,* die außerhalb der Stadtmauer lag. Die schönsten Sarkophage von hier stehen heute im Archäologischen Museum von Antalya. Thermenanlage und Palästra standen 2013 im Mittelpunkt umfangreicher Grabungsarbeiten.

Aspendos (antike Stadt)

Am schönsten ist ein Besuch des großartigen Theaters von Aspendos im Rahmen der allsommerlich stattfindenden Aspendos-Festspiele (→ Antalya/Veranstaltungen, S. 78) – die Atmosphäre bei den Aufführungen ist so ergreifend wie in Verona. Wer zum Staunen keine künstlerische Darbietung braucht, kommt am besten frühmorgens, bevor die Busladungen aus den Küstenorten eintreffen.

Aspendos' geschichtliche Eckdaten unterscheiden sich kaum von denen der Nachbarstädte. Aspendos aber war im Vergleich zu diesen überaus reich. Das verdeutlicht z. B. die Tatsache, dass die Aspendier das anrückende Heer Alexanders des Großen durch Bezahlung von 100 Talenten in Gold (ein Talent entsprach etwa einem 20-Kilo-Barren) von der Zerstörung ihrer Stadt abhalten konnten. Ihren Wohlstand verdankten die Aspendier insbesondere der Salzgewinnung aus dem nahe gelegenen, heute verschwundenen Kapriasee. Aber auch der Handel mit Pferden florierte, Aspendos war berühmt für seine Zucht. Einen guten Namen hatte zudem der Wein der Stadt. Zu größter Blüte gelangte Aspendos in römischer Zeit, die meisten noch heute erhaltenen Baureste stammen aus jener Epoche. Die Verlandung des Hafens am Eurymedon in der byzantinischen Periode läutete den Niedergang ein. In seldschukischer Zeit war Aspendos noch ein kleines Fürstentum, das Theater diente als Karawanserei. Den Seldschuken ist es zu verdanken, dass das Theater bis heute so gut erhalten ist – sie behoben Schäden aus früherer Zeit.

Das römische Aquädukt von Aspendos

Anfahrt ca. 5 km östlich von Serik an der Nationalstraße 400 Antalya – Alanya ausgeschildert. Je nach Saison besteht alle 1–2 Std. eine Verbindung mit dem **Dolmuş** (Aufschrift „Belkis Aspendos Baraj") vom Zentrum Seriks (Abfahrt gegenüber der Jandarma) nach Aspendos. Serik selbst erreicht man mit fast jedem **Bus**, der von Antalya (Busbahnhof) Richtung Osten fährt. Wer an der Nationalstraße aussteigt und von dort laufen will, hat noch 4 km vor sich.

Öffnungszeiten Mai–Okt. tägl. 9–19 Uhr, Nov.–April 8–17 Uhr. 6,40 €.

Sehenswertes

Seldschukische Brücke: Nahe der Straße von Serik nach Aspendos passiert man eine mehrbogige Brücke aus seldschukischer Zeit (Hinweisschild „Tarihi Aspendos Köprüsü"). Die Fundamente der Brückenpfeiler sind erheblich älter. Bereits in der Antike, als der Eurymedon noch schiffbar war, überspannte ihn hier eine Brücke.

Theater: Das im 2. Jh. n. Chr. erbaute Theater direkt am Parkplatz ist zweifellos das beeindruckendste Bauwerk von Aspendos. Eine Inschrift über den beiden äußeren Bühneneingängen berichtet, dass es den spendablen Brüdern Curtius, den Göttern des Landes und dem Kaiserhaus gewidmet, sowie

1 Theater
2 Stadion
3 Osttor
4 Bogenbau
5 Aquädukt
6 Nordtor
7 Agora
8 Bouleuterion
9 Markthalle
10 Exedra
11 Markthalle
12 Nymphäum
13 Südtor
14 Thermen
15 Gymnasion

Serik, Antalya, Alanya

Aspendos

Belkis

vom Architekten Zenoi zu deren Zufriedenheit ausgeführt wurde. Das Theater, das etwa 20.000 Zuschauern Platz bot, ist eine nach außen völlig geschlossene Anlage, bei der Bühnenhaus und Ränge die gleiche Höhe haben. Auf den oberen Sitzreihen findet man wie in Perge reservierte Plätze mit den eingravierten Namen der „Abo-Besitzer". Lassen Sie den Blick von dort über das Theater schweifen. Die Fassade des noch 30 m hoch erhaltenen Bühnenhauses war mit Marmor verkleidet und mit 40 Säulen, Statuen und Reliefs geschmückt. Ein Dionysosrelief blieb im Mittelgiebel erhalten. Die meisten Busgruppen beschränken sich auf die Besichtigung dieses Bauwerks und sparen sich den Weg in die dazugehörende antike Stadt – ein Fehler.

Antike Stadt: Aspendos erstreckte sich oberhalb des Theaters auf dem heute mit Büschen überwachsenen Burgbergplateau. Das Ruinenfeld ist vorrangig Tummelplatz hitzebeständiger Grillen und etlicher Kleintiere mehr, die kaum in ihrer Ruhe gestört werden. Nördlich des Theaters führt der Weg hinauf zur wenig besuchten *Agora*. Ihre Westseite säumte eine 70 m lange, zweistöckige *Markthalle*. Teile der Quaderwände stehen noch. Die Nordseite dominierte ein *Nymphäum*, dessen Nischenfassade reich mit Statuen bestückt war. An die Ostseite grenzte ebenfalls eine Markthalle jener Bauform, aus der sich später die christliche *Basilika* entwickelte. Von der nördlichen Vorhalle sind noch bis zu 15 m hohe Mauerreste erhalten.

Aquädukt: Vom Nordrand des Hügels sieht man in der landwirtschaftlich intensiv genutzten Ebene die Reste eines römischen Aquäduktes, das z. T. noch in der ursprünglichen Höhe von 30 m dasteht. (Wer mit dem eigenen Fahrzeug unterwegs ist, gelangt zum Aquädukt, wenn er die Straße am Theater vorbei einfach weiterfährt). Die Wasserleitung war einst über 15 km lang, die letzten 3 km durch die Ebene verliefen über Arkaden. Das Wasser floss durch Tonrohre. Die Türme an den Stellen, wo der Aquädukt abknickt, dienten zur Entlüftung der Rohre und verhinderten ein Absinken des hydrostatischen Drucks.

Ausflugsziele westlich von Antalya

Die antike Ruinenstadt Termessos, in der Altsteinzeit besiedelte Höhlen, tiefe Schluchten und Bergregionen, die weit über die Waldgrenze hinausragen – das sind die Ausflugsziele westlich der Millionenmetropole Antalya.

Termessos im Güllük-Dağı-Nationalpark ist eine der schönstgelegenen Ausgrabungsstätten der Türkei. Um sie zu erkunden, sollte man aber gut zu Fuß sein. Einfacher gestaltet sich zwar der Besuch der Karain-Höhle, doch bei diesem kommen für gewöhnlich nur eingefleischte Archäologen ins Schwärmen. Die Bergwelt rund um das Skigebiet Saklıkent und die imposante Güver-Schlucht sind insbesondere für Landschafts- und Naturgenießer ein Erlebnis.

Saklıkent

Rund 50 km westlich von Antalya, auf 1800 m Höhe im Landesinnern, liegt Saklıkent – kein idyllisches Bergdorf, sondern eine etwas verstaubt wirkende Ferienhaussiedlung. Bekannt ist der Ort wegen seines Skigebiets (1890–2400 m), genauer gesagt: wegen dreier Lifte, die mehrere Abfahrtsmöglichkeiten erschließen (Infos unter www.saklikent.com.tr). Leider ist die Region nicht allzu schneesicher. Vormittags Ski fahren und am Nachmittag am Strand liegen – das geht leider nur selten. Dennoch lohnt der Weg ins karge Bergland, denn schon die Anfahrt ist ein landschaftlicher Traum. Tipp: Picknick mitnehmen und auf einer der Bergwiesen unterhalb des Ortes verspeisen.

Vom Zentrum Antalyas orientiert man sich erst Richtung Kemer und folgt dann der Straße nach Burdur. Von dort ist der Weg ausgeschildert.

Güver Uçurumu   (Güver-Schlucht)

Der 115 m hohe und eine Million Jahre alte „Grand Canyon Lykiens" liegt in einem Park nahe der Straße nach Termessos. Das Areal kann erwandert, aber auch mit dem eigenen Fahrzeug problemlos befahren werden: Vom Eingang sind es rund 2 km, bis man die Schlucht erreicht, und weitere 2 km, bis diese mit einem anderen Cañon zusammentrifft. Unterwegs passiert man – falls man diese bei den zuletzt laufenden Sanierungsarbeiten vergessen hat – zwei wenig Vertrauen erweckende Aussichtsplattformen. Nicht nur der Anblick der Schlucht ist imposant, auch kann man bei schönem Wetter den Blick in die Ferne schweifen lassen, bis nach Antalya und zum Mittelmeer am Horizont. Der Park verfügt zudem über Wildgehege und lädt zum Picknicken ein – meiden sollte man jedoch die Sommerwochenenden, wenn halb Antalya hier unterwegs ist.

Bellerophon – ein Held, der vom Himmel fiel

Bellerophon, Sohn des Königs von Korinth, zählt wie Herakles, Jason oder Theseus zu den großen Heroen der Mythologie. Ihm gelang es, das unsterbliche, geflügelte Pferd Pegasos zu zähmen, doch ihm gelang es auch, versehentlich seinen Bruder Deliades zu töten. Daraufhin musste er Korinth verlassen. In Argos, bei König Proitos, suchte er Zuflucht. Dort war Bellerophon mehr als nur willkommen – Proitos' Gemahlin verliebte sich in ihn. Da Bellerophon sie jedoch verschmähte, bezichtigte sie ihn der Vergewaltigung. Proitos verhängte daraufhin das Todesurteil über seinen Gast, nur selbst ausführen wollte er es nicht. Er schickte Bellerophon zu seinem Schwiegervater König Iobates von Lykien. Mit auf den Weg gab er ihm einen versiegelten Brief, der die Aufforderung enthielt, den Überbringer zu töten. Aber auch Iobates hatte Skrupel, die Tat auszuführen und stellte Bellerophon vor drei Prüfungen, die dieser nicht überleben sollte. Zunächst hatte er die Chimäre zu töten, doch Bellerophon erstach das feuerspeiende Ungetüm. Dann sollte er die Feinde Lykiens, die Solymer vernichten. Auch das gelang ihm. Zuletzt musste er gegen die Amazonen in den Kampf ziehen, jene kriegerische Frauen, die sich die rechte Brust abnahmen (amazon = brustlos), damit sie den Bogen besser halten konnten. Und auch von dieser Aufgabe kehrte Bellerophon lebend zurück. Daraufhin gab sich Iobates geschlagen, machte Bellerophon zu seinem Verbündeten, verheiratete ihn mit seiner Tochter Philonoë und schenkte beiden sein halbes Reich. Iobates zeigte dem mutigen Heroen auch jenen Brief, der einst seinen Tod bedeuten sollte. Bellerophon schwor Rache an Proitos' Gemahlin, ritt zu ihr, umschmeichelte sie und schlug ihr vor, gemeinsam zu fliehen. Sie willigte ein. Von seinem geflügelten Pferd stieß er sie aus großer Höhe ins Meer, wo sie ertrank. Ein ähnliches Schicksal sollte später auch Bellerophon ereilen. Er versuchte sich mit den Göttern und wollte auf Pegasos in den Himmel reiten. Zeus war darüber so erbost, dass er eine Fliege schickte, die Pegasos in den Hintern stach. Das Pferd warf seinen Reiter ab. Bellerophon überlebte den Sturz, war jedoch für immer gelähmt. Euripides verewigte das Leben des traurigen Helden in seinem Bellerophon-Epos.

Anfahrt/Öffnungszeiten Vom Zentrum Antalyas orientiert man sich erst Richtung Kemer und folgt dann der Straße nach Burdur. Ca. 10 km später geht es links ab Richtung Denizli/Korkuteli. 7 km weiter, kurz hinter dem Ortsende von Döşemealtı und damit dem „Stadtende" von Antalya (Ortsausgangsschild Antalya), liegt der Parkeingang linker Hand (ausgeschildert). Ohne eigenes Fahrzeug nimmt man von Antalya (Busbahnhof) einen der stündl. Busse nach Korkuteli und steigt unterwegs aus (Fahrer Bescheid geben). 2013 war das Areal (i. d. R. gebührenpflichtig) wegen Sanierungsarbeiten geschlossen.

Übernachten Bagana Horseclub, Reiterhof im Dorf Yukarıkaram. Unter deutscher Leitung. 7 schlichte, aber freundliche Zimmer ganz im Zeichen des Pferdes gruppieren sich um die Manege, das Zentrum der Anlage. Kleiner Pool, Sauna, Restaurant. Ausritte auch für Nichtgäste möglich (3-stündige Tour 80 €). Anfahrt: Der Wegbeschreibung zur Güver-Schlucht folgen, nach dem Ortsausgangsschild von Antalya rechter Hand ausgeschildert. DZ mit HP 52 €. Yukarıkaram, ✆ 0242/4252270, www.baganahorse.net.

Karain-Höhle

Für die Wissenschaft war die Höhle einst eine interessante Entdeckung, für den Touristen von heute ist sie nicht viel mehr als ein schattiger Platz. Viel Außergewöhnliches gibt es nicht zu erspähen. Umso sehenswerter ist das 300 m tiefer gelegene, kleine Museum. Dort sind Höhlenfunde ausgestellt, insbesondere Pfeilspitzen und archaische Werkzeuge, deren Alter bis ca. 150.000 v. Chr. zurückreicht.

Anfahrt Vom Zentrum Antalyas orientiert man sich erst Richtung Kemer und folgt dann der Straße nach Burdur. Ca. 12 km weiter geht es links ab Richtung Yeniköy/Karain. Ab hier durchgehend ausgeschildert, noch 19 km. Man kann aber auch von Termessos (s. u.) zur Höhle gelangen: An der Straße von Termessos zurück nach Antalya ist die Abzweigung nach Karain ausgeschildert, von dort noch 12 km.

Öffnungszeiten/Museum Mai–Okt. tägl. 7.30–18 Uhr, Nov.–April 8–17 Uhr. 2,10 €.

Termessos   (antike Stadt)

Wenn Ruinen atemberaubend sein können, dann die von Termessos. Schwer zugänglich liegen sie auf rund 1000 m Höhe.

Eine Besichtigung der Ruinen von Termessos gehört zum touristischen Pflichtprogramm der Südküste. Aber nicht nur die Ruinen sind eindrucksvoll, das Gleiche gilt für die artenreiche Tierwelt des Gebiets rund um den *Güllük Dağı* („Rosenberg"), das 1970 zum **Nationalpark Güllük Dağı** erklärt wurde. Neben Adlern, Falken und Habichten kann man Wildziegen und mit etwas Glück auch Rot- und Damwild beobachten. Bisweilen stößt man sogar auf den *Capra aegagrus*, einen Verwandten des Steinbocks mit besonders schönen Hörnern. Selbst Bären sollen in den letzten Jahren wieder zugezogen sein, und noch im 19. Jh. berichtete der britische Reisende Charles Texier von einer großen Leopardenpopulation – die letzten Exemplare wurden 1938 erlegt. Die Flora ähnelt der alpiner Gebiete mit dichtem Niederbaumbestand. Eine Besonderheit ist die *Lady's-Slipper-Orchidee* (kann jeder selbst übersetzen), die im April/Mai ihre blassen, rosafarbenen Blüten treibt.

Am Eingang zum Park befindet sich ein kleines Museum. Geboten wird nichts Spektakuläres, lediglich ein paar verblichene Landschaftsfotos, eine Reihe ausgestopfter Tiere und ein paar Kleinfunde aus der Ruinenstadt.

Hinweis: Für eine Besichtigung der weitläufigen antiken Stadt sollten Sie mindestens 2 Std. einplanen. Die Besichtigung ist kein Spaziergang, eher eine kleine Bergwanderung, tragen Sie feste Schuhe. Und bringen Sie ausreichend Getränke mit, nicht immer sind fliegende Händler vor Ort. Sie können auch gleich einen Picknickkorb mitnehmen, das Theater wäre ein herrlicher Platz, um ihn auszupacken.

Anfahrt Termessos, etwa 35 km nordwestlich von Antalya, erreicht man mit dem **Korkuteli-Bus** (vom Busbahnhof Antalyas). Auf Höhe des Yenice-Passes beim Wegweiser „Termessos" aussteigen. Von dort sind es noch 9 km, die Straße ist gut ausgebaut, aber stark ansteigend (fast 700 Höhenmeter müssen überwunden werden). Zu Fuß mind. 2 Std. – im Sommer nur per Autostopp möglich. Am besten beim Parkeingang Kontakte knüpfen. Im Sommer warten auch Taxis an der Abzweigung.

Selbstfahrer orientieren sich vom Zentrum Antalyas erst Richtung Kemer und folgen dann der Straße nach Burdur. Ca. 10 km später geht es links ab auf die National-

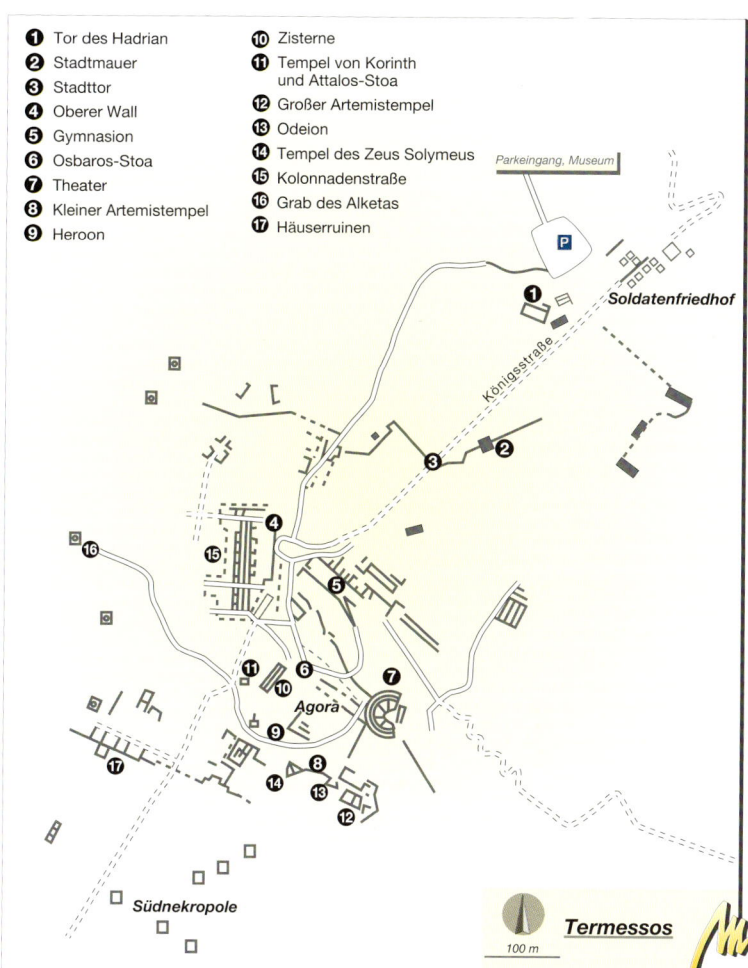

1 Tor des Hadrian
2 Stadtmauer
3 Stadttor
4 Oberer Wall
5 Gymnasion
6 Osbaros-Stoa
7 Theater
8 Kleiner Artemistempel
9 Heroon
10 Zisterne
11 Tempel von Korinth und Attalos-Stoa
12 Großer Artemistempel
13 Odeion
14 Tempel des Zeus Solymeus
15 Kolonnadenstraße
16 Grab des Alketas
17 Häuserruinen

Parkeingang, Museum

Soldatenfriedhof

Königsstraße

Agorà

Südnekropole

Termessos

100 m

straße 350 Richtung Denizli/Korkuteli. Von dieser aus beschildert.

Öffnungszeiten Im Sommer tägl. 9–17 Uhr, im Winter 8–16 Uhr. Kalkulieren Sie für die Besichtigung von Termessos mindestens 2 Std. ein. 2,10 €.

Übernachten/Camping Yeşil Vadi, Restaurant, Pension und Campingplatz. Harter Boden, mit dem Wohnmobil jedoch okay.

Einfache Bungalows mit Klimaanlage – diese werden oft aber auch von Pärchen aus Antalya stundenweise gemietet … Leider wirkte das Areal bei unserer letzten Begehung ziemlich ungepflegt. Anfahrt: Bei der Kreuzung nach Termessos der Straße zur Karain-Höhle folgen, nach 200 m linker Hand. DZ 26 € ohne Frühstück, 2 Pers. mit Wohnmobil 8,50 €. Çığlık Kasabası Aydınlar Mah., ☎ 0242/4237555, www.yesil-vadi.com.

Geschichte

Die Geschichte von Termessos reicht vermutlich bis ins 2. Jt. v. Chr. zurück. Die Stadt entwickelte sich aus einer uneinnehmbaren psidischen Bergfestung am Fuß des *Güllük Dağı*, der in der Antike noch den Namen *Solymos* trug. Schenkt man Homers Epos *Ilias* Glauben, so waren die Solymer überaus kriegerisch und tapfer. Weder Alexander der Große noch andere potentielle Usurpatoren konnten die Stadt jemals einnehmen. Was dem Menschen vorenthalten blieb, gelang der mythologischen Gestalt des Bellerophon (S. 97) und der Natur − Ersterer vernichtete sie, Letztere eroberte sie zurück.

Seine Blütezeit erlebte Termessos vom 1. Jh. v. Chr. bis zum 2. Jh. n. Chr., insbesondere nachdem es sich mit Rom gegen den pontischen König Mithridates verbündet hatte. Die siegreiche Weltmacht wusste dies durchaus zu würdigen, wie aus einem noch in Teilen existierenden Vertragswerk hervorgeht. So weiß man, dass Termessos zahlreiche Vergünstigungen und rechtliche Freiräume eingeräumt wurden, die den Wohlstand der Stadt begründeten. Aus dieser Zeit stammen auch die meisten Bauwerke, die heute als Ruinen zu besichtigen sind. Wie eng die Verbindung zu Rom gewesen sein muss, wird auch daraus deutlich, dass die Termessioten das Jahr der Vertragsschließung zum Beginn einer neuen Zeitrechnung machten.

Während der oströmischen Herrschaft verlor die Stadt allmählich an Bedeutung und wurde vermutlich Ende des 4., Anfang des 5. Jh. durch ein Erdbeben zerstört und aufgegeben. Wiederentdeckt wurde Termessos 1842 von englischen Archäologen. Eine systematische Erforschung und Vermessung begann jedoch erst rund 40 Jahre später. Verantwortlich war ein Team unter der Leitung des Wiener Grafen Karol Lanckoronski (1848−1933). Deren Arbeit erweist sich noch heute von besonderem Wert, da viele der seit dem letzten Jahrhundert eingestürzten Gebäude bzw. Gebäudereste nur auf der Grundlage der von Lanckoronski und seinen Mitarbeitern angefertigten Skizzen und Fotografien rekonstruiert werden konnten.

Sehenswertes

Die hier beschriebenen Ruinen lassen sich der Reihenfolge nach abgehen, Schilder erleichtern die Orientierung. Noch vor dem Rundgang durch das Ausgrabungsgelände passiert man an der Straße vom Parkeingang hinauf zur antiken Stadt nach ca. 5 km in einer Rechtskurve einige Mauerreste und kurz darauf die Grundmauern eines **Befestigungsturms**. Vermutlich stand hier einst eine große Toranlage, eine Art Mautstelle für die Karawanen über den Yenice-Pass. Anschließend folgt die asphaltierte Straße in vielen Abschnitten der antiken **Königsstraße**, die vom Tor bergauf zur Stadt führte. Die Straße endet an einem Parkplatz, nahebei ein antiker **Soldatenfriedhof** mit einigen schönen Sarkophagen − herumkraxeln macht hier Spaß! Vom Parkplatz führt zudem ein Pfad zum Hadrianpropylon, der ersten hier beschriebenen Sehenswürdigkeit.

Tor des Hadrian: Die gut leserliche Inschrift im Abschlussstein des 4 m hohen und fast 2 m breiten marmornen Torbaus gibt Auskunft darüber, dass dahinter einst ein dem Kaiser Hadrian geweihter Tempel stand. Außer ein paar verstreut liegenden Architekturfragmenten ist von ihm jedoch nichts mehr erhalten. Man nimmt an, dass der Tempel bis zu 8 m hohe korinthische Säulen besaß.

Vom Hadrianpropylon führt ein Fußweg vorbei an einer Nekropole mit geplünderten Steinsarkophagen und gut erhaltenen Felsengräbern ins Zentrum der Stadt.

Wählen Sie diesen Weg als Rückweg. Denn leichter bergauf ist der Weg vom Parkplatz über die z. T. sehr gut erhaltene, ehemalige Königsstraße (mit „Giriş Yolu Ruins" ausgeschildert) zur Stadtmauer und zum Stadttor. Schon König Attalos II., der Gründer von Antalya, ritt auf dieser Königsstraße ins Zentrum der Stadt.

Stadtmauer und Stadttor: Nach ca. 7 Min. Aufstieg vom Parkplatz tauchen linker Hand Reste der unteren Stadtmauer auf, die noch die Trutzigkeit der ehemals 6 m hohen Befestigungsanlage erahnen lassen. Die aufeinandergeschichteten Quader sind teils noch über zehn Lagen hoch. Vom Stadttor ist kaum mehr etwas zu sehen, auch nicht von dem einstigen *Würfelorakel*, das daran angrenzte. Man übte es mit sieben Würfeln aus. Diese ermöglichten 120 Antworten, die in eine Tafel eingraviert waren.

Gymnasion und Oberer Wall: Steigt man weiter bergauf, führt der Weg rund 4 Min. später an den Ruinen des einst 91 m langen, aber nur 14 m breiten Gymnasions vorbei. Dichtes Gestrüpp erschwert stellenweise den Zugang – es

Tor des Hadrian

lohnt sich aber, den Komplex zu erkunden. Die Südwestfront ist der besterhaltene Teil der Anlage, deren Bade- und Schulräume sich um den etwa 50 m langen Innenhof gruppierten. Zu beachten sind insbesondere die großen Nischen und Tore in der Fassade und das intakte Eingangstor. Den Abschluss (östlichen Teil) des Gymnasions bildet ein später angefügtes römisches Bad. Erkennbar ist es an den beiden noch stehenden Säulentoren und dem eingestürzten Wasserkanal. Das Gymnasion liegt am Fuße des oberen Walls, zugleich der inneren Befestigungsmauer.

Kolonnadenstraße: Hat man die nächsthöhere Terrasse erreicht, passiert man auf dem Weg zum Theater u. a. die Kolonnadenstraße, eine ehemalige Prachtstraße, die beidseitig von 47 Säulen und etlichen Statuen flankiert war. Dahinter lagen Läden, Säulenhallen und kleinere Gebäude, von denen jedoch nur noch überwucherte Grundrisse erhalten sind. Zum Flanieren taugt die Kolonnadenstraße heute nicht mehr, nur noch zum Kraxeln.

Osbaros-Stoa: Weitere 3 Min. bergauf Richtung Theater gelangt man zum einstigen Marktkomplex der Stadt. Dessen Nordseite begrenzen die Fundamente der Osbaros-Stoa (benannt nach einem ehemaligen Stadtoberhaupt). Der 100 m lange und 11 m breite Bau war in der Mitte durch eine Mauer längs geteilt – allzu viel ist nicht mehr erhalten. Hält man sich vor der Stoa links, gelangt man zum Theater. Rechter Hand – hinter den Ruinen der Stoa – lag die Agora, die wir später passieren.

Theater: Die schönste und imposanteste Ruine von Termessos. Teile der Zuschauerreihen und des Bühnengebäudes (darunter zwei Tore) sind noch erhalten. Die einzigartige, grandiose Lage des Theaters ist allenfalls noch mit der des Theaters von Taormina in Sizilien vergleichbar. Der Blick schweift ungehindert zwischen den Bergen hindurch bis ins Tal, nach Antalya und an die Gestade des Mittelmeers. Wegen der Form (die Zuschauerränge gehen über den für römische Theater typischen Halbkreis hinaus) muss auf ursprünglich griechische Erbauer geschlossen werden. Das Theater war relativ klein und fasste lediglich 4200 Zuschauer. Sein Radius betrug 33 m, die Höhe von der Orchestra bis zu den letzten Rängen knapp 13 m, die in 26 Sitzreihen überwunden wurden. Interessant ist die Zweiteilung des Zuschauerraums in acht obere und 18 untere Sitzreihen. Während die oberen (billigeren) von der Seite aus betreten werden mussten, waren die unteren durch einen mittlerweile eingestürzten Tunnel zugänglich. In der Kaiserzeit standen hier auch Gladiatorenkämpfe auf dem Spielplan. Dabei wurde gewettet: Der Sieg des einen bedeutete den Tod des anderen.

Odeion: Vom Theater führt der Weg weiter über eine Wiese – einst Teil der Agora, mehr dazu später – zur fast 23 m breiten und 10 m hohen Rückwand des Odeion. Es war einst ein gewaltiger, vom Grundriss her quadratischer, überdachter Bau, der als Rathaus diente. Zwischen den Pilastern wurden die heute nur noch schwer zu erkennenden Namen erfolgreicher Athleten eingemeißelt. Über den benachbarten kleinen Artemis-Tempel (rechts daneben, s. u.) gelangt man ins Innere des Odeion, wo Architekturfragmente im Gestrüpp verstreut liegen.

Artemis-Tempel: In der Nachbarschaft des Odeion standen einst zwei Artemistempel. Der größere, links des Odeion, liegt vollständig in Trümmern. Der kleinere und jüngere stammt vermutlich aus dem 3. Jh. v. Chr. Inschriften in den bestens erhaltenen Portalwänden verraten, dass eine gewisse Aurelia Amasta den Tempel gestiftet hat.

Tempel des Zeus-Solymeus: Hinter dem Odeion umschließen noch immer 4 m hohe Außenwände einen Raum von 6 x 7 m Fläche. Dieser kleine Tempel diente der Verehrung des lokalen Gottes Zeus-Solymeus. Der Zeuskult war von den griechischen Nachbarn übernommen worden, verschmolz hier aber mit der Verehrung lokaler Gottheiten. Zahlreiche in Termessos gefundene Statuen bezeugen seine Bedeutung.

Agora, Heroon und Zisterne: Der Marktplatz im Zentrum des antiken Termessos ist heute fast völlig überwuchert. Man braucht viel Fantasie, um sich vorzustellen, dass hier das Herz der Stadt schlug. Gekauft und getauscht wurden v. a. Obst und Getreide sowie Pferde und Rinder – die Wirtschaftsgrundlagen des antiken Termessos. Um den Abschluss des Geschäfts zu besiegeln, wurde in der Antike häufig ein Opfer gebracht. In Termessos tat man dies direkt auf dem Gelände der Agora. Der Opferplatz war ein auf einem großen Felsen ruhendes Heroon – wem die außerordentliche Ehre zuteil wurde, in diesem Grabmal beigesetzt zu werden, ist nicht bekannt. Halten Sie sich vor der Rückwand des Odeion rechts, gelangen Sie automatisch dorthin. Unter der Agora befindet sich zudem eine fünfteilige, 10 m tiefe Zisterne. Die Stadt hatte immer wieder an Wassermangel zu leiden, insbesondere im Belagerungsfall.

Attalos-Stoa und Tempel von Korinth: Von der Zisterne führt ein Pfad (der Beschilderung „Korint Tapınağı" folgen) hinab zur Attalos-Stoa, die ein Geschenk des Königs Attalos II. von Pergamon war. Gleich daneben stand der größte Tempel von Termessos. Seine Innenhalle maß ca. 10 x 10 m, die Wände waren über einen Meter dick. Seinen Namen erhielt der Tempel wegen der korinthischen Kapitelle an den

Außensäulen; man weiß bis heute nicht, wem er einst geweiht war. Vom Tempel ist der Weg zum Grab des Alketas und zur südlichen Nekropole ausgeschildert.

Grab des Alketas: Das prominenteste Grab von Termessos hat folgende Vorgeschichte: Nach dem griechischen Geschichtsschreiber Diodor (1. Jh. v. Chr.) fand Feldherr Alketas während der Diadochenkriege in Termessos Zuflucht vor seinem Gegenspieler Antigonos – Alketas war wegen Mordes an dem Makedonen Meleager für vogelfrei erklärt worden. Antigonos wartete mit einem Heer vor der Stadt und verlangte die Auslieferung des Alketes. Um einen bewaffneten Konflikt zu vermeiden, wollten die älteren Bürger dem Gesuch nachkommen, die jüngeren hingegen waren zum Kampf bereit. Durch eine List lockte man die Jungspunde schließlich aus der Stadt, um Antigonos freien Zugang zu verschaffen. Als Alketas den Verrat bemerkte, beging er Selbstmord. Der von Antigonos geschändete Leichnam wurde von den Heimkehrenden später ehrenvoll im Fels begraben.

Von der Fassade des Grabes blieb nichts erhalten, an der Rückwand sieht man jedoch noch das Relief eines berittenen Kriegers und über dem Totenlager das eines Adlers mit einer Schlange im Schnabel, eigentlich das Symbol eines Königs. Die beiden Nischen links und rechts des Grabes dienten der Aufnahme von Grabbeigaben (u. a. Wein und Getreide).

Südliche Nekropolis: Der Anstieg von der oberen Terrasse zur südlichen Totenstadt ist beschwerlich, lohnt aber – es erwartet Sie eine der besterhaltenen antiken Nekropolen überhaupt. Meist erkundet man die Totenstadt ganz alleine – nur wenige Besucher verirren sich hierher. Unter den Hunderten von Sarkophagen gibt es etliche reich verzierte, daneben auch herrliche Tempelgräber mit korinthischen Säulen. Folgt man dem Hauptpfad bis zum höchsten Punkt, gelangt man zu einem Feuerausguck der Forstverwaltung, von wo sich eine tolle Aussicht auf die Nekropole und die gesamte Bergszenerie auftut.

Beste Lage: Theater von Termessos

Antalya und Umgebung → Karte S. 76/77

Kemer – nur selten sind die Strände so leer wie hier

Kemer-Region

In Kemer gibt es Şiş Kebap, man wird von Türken bedient und kann sich einen Fes oder Teppich kaufen, doch mehr hat Kemer mit der Türkei nicht zu tun. Die Stadt könnte an jedem sonnigen Strand der Welt liegen.

Das Gleiche gilt für die umliegenden Badeorte, die allesamt zur Kemer-Region zählen: Ob Kiriş, Çamyuva und Tekirova südlich von Kemer oder Göynük und Belbidi nördlich von Kemer – überall trifft man auf gigantische Hotelkonglomerate, die nichts Landestypisches zu bieten haben. Anfang der 1990er begann man den rund 45 km langen Küstenstreifen zwischen Beldibi und Tekirova mit Kemer im Zentrum für den Massentourismus zu erschließen. „Kemer 2000" nannte sich das Projekt, das mit Milliardenkrediten der Weltbank gefördert wurde und den Küstenabschnitt in eine gigantische Freizeitanlage mit bayerischen Biergärten, Gokartbahnen, großen Einkaufszentren und Non-Stop-Markets verwandelte. Von den einstigen Fischerdörfern ist außer dem Namen nichts geblieben. Aus ihnen wurden gesichtslose Retortenstädte mit Shoppingmeilen vom Reißbrett. Die Strände der Region werden jährlich von Millionen von Urlaubern heimgesucht, die meisten angelockt von preiswerten Pauschalarrangements. Eine Woche Flug und Hotel ist hier nicht selten billiger als der Nur-Flug-Tarif in so manch andere Touristenregion! Deutsche (in der Vor- und Nachsaison) und v. a. Russen (im Sommer) nehmen die Angebote am häufigsten wahr. Das Projekt rund um „Kemergrad" ist bis heute nicht abgeschlossen.

Wenn Sie sich für die Region entscheiden, machen Sie Ihre Wahl weniger vom Ort abhängig, orientieren Sie sich besser an der Lage des Hotels bzw. Ihres Zimmers. Denn wer nicht unmittelbar in erster Reihe mit Meeresblick eincheckt, bekommt von seinem Balkon oft nichts anderes als tropfende Klimaanlagen oder die hohen Mauern zu sehen, die die riesigen Resortanlagen am Strand wie Hochsicherheitstrakte umgeben. Manche haben Kapazitäten für mehr als 2000 Gäste, neue Gesichter

Kemer-Region | Olympos-Nationalpark | Finike und Hinterland

am abendlichen Büfett sind also garantiert. Innerhalb dieser Mauern findet man eine mal mehr, mal weniger perfekt arrangierte, künstliche Idylle. Außerhalb liegt der Sachverhalt häufig anders: In **Beldibi**, **Çamyuva** und **Kiriş**, wo die Erschließungspläne noch nicht vollständig umgesetzt sind, macht vieles noch einen lieblos-provisorischen oder sterilen Eindruck.

Am perfektesten präsentieren sich bislang **Tekirova**, **Göynük** und **Kemer** selbst. Kemer (22.700 Einwohner) ist zugleich das einzige „richtige" Städtchen der Region mit dementsprechender Infrastruktur. Die Hauptgeschäfts- und Flanierstraße Kemers ist die Liman Caddesi, die zur gepflegten Marina führt. Südöstlich von dieser liegt der *Moonlight Park*, ein schön angelegter Park mit gemütlichen Open-Air-Kneipen direkt hinter dem Ayışığı-Strand. Nördlich des Moonlight Parks erstreckt sich auf einer Landzunge der *Yörük Park*, eine Art ethnographisches Freilichtmuseum, das an das Leben der heute sesshaft gewordenen Taurusnomaden *(yörükler)* erinnert (Eintritt 1 €, www.yorukparki.com.tr).

Auch in Tekirova bemüht man sich, seinen Gästen etwas mehr als Strand und Party zu bieten. Dort gibt es den *EKO Park*, den der Zoologe Selami Tomruk ins Leben gerufen hat. Der Park beherbergt rund 1000 Reptilien, heimische ebenso wie Leguane aus Afrika, Würgeschlangen aus Südamerika usw. Die Tiere werden artgerecht gehalten, es wird auch Aufzucht betrieben (tägl. 9–18 Uhr, Eintritt teure 15 €, www.ekopark.com.tr; Anfahrt: vom Küstenhighway die Abfahrt nach Tekirova nehmen, nach 700 m links ab, dann ausgeschildert).

Die Attraktion Göynüks hingegen ist der *Göynük Kanyon Parkı* (→ S. 109) im Hinterland.

Basis-Infos

Information Tourist Information in Kemer im Gebäude der Gemeindeverwaltung nahe dem Yachthafen (ausgeschildert). Professioneller Service. Tägl. 8.30–17 Uhr, im Winter 8–17 Uhr und Sa/So geschl., Mittagspause 12.30–13.30 Uhr. Liman Cad. 159,

☎ 0242/8141112, kemerturizm@hotmail.com. Viele Infos zu Kemer auch auf der deutschsprachigen Seite www.kemer-tr.info.

Verbindungen Etwa im 20-Min.-Takt verbinden **Dolmuşe** Kemer mit Antalya und den umliegenden Hotelkonglomeraten. Abfahrt vor der zentralen Hükümet Cad. nahe dem Uhrturm. Auch der Dolmuş Antalya – Tekirova, der Phaselis passiert, hält hier. Den Busbahnhof, 2 km abseits des Zentrums an der D 400, steuern die Kuzdere-Dolmuşe an, die am Uhrturm vorbeikommen. Vom **Bus**bahnhof fahren die Überlandbusse ab, u. a. regelmäßige Verbindungen nach Fethiye (13 €, 6 Std.) und Denizli/Pamukkale (17 €, 6 Std.).

Taxis stehen u. a. am Cumhuriyet Meydanı bereit. Preisbeispiele: Phaselis hin/zurück mit Wartezeit 50 €, Beldibi oder Tekirova 25–30 €, Çamyuva 15 €, Tahtalı Dağı (Talstation) 35 €, Airport Antalya 65 €.

Beach Boys

Ärztliche Versorgung Deutsch- oder englischsprachige Ärzte findet man z. B. im privaten Krankenhaus **Kemer Yaşam Hastanesi** an der Akdeniz Cad. 26. ☎ 0242/8145500, www.antalyayasam.com.tr.

Auto- und Zweiradverleih An fast jeder Ecke hängt ein Rent-a-car-Schild. Auch haben viele internationale Verleiher Zweigstellen vor Ort, **Europcar** (Auto ab 55 €) z. B. im Hotel Amara Wing Resort, Atatürk Bul. 34, ☎ 0242/8141140, www.europcar.com.tr. Bei den lokalen Anbietern bekommt man Pkws je nach Saison ab 35–40 €/Tag. Für Scooter muss man mit 20 €/Tag rechnen, für Kaufhaus-Mountainbikes 10 €/Tag (z. B. bei **Imo Car Rental** schräg gegenüber der Tourist Information, ☎ 0242/8145275, www.imocarrental.com). Gute Räder bietet **Lukka-Outdoor** (→ S. 26).

Bootsausflüge/Organisierte Touren Ob in Kemer, Tekirova, Beldibi oder den Orten dazwischen – das Angebot ist im Großen und Ganzen gleich, die Preise sind nahezu identisch. Werden irgendwelche Ausflugsfahrten erheblich billiger als beim Gros der Veranstalter offeriert, dann schließen sie i. d. R. mehrere längere Shoppingpausen ein. Bootsausfahrten zu Badeplätzen in verschiedene Buchten kosten im Schnitt 20 €, Jeepsafaris auf überwiegend staubfreien Straßen 15 €, Rafting in der Köprülü-Schlucht inkl. Transfer 20 €, Eintagestouren nach Pamukkale 35 €, nach Kekova und Myra 25 €.

Einkaufen Großer **Markt** in Kemer jeden Mo an der Dörtyol Cad. westlich des Cumhuriyet Meydanı. Di reiner **Textilbasar** im südlichen Bereich der Deniz Cad. (→ Stadtplan). Fr **Markt** in Göynük.

Polizei Unter anderem in Kemer an der Liman Cad., ☎ 155.

Post In Kemer am Atatürk Bul.

Türkisches Bad (Hamam) Golden Rose Hamamı, Touristenbad am Cumhuriyet Meydanı beim Uhrturm. Getrennte Abteilungen. 2-stündige Komplettbehandlung 25 €. Tägl. 9–24 Uhr.

Veranstaltungen Karneval von Kemer für gewöhnlich im Juni. In manchen Jahren fällt das Spektakel allerdings aus.

Waschsalon Yeni Böwe Kuru Temizleme, Akdeniz Cad. 22. Eine Trommel waschen 6,40 €.

Zeitungen In deutscher Sprache erhältlich in vielen Minimärkten.

E ssen & Trinken
4 Lavash Kebap
5 Kemer Pastanesi
6 Navigator
7 Doyum Börek und Has Döner
9 Paşa Kebap

N achtleben
1 Inferno
2 Aura

Ü bernachten
3 Erendiz Hotel
8 Otel Meşe

Kemer-Region

Übernachten/Camping

99 % aller Urlauber der Kemer-Region buchen ihre Hotelanlage über einen Reiseveranstalter. Aus dessen Katalog oder über dessen Webseite erfährt man, wie es um den Hotelpool mit Palmeninselchen aussieht, ob Gartenschach, Kreativateliers, Spätaufsteherfrühstück oder Mitternachtsimbiss, Jacuzzi oder Aperitivspiele angeboten werden, oder ob gar ein kostenloser Haarschnitt im Frühbucherrabatt enthalten ist. Theoretisch haben Sie die Qual der Wahl unter mehr als 101.000 Betten. Individualreisende, die ihre Unterkunft vor Ort buchen, gibt es nur wenige. Viele Clubhotels sind auf diese Klientel auch gar nicht eingestellt und so mancher Rezeptionist ist, wenn Sie ohne Voucher einchecken wollen, erst einmal sprach- und ratlos. Wer aufs Geld schauen muss, findet kleine, austauschbare Hotels und Pensionen im Zentrum von Kemer (DZ ab 30 €), eine Adresse ist unten angegeben. Dazu ein paar nette Unterkünfte in der Umgebung:

Berke Ranch, kleine komfortable Anlage abseits des Küstentrubels nahe Çamyuva – eine der schönsten Adressen in der Umgebung von Kemer. Komplex aus mehreren Gebäuden, idyllisch im Grünen gelegen. Tolle Poolanlage, Pferde (auch für Nichtgäste, 2-stündige Ausflüge 43 €). 26 geschmackvolle, leicht rustikale Zimmer und Suiten mit tollen Bergblicken, schönes Restaurant. Aktivitäten für Kinder. DZ mit Frühstück 85 €, mit HP 123 €. Anfahrt: Von Antalya kommend die erste Abzweigung nach Çamyuva nehmen, von dort ausgeschildert (noch 1,8 km). Merkez Mah. Küme Evleri 15, Akçasaz Mevkii, ✆ 0242/8180333, www.hotelberkeranch.com.

Erendiz Hotel **3**, abseits des Zentrums von Kemer in Arslanbucak, einer Wohngegend westlich der D 400. Gepflegte 34-Zimmer-Anlage mit Pool und Garten in der Mitte. Unter deutscher Leitung und sehr beliebt bei deutschsprachigen Aktivurlaubern (Wander- und Mountainbiketouren, Yoga etc.). Inkl. HP 30–40 €/Pers. Anfahrt: Von Antalya auf der D 400 kommend, bei Kemer die erste Rechtsabzweigung nach Kuzdere nehmen (Schild), dann nach ca. 150 m ausgeschildert. 236. Sok., ✆ 0242/8142504, www.erendiz.de.

Sundance Nature Village, Camping und Bungalowanlage in der Bucht gegenüber den Ruinen von Phaselis (man kann hinüberschwimmen). Schöne Lage in freier

Natur, weitläufig, alter Baumbestand, dazwischen Hütten und frei laufende Pferde, auf denen man ausreiten kann. Allerdings auch sehr einfach (die Ausstattung vieler Bungalows hat sozialistischen Touch). Daneben ein größerer, nicht überlaufener Strand. Ganzjährig. Schnuckeliges Restaurant im idyllischen Garten. Baumhäuser mit Moskitonetzen (aber ohne Bad!) 60 € für 2 Pers. inkl. HP, Campen für 2 Pers. 45 € inkl. HP (obligatorisch), 2-Pers.-Bungalow mit privatem Bad ab 73 € inkl. HP. Anfahrt: Vom Küstenhighway die Abfahrt nach Tekirova nehmen, nach 700 m links ab, dann ausgeschildert. Tekirova, ✆ 0242/8214165, www. sundancecamp.com.

Otel Meşe **8**, älteres aber gepfegtes 20-Zimmer-Hotel mit großem Pool. Saubere, eher schlichte Zimmer ohne persönliche Note, für den Preis aber okay. EZ 32 €, DZ 40 €. Karapınar Cad. 10, Kemer, ✆ 0242/8142119, www.meseotel.com.

Camping Schönster Platz der Gegend ist das **Sundance Nature Village** (s. o.). Ansonsten gibt es in der Kemer-Region nicht mehr viele Plätze, das Gros schloss in den letzten Jahren. Heute stehen an ihrer Stelle Clubanlagen. Noch 2 Alternativen in Belbidi: **Turkuaz** und **Orkinos** (der bessere). Beide Plätze liegen nebeneinander, versteckt hinter dem Friedhof (bzw. zwischen den Hotels Ring Beach und Caretta). Beide sind einfach und etwas lieblos, aber direkt am Meer. Wie lange es die Plätze angesichts des regionalen Baubooms noch geben wird, ist allerdings fraglich.

⌒ Essen & Trinken/Nachtleben   → Karte S. 107

Das Angebot ist vielfältig und die deutsche Küche nicht nur durch Einbaugeräte vertreten. Da das Gros der Urlauber aber *all in* bucht, ist die Zahl guter hotelunabhängiger Restaurants bescheiden. Die besten Restaurants findet man an der Marina und im Moonlight Park. Leider liegen die Preise (oft in Euro angegeben) häufig über dem Doppelten des Landesdurchschnitts. Finden Sie sich einfach damit ab. Sie machen immerhin Urlaub – in Kemer.

> Für nette Abwechslung sorgt ein **Forellenessen** in Ulupınar (→ S. 116).

Essen & Trinken Navigator **6**, an der Marina. Gepflegte und gemütliche Terrasse vor den schaukelnden Booten. Große Auswahl an kalten und warmen Meze (darunter auch Meeresfrüchte, 4,20–17 €), dazu Steaks und Fisch vom Grill (19–30 €). Wer will, kann auch Lobster ordern. Kemer, Liman Cad., ✆ 0242/8141490.

Lavash Kebab 4, auch unter Einheimischen sehr populäres Lokal. Neben einer Vielzahl an Kebabs auch Pizza, Pide und Gerichte im Tontopf *(Kiremit)*. Hg. 5,50–17 €. Dazu wird *Lavaş* gereicht, ein hauchdünnes Fladenbrot frisch aus dem Ofen. Kemer, Kemer Cad. 2, ✆ 0242/8145520.

Paşa Kebap 9, ähnlich wie das Lavash (also auch nichts für Vegetarier), nur hier mit gepflegter Korbmöbelbestuhlung.

Kebabs, Pide oder *Güveç* zu 6–10 €. Kemer, Atatürk Bul., ✆ 0242/8142913.

Doyum Börek 7, einfache Lokanta mit fairen Preisen. Suppen, *Börek*, Kebabs und Döner. Auch die Lokanta **Has Döner 7** nebenan ist okay. Kemer, Akdeniz Cad. 5.

Ali's Garten Café, → Göynük-Cañon.

Yörük Park, im ethnographischen Freilichtmuseum von Kemer wird dörfliche Kost zu gemäßigten Touristenpreisen verkauft: *Saç Kavurma, Börek,* Käse etc.

Kemer Pastanesi 5, freundliches Konditoreicafé mit bester Auswahl: Torten, Kuchen, Puddings, Pralinen und gutes Brot. Kemer, Akdeniz Cad. 4/D.

Nachtleben Zum Sundowner in Kemer sind die Bars am Ayışığı-Strand bzw. im **Moonlight Park** sehr beliebt. Angesagt sind auch die benachbarten Danceclubs **Inferno 1** und **Aura 2**. Beide befinden sich in Kemer an der Deniz Cad. etwas stadtauswärts. Egal wo – überall herrscht Russendisco-Atmosphäre. In Beldibi war zuletzt der **Fly Dance Club** (ganz im Norden) der Treffpunkt.

Wanderung 1: Auf den Çalış Tepesi, den Hausberg Kemers   → S. 250
Streifzug durch duftende Wälder mit Blick auf Kemer und die Küste.

Baden/Sport

Baden Der schönste öffentliche Strand vor Kemer ist der **Ayışığı** (= Mondlicht) beim Moonlight Park. Er ist grobsandig und gepflegt, allerdings so mit Liegestühlen vollgepflastert, dass kaum mehr Platz für das mitgebrachte Handtuch bleibt. Musikbeschallung. Ähnliches trifft auf den **Flamingo-Strand** nördlich der Marina zu.

Für die Strände der rund 35 km langen Kemer-Küste gilt: im Norden mehr Kies, im Süden mehr Sand. Wo der Strand schmal und weniger prickelnd ist, sorgen die Pools der Clubhotels für Badespaß. Schön sind auch der Strand bei **Phaselis** (→ S. 113) und die **Paradise Bay** zwischen Çamyuva und Phaselis (→ Kasten S. 115). Der weiter südlich gelegene Traumstrand von **Çıralı/Olympos** (→ S. 116) ist auf jeden Fall einen Ausflug wert. Für die Strände **zwischen Beldibi und Antalya** → Antalya/Baden.

Funsport → Göynük-Cañon.

Mountainbiking → Ovacık, S. 111.

Reiten → Übernachten/Sundance Nature Village u. Berke Ranch.

Tauchen Fast alle größeren Hotels verfügen über eigene Schulen. Anfängerkurse beginnen im Schnitt bei rund 300 €.

Wandern → Kleiner Wanderführer/Wanderung 1, S. 250. Zudem bieten sich vom Göynük Kanyon Parkı Touren an (s. u.), des Weiteren ist der Weg nach Phaselis (→ S. 115) reizvoll. Auch wurden in der Kemer-Region zuletzt einige neue Wanderwege erschlossen. 2013 war dafür jedoch weder eine Karte noch eine Infobroschüre

Die Moonlight-Bucht von Kemer

erhältlich – das kann sich aber ändern, fragen Sie in der Touristeninformation nach.

Wassersport Von Bananariding bis Parasailing wird an der Kemerküste alles Erdenkliche angeboten.

Göynük Kanyon Parkı   (Göynük-Cañon)

Zwischen Beldibi und Göynük mündet der Göynük-Fluss ins Meer. Parallel zum Flusslauf führt ein Sträßlein landeinwärts zum Göynük Kanyon Parkı; dabei passiert man Ali's Garten Café (s. u.) und einen **Quadverleih**.

Kurz hinter dem Parkeingang stößt man auf ein kleines Staubecken, wo der Sarıçınar-Fluss mit dem Göynük-Fluss zusammenfließt. Das kann man sich auch aus der Luft anschauen: Der **Eco Fun Adventure Park** bietet eine über 400 m lange **Zip-Wire-Strecke**, entlang der man, an einem Stahlseil hängend, bergab jagt (19 €). Weil der kleine Adrenalinkick zum Schreien verführt, verwandelt sich die beschauliche Oase im Sommer in einen lauten Abenteuerspielplatz. Außerhalb der Saison ist der Ort aber noch immer ein Idyll. Folgt man vom Café bei der Zip-Wire-Strecke der Beschilderung „Canyon", überquert man nach wenigen Minuten den Göynük-Fluss auf einem Brückchen. Dahinter steigt der 45-minütige Weg zum eigentlichen Göynük-Cañon an. Um schließlich in den Cañon mit seinen bizarren, ausgewaschenen Felsformationen zu gelangen, muss man erst eine Engstelle überwinden, dafür heißt es ab ins eisige Nass – im Sommer ein Badespaß (dann werden für 8,50 € Helme, Neoprenanzüge und Schuhe verliehen), außerhalb der Saison nur etwas für Hartgesottene – wenn nicht wieder wie früher mal ein Floßtransfer in die Schlucht geboten wird. Nach der Engstelle kann man, durchs Wasser watend (je nach Jahreszeit stellenweise hüfthoch) und kraxelnd, zu einem ca. 6 m hohen Wasserfall vordringen. Achtung: Bei und nach starkem Regen kann ein Ausflug in den Cañon lebensgefährlich sein!

Verbindung/Anfahrt Die Dolmuşe auf der Strecke Kemer – Antalya überqueren nahe der Küste den Göynük-Fluss auf der Göynük-Brücke (Göynük Çay Köprüsü, gesprochen etwa „Göynük Tschai Köpprüssü), sagen Sie dem Fahrer, dass Sie dort aussteigen wollen. Von hier bis zum Parkeingang noch 4 km (zu Fuß bis zum Wasserfall hin/zurück ca. 3 ¾ Std.).

Selbstfahrer können vom Küstenhighway auf das Sträßlein, das parallel zum Göynük-Fluss verläuft, nur in Fahrtrichtung Antalya – Kemer abzweigen! Nach ca. 1,7 km passiert man Ali's Garten Café (s. u.), der Weg bis zum Göynük Kanyon Parkı ist komplett ausgeschildert.

Öffnungszeiten Im Sommer 8–19 Uhr, im Winter 9–17 Uhr. 2,10 €. www.ecofun adventurepark.com.

Essen & Trinken Ali's Garten Café, freundliches, lauschiges Open-Air-Caférestaurant. Leckeres Essen (z. B. Forelle, osmanische Pfanne oder gebratenes Gemüse mit Joghurt) – Ali und seine Frau geben sich alle Mühe, es kann allerdings etwas dauern. Hg. 4–9 €. Viel deutsches Publikum.

Wandern Gleich hinter dem Parkeingang passiert man die markierte Wanderabzweigung zur Göynük Yaylası, einer nur im Sommer bewohnten Bergalm, von welcher der *Lykische Weg* weiter zum Dorf Ovacık (→ S. 111) führt – eine Gewalttour (23 km bergauf).

Nahe dem Café beim Flussbecken zeigt ein Wegweiser den Einstieg in den *Lykischen Weg* nach Hisarçandır. Dieser führt entlang dem Sarıçınar-Fluss zur Quelle Karapınar (bis zur Quelle ca. 30 Min.).

Die Göynük-Schlucht

Unterkunft für Partypeople: Kadirs Yörük Top Tree House in Olympos

Olympos-Nationalpark (Olimpos Beydağları)

Geographischer Mittelpunkt des Nationalparks ist das mächtige Massiv des Tahtalı Dağı (2365 m). Wie einige seiner Kollegen trug es in der Antike den etwas einfallslosen Namen „Olympos" – „Berg". Auf seinen Gipfel führt eine Seilbahn. Zu seinen Füßen findet man in Pinienwäldern versteckte antike Ruinen und malerische Buchten mit einem türkisfarbenen Meer davor.

Der rund 700 ha große, lang gezogene Olympos-Nationalpark erstreckt sich zwischen Antalya und Kumluca. Lediglich der Küstenstreifen der Kemer-Region gehört nicht dazu – mit einschlägigen Folgen. Die Hauptattraktionen des Nationalparks sind neben einigen tollen Stränden die Ruinenstädte Phaselis und Olympos sowie die Ewigen Flammen bei Çıralı. Im Hinterland bezaubern einsame Almen, gluckernde Bäche und stille Wälder – ein Paradies für Wanderer. Der Gipfel des Tahtalı Dağı ist bis ins Frühjahr von einer weißen Haube überzogen. Da die Schutzbestimmungen rund um den Tahtalı Dağı wesentlich legerer sind als in anderen Nationalparks des Landes, ist es übrigens problemlos möglich, sich in der Idylle einzumieten, egal ob an den Stränden oder inmitten der Bergwelt.

Durch das Kesme-Tal nach Ovacık

Die Tour durch die schroffe, wildidyllische Schluchtenlandschaft des **Kesme-Tals** in die Bergwelt des Taurus bis nach Ovacık, einer Sommerfrische auf rund 1250 m, ist v. a. bei Jeepsafaris sehr beliebt. Und zwar so beliebt, dass Jeepstaus auf dem Weg dahin zuweilen nicht ausbleiben. Unterwegs, bei der römischen Brücke **Kuzdere Köprüsü**, lädt das *Kesme Boğazı Restaurant* mit Ottomanen direkt über dem Flussbett zu einem Badestopp und einer Pause ein – die Forellen sind lecker, doch erfragen Sie die Preise im Voraus! Danach passiert die Straße das Dorf **Gedelme** mit ein paar schattigen Terrassenlokalen, wo sich die Mountainbiker stärken. Von Gedelme führt ein 8 km langes Sträßlein zur **Kuzdere Yaylası** (Kuzdere-Alm), zu der die Nomaden im Sommer einst ihre Herden trieben. Die Alm mit ihren verstreut liegenden Häusern und einer Moschee ist einen Abstecher wert – mit dem Mountainbike mehr als mit dem Auto. Endstation der Jeepsafaris ist i. d. R. **Ovacık**, von wo man an klaren Tagen überwältigende Fernblicke genießt. Das einzige Hotel Ovacıks samt Restaurant thront reizvoll auf einem Hügel – Essen gut, Zimmer jedoch weniger empfehlenswert. Und Achtung: Mit der Idylle des Kesme-Tal könnte es bald vorbei sein. Ein Wasserkraftwerk soll errichtet werden – Umweltschützer sehen dadurch über 30 endemische Pflanzenarten bedroht, darunter die blaublättrige Kemer-Orchidee *(Ophrys climaci)*.

Anfahrt/Verbindungen Von Antalya auf der D 400 kommend bei Kemer rechts ab zum Busbahnhof *(Otogar)* und dann immer der Vorfahrtsstraße folgen. Fahrtdauer vom Busbahnhof bis Ovacık ca. 25 Min.

Mountainbiketouren Am besten besorgt man sich in Kemer ein Mountainbike und ein Taxi, das einen nach Ovacık bringt, und radelt die 20 km dann ganz gemütlich bergab. Wer's bergauf probieren will, sollte eine Megakondition mitbringen. Geführte Mountainbiketouren mit Start in Ovacık bietet **Lukka Outdoor** (→ S. 26).

Auf den Tahtalı Dağı

„From the Sea to the Sky": Mit diesem Slogan wirbt man für die **Seilbahn** auf den 2365 m hohen Tahtalı Dağı. Die Seilbahn mit zwei 80-Personen-Kabinen ist eine moderne Schweizer Konstruktion. Zehn Minuten dauert die Fahrt von der Talstation auf 726 m Höhe hinauf zum Gipfel, wo ein Lokal mit Aussichtsterrasse wartet. Die Ausblicke auf die Kemer-Region, über die Bucht von Olympos hinweg bis hin zur Ebene von Kumluca und Finike sowie auf die im Hinterland ansteigenden Taurusberge sind superb. Ursprünglich sollte auf dem Tahtalı Dağı auch ein Skigebiet erschlossen werden, doch die Pläne sind vom Tisch. Nicht weil Umweltschutzverbände dagegen Sturm liefen – das taten sie schon beim Bau der Seilbahn. Deren Bedenken kann man mit Schmiergeldern auslöschen. Vielmehr sind die Gründe zu nasser Schnee durch die Nähe zum Meer bzw. grundsätzlicher Schneemangel als Resultat des Klimawandels.

Vom Gipfel des Tahtalı Dağı kann man auf dem *Lykischen Weg* übrigens in vier Stunden bis Beycik wandern, der Weg ist bestens markiert, lassen Sie sich den Einstieg zeigen. Gutes Schuhwerk und Wanderstöcke sind Voraussetzung (→ Beycik, S. 115).

Anfahrt/Öffnungszeiten Von der D 400 zwischen Çamyuva und Phaselis mit „Teleferik Tahtalı Dağı" ausgeschildert, von da noch 8 km bis zur Talstation. Keine Verbindung mit öffentlichen Verkehrsmitteln. Die Seilbahn fährt im Sommer tägl. 9–18 Uhr halbstündl., im Winter 10–17 Uhr stündl. Hin/zurück satte 30 €. www.olymposteleferik.com.

Paragliding Escape Adventures bietet bei guten Wetterbedingungen Tandemflüge vom Tahtalı Dağı, gelandet wird am Strand von Tekirova. Flugzeit 35–60 Min., Preis 208 € inkl. Transport und Transfer innerhalb der Kemer-Region. Infos unter ✆ 0242/8214118, www.escape2olympos.com.

Auf dem Tahtalı Dağı, im Hintergrund die Bucht von Olympos

Olympos-Nationalpark

1 Tempel
2 Aquädukt
3 Agora
4 Hadrianstor
5 Hauptstraße
6 Badehaus
7 Theater
8 Stadtmauer
9 Nekropole

Phaselis

100 m

Phaselis   (antike Stadt)

Die antike Handelsstadt ist ein attraktives Ausflugsziel. Herrlich lässt es sich durch Ruinen im duftenden Pinienwald schlendern und fröhlich im Kriegshafen planschen.

Bei den Ausgrabungen ging man behutsam vor, schlug nicht gleich die ganze Gegend kahl und hinterließ auch kein archäologisches Trümmerfeld. Gegründet wurde Phaselis um 690 v. Chr. Innerhalb kurzer Zeit wuchs die Stadt heran und wurde zum Haupthafen an der lykischen Ostküste. Um 400 v. Chr. wurde in Phaselis der Dichter Theodektes geboren. Er schrieb Reden für berühmte Zeitgenossen und verfasste Theaterstücke – die Stadt ehrte ihn mit einem Standbild auf der Agora. Den Winter 334/333 v. Chr. verbrachte Alexander der Große in Phaselis. Es ist überliefert, dass er den lokalen Wein schätzte und an mehreren Trinkgelagen teilnahm. Nach seinem Tod fiel Phaselis an die Ptolemäer, später an Syrien, dann an Rhodos. Im 2. Jh. v. Chr. kam in Phaselis der Philosoph Critolaus zur Welt, der in der Tradition der Stoiker jeglichen leiblichen Genuss verdammte. Mit seinem Credo, dass die Tugenden der Seele wertvoller als die Freuden des Fleisches seien, machte er sich vermutlich nicht viele Freunde. Ob das der Grund war, dass es mit Phaselis im 1. Jh. bergab ging, bleibt dahingestellt. Wie Olympos wurde Phaselis Schlupfwinkel von Piraten und daraufhin in den römischen Seeräuberkriegen zerstört. Zwar ließen die Römer die Stadt wieder aufbauen, 400 Jahre später teilte sie jedoch das Schicksal des Imperiums: Mit Rom ging auch Phaselis unter. Danach übten die Bewohner Antalyas Raubbau an der Antike und nutzten die Bausubstanz von Phaselis zum Aufbau ihrer eigenen Stadt.

Deutlich erkennbar sind noch die drei Häfen, der **Nordhafen**, an dem der Aquädukt vorbeiführte, der große **Südhafen** und der zentrale, stark verlandete **Stadthafen**. Vom Stadt- zum Südhafen führte eine 24 m breite, gut erhaltene **Prachtstraße**, flankiert von pompösen Bauten, an die heute nur noch ein paar Mauerreste erinnern. Das **Theater** aus dem 2. Jh. v. Chr. bot 1500 Besuchern Platz. Sehenswert ist das **Badehaus**, dessen einst mächtiges Tonnengewölbe von zierlichen, noch erhaltenen Rundbögen getragen wurde. Interessant ist auch der **Aquädukt**, der von einer Quellgrotte das Wasser am Nordhafen vorbei Richtung Süden bis zu einer Zisterne in der Stadtmitte leitete, von wo es in die Häuser verteilt wurde. Er soll einer der längsten Aquädukte des Römischen Reiches gewesen sein.

Anfahrt/Verbindungen Die Abzweigung nach Phaselis liegt ca. 10 km südlich von Kemer, von dort 2 km bis zum archäologischen Gelände. Von Kemer mit den Tekirova-**Dolmuşen** zu erreichen, diese passieren Phaselis. Mit etwas Glück fährt einen der Fahrer bis zum Eingang (vorher Bescheid geben!), wer Pech hat, muss von der D 400 noch 2 km bis zum Eingang laufen.

Öffnungszeiten Im Sommer tägl. 9–19 Uhr, im Winter 8–17 Uhr. 3,40 €.

Phaselis: Schöner können Ruinen nicht liegen

Zu Fuß von der Paradise Bay nach Phaselis

Südlich von Çamyuva und nur durch einen bewaldeten Höhenzug davon getrennt, liegt die unverbaute Kiesbucht **Alacasu**, bekannter unter dem Namen **Paradise Bay**. Die Bucht ist zugleich ein beliebter Picknickplatz und Stopp von Ausflugsbooten.

Am südwestlichen Ende der Bucht beginnt ein rot markierter Wanderweg nach Phaselis (einfach 1 ½ Std.). Wer mit dem Dolmuş von Kemer kommt, gelangt in die Paradise Bay, indem er in Çamyuva beim Elize Resort Hotel aussteigt und von dort der stadtauswärts führenden Hauptstraße zum Küstenhighway folgt. Entlang dem Küstenhighway spaziert man rund 500 m in Richtung Kumluca (wählen Sie den Weg auf der dem Meer zugewandten Straßenseite) und biegt dann nach links auf einen breiten Waldweg ab. Dieser endet nach rund 800 m in der Paradise Bay. Von Çıralı oder Tekirova kommend steigt man hingegen am Ortsbeginn von Çamyuva aus und läuft dann die paar Meter bis zum Beginn des breiten Waldweges zurück.

Übrigens kann man auch **von Tekirova via Sundance Nature Village nach Phaselis** wandern. Diese Strecke ist markiert und Teil des Lykischen Weges (→ Kleiner Wanderführer/Kasten, S. 251).

Olympos-Nationalpark

Beycik

Hier muhen die Kühe, bellen die Hunde, blöken die Schafe und krähen die Hähne, Beycik ist ein gemütliches, verschlafenes, sich weit den Berg hochziehendes 250-Seelen-Bergdorf auf 800 bis 1000 m Höhe. Die Landschaft ist herrlich, die Luft sauerstoffreich (angeblich werden hier selbst starke Raucher 100 Jahre alt ...) und das Klima angenehm. Im Sommer ein ideales Ausflugsziel, um der drückenden Hitze an der Küste zu entgehen. Beycik ist u. a. Ausgangspunkt für **Wanderungen auf den Tahtalı Dağı** (s. u.) und zur vergessenen antiken Stadt **Laodikeia** (vermutlich um 45 n. Chr. gegründet und bereits 100 Jahre später aufgegeben). Auch für Familien lohnt ein Ausflug hierher: Wer im **Sibel's Four Seasons Restaurant** (s. u.) etwas konsumiert, bekommt für seine Kinder eine kostenlose Eseltour durchs Dorf. Für Wander gibt's bei Sibel Tipps für Touren und Wanderkarten.

Anfahrt Von der Hauptverbindungsstraße Antalya – Finike ist die Abzweigung nach Beycik beschildert. Von dort sind es noch 6 km bis zum Dorf. Keine Dolmuşverbindung.

Übernachten Mehrere Unterkünfte, unsere Empfehlung:

Villa il Castello, stilvolles, kleines Berghotel in traumhafter Lage 1000 m ü. d. M. Gut geführt von Deutschlandrückkehrer Asım Şahin. 9 komfortable, großzügige Suiten (nur Nichtraucherzimmer), alle mit TV (deutsche Kanäle), Zentralheizung und Balkon mit Berg- und Meeresblick. Schöne kleine Poolanlage. EZ 50 €, DZ 60 €, HP auf Wunsch. Beycik, ✆ 0242/8161013 o. 0532/4346346 (mobil), www.villa-castello.de.

🌿 **Essen & Trinken** Sibel's Four Seasons Restaurant, am Ortseingang rechter Hand. Sehr freundliches, hübsches Gartenrestaurant unter türkisch-österreichischer Leitung. Gute, vegetarierfreundliche Hausmannskost mit Produkten aus dem Garten und der Umgebung, dazu Frühstück, leckere Limonaden, hausgebackene Kuchen und Brot. Von Lesern hoch gelobt. Hg. 5,50–11,50 €. In der NS nur tagsüber, sonst auch am Abend. Beycik, ✆ 0242/8161292. ■

Wandern/Eseltouren Die **Tour von Beycik** zum Gipfel des Tahtalı Dağı dauert 4–5 Std., auf einer Bergalm unterwegs findet man eine Wasserstelle. Wanderstöcke und gute Schuhe sind unbedingt nötig (Geröll). Der Weg ist ab Beycik rot-weiß markiert. Um den Einstieg zu finden, einfach der Straße durch den Ort bergauf folgen, bis an Laternenpfählen die rot-weißen Markierungen auftauchen. Als Führer auf den Gipfel, aber auch als Guide für verschiedene Wander- und Bergtouren rund um Beycik, empfehlen wir **Christian Kollinsky** vom Restaurant Sibel's Four Sea-

sons (s. o.). Christian ist Biologe und weiß viel über die Flora und Fauna der Gegend. Die Tahtalı-Dağı-Besteigung kostet bei ihm 55 €/Pers. (inkl. Lunchpaket und Abholservice von Çıralı/Olympos, Tekirova o. Adrasan), eine 3-Std.-Wanderung zu den Ruinen von Laodikeia 35 €/Pers. Minimum 4 Pers. Geplant sind künftig zudem Eselstouren. ✆ 0533/6898341 (mobil), www.wandergebiet-beycik-alm.com.

Ulupınar

Der Weiler liegt einen Kilometer unterhalb der Hauptverbindungsstraße zwischen Antalya und Finike. Er besteht aus ein paar Wohnhäusern, einer Moschee und einem Dutzend guter Gartenrestaurants, die weit über die Grenzen des Nationalparks bekannt sind. Man sitzt ganz idyllisch entweder in, über oder neben plätschernden Wasserläufen. Auf der Karte steht ganz groß Forelle – in allen Varianten. Welches Lokal aber die besten brutzelt oder grillt, darüber scheiden sich die Geister. Jeder hat seine Lieblingsadresse. Hoch im Kurs stehen das *Havuzbaşı* und das *Çağlayan*, doch sind diese Lokale oft von Touristengruppen aus Kemer überrannt. Deutlich „einheimischer" ist die Atmosphäre im *Kayalar Restaurant*, auch ist es hier etwas preiswerter. Das Kayalar Restaurant liegt jedoch nicht direkt in Ulupınar, sondern darüber an der D 400.

Çıralı

Die längste Zeit seiner Existenz war Çıralı nichts anderes als eine kleine, unbekannte Siedlung am Ostende der Olympos-Bucht. Heute ist der Ort zur Heimat einer großen, bunt gemischten Urlauberschar mit Faible fürs Wohnen im Grünen aufgestiegen. Inmitten der üppigen Pflanzenwelt, zwischen Orangenhainen und Melonenacker, gedeiht eine Pension nach der anderen, mittlerweile ist deren Zahl auf über 80 angestiegen. Dabei dürfte es hier kaum ein Haus geben. Nahezu alles, was in Çıralı steht, wurde illegal gebaut, selbst Moschee und Schule – vieles ist deswegen auch von Abriss bedroht (→ Kasten). Die Pensionen liegen weit verstreut (einen wirklichen Dorfkern gibt es nicht), das Gros aber in sicherem Abstand zur Küste. Denn der herrliche Kiesstrand vor der Haustür ist wie der von Patara oder Dalyan eine Brutstätte der Unechten Karettschildkröte (→ S. 166). Damit das so bleibt, engagiert sich vor Ort der World Wildlife Fund (WWF) mit seiner türkischen Partnerorganisation *Doğal Hayatı Koruma Derneği* (DHKD) und unterstützt den hiesigen Öko-Tourismus. Achtung: Çıralı macht süchtig. Nicht wenige, die für Çıralı drei Badetage auf ihrer Rundtour einplanen, bleiben den Rest ihres Urlaubs dort! Von Çıralı erreichen Sie den Strand von Olympos zu Fuß in ca. 10 Minuten.

Basis-Infos

Verbindungen/Anfahrt Die **Busse** und **Dolmuşe**, die die Küste entlangfahren, halten an der Straßenkreuzung 7 km oberhalb von Çıralı. Von dort ist der Weg nach Çıralı und zu den Ewigen Flammen (Chimaira/

Yanartaş) ausgeschildert und in der HS mit **Dolmuş** (9–19 Uhr ca. stündl. oder wenn mind. 5 Pers. zusammenkommen) oder **Taxi** zu erreichen. In die andere Richtung, von Çıralı zum Küstenhighway, fährt ebenfalls

Çıralı: Strand und Dorf

Çıralı – Idyll unter dem Damoklesschwert

2013 wurde in Çıralı wieder investiert, neue Unterkünfte waren im Entstehen. Dabei waren im Mai 2012 unter Polizeischutz Bulldozer angerückt und hatten die ersten Pensionen plattgemacht – obgleich noch Gäste darin wohnten. Weitere soll(t)en folgen. Die Begründung: Die Pensionen wurden illegal gebaut. Weite Teile der Bucht von Çıralı sind seit 1946 offiziell Waldgebiet. Illegales Bauen hat in der Türkei jedoch Tradition, ganze Vororte wurden schon illegal hochgezogen. Irgendwann aber folgten i. d. R. Amnestien und Grundbucheinträge. Nicht so in Çıralı, obwohl die Pensionen schon vor 20 Jahren Strom- und Telefonanschluss bekamen und ihre Besitzer regulär Steuern bezahlen. Çıralı liegt schließlich nicht im anatolischen Nirgendwo, sondern an einem der schönsten Strände der Türkei – heiß begehrt unter Investoren. Und so gab es in Çıralı Stimmen, die hinter den Abrissen eine Allianz aus Baumafia und korrupten Forstbeamten vermuteten, die erst Kehraus machen möchten, um dann Baugenehmigungen zu erteilen. Die Befürchtung: Çıralı wird ein neuer Urlaubsmagnet der Kemerküste, mit Fünf-sternehotels, Golfplatz und allem, was dazugehört. Andere Pensionsbesitzer glauben, dass keine Abrissse mehr folgen, der Spuk vorbei sei. Denn Çıralı sei nun in den Medien, Gerichte seien involviert und das Volk für solche Themen sensibilisiert (man denke an die Gezi-Park-Proteste). Sprich: Unter der Hand sei die Bucht nicht mehr zu verschachern. Doch neue dunkle Wolken ziehen auf, dieses Mal nicht nur über Çıralı, sondern über der gesamten türkischen Mittelmeerküste, und ein Sturm könnte folgen, der vieles vernichtet – allerdings auch zum Guten dieser Küste: Zu Redaktionsschluss im September 2013 kündigte Umweltminister Erdoğan Bayraktar an, alle nach 1992 errichteten Gebäude entlang der türkischen Küste unter die Lupe zu nehmen und, falls illegal errichtet, abreißen zu lassen Die Trümmerberge wären unvorstellbar. Man schätzt, dass allein rund um Bodrum jedes zweite Haus auf Staatsland steht.

in den genannten Zeiten ca. stündl. ein Dolmuş. Einen Transfer vom Küstenhighway nach Çıralı bzw. andersrum bieten auch viele Pensionen nach vorheriger Reservierung bzw. Absprache. Zwischen Çıralı und Olympos gibt es keine direkte Straßenverbindung.

> **Airporttransfer**: Fast alle Unterkünfte in Çıralı bieten Transfers an, die Preise bewegen sich um die 60–65 €/Auto. Zudem offerieren die hiesigen Autoverleiher Flughafentransfers. Kommen genügend Leute zusammen, ist man schon ab 20 € dabei.

Auto- und Zweiradverleih Die örtlichen Verleiher verlangen für den günstigsten Wagen ca. 45 €/Tag inkl. Versicherung, Scooter kosten ab ca. 25 €, Fahrräder ab 7 € (bei vielen Pensionen umsonst).

Bootstouren Bietet der freundliche, von Lesern hoch gelobte **Kaptan Mikael**. Vermittlung über die meisten Pensionsbesitzer. Schön ist die Tour Richtung Adrasan. Inkl. Essen ca. 22 €/Pers. ✆ 0535/5548772 (mobil).

Wandern Neben der im Buch beschriebenen Wanderung 2 (→ Kleiner Wanderführer, S. 253) bietet sich auch eine Tour auf dem *Likya Yolu* entlang der Küste Richtung Tekirova an (Einstieg ganz im Norden der Bucht, Dauer für den gesamten Weg ca. 6 ½ Std.). Wer nur ein Stück weit laufen will, kann die Tour in der Bucht Maden (dort ein aufgegebenes Chrombergwerk und eine Fischfarm) enden lassen (ca. 2 ½ Std.). Meist ist ein Fischer vor Ort, der Sie per Boot zurück nach Çıralı bringen kann (ohne ausgiebiges Verhandeln aber teuer). Achtung: Von Maden bis Tekirova ist der Weg weitgehend schattenlos.

> **Achtung**: Kein EC-Automat und keine Bank in Çıralı! Der nächste Automat befindet sich oben am Küstenhighway bei der Abzweigung nach Olympos.

Übernachten/Essen & Trinken

Çıralı ist leider mittlerweile ein vergleichsweise teures Pflaster an der Lykischen Küste. In den hinteren Reihen aber sind noch immer preiswertere Zimmer zu bekommen. Im Winter haben die meisten Unterkünfte geschlossen.

Übernachten Olympos Lodge, traumhaft schöne und traumhaft teure Anlage direkt hinter dem Strand und umgeben von einem Rasen, der eines Golfplatzes würdig wäre und mit gemütlichen Bänken und Hängematten bestückt ist. 15 charmante, helle Zimmer, stilsicher eingerichtet. DZ ab 195 €. Im Süden der Bucht, ✆ 0242/8257171, www.olymposlodge.com.tr.

Arcadia, im idyllisch grünen Garten hinter dem Strand verstecken sich 5 komfortable, knapp 60 m² große Holzbungalows, nach griechischen Göttern benannt. Gefrühstückt wird mit Meeresblick – traumhaft. Des Weiteren 5 feine Bungalows etwas landeinwärts. Für 2 Pers. 110–140 €. Im Norden der Bucht, von der Strandstraße ausgeschildert, ✆ 0242/8257340, www.arcadia holiday.com.

Azur Hotel, relativ weit zurückversetzt vom Strand. Recht großes Areal mit 8 komfortabel ausgestatteten Zimmern im Reihenbungalowstil, dazu 20 neuere Bungalows aus Zedernholz mit modernen Bädern. Unter deutsch-türkischer Leitung. Schöner Garten, Pool. Von Lesern seit Jahren sehr gelobt. Es werden auch Touren angeboten. DZ 95 €. An der Straße zu den Ewigen Flammen (Yanartaş), ✆ 0242/8257072, www.azurhotelcirali.com.

Akdeniz Bahçesi, eine Leserentdeckung. 5 stilvoll eingerichtete Bungalows (mit modernen Bädern und Küche für Selbstversorger) verstecken sich in einem 4,5 ha großen Obstgarten in 2. Reihe hinter dem Strand. Auf dem Gelände kann auch eine Webwerkstatt besichtigt werden. In der Küche werden vorrangig Bioprodukte verwendet. Für 2 Pers. 110 €. Von der Strandstraße ausgeschildert, ✆ 0242/8257298, www.akdenizbahcesi.com. ■

Anatolia Resort, ebenfalls etwas zurückversetzt vom Strand. Bezüglich des Standards eher Hotel als Pension. 7 Zimmer mit schmiedeeisernem Mobiliar im Haupthaus, dazu 5 Zimmer in kleinen steinernen Häuschen (ideal für Familien) und 3 Holzbungalows – alles in oder von einem gepflegten Garten umgeben. Im Sommer wird dort auch gefrühstückt, im Winter auf der Dachterrasse. Leser loben die Gastfreundschaft und das ausgezeichnete Essen (Abendessen auf Wunsch) der deutschsprachigen Betreiber. Mountainbiketouren. Für das Gebotene faire Preise. DZ 65 €, für 4 Pers. 110 €. Von der Straße zu den Ewigen Flammen (Yanartaş) ausgeschildert, ✆ 0242/ 8257131, www.anatoliaresort.com.

Blue Paradise Pension, 7 Zimmer und 2 Bungalows, alle frisch renoviert. Im lauschigen Garten mit Tischtennisplatte, Hängematte und Liegestühlen fallen die Zitronen von den Bäumen. Von Lesern sehr gelobt, gutes Frühstück. Deutschsprachig. Abendessen auf Wunsch. Radverleih. DZ mit Aircondition 50 €, Bungalow 70 €. Im Norden der Bucht direkt hinter der Strandstraße, ✆ 0242/8257013, www.blueparadisecirali.com.

Sima Peace Pension, etwas zurückversetzt vom Strand. 12 schlicht-rustikale Zimmer mit Klimaanlage und Bad, verteilt auf drei zweistöckige Holzbauten. Drum herum ein 1000 m² großer Obstgarten. Für beste Stimmung sorgen die lustige, gastfreundliche Hausherrin Aynur Kurt (deutsch- und englischsprachig), und ihr Papagei Koko (auch deutsch- und englischsprachig). Viele internationale Stammgäste, zudem gut für Alleinreisende – auf der fröhlichen Restaurantterrasse findet man immer Anschluss. Grandiose Hausmannskost. Transfer zur Bushaltestelle an der Straße Antalya – Fethiye. DZ 50 € mit Frühstück, 70 € mit HP. Von der Strandstraße ausgeschildert, ✆ 0532/ 2381177 (mobil), www.simapeace.com.

Von Lesern zudem mit Lob bedacht wurden die **Rüya Pansiyon** (von der Strandstraße ausgeschildert, ✆ 0242/8257055, www.olympospension.de, DZ 60 €) sowie die **Karakuş Pansiyon** (an der Straße zu den Flammen, ✆ 0242/8257061, karakuspansiyon@yahoo.com, DZ 52 €).

Camping Auf irgendeiner Wiese eröffnet stets ein Campingplatz und schließt im nächsten Jahr wieder. Zudem bieten mehrere Pensionen und Markets Stellplätze an der Strandstraße an, z. B. **Sahil Pansiyon** (schattiges Areal, recht gut ausgestattet), **Armina Market** (einfach, Duschen in einem Blechverschlag), **Paşa Market** (ähnlich) oder **Engin Pansiyon** am nördlichen Ende der Bucht (größeres Areal, einfache Sanitäranlagen). Überall 2 Pers. mit Wohnmobil ca. 9 €. Zudem wird hinter dem Strand auf Höhe des Paşa Markets wild gecampt.

Essen & Trinken Recht idyllisch ist die ganz im Süden der Bucht auf dem Weg zum Strand von Olympos gelegene **Olympos Yavuz Snackbar**, ein schattiges Plätzchen mit Meeresrauschen. Kleine Auswahl an Gerichten, gemütlich und faire Preise.

Mit Lob bedacht werden zudem die ebenfalls im Süden der Bucht gelegenen Strandrestaurants **Yörükoğlu** (leckere Mantı) und **Azur & Aida** (gute Weinauswahl, neben Fisch und Fleisch auch Pide und selbst gebackenes Brot, etwas gehobenere Preise).

Nett und günstig ist die ursprüngliche **Çıralı Cafeterya**, das Dorfcafé mit Garten neben dem „Bootsparkplatz" direkt hinter dem Strand (bei der Sahil Pansiyon). Etwas weiter an der Strandstraße lädt die schattige **İpek Pastanesi** (leider nicht billig) auf Kaffee und Kuchen ein.

Im Zentrum Çıralıs (kurz hinter der Brücke) werden von Lesern zudem immer wieder das **Ceylan** (solide türkische Hausmannskost) und das **Lemon** (schräg gegenüber, reichhaltige Vorspeisen) gelobt.

Leckere **Forellen**: Zu Fuß (→ Kleiner Wanderführer/Wanderung 2, S. 253) oder mit dem Mietwagen zum Forellenessen nach **Ulupınar** (→ S. 116). Auch das **Uluçınar Restaurant**, 4 km landeinwärts an der Straße zum Küstenhighway, serviert frische Forelle.

Chimaira (Ewige Flamme)/Yanartaş: Das beliebte, leicht zu erreichende Ausflugsziel liegt an einem 250 m hohen Bergkamm. Eigentlich sind es viele ewige Flammen, die – erdgasgespeist – durch kleine Spalten aus dem Fels züngeln. Sie brennen seit dem Altertum, seit dem letzten Jahrhundert jedoch merklich schwächer. Früher muss man sie bis weit aufs Meer hinaus gesehen haben, denn angeblich

Die ewigen Flammen –
wo die Erde Feuer spuckt

dienten sie einst den Seeleuten zur Orientierung. Hier war die sagenhafte *Chimäre* zu Hause, ein Ungeheuer mit Löwenkopf, Ziegenkörper und einer Schlange als Schwanz, bis sie von Bellerophon (→ Kasten, S. 97) mit Unterstützung des geflügelten Wunderpferdes Pegasos getötet wurde. Noch heute lebt die Chimäre fort: In Bildungskreisen z. B. als Umschreibung für ein absurdes Hirngespinst oder in der Biologie als Bezeichnung für eine Unterklasse der Knorpelfische mit überdimensional großem Kopf, schlankem Körper und einem langen, peitschenschnurartig verlängerten Hinterkörper. An ihrem Feuer spuckenden Wohnsitz verehrten die Griechen den olympischen Schmied und Feuergott Hephaistos, die Römer seinen Nachfolger Vulcanus. Die Türken gaben dem mythischen Ort den eher nüchternen Namen *Yanartaş* – „brennender Stein". Es gibt zwei Feuerfelder, das erste liegt oberhalb der Ruinen des dazugehörigen Heiligtums (Hephaestum), das andere, deutlich kleinere (nur wenige Flammen)

etwa 25 Fußminuten weiter bergauf. Den nachhaltigsten Eindruck hinterlässt der Besuch von Chimaira nach Einbruch der Dunkelheit.

Wegbeschreibung: Von Çıralı der Beschilderung „Chimaera/Yanartas" folgen. Nach ca. 5 km erreicht man den Parkplatz mit Kiosk, zugleich das Kassenhäuschen (Eintritt 1,90 €). Von da noch 15–25 Fußmin. (je nach Kondition) steil bergauf bis zum ersten Flammenfeld. Zweites Feld → Kleiner Wanderführer/Wanderung 2, S. 253.

🥾 **Wanderung 2: Rund um die Ewigen Flammen**   → S. 253
Viel begangene Rundtour, die auch in Olympos gestartet werden kann.

Olympos   (antike Stadt)

Für das Gros der Touristen ist der herrliche, weitläufige Sandkiesstrand vor der Haustür der antiken Stadt am interessantesten. Hier mündet ein Fluss mit kristallklarem Wasser ins Meer, der die Dusche ersetzt. Landeinwärts präsentiert sich Olympos mehr als lang gezogene Hüttensiedlung denn als Dorf.

Natürlich sind Sie nicht der Erste, der sich nach Olympos aufmacht. Die an der Zufahrtsstraße zum Strand und zur **antiken Stadt** gelegenen **Treehouse-Unterkünfte** genießen in der türkischen Alternativszene und bei jungen internationalen Travel-

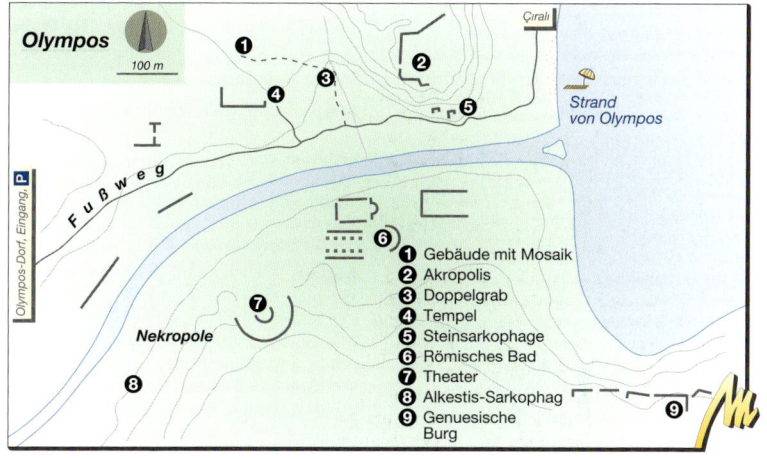

lern Kultstatus – mit allem, was dazugehört: Technobeats, kreisende Joints am Lagerfeuer, Porridge und Pancake. Am improvisierten Parkplatz fünf Minuten vom Meer reihen sich dagegen die Suzuki-Jeeps der Tagesausflügler und in der Bucht ankern überladene Ausflugsboote mit Schlagseite. Unter den Booten kann man beim Schnorcheln ein paar Autos entdecken: Der Fluss Akçay, der so ruhig und harmlos durch Olympos fließt, war nach einem starken Regen 2009 plötzlich so angeschwollen, dass er 34 Autos mit ins Meer riss, 30 davon wurden geborgen.

Im Altertum gehörte Olympos, dessen Ursprünge bis ins 2. Jh. v. Chr. zurückreichen, zu den sechs bedeutendsten Städten Lykiens und war Zentrum des Hephaistos-Kultes (→ Chimaira). Zu Beginn des 1. Jh. v. Chr. geriet Olympos unter die Kontrolle kilikischer Korsaren. Ihr Anführer war ein Mann namens Zenicetes, der hier seinen Hauptstützpunkt wählte. Er führte den aus Persien stammenden Mithras-Kult ein, ein ausschließlich von Männern gepflegter Kult, bei dem das Opfern von Stieren zur Förderung des Lebens wie der Erlösung diente. Der Piraterie setzten 78 v. Chr. die Römer ein Ende und zerstörten die Stadt. Von diesem Schlag erholte sich Olympos nie mehr. Die römischen Soldaten nahmen jedoch den Mithras-Kult mit, der sich daraufhin im gesamten Römischen Reich ausbreitete. In vielen Garnisonstädten entstanden Mithräen, Heiligtümer, in denen der stiertötende Gott verehrt wurde.

Grabungsarbeiten wurden zuletzt zwischen 2000 und 2005 von der *Anadolu Üniversitesi* Eskişehir durchgeführt – seitdem sind die malerisch gelegenen Ruinen bestens beschildert. Ein Streifzug durch die Anlage lohnt sich, obwohl die Überbleibsel von Olympos eher spärlich sind: Reste einer **byzantinischen Kirche** am Kanal, ein **Brückenpfeiler** am Fluss, der seit der Antike seinen Lauf nicht geändert hat, im Gebüsch versteckt ein **Theater** – bis auf den Eingangsbogen allerdings in traurigem Zustand – und ein interessantes **Tempeltor**, 5 m hoch, im ionischen Stil, mit einem schönen Sturz und einer Weihinschrift für Kaiser Mark Aurel. Der etwas beschwerliche Weg hinauf zur **Akropolis** lohnt v. a. wegen der herrlichen Aussicht über die Bucht von Olympos. Zu den sehenswertesten Überresten gehören jedoch die Grabanlagen: der **Alketis-Sarkophag** auf der Südseite des Flusses, das große **Doppelgrab** im Dschungel auf der Nordseite des Flusses und die drei **Steinsarkophage** in zwei Felsnischen auf dem Weg zum Strand. Über den Strand von Olympos erreicht man Çıralı zu Fuß in rund zehn Minuten.

Nach starkem **Regen** kann die Strecke für die Anfahrt mit dem Auto wegen einer Flussquerung unpassierbar werden!

Anfahrt/Verbindungen   Am unkompliziertesten mit dem eigenen Fahrzeug. Von der Küstenstraße Antalya – Finike geht ca. 30 km südlich von Kemer (hinter dem Ort Ulupınar und hinter der Abzweigung nach Çıralı) die Straße nach Olympos ab (beschildert). Alle **Busse** und **Dolmuşe** auf der Strecke Antalya – Finike halten auf Wunsch an der Abzweigung. Von dort verkehrt im Sommer halbstündl. ein Dolmus… nach Olympos (in der NS stündl., im Winter alle 2 Std.).

Auf der Akropolis von Olympos

Ausgrabungsgelände/Öffnungszeiten
Offiziell war das Ruinengelände zuletzt nur von 9 bis 19 Uhr geöffnet, die Zugänge blieben aber auch davor und danach geöffnet (sollte sich das ändern, so wäre um 19 Uhr Zapfenstreich am Strand). Eintritt während der offiziellen Zeiten 2,10 €.

Baden   Von der Hüttensiedlung und dem Parkplatz vor dem Ausgrabungsgelände ist der Strand von Olympos nur über das Ausgrabungsgelände zu erreichen, d. h. man muss Eintritt entrichten. Für Olympos-Gäste gibt es eine 10er-Karte für 3,20 €.

Bootsausflüge   Neben Bootsausflügen in die nähere Umgebung werden auch 4-tägige Bootstouren nach Fethiye angeboten. Eine gute Adresse für junge Leute ist diesbezüglich **V-Go** vom gleichnamigen Guesthouse in Fethiye (Office in Olympos neben der Bayram's Pension). Geschippert wird April–Okt., dabei Juni–Sept. fast tägl. auf Yachten für 16–20 Pers. Mit VP (Getränke extra, Bier 3 €) 209 €/Pers. ✆ 0252/6122113, www.bluecruisesturkey.com.

Übernachten/Essen   Auf dem Weg zum Strand befinden sich mehrere Baumhaus- und Bungalowanlagen (egal wo, die Bungalows stehen überall recht eng beieinander) mit angeschlossenen Restaurants. Die Unterkünfte richten sich fast ausschließlich an junge Traveller, wirklich komfortable gibt es nicht. Die hier aufgeführten Unterkünfte sind nach ihrer Entfernung zum Strand aufgelistet, Kadirs liegt am weitesten von diesem entfernt.

Kadirs Yörük Top Tree House, die älteste Baumhaussiedlung von Olympos und eine der beliebtesten. Es ist fast eine kleine, wackelige Stadt für sich, überaus originell gestaltet, aber auch umtriebig, freakig und laut. Vermietet wird nur gegen HP, dafür finden sich an den Tischen nette Essensgemeinschaften zusammen, abends gibt's große Lagerfeuer und dröhnende Musik. In der Saison zudem mit Tauchbasis, ganzjährig werden Klettermöglichkeiten und Meereskajaktouren geboten. In der Dormitory-Hütte ab 15 €/Pers., in der DZ-Hütte mit privatem Bad ab 23,50 €/Pers. und im Bungalow mit Aircondition ab 30 €/Pers. Olympos, ✆ 0242/8921250, www.kadirstreehouses.com.

Deep Green, Anlage mit rund 30 kleinen, simplen Bungalows mit Bad und Klimaanlage, die sich z. T. in einem Orangenhain befinden. Schöner schattiger Garten mit gemütlichen Bänken, Hängematten und Tischtennis. Freundliches, junges Personal, Leser loben das gute Essen. Im Bungalow mit HP 28 €/Pers. Olympos, ✆ 0242/8921090, www.olymposdeepgreen.com.

Şaban, ebenfalls eine beliebte Adresse. 10 Treehouses und 40 Bungalows mit Bad/WC – teils recht luftig angeordnet, teils stehen sie jedoch eng. Die Küche der Pension gilt als die beste von Olympos. Auch Nicht-Gäste können abends mitessen. Freundlicher deutschsprachiger Service. Treehouses mit HP 17 €/Pers., Bungalows mit Aircondition und HP 26 €/Pers. Olympos, ✆ 0242/8921265, www.sabanpansion.com.

Achtung: Kein EC-Automat und keine Bank in Olympos! Der nächste Automat befindet sich oben an der Schnellstraße an der Abzweigung nach Olympos.

Olympos-Nationalpark

Çavuşköy/Adrasan

Çavuşköy ist ein kleines Nest südlich von Olympos Richtung Kumluca – ein paar Bauernhäuser, ein Teehaus, mehrere Läden, die Feuerwehr, ein Krankenhäuschen, eine Schule, eine Apotheke und eine selten funktionierende Ampelanlage am Dorfplatz mit seinen schlafenden Hunden. Die Einwohner betreiben Obst-, Baumwoll- und Gemüseanbau; das Gemüse gedeiht überwiegend in Gewächshäusern. Deswegen aber kommt niemand hierher. Anziehungspunkt ist vielmehr die 5 km entfernt gelegene, von Felsen eingerahmte **Bucht Adrasan** (in Çavuşköy mit „Sahil/Beach" ausgeschildert) mit ihrem weiten Sandstrand, Lebensader der Hotels und Pensionen gleich dahinter. Wie in Çıralı macht auch in Adrasan so manches noch einen unperfekt-provisorischen Eindruck. Und wie Çıralı hat auch Adrasan seinen Reiz und viele Fans. Dafür sorgen neben dem Strand und den umliegenden Badebuchten (eine hübsche kleine 300 m südöstlich des Hauptstrandes) auch die vielen Lokale am Fluss mit ihren Terrassen über dem Wasser.

Basis-Infos

Verbindungen Stündl. fährt ein **Dolmuş** zur Küstenstraße Antalya – Finike, von wo man beste Verbindungen in beide Richtungen hat. Keine Dolmuşe im Winter. Jeden Tag um 7.30 Uhr geht es zudem direkt nach Kumluca.

Ausflüge Neben einigen Bootseignern am Strand offerieren etliche Wirte (bei genügend Kundschaft) ein kleines Ausflugsprogramm. Es werden Ausflüge zu Wasser (z. B. nach Olympos, Phaselis oder zu verschiedenen Inseln) und Landausflüge zu den Sehenswürdigkeiten der Umgebung angeboten. Die Preise richten sich nach der Teilnehmerzahl.

Auto- und Zweiradverleih Diverse Supermärkte und Hotels vermieten Pkws, ein paar wenige auch Fahrräder. Autos ab ca. 40 €/Tag.

Achtung: Keine EC-Automaten und Banken in Adrasan und Çavuşköy!

Tauchen Diving Center Adrasan, neben Hotel Atıcı II. Unter Leitung von Holger und Mediha Pollmann. Freundliche deutschsprachige Tauchbasis, von Lesern zigfach in den Himmel gelobt. Anfängerkurse (SSI Open Water Diver) 360 €, Bootstauchgang mit Flasche und Blei zu Steilwänden und Höhlen 26 €. April–Nov. ✆ 0532/3412943 (mobil), www.diving-adrasan.com.

Wandern Neben Wanderung 3 (→ Kleiner Wanderführer, S. 256) bietet sich von Adrasan aus auch eine Wanderung zum **Berg**

Musa Dağı an, ein Abschnitt des *Lykischen Weges*. Dazu folgt man im Norden Adrasans der Straße entlang dem Fluss landeinwärts, bis ein gelbes *Likya-Yolu*-Hinweisschild den Einstieg in den rot-weiß markierten Wanderweg nach Olympos anzeigt (Gesamtstrecke 16 km). Der Aufstieg bis zum Sattel unterhalb des Musa Dağı dauert einfach ca. 3 Std. Dort trifft man auf eine Almwiese mit einer kleinen Hütte neben einem Dreschplatz – ein herrlicher Ort für ein Panoramapicknick. Im Waldstück darüber (dem markierten Weg weiter nach Olympos folgen) kann man die Ruinen einer noch nicht ausgegrabenen antiken Stadt erkunden – Vorsicht Zisternen! Wer von hier aus bis Olympos weiterwandert, durchläuft Niederwald mit Lorbeer- und Erdbeerbäumen.

Übernachten/Essen & Trinken

Alles in allem an die 40 Quartiere, teilweise in den Obstplantagen, die sich zwischen Ort und Bucht erstrecken, z. T. an der Straße dorthin, die meisten direkt in der Bucht, aber nur wenige Zimmer haben Meeresblick. Das Gros der Unterkünfte verpflegt seine Gäste im eigenen Lokal. Ansonsten sind die Restaurants am Bachbett im Norden der Bucht eine angenehme Abwechslung. Viele Pensionen haben nur von Mitte Mai bis Mitte Oktober geöffnet.

An der Bucht Ford Hotel, Club-Ambiente im Miniformat mit Pool und Palmen. 21 gepflegte, aber schlichte, gefliese Zimmer mit Klimaanlage. Nehmen Sie nur ein Zimmer mit Meeresblick. DZ satte 85 €. Letztes Haus im Süden der Bucht, ✆ 0242/8831066, www.fordhotel.net.

Hotel Atıcı II, kleines Wiesengrundstück mit einigen Bäumchen hinter dem Strand. Restaurant. 12 ordentliche, sehr saubere Zimmer, dahinter 5 Drei-Bett-Bungalows mit kleiner Terrasse. Nette Atmosphäre, viele Taucher. DZ mit Klimaanlage je nach Größe 40–50 €. Adrasan, ✆ 0242/8831097, www.atici2hotel.com.

Street Café, der kleine, lustig gestaltete Verschlag, wo es hausgemachten Kuchen und den besten Cappuccino Adrasans gibt, ist ein beliebter Treffpunkt hinter dem Strand. Zudem vermieten die Betreiber Birgit und „Rambo" Kaplan 5 gut ausgestattete Bungalows (darunter große für Familien und kleine für max. 3 Pers.). Freundliche, ungezwungene Atmosphäre. Deutschsprachig. Bungalow für 1 Pers. 30 €, für 2 Pers. 45 € und für Fam. mit 2 Kindern 51 €. Adrasan, ✆ 0242/8831354, www.streetcafe-adrasan.de.

Siesta, hier wird nichts vermietet, sondern nur gegessen und getrunken. Gemütliches Café-Restaurant mit kleinem angeschlossenen Souvenirlädchen. Gute Adresse für frischen Fisch aus der Vitrine, kleine Auswahl an Meze, auch vegetarische Gerichte. Hg. 4,20–13 €. Der Betreiber ist eine echte Marke. ✆ 0546/8875817 (mobil).

Am Fluss Eine empfehlenswerte Unterkunft am Fluss ist **Paradise Café & Pension**, mit toller Terrasse auf dem Wasser. Nur 4 charmante Zimmer, die man auch als kleine schnuckelige Suiten bezeichen könnte. Alle individuell und liebevoll eingerichtet. DZ 56 €. ✆ 0242/8831267, www.paradiseadrasan.com.

Zwischen Çavuşköy und Adrasan Papirus Hotel, kleine zweistöckige Hotelanlage mit gepflegtem Poolbereich ca. 350 m hinter dem Strand (dort eigene Liegestühle). 22 komfortabel ausgestattete Zimmer mit Balkon, die besten in der oberen Etage. Diskreter, aber sehr zuvorkommender Service. Von Lesern gelobt. Gute Küche. Ab 30 €/Pers. Çakmak Cad. 114 (von der Straße zum Strand ausgeschildert), ✆ 0242/8831046, www.papirushotel.com.

🥾 **Wanderung 3: In die Sazak-Bucht**　　　　→ S. 256
Einfacher Weg mit herrlichen Küstenblicken.

Karaöz: Die Feriensiedlung ganz im Süden des Olympos-Nationalparks ist kein Ziel ausländischer Touristen – außer man ist Wanderer auf dem *Lykischen Weg*, der an Karaöz vorbeiführt. Für Letztere gibt es ein paar Pensionen, ansonsten ist die Bucht mit Sommerhäuschen und Gewächshäusern zugebaut. Auch der Strand vor Ort ist alles andere als der Renner. Dafür findet man an der äußerst reizvollen Straße von Karaöz nach Mavikent herrliche, z. T. menschenleere, aber nicht immer leicht zugängliche Badebuchten. Südlich von Karaöz liegt das *Yardımcı-Kap* (auch: *Kap Gelidonya*), das in der Antike bei Seefahrern gefürchtet war. Viele Schiffe gingen hier unter, und immer wieder werden bei Tauchaktionen spektakuläre Funde aus dem Meer geholt.

Verbindungen 2-mal täglich per **Dolmuş** nach Kumluca.

Wandern Der Weg von Karaöz zum Leuchtturm am Kap Gelidonya (mit „Gelidonya Feneri" ausgeschildert) ist Teil des Lykischen Wanderwegs und markiert. Dauer einfach ca. 2 ½ Std. Um den Einstieg zu finden, nimmt man die direkt hinter dem Strand und an der Jandarma vorbeiführende Schotterstraße gen Süden. Der Weg verläuft eine Ewigkeit auf einer Forststraße, Sie können also mit dem Auto noch ein ganzes Stück gen Süden fahren und so die Tour verkürzen. Vom Kap genießt man tolle Ausblicke auf vorgelagerte Inselchen.

Kumluca/Rhodiapolis

Das 33.200-Einwohner-Städtchen Kumluca befindet sich am östlichen Ende einer weiten Schwemmlandebene voller Gewächshäuser, die im Westen von Finike begrenzt wird. Im Gegensatz zu Finike liegt Kumluca jedoch nicht am Meer, sondern ein paar Kilometer landeinwärts. Um Kumluca herum werden Orangen geerntet und die Beilagen der Menüs angebaut, die in den Touristenorten auf den Teller kommen. Die Stadt selbst ist wenig reizvoll, freitags aber, wenn ein großer Gemüsemarkt über die Bühne geht, herrscht buntes Treiben.

Beim nahe gelegenen antiken *Corydalla* wurde wie bei Elmalı (→ S. 133) ein Schatz entdeckt, diesmal 1963 von der Ziege einer alten Bäuerin. Der sog. Sion-Schatz bestand insbesondere aus liturgischen Gold- und Silberarbeiten aus dem 6. Jh. Auch dieser Schatz gelangte über dunkle Kanäle ins Ausland, aber auch von diesem Schatz konnte die türkische Regierung aus den USA wieder Stücke zurückfordern, die heute u. a. im Archäologischen Museum von Antalya zu sehen sind. Die antike Stadt selbst, von der so gut wie nichts erhalten blieb, lohnt jedoch keinen Besuch.

5 km Luftlinie nordwestlich von Kumluca, auf einem Hang hoch über der Stadt, dösen die Überreste des antiken **Rhodiapolis** vor sich hin. Hier lebte Opramoas, einer der reichsten Männer der antiken Welt, der sich als Stifter vieler Baudenkmäler Lykiens im 2. Jh. einen Namen machte. Für sich selbst ließ er ein großes Grabmonument errichten, dessen Außenwände fast vollständig – Bescheidenheit war nicht seine Stärke – mit ihn ehrenden Inschriften verziert waren. Doch österreichische Archäologen brachten es vor rund 100 Jahren außer Landes. Heute gräbt hier die *Akdeniz Üniversitesi Antalya*. Zu sehen gibt es ein paar lykische Felsengräber, ein Theater mit 16 Sitzreihen, Reste einer Stoa und einer Thermenanlage, darunter imposante, bis zu 10 m hohe Mauern.

Anfahrt/Öffnungszeiten Rhodiapolis: Von Antalya kommend der Straße ins Zentrum folgen. Wenn es dort links nach Finike/Muğla abgeht, rechts abbiegen (weißes, unauffälliges Hinweisschild „Kültür ve Turizm Bakanlığı Akdeniz Üniversitesi Rhodiapolis kazıları". Fortan komplett ausgeschildert, der letzte Wegabschnitt ist jedoch nicht geteert. Das Gelände ist frei zugänglich und kostet keinen Eintritt.

Finike

(ca. 12.000 Einwohner)

Das Hafenstädtchen, bereits in der Antike unter dem Namen „Phoinikos" besiedelt, ist eine Kleinstadt, die groß aussieht und an Sehenswürdigkeiten nichts zu bieten hat. Auch wenn viele neue Hotels entstanden sind: Das Geschäft mit dem Tourismus ist noch immer Nebensache – eine angenehme Tatsache.

Finikes Wohlstand fußt, wie der von Kumluca, auf den reichen Erträgen der fruchtbaren Schwemmlandebene, an der beide Städte liegen. Im Hinterland, noch bevor die Dreitausender des Taurus imposant aufsteigen, erstrecken sich weite Orangenhaine. Trotz des unübersehbaren Wachstums der letzten Jahre drängt sich das Zentrum noch immer auf engem Raum zu Füßen eines Bergausläufers. Viel Flair besitzt es nicht, Zweckmäßigkeit ist Trumpf – aber es gibt alles, was ein Städtchen braucht. Und anstelle des nervenden Teppichhändlers begegnet man hier dem gut gelaunten Barbier, der dem Kunden überlässt, wie viel ihm die Rasur wert ist. Die wenigen internationalen Touristen, die kommen, steuern i. d. R. mit ihren Booten den Yachthafen an. Der Uferbereich dahinter wurde in den letzten Jahren neu angelegt. Anregungen zur Stadtverschönerung bekommt der Bürgermeister u. a. aus seiner badischen Partnergemeinde Mosbach. Ansonsten machen in Finike überwiegend Türken Urlaub, viele von ihnen in ihren eigenen vier Wänden. Unzählige Apartmentblocks, dazwischen auch etliche Pensionen und Hotels, sind im neuen Ortsteil Sahilkent hinter dem vierspurigen Küstenhighway entstanden. Der kilometerlange Strand davor ist nicht überall sauber. Dafür schimmert das Meer in allen Grün- und Blautönen.

Der Hafen von Finike, im Hintergrund der Lykische Taurus

Basis-Infos

Verbindungen Bus/Dolmuş, kleiner Busbahnhof zentrumsnah an der Straße nach Elmalı. Auf der Fahrt nach Antalya (6,40 €, 2 Std.) oder Fethiye (10,30 €, 3 ½ Std.) halten die Busse hier stündl. Ebenfalls stündl. fährt ein Kleinbus nach Elmalı (4,20 €). Die umliegenden Strände und Orte wie Hasyurt (für Limyra), Demre (Kale) und Kumluca sind allesamt per Dolmuş vom Busbahnhof zu erreichen.

Taxis findet man an mehreren Ecken, u. a. am Yachthafen. Nach Limyra hin u. zurück 20 €, nach Arykanda 40 €.

Baden Wie schon erwähnt, ist der **Strand vor der Haustür** nicht der sauberste. Besser badet man in der 3,5 km westlich von Finike gelegenen **Gökliman-Bucht** mit einem netten Kiesstrand samt Liegestuhlverleih und Bar. Haken: die gut befahrene Küstenstraße hinter dem Liegestuhl. Um dahin zu gelangen, nimmt man den Demre-Dolmuş und steigt unterwegs aus. Ein weiterer schöner Kiesstrand, jedoch ebenfalls direkt neben der Küstenstraße, ist der weiße **Çağıllı Aile Plajı** nochmals 3,5 km weiter Richtung Demre.

Bootsausflüge Werden am Hafen angeboten, z. B. nach Kekova per Fischerboot ca. 20 €/Pers. inkl. Essen (allerdings etwas eintönig, da Hin- und Rückweg sehr zeitaufwändig sind).

Einkaufen Großer Markt jeden Sa.

Türkisches Bad (Hamam) Beim Busbahnhof. Anders als das traditionelle Dampfbad verfügt der **Finike-Hamamı** auch über eine finnische Sauna und einen Abkühlpool. Tägl. 8–21 Uhr, Di 10–17 Uhr Frauentag. Eintritt mit Massage 8,50 €.

Übernachten/Essen & Trinken

Gute Auswahl an Unterkünften der unteren und mittleren Preisklasse sowohl im Zentrum als auch an der Straße nach Kumluca. Häuser mit persönlicher Note sind kaum dabei, doch ist das Preis-Leistungs-Verhältnis insgesamt sehr gut.

Übernachten Hotel Grand Finike, an der Durchgangsstraße (laut) nahe dem Hafen. Großes und steriles Standardhotel, billigbieder-schick gemacht. 56 Zimmer mit Klimaanlage und TV. Vorteil: fast alle Zimmer mit Balkon, viele mit schönem Blick auf den Hafen. Pool. EZ 26 €, DZ 52 €. Serbetçi Bul., ✆ 0242/8555805, www.hotelgrandfinike.com.tr.

Finike 2000, hoch über dem Yachthafen. Nur 20 Zimmer, fast alle recht groß, viele mit Balkon, etwas altbacken ausgestattet, aber sehr sauber. Lediglich 4 Zimmer ohne tollen Blick über die Bucht von Finike. Zuvorkommender, auch deutschsprachiger Service. Kleiner Pool. Der Hotelbesitzer ist der geistige Vater der Städtepartnerschaft Finike-Mosbach. Gutes Preis-Leistungs-Verhältnis. DZ 40 €. Limanüstü (vom Zentrum der Straße nach Kaş folgen, dann rechter Hand ausgeschildert), ✆ 0242/8554927, www.hotelfinike2000.com.

Engin Otel, günstiges Hotel. Balkonzimmer mit Klimaanlage, TV, (schlecht verlegten) Teppichböden oder Fliesenböden. Sauber und sehr okay für den Preis. Am Hauptplatz hinter der Uferstraße (etwas laut), nahe der Abzweigung zum Busbahnhof *(Otogar)*. DZ 26 €. Şerbetçi Bul., ✆ 0242/8553040.

Essen & Trinken Im Zentrum kann man das **Deniz Restaurant** an der PTT Cad. (nahe dem Hotel Sedir) probieren. Günstige und leckere Meze, Topf- und Grillgerichte in altmodischem Kantinenambiente. Etwas gediegener ist der Ableger **Deniz 2** an der Küstenstraße nahe der Abzweigung zum Hafen. Davor eine kleine Terrasse. Ein Klassiker in Finike. Große Auswahl an Vorspeisen (2–3,40 €), Hg. 4–7,50 €. ✆ 0242/8552282.

Ein empfehlenswertes Terrassenlokal am Hafen ist zudem das **Petek Restaurant**. Zugleich ein Seglertreff mit Blick auf die Schiffsmasten. Faire Preise, Hg. ab 5 €. ✆ 0242/8555029. Weitere nette Lokale hinter der Marina.

Der Tipp unter Einheimischen zum Forellenessen am rauschenden Bach ist das **Öz Çoban**, 26 km außerhalb von Finike an der Straße nach Elmalı beim Dörfchen Çatallar. Einfach, aber nett.

Im Hinterland von Finike

Limyra   (antike Stadt)

2 km östlich des Städtchens Turunçova – beim Dorf Saklısu – liegen die Ruinen der antiken Stadt Limyra, die die Lykier *Zemuri* nannten und deren Ursprung bis ins 5. Jh. v. Chr. zurückreicht. Aufgrund antiker Aufzeichnungen und diverser Münzfunde weiß man heute, dass in Zemuri an erster Stelle der Wolkensammler und Blitze schleudernde Zeus verehrt wurde und nicht etwa Apoll oder Artemis, die Hauptgötter Lykiens.

Die kleinen, glucksenden Wasserläufe, die sich im Limyros-Tal sammeln und ins Meer fließen, waren Heimat des bekannten Quellorakels von Limyra. Forellen (!) sagten die Zukunft voraus. Stürzten sie sich auf das eingestreute Fischfutter, blickte man optimistisch auf, umrundeten sie es skeptisch, machten alle Anwesenden düstere Mienen.

Im Theater von Limyra

Wie bei allen lykischen Städten wechselten immer wieder die Herrschaftsverhältnisse. Einer der rührigsten Herrscher der Stadt, der als persischer Satrap sogar ganz Lykien regierte, war ein gewisser Perikles, der so viel Selbstbewusstsein hatte, dass er als zweiter Mensch der Welt sein Antlitz auf Münzen prägen ließ – bis 412 v. Chr. waren nur Götterköpfe im Umlauf. In hellenistischer Zeit gehörte die Stadt zu Ägypten, bis sie die Syrer kurzfristig eroberten, gleich darauf herrschte Pergamon und schließlich Rom. Dass Gaius Cäsar, der blutjunge Enkel des Augustus, im Jahr 4 n. Chr. nach einer Verwundung beim Partherfeldzug hier starb, war für Limyra ein Glücksfall. In den Sterbeort des Kaisersprosses ließ Rom reichlich Geld fließen, sei es, um Erdbebenschäden zu beseitigen oder um einen Tempel besser auszustatten. In byzantinischer Zeit war Limyra ein ruhiger Bischofssitz. Arabereinfälle und die Verlandung des Limyros-Flusses brachten die Bewohner dazu, sich in *Phoinikos* (Finike), dem Hafen von Limyra, anzusiedeln. Heute leitet das Österreichische Archäologische Institut die Grabungsarbeiten vor Ort. Einen Aufsehen erregenden Fund verbuchte man 2012 beim Osttor: Zu Tage kam eine Synagoge aus dem 6./7. Jh. n. Chr., nur drei weitere Synagogen aus dieser Zeit sind in Kleinasien bisher bekannt.

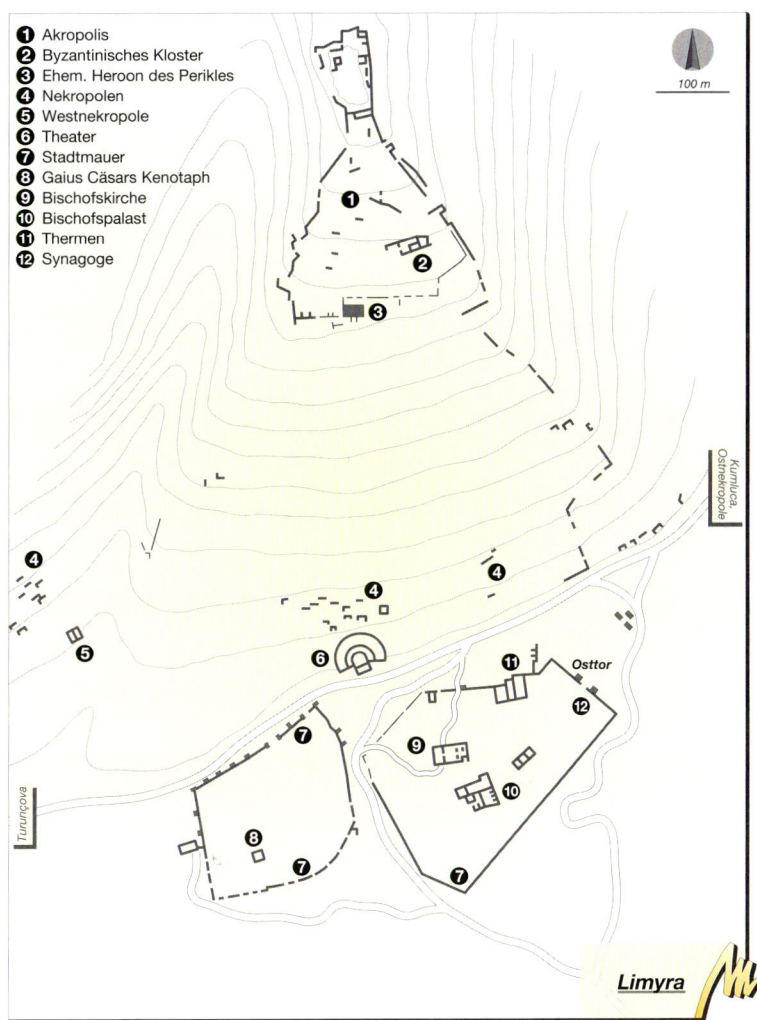

1. Akropolis
2. Byzantinisches Kloster
3. Ehem. Heroon des Perikles
4. Nekropolen
5. Westnekropole
6. Theater
7. Stadtmauer
8. Gaius Cäsars Kenotaph
9. Bischofskirche
10. Bischofspalast
11. Thermen
12. Synagoge

Finike und Hinterland

Kumluca, Ostnekropole

Osttor

Tuncova

Limyra

Sehenswertes: Am Fuß des alten Siedlungshügels liegen die nur mäßig erhaltenen Ruinen der römisch-byzantinischen Stadt verstreut, inmitten derer heute Kühe und Schafe weiden. Wenn man aus Finike kommt, fallen zuerst die verbliebenen Wälle der einst wirkungsvollen *Stadtmauer* auf. Aus der Zeit nach Christi Geburt sind u. a. noch Sitzreihen des *Theaters* (141 n. Chr.), Mauerreste der *Thermen,* eines *Bischofspalasts* und einer *Bischofskirche* zu bewundern. Interessant ist auch der *Kenotaph für Gaius Cäsar,* auch wenn von dem einst 18 m hohen Denkmal nur das massive Innengerüst übrig geblieben ist (Kenotaph heißt übersetzt „leeres Grab" und ist ein Grabmal für einen Verstorbenen, der an anderer Stelle beigesetzt wurde).

Insgesamt beeindruckender sind allerdings die Spuren der vorchristlichen Vergangenheit, v. a. die aufwändig in den Fels des Burghügels gehauenen *Nekropolen*. Besonders die Westnekropole ist bezüglich Lage, Ausstattung und Anzahl der Gräber vielen lykischen Totenstädten überlegen. Herausragend sind das Grab des Tebursseli (im unteren Teil am Hang) und das Grab des Teberenimi (weiter oben), beide aus dem 4. Jh. v. Chr. Bevor Sie aber loskraxeln, um deren sehenswerte Kampfreliefs zu entdecken, versuchen Sie zunächst am besten, die Gräber per Fernglas zu lokalisieren. Leichter zugänglich ist die Ostnekropole mit allen Untertypen lykischer Grabbauten – einfach am Theater vorbei noch ca. 2 km Richtung Kumluca fahren.

Rund 45 Minuten (ohne Pause) dauert der Aufstieg vom Theater zur 300 m höher gelegenen *Akropolis*, heute ein wüster Trümmerhaufen. Die Aussicht von dort ist jedoch grandios. In der Unterburg der einst stark befestigten Anlage fallen die Reste eines *byzantinischen Klosters* ins Auge. Diesem zu Füßen, in exponierter Lage, stand auf einer 330 m² großen, künstlich angelegten Terrasse das Heldengrab des Herrschers Perikles. Dieses *Heroon* aus dem 5. Jh. v. Chr. bestand aus einer unteren Grabkammer, über der sich ein Tempel erhob, der statt von schlichten Säulen von Karyatiden getragen wurde, aus Stein gemeißelten Frauengestalten. Von alledem findet sich vor Ort aber kaum eine Spur, durch Brandstiftung wurde das Heroon 1990 fast völlig zerstört. Lediglich Reliefbilder der Cella (innerer Kultraum), die zu den Meisterwerken lykischer Bildhauerkunst zählen, können noch im Museum von Antalya bestaunt werden.

Anfahrt/Verbindungen Limyra, ca. 7 km von Finike entfernt, ist von der Straße nach Elmalı ausgeschildert. Ohne Auto nimmt man von Finike/Busbahnhof den **Dolmuş** nach Hasyurt, der die Ruinen passiert.

Öffnungszeiten Zuletzt frei zugänglich und kostenlos, was sich jedoch wieder ändern kann.

Schon wegen der Lage einen Ausflug wert: Arykanda im Lykischen Taurus

1 Sebasteion
2 Bouleuterion (Rathaus)
3 Bad
4 Nymphäum
5 Stoa
6 Agora
7 Odeion
8 Theater
9 Stadion
10 Heroon
11 Haus mit Inschriften
12 Gymnasion
13 Thermenanlage
14 Ostnekropole

Arif

Arykanda

Finike und Hinterland

Arykanda

(antike Stadt)

Selbst wer prinzipiell an Ausgrabungen wenig Gefallen findet, sollte im Falle von Arykanda eine Ausnahme machen. Die im 6. Jh. v. Chr. gegründete Stadt liegt inmitten der atemberaubenden Bergwelt des Lykischen Taurus, und zwar auf kleinen Plateaus direkt an einem Steilhang, hinter dem das Massiv des Şahinkaya aufragt. Wegen dieser landschaftlich außerordentlich schönen Lage wurde die Stadt bereits in der Antike gerühmt. Und noch heute, weit über 2000 Jahre später, hat das Ambiente nichts von seinem Reiz eingebüßt.

Die Bewohner Arykandas hatten in der Antike einen schlechten Ruf, verschwenderisch und vergnügungssüchtig sollen sie gewesen sein, dazu alle hoch verschuldet. Dass sie etwa Antiochus III. im Jahre 197 v. Chr. im Kampf gegen die Ptolemäer unterstützten, hatte weniger mit machtpolitischen Gründen zu tun, sondern war vielmehr eine Strategie, um ihre Gläubiger vom Hals zu bekommen. Die geschichtlichen Eckdaten unterscheiden sich ansonsten kaum von denen anderer lykischer

Städte. Aufgrund von Münzfunden weiß man, dass Arykanda bereits im 5. Jh. ein Prägerecht besaß. Ab dem 2. Jh. v. Chr. war die Stadt Mitglied des Lykischen Bundes, ab dem Jahre 43 gehörte sie zur römischen Provinz *Lycia et Pamphilia* – aus jener Zeit stammt auch das Gros der heute noch erhaltenen Bausubstanz. Schon früh breitete sich das Christentum in Arykanda aus, und im Byzantinischen Reich wurde die Stadt sogar Bischofssitz. Nachgewiesen ist eine Besiedlung Arykandas bis ins 11. Jh. Warum die Stadt aufgegeben wurde, bleibt ein Rätsel.

Sehenswertes: Seit den 1970ern finden immer wieder Grabungen statt (zuletzt durch die *Hacettepe Üniversitesi* aus Ankara), die den einstigen Aufbau der Stadt gut erkennen lassen. Die städtischen Repräsentationsbauten lagen übereinander auf mehreren Terrassen. Die zweistöckigen *Thermen* beim *Gymnasion* wirken noch immer mächtig, dahinter befindet sich die *Ostnekropole* mit ihren auffälligen Tempelgräbern. Auch die *Agora* ist auf ihrem Plateau noch immer deutlich auszumachen. Bei der Ausgrabung des *Odeions* und einer daneben gelegenen, einst 75 m langen Säulenhalle kamen Mosaike zum Vorschein. Im *Stadion,* das sich idyllisch an den Hang schmiegt, saßen die Zuschauer an der Bergseite. Auf der Laufbahn wachsen heute Bäume. Das *Theater,* das schönste Bauwerk der Stadt, wurde völlig ausgegraben: Klein und schnörkellos bot es für die damaligen Zuschauer ein intimes Erlebnis, da die Sitzreihen direkt in die Orchestra übergehen.

Anfahrt Beim Dorf Arif, etwa 32 km hinter Finike an der Straße nach Elmalı, zweigt bei den letzten Häusern ein Sträßlein rechts ab (ausgeschildert). Von da aus noch etwa 1 km.

Öffnungszeiten Das Ausgrabungsgelände ist nicht umzäunt, hat offiziell jedoch tägl. 9–19 Uhr geöffnet, im Winter 8–17 Uhr. 2,10 €.

Essen & Trinken/Übernachten → Finike/Restaurant Öz Çoban, S. 127. Das Lokal liegt 6 km südlich von Arykanda.

Außerdem zu empfehlen: **Arykanda Restaurant & Pansiyon,** nur wenige Meter vom Ausgrabungsgelände entfernt, auf dem Weg dorthin linker Hand. Lauschiges, gepflegtes Gartenrestaurant mit plätscherndem Brunnen und famosen Bergblicken. Schlichte, aber gute Küche: Omeletts, Fleischgerichte und Pasta zu 5–8 €. Es werden auch 6 Zimmer vermietet, z. T. mit privatem Bad, z. T. mit Gemeinschaftsbad. Die Wirtsfamilie hat in Franken gelebt. DZ 64 €. Arif, ☎ 0242/8612150, arykandarestaurant@hotmail.com.

Elmalı

Vor dem Hintergrund eines mächtigen Bergmassivs steigen die Minarette der 600 Jahre alten Hauptmoschee **Ömerpaşa Camii** in den Himmel. Wenn der Muezzin ruft, lassen die Männer ihren Tee stehen und schlendern in die Moschee zum Gebet. Elmalı ist ein besuchenswertes Städtchen am Rande einer Hochebene 1155 m über dem Meer und 67 km von Finike entfernt. Die hiesige Sommerfrische genießen auch viele Städter von der Küste, in den heißen Monaten steigt die Einwohnerzahl auf bis zu 30.000 an. *Elma* heißt übrigens „Apfel", und tatsächlich werden im Umland in großem Stil Obst, Getreide und neuerdings auch Wein (→ Einkaufen) angebaut.

Die lange, schnurgerade Hauptstraße führt hinauf zum alten Zentrum (mit „Şehir Merkezi" ausgeschildert), wo sich Osmanenhäuschen im Fachwerkstil den Hang hochziehen. Dort liegt auch das Marktviertel, wo man kunstvoll gearbeitete Kupferwaren erstehen kann, für welche die Stadt bekannt ist. Lohnenswert ist auch ein Besuch des alten türkischen Bads **Bey Hamam** bei der Hauptmoschee, wo man für

13 € durchgeschrubbt und eingeseift wird (tägl. 8–24 Uhr, Sa 10–18 Uhr Frauentag, für Touristengrüppchen auch gemischtes Baden möglich). Ebenfalls bei der Hauptmoschee findet stets montags ein farbenfroher Wochenmarkt statt. Wer bleiben will, kann nur zwischen wenigen, eher einfachen Hotels wählen, denn auf Tourismus ist Elmalı nicht eingestellt.

An der schnurgeraden Hauptstraße, ca. 500 m unterhalb der Ömerpaşa-Moschee, steht auch das moderne **Archäologische Museum** (Elmalı Müzesi), das die prähistorische und antike Epoche der Region beleuchtet (tägl. außer Mo 9–18.30 Uhr, im Winter 8–16.30 Uhr, 2,10 €). So sieht man Grabbeigaben aus der frühen Bronzezeit, die amerikanische Archäologen in den 1960ern in Karataş-Semayük (ca. 5 km südöstlich von Elmalı) in rund 500 sog. Containergräbern entdeckten. Des Weiteren werden Funde aus nahen Tumuli und ein Nachbau der Grabkammer von Karaburun (ca. 12 km nordöstlich von Elmalı) aus dem 5. Jh. v. Chr. präsentiert. Zudem zeigt man Münzkopien (Originale im Museum von Antalya) des sog. Schatzes von Elmalı. Ein paar Bauern hatten diesen 1984 mit einem selbst zusammengeschraubten Metalldetektor entdeckt: Keine 20 cm unter der Erde gruben sie eine Amphore mit rund 1900 griechischen und lykischen Münzen aus dem 5. Jh. v. Chr. aus. Unter der Hand wurde der Schatz ins Ausland und von dort weiter an den internationalen Kunsthandel verschoben. Einzelne Münzen erzielten bei Versteigerungen Preise von 300.000 US-Dollar. Über 1600 Münzen (einige gelten bis heute als verschollen) konnten aufgrund von Interventionen Ankaras 1999 aus den USA in die Türkei zurückgeholt werden.

Verbindungen Mit dem Bus hat man recht gute Anschlüsse über Korkuteli nach Antalya, ebenso nach Finike oder direkt nach Kaş.

Einkaufen Die lokale Winzerei Likya keltert preisgekrönte Tropfen, u. a. einen *Cabernet-Sauvignon-Boğazkere*, einen *Kalecik-Karası-Malbec* und einen *Syrah-Öküzgözü* (→ S. 37). Auch 2 Weißweine (Chardonnay und Sauvignon) im Angebot. Verkauf Mo–Fr 8.30–17.30 Uhr. Im Zentrum die Abzweigung nach Fethiye nehmen, von dort noch ca. 5 km, mit „Likya" ausgeschildert. Kızılbel Mevkii, www.likyawine.com.

Übernachten Tu-ba Hotel, neueres, aber dennoch schon etwas abgewetztes Haus an der Hauptstraße schräg gegenüber dem Museum. Große Zimmer mit schlecht verlegten Teppichböden und ordentlichen Bädern. Für eine Nacht kann man es hier aushalten – trotz etwas geisterhafter Atmosphäre. EZ 21 €, DZ 38 €. Hükümet Cad. 62, ☎ 0242/6185500.

Essen & Trinken Sultan Sofrası, 500 m unterhalb der Ömerpaşa-Moschee an der Hauptstraße. Gilt als bestes Lokal im Städtchen – und das zu Recht. Vielfältige, sehr gute Küche zu günstigen Preisen. Auch Frühstück. Garten. ☎ 0242/6186464.

Lesern schmeckte es zudem im Şişci Ömer'in Yeri, einem einfachen Lokal für Fleischfans ca. 100 m unterhalb der Hauptmoschee an der Hauptstraße.

Die Strecke von Finike vorbei an Arykanda und am meist ausgetrockneten Avlan-See nach Elmalı ist sehr gut ausgebaut und landschaftlich überaus reizvoll. Wer zurück an die Küste über Gömbe (→ S. 158) nach Kaş oder Kalkan will (ebenfalls herrlich, es geht durch Pappelwälder und an einem großen Stausee vorbei), sollte bedenken, dass diese Strecke viele Kurven hat und ca. 2 Std. in Anspruch nimmt.

Demre: Sie sitzen in der ersten Reihe

Demre

(ca. 16.300 Einwohner)

mit Myra und Andriake

Demre ist eine wenig reizvolle Kreisstadt zwischen Finike und Kaş. Am nördlichen Stadtrand liegt jedoch das antike Myra, das v. a. wegen seiner eindrucksvollen lykischen Felsengräber besucht wird. Zudem war Myra die Wirkungsstätte des rauschebärtigen Nikolaus. Von Andriake, dem einstigen Hafen Myras, legen heute Ausflugsboote ab.

Dem nüchternen Verwaltungssitz Demre ist nicht mehr anzusehen, dass es einst bedeutende Bischofsstadt und ab dem 5. Jh. die Hauptstadt Lykiens war. Heute ist das knatternde Städtchen (viele Mopeds!) in erster Linie als Zentrum des Tomatenanbaus bekannt. In der weiten Schwemmlandebene steht Treibhaus an Treibhaus, drei Ernten jährlich sind die Regel.

Das antike Myra gehört zum Pflichtprogramm für Lykien-Touristen. Die Besucher kommen überwiegend mit dem Bus und bleiben selten länger als ein paar Stunden, dann sind die imposanten **Felsengräber** und die **byzantinische Kirche**, die lange Zeit der letzte Ruheort des Bischofs Nikolaus von Myra war, besichtigt. Den alten Hafen **Andriake** schaut sich so gut wie niemand an, es sei denn, man hat noch Zeit, bis das Ausflugsboot nach Kekova ablegt.

In touristischer Hinsicht ist Demre also lediglich das Ziel von Tagesausflüglern. Dementsprechend findet man nur wenige Hotels und Pensionen. Immerhin erstreckt sich vor Demre ein kilometerlanger Strand (mehr Kies als Sand), der an der Beymelek-Lagune endet, einem weiten, von Schilf gesäumten See aus Brackwasser. Der See ist zugleich Nistplatz geschützter Vogelarten.

Verbindungen Die **Busse** auf der Küstenstrecke Antalya – Fethiye halten alle in Demre. Per **Dolmuş** kommt man u. a. nach Finike und Kaş.

Baden Der schöne graue Sandstrand am antiken Hafen **Andriake** könnte gepflegter sein. Das Idyll der Buchten an der Straße nach Finike wird durch den Küstenhighway arg getrübt.

Ganz nett ist dagegen der 800 m lange, gepflegte, graue Sandstrand in der Bucht von **Sülüklü** ca 3,5 km südwestlich von Demre (sowohl von Demre als auch von der Zufahrtsstraße nach Andriake ausgeschildert). Der Strand ist bislang noch nahezu unverbaut, ein paar gemütliche Strandtavernen gibt es dennoch.

Wer nicht fußfaul ist, kann zudem einen herrlichen einsamen Strand (grober Kies, blendend weiß, sehr sauber und ca. 100 m lang) nordwestlich von Andriake aufsuchen. Um ihn zu finden, überquert man in Andriake die grün-rote Brücke bei den Restaurants am Fluss und wandert stets am Strand entlang, bis man über ein abenteuerliches Brückchen in den *Lycian Way* einsteigt. Von dort noch ca. 30 Min. (rot-weiß markierter Weg).

Bootsausflüge Am Hafen, etwa 5 km außerhalb bei den Ruinen von Andriake, legen kleine und größere Ausflugsboote ab, die Touristengruppen zu den diversen „versunkenen Städten" befördern, natürlich inkl. Kekova. Wer mitfahren will, sollte sich beim Handeln Zeit lassen – steigen Sie nur nicht ins erstbeste Boot! Mehr als 15–20 € sollte die Tour nicht kosten.

Übernachten/Camping Besser als im Zentrum von Demre übernachtet man in Kaş oder Üçağız – oder man wählt unseren abseits gelegenen Tipp.

Weihnachtsstimmung auf Türkisch! **Santa-Claus-Festival** alljährlich vom 6. bis 8. Dezember. Mit Weihnachtsmännern aus aller Welt, Rentierschau, Wettschenken u. v. m.

»» Unser Tipp: **Hoyran Wedre**, eine Traumadresse für Ruhesuchende. Ca. 19 km westlich von Demre im stillen Dorf Hoyran weit abseits der Küste. Auf einer Fläche von 14.000 m² liegen hier Natursteinhäuser und -häuschen zwischen Oliven-, Mandel- und Feigenbäumen verstreut. Das Hauptgebäude ist ein altes Dorfhaus, alle anderen wurden im gleichen Stil nachgebaut. Die Zimmer und Suiten (mit und ohne Küche) sind stilvoll eingerichtet und teils mit Antiquitäten bestückt. Dazu 2 komplett ausgestattete Häuser. Viele Terrassen mit herrlichem Blick über die Küste. Die in die Naturlandschaft integrierte Poolanlage gehört zu den schönsten der Türkei. Die freundliche Betreiberin hat 5 Jahre in Mühlheim an der Ruhr gelebt und spricht gut Deutsch. Anfahrt: Von Demre auf der D 400 kommend nach ca. 16 km kurz hinter dem Ortseingangsschild von Davazlar links ab, dann noch rund 3,5 km. DZ ab 120 €, Suiten ab 140 €, HP auf Wunsch (aufgrund mangelnder Alternativen vor Ort empfehlenswert). Hoyran Köyü, ✆ 0242/8751125, www.hoyran.com. **«««**

Winecity Hotel, 2013 eröffnetes Haus auf 3-Sterne-Niveau an der Hauptdurchgangsstraße an der Abzweigung nach Sülüklü – also nicht die leiseste Lage. Nennt sich „Boutiquehotel", was schwer übertrieben ist. Kitschige, silberne Plastiksofas in der Lobby, moderne Zimmer mit Laminatböden, Mustertapeten und Minibar. Das große Plus: nach hinten raus ein Pool. DZ 64 €. Finike Cad. 1, ☎ 0242/8714640, www.winecityhotel.com.

Kent Pansiyon, einfache, familiär geführte Pension, die v. a. Wanderer in Anspruch nehmen (nah am *Likya Yolu*). Schlichte Zimmer mit nicht besonders gut geputzten Bädern, Garten. Vor der Haustür werden die Schuhe ausgezogen. DZ 34 €. Auf dem Weg vom Zentrum nach Myra linker Hand, ☎ 0242/8712042, salihtopuz@hotmail.com.

Andriake Camping & Café, am Hafen von Andriake. Kleines gepflegtes Wiesengrundstück mit Palmen, Blumentöpfen und Meeresblick. Tagsüber hat man viele Touristengruppen vor der Nase, am Abend Idylle pur. Hervorragende Hausmannskost in Portionen für müde Wanderer. Saubere Sanitäranlagen, Waschmaschine. Moskitospray nicht vergessen. 2 Pers. mit Wohnmobil 10,60 €. Andriake, ☎ 0242/8713130, www.andriake.com.

Ein weiterer, ziemlich provisorischer, aber sehr schön gelegener Platz befindet sich am Strand von Sülüklü (→ Baden).

Essen & Trinken   Mehrere einfache Lokantas im Zentrum. Zu empfehlen sind zudem die Terrassenlokale an der Beymelek-Lagune (ca. 10 km außerhalb von Demre an der Straße nach Finike), wo man leckere Fischgerichte, Krebse und Krabben bekommt.

Sehenswertes

Kirche des Hl. Nikolaus: Die mit „Noel Baba Müzesi" ausgeschilderte dreischiffige Basilika, in deren Vorläuferbau der Bischof gewirkt hat, war im Mittelalter ein beliebtes Pilgerziel, da sich hier mehrfach Wunderheilungen ereignet haben sollen. Ihr heutiges Aussehen ist das Ergebnis mehrfacher Um- und Anbauten im Lauf der Jahrhunderte, die letzten umfassenden ließ der russische Zar Nikolaus I. durchführen. Ursprünglich stand die Kreuzkuppelkirche nicht in einer leichten Mulde, sondern sozusagen „ebenerdig". Das unterschiedliche Höhenniveau ist auf die Sedimentanschwemmungen des Demre Çayı bei Hochwasser zurückzuführen. Im Inneren sieht man einige verblasste Fresken (im inneren Narthex Konzildarstellungen, an den Gurtbögen der Gewölbe Propheten, unter zwei Baldachinen Christus, der den Aposteln Brot und Wein reicht) sowie Mosaike und Sarkophage aus frühchristlicher Zeit. Keiner der Sarkophage ist nachweislich jedoch der des Kirchenpatrons. Dessen Sarkophag soll samt Gebeinen 1087 von italienischen Kaufleuten nach Bari entführt worden sein. Allerdings halten sich immer noch Vermutungen, dass die Grabräuber den falschen Sarkophag entwendet haben. Wie dem auch sei – fest steht, dass sich die sterblichen Überreste des Hl. Nikolaus nicht mehr hier befinden. Die Kirche ist heute v. a. Wallfahrtsort und Ausflugsziel russischer Touristen, die nach dem Besuch gerne Ikonen *(made in China)* erstehen und auf Kamelen reiten.
Mai–Okt. tägl. 9–19 Uhr, Nov.–April 8–17 Uhr. 6,50 €.

Myra (antike Stadt): Das antike Myra, bereits im 5. Jh. v. Chr. gegründet, war stets eine der führenden Städte des Lykischen Bundes. Faszinierend sind die Felsengräber der sog. *Seenekropole* aus dem 4. Jh. v. Chr. Inmitten einer steilen, senkrecht abfallenden Felswand befinden sich Dutzende einfacher Grabhöhlen, -zellen und -häuser sowie regelrechte Grabtempel, versehen mit aufwändigen Fassaden und Scheintüren – nicht wenige dieser Gräber, die mit ihren Balkonen und Giebeldächern aus dem Fels ragen, haben etwas von Bonsai-Villen mit Seeblick. Die schönsten Grabtempel sind mit meisterhaften farbigen Reliefs geschmückt: Krieger, die sich zum Kampf rüsten oder in Kampfhandlungen verwickelt sind, aber auch Motive aus dem Leben zeitgenössischer Berühmtheiten. Leider sind die Felsengräber nicht mehr zugänglich.

Die Ahnentafel von Santa Claus

Zu Lebzeiten von Bischof Nikolaus (etwa 290–350) soll ein bettelarmer Mann in Myra gelebt haben. Dieser hatte drei Töchter, aber keine Mitgift für sie. Da wollte der wohlhabende Bischof helfen. Er schlich sich nachts heimlich zum Haus des unglücklichen Vaters, fand aber Fenster und Türen verschlossen. So kletterte er fluchend auf das Dach und warf ein Goldsäckchen durch den Kamin hinab. Wie das Leben so spielt, hatten die Mädchen ihre Strümpfe zum Trocknen über das Feuer gehängt und die Gabe landete weich in der Wolle! Seitdem werden im christlichen Kulturkreis in der Nacht auf den 6. Dezember – dem angeblichen Todestag des Bischofs – Strümpfe bzw. Schuhe im Kamin oder, falls nicht vorhanden, vor der Tür deponiert, in der Hoffnung, sie am nächsten Morgen gefüllt wiederzufinden.

Der gute Bischof Nikolaus aus Myra ist jedoch nicht der einzige seiner Art. Ein Mitarbeiter des Staatlichen Französischen Forschungszentrums CNRS hat sich die Mühe gemacht, die Ahnentafel dieses merkwürdigen Alten mit Kutte, Kapuze, Bart, Stiefel und Sack zu erstellen. Es konnte nachgewiesen werden, dass der Nikolaus an die 30 Vorfahren hat. Der älteste unter ihnen ist Gargan, Sohn eines keltischen Gottes, der – bereits in die rote Kutte gehüllt – mit seinen Geschenken die Kinder beglückte und erschreckte.

Santa Claus in seiner heutigen, v. a. in Amerika populären Form ist ein Produkt des Schriftstellers Clement Clarck Moore (1779–1863). Auf ihn geht auch das uns bekannte Nikolausgefährt, der Rentierschlitten, zurück.

Bevor der Nikolaus übrigens als Weihnachtsmann Karriere machte, stieg er in der Ostkirche zunächst zum Schutzpatron der Seefahrer und Reisenden auf, da er einst an der Rettung von Schiffsbrüchigen beteiligt gewesen sein soll. Aus Mangel an eigenen Heiligen hielten sich später auch andere Berufsstände an ihm schadlos, wie Brückenbauer, Kaufleute, Bäcker und Apotheker. Zu diesem Thema recherchierte u. a. Wolfgang Koydl, ehemaliger SZ-Korrespondent in İstanbul, und stellte fest, dass sich auch Kriminelle auf den Schutzpatron aus Myra beriefen. In einem Kölner Gefängnis ist der Fall eines Häftlings von 1933 dokumentiert, auf dessen Oberarm die Worte eintätowiert waren: „Heiliger Nikolaus, schütz uns vor Polizei und Arbeitshaus."

Während der römischen Kaiserzeit war Myra überaus wohlhabend. Daran erinnert noch das teilweise in Fels gehauene, stattliche *Theater* gleich neben der Seenekropole. 38 Ränge hat der Zuschauerraum, über ein mächtiges Tonnengewölbe ist er zu erreichen. Die Einlasslöcher auf den Rängen dienten übrigens zur Aufnahme von Holzpfosten, an denen man Jalousien befestigte, damit die Zuschauer im Schatten sitzen konnten. Rund um das Theater liegen unzählige Architekturfragmente, viele davon mit sehenswerten Maskenreliefs des Theaterfrieses. Außer dem Theater blieb vom römischen Myra kaum etwas erhalten, dafür sorgten Arabereinfälle zu Beginn des 9. Jh. und danach die Schlamm- und Geröllmassen des Demre Çayı. Wie jüngst durchgeführte Grabungen der *Akdeniz Üniversitesi* beim Theater zeigten, müssten rund 10 m Erdreich abgetragen werden, um auf das Höhenniveau der antiken Stadt zu kommen. Die Reste der *Akropolis* oberhalb des Theaters sind spärlich.

Die Felsengräber der
Seenekropole von Myra

Lohnenswert ist auch ein Abstecher zur *Ostnekropole* (auch *Flussnekropole* genannt). Um dorthin zu gelangen, fährt oder läuft man vom Parkplatz vor dem Theater die Zufahrtsstraße wieder zurück und hält sich bei der ersten Möglichkeit links (stadtauswärts; hier ein Wegweiser des *Lykischen Wegs* mit der Aufschrift „Belören"). Ca. 300 m danach biegt man zwischen Gewächshäusern erneut links ab (wieder erste geteerte Möglichkeit = Güvercinlik Sokak). Nun sucht man sich einen Weg zwischen den Gewächshäusern hindurch und läuft auf die Gräber zu. Die Ostnekropole kostet keinen Eintritt und ist frei zugänglich. Halten Sie nach einer Jahrtausende alten Felstreppe Ausschau. Über diese gelangt man zu einer Grabfassade mit lebensgroßen Reliefs.

Öffnungszeiten: Das antike Myra mit Seenekropole und Theater liegt am Nordrand Demres und ist ca. 2 km vom Zentrum entfernt. Das Ausgrabungsgelände ist von Mai–Okt. tägl. 9–19 Uhr geöffnet, Nov.–April 8–17 Uhr. 6,40 €. Achtung: Vor dem Eingang sehr aufdringliche Händler und selbsternannte Parkplatzwärter!

Andriake (antike Stadt): Der alte Hafen Myras (ausgeschildert) liegt 5 km westlich von Demre und wird heute auch als *Bucht von Çayağzı* bezeichnet. Im Jahr 59 wechselte dort der Apostel Paulus das Schiff auf seiner Reise nach Rom. Die Bucht konnte zu dieser Zeit noch durch eine starke Kette gesperrt werden. Heute legen hier Ausflugsboote nach Kekova ab.

Insgesamt sind die spärlichen Ruinen der Hafenstadt wenig beeindruckend. Einzige Ausnahme ist das *Granarium* (von Demre kommend links der Zufahrtsstraße), ein aus acht Räumen bestehender Getreidespeicher, der 6000 Kubikmeter Korn fassen konnte und im Jahr 129 – wie an der Fassade eine auffällige Inschrift zwischen Erd- und Obergeschoss offenbart – im Auftrag von Kaiser Hadrian gebaut wurde. 2013 wurde das Granarium restauriert und in Teilen neu aufgebaut. Darin wird vielleicht schon bis zu Ihrem Besuch ein Lykien-Museum eingerichtet sein, das sich u. a. der Kultur der Lykier, dem Leben des Hl. Nikolaus und dem frühen Christentum widmet. Nach Andriake gibt es keine Dolmuşverbindungen von Demre.

Kekova/Simena

Das Meer zwischen der Insel Kekova und dem Festland gleicht einem Binnensee, der von unzähligen kleinen Inseln durchsetzt ist. Die antiken Unterwasserruinen dazwischen werden von vielen Ausflugsbooten angesteuert.

Berühmt ist die Inselwelt von Kekova für ihre Unterwasserruinen, lautstark als „Sunken City" angepriesen. Mit dem Boot tuckert man gemütlich über die Grundmauern etlicher Gebäude, die sich im kristallklaren Wasser ausmachen lassen. Hier und dort ragt ein Sarkophag aus dem Wasser. Über den antiken Hafenkais von Simena tanzen kleine Fischchen. Ein Blickfang ist auch die Ruine einer byzantinischen Kirche direkt an der Bucht von Tersane – nur die Apsis ragt am Strand empor. Der Grund für das Versinken der Städte liegt darin, dass sich die Küste langsam absenkt, nämlich in einem Zeitraum von 100 Jahren um ca. 15 cm.

Die direkt gegenüber von Kekova gelegene Bilderbuchortschaft **Simena** (auch **Kaleköy** = Burgdorf genannt) erinnert wie wenige andere türkische Orte an alte griechische Fischerdörfer in der Ägäis. Malerisch ziehen sich die Häuser einen Hang hinauf, der von einer mittelalterlichen **Burg** gekrönt wird. Der Burgberg war bereits in der Antike besiedelt. Innerhalb der Burgmauern (Eintritt 3,40 €) sieht man noch heute die Reste eines aus dem Fels gehauenen, kleinen Theaters (ohne Bühne), das einst 300 Personen Platz bot. Der Burg zu Füßen stehen die für diese Gegend typischen Steinsarkophage.

Da man Simena nie an das öffentliche Straßennetz angeschlossen hat, konnte sich die 200-Einwohner-Ortschaft einen besonderen Charme bewahren. Idyllischer geht es kaum – zumindest vor 13 Uhr und nach 15 Uhr, bevor die Ausflugsboote eintreffen und nachdem sie wieder ablegen.

Die meisten Touristen kommen im Rahmen eines organisierten Tagesausflugs, der in Andriake oder Kaş startet. Unterwegs genießt man dabei eine einmalige Aussicht über die bizarre Küstenlandschaft. Man kann aber auch nach **Üçağız** (500 Einwohner) fahren, dem Simena nächstgelegenen und noch mit dem Fahrzeug zu erreichenden Ort, und von dort per Boot oder pedes nach Simena gelangen. Üçağız, das antike *Teimiussa,* ist heute eine Ansammlung von Restaurants und kleinen Pensionen mit einer Moschee neben der Anlegestelle. Wie auch in Simena bestimmen die Ausflugsboote und -busse den Rhythmus des Ortes. An Teimiussa erinnern noch ein paar Grabbauten v. a. östlich des Dorfes.

Simena: ein nur per Boot zu erreichendes Idyll vor Kekova

Hinweis für Selbstfahrer: Falls auf dem Weg nach Üçağız Personen um eine Mitfahrgelegenheit winken – ignorieren! Diese entpuppen sich in aller Regel als Schlepper für Ausflugsboote. Als Dank bekommen Sie einen angeblichen Sonderpreis auf dem Boot des Schwagers – nur nicht darauf eingehen!

Anfahrt/Verbindungen 1-mal am Tag um 14.30 Uhr ein **Dolmuş** von Antalya (Busbahnhof) über Demre nach Üçağız oder andersrum um 8 Uhr morgens von Üçağız über Demre nach Antalya. Die meisten Pensionen bieten Gästen, die länger als 4 Tage bleiben, einen kostenlosen Pickup-Service von und nach Demre an. **Taxi** von Kaş ca. 30 €, von Demre ca. 21 €.

Von Üçağız mit dem **Boot** nach Simena ca. 13 €/Boot. 1½-stündige Bootsrundtour je nach Bootsgröße 17–64 €/Boot. Je mehr Leute zusammenkommen, desto weniger zahlt man – Warten lohnt sich also. Bei Bootsausflügen hilft Hassan weiter (→ Essen & Trinken).

Ansonsten per **Bootsausflug** von Andriake (Demre), Kaş oder Kalkan (siehe dort). Von Fethiye und vielen anderen Küstenorten sind Ausflugsfahrten meist eine Kombination aus einer Busfahrt bis Üçağız und anschließender Bootstour durch die Inselwelt von Kekova und nach Simena.

Baden Sandstrände sind unmittelbar vor Ort Fehlanzeige, es gibt nur einfache Steinbuchten. Über den versunkenen Ruinen ist Baden verboten.

Wandern → Kleiner Wanderführer/Wanderung 4, S. 257. Außerdem bietet sich eine **kleine Wanderung nach Simena** an. Wer sich das Geld für den Bootstransfer sparen will, folgt vom großen Parkplatz in Üçağız dem anfangs gepflasterten Weg links am natursteinummauerten WC-Häuschen vorbei. Dieser schwenkt nach ca. 60 m rechts ab. Sie bleiben stets auf dem (befahrbaren) Weg. Keine 15 Min. später sieht man schon die Burg von Simena, der Weg dorthin verläuft jedoch noch in einem weiten „U" um die Meeresbucht. Dauer einfach ca. 50 Min.

Übernachten in Üçağız Mehrere nette Pensionen, unsere Empfehlungen:

Onur Pension, unmittelbar am Meer, eigener Bootssteg. Einfache, freundliche Pension. Schöne Terrasse nur für Gäste, darunter das gute gleichnamige Restaurant. Von Lesern vielfach empfohlen. DZ 50 €. Üçağız, ✆ 0242/8742071, www.onurpension.com.

Nekropole des antiken Teimiussa

🚶 **Wanderung 4: Von Üçağız zur Ruinenstätte Aperlai**   → S. 257
Herrliche Küstenwanderung – hin zu Fuß, zurück mit dem Boot.

Kekova Pansiyon, im Westen der Bucht, direkt am Meer. 8 hübsche, geräumige Zimmer mit Aircondition und Holzböden. Gemeinschaftsbalkon im 1. Stock mit tollem Meeresblick. DZ 51 €. Üçağız, ✆ 0242/8742259, www.kekovapansiyon.com.

Ekin Hotel, 13 Zimmer, 5 mit eigener kleiner Terrasse, andere mit Balkon und Blick über die Bucht. Über dem Restaurant eine Dachterrasse mit Hollywoodschaukel. Die sympathisch-unaufdringlichen Brüder Ali und Yusuf Pehlivan beraten gut und fair bei der Planung von Wanderungen und Bootstouren: Man kann niemanden auf die hauseigene Yacht schleppen, da keine vorhanden. Ganzjährig. DZ 45 € mit Frühstück, die angebotene HP überzeugte nicht alle Leser. Auf dem Weg zur Kekova Pension, ✆ 0533/6249178 (mobil), www.ekinpension.com.

Übernachten in Simena   Hier übernachtet man deutlich teurer.

Kale Pension, direkt am Meer mit herrlicher Terrasse auf einem Steg samt Liegestühlen und Hängematten. 10 einfachgemütliche DZ mit Klimaanlage, Balkon/Terrasse und traumhaftem Meeresblick. Sehr freundlich. DZ 77 €. ✆ 0242/8742111, www.kalepansiyon.com.

Ankh Pansion, gleich in der Nähe. 8 einfache Zimmer mit Steinböden und folkloristischen Teppichen, dazu 4 charmante De-Lux-Versionen. Auch hier Traumaussicht vom Balkon. DZ ab 75 €. ✆ 0242/8742171, www.ankhpansion.com.

Mehtap Pension, etwas höher gelegen. 10 schlichte, aber hübsche Zimmer mit Holzböden und Klimaanlage, 4 davon mit Meeresblick. Super Terrassen. „Ein fantastischer Platz", meinen Leser. DZ 100 €. ✆ 0242/8742146, www.mehtappansion.com.

Essen & Trinken   In Üçağız und Simena mehrere Restaurants mit Terrasse am Meer – fast alle profitieren von organisierten Bootstouren. Welches das beste ist, ist schwer zu sagen. Das mit Abstand bekannteste und eines der alteingesessenen ist in Üçağız das von **Hassan**, dem „besten Koch vom Mittelmeer". Den Ehrentitel haben ihm die Segler verliehen; kein Küstenhandbuch, das ihn nicht würdigt. Eine echte Marke! Hassan ist sehr hilfsbereit (deutschsprachig) und erteilt Rat in Bezug auf Zimmersuche, Bootsausfahrten usw. Fantastische Fischküche (Fischeintopf und Hummer müssen vorbestellt werden), geniale Garnelenspieße und Calamares. ✆ 0532/5130208 (mobil).

Kaş   (ca. 8100 Einwohner, im Sommer 16.000)

In einer reizvollen, von zwei Halbinseln umrahmten Bucht gleißen die weißen Fassaden der griechischen Häuser im Sonnenlicht. Funkelnde Souvenirs glitzern mit ihnen um die Wette und Teppiche leuchten farbenfroh in der Sonne.

Noch bis Anfang der 1990er galt Kaş als Geheimtipp unter Travellern. Heute gehört der Ort zu den etablierten Ferienadressen der Lykischen Küste, wo an lockere Kundschaft mit lockeren Geldbörsen gepflegter Tourismus verkauft wird. Am Tag sind Bootsfahrten zu den umliegenden Stränden und Inseln beliebt, abends zeigt man, was man kann: Den Gästen bis spät in die Nacht eine sorgenfreie Zeit bescheren.

Das Gros der Besucher stellen Deutsche und Briten, darunter etliche Taucher – das Revier vor der Tür zählt zu den besten der Region. Es kommen aber auch viele Individualtouristen, vom Segler bis zum Rucksackreisenden. Auf den Geldbeutel Ersterer hat sich zwar mittlerweile das Preisniveau der meisten Restaurants eingestellt, aber es gibt noch immer ein paar billigere Lokantas und gute Unterkünfte für relativ

Kaş → Karte S. 144/145

wenig Geld. Den „Hauptsache-Sonne-saufen-und-beides-möglichst-billig"-Urlauber lockt das Städtchen zum Glück weniger an: In den Prospekten der großen Reiseveranstalter nimmt Kaş eine Randnotiz ein, denn es fehlt an weiten Stränden und damit an großen Mittelklassehotels unmittelbar vor Ort.

Kaş liegt auf dem Gebiet des antiken *Antiphellos*, von wo aus in römischer Zeit Schwämme und Holz exportiert wurden. Während der byzantinischen Herrschaft war Antiphellos Bischofssitz, dann blühte der Stadt das gleiche Schicksal wie zahlreichen anderen Orten an der Küste: Wiederholte Überfälle der Araber ließen Antiphellos zum bedeutungslosen Fischerort verkümmern, der bis 1923 (inzwischen unter dem Namen Kaş) Heimat einer griechischen Bevölkerungsmehrheit war. Die Bausubstanz aus jener Zeit prägt noch heute das charmante Zentrum um den Hafen.

Dank des günstigen Klimas gedeihen in Kaş aber nicht nur Zitrusfrüchte, Gummibäume und Palmen, sondern auch Nobelvillen und Hotels. Das Städtchen wächst und wächst. Und da der Platz in der Bucht naturgemäß beschränkt ist, wächst Kaş einfach dahinter den Hang hoch in den Himmel. Die Realität spricht der einst offiziell ausgegebenen Devise Hohn, nach der die Bucht nicht zubetoniert werden dürfe und ihr ökologisches Gleichgewicht gewahrt bleiben müsse. Selbst der offizielle Baustopp zwischen Mitte Mai und Ende Oktober wird nicht eingehalten. Auch die südwestlich ins Meer ragende Çukurbağ-Halbinsel, wo bis vor nicht allzu langer Zeit nur eine Handvoll Häuser stand, entwickelt sich langsam zu einer eigenen Postadresse. Trotz alledem präsentiert sich Kaş – verglichen mit Marmaris, Fethiye oder Kemer – immer noch als gemütlicher, überschaubarer Urlaubsort mit Charme.

Basis-Infos

Information   Tourist Information direkt am zentralen Platz. Kompetent und hilfsbereit. Je nach Besetzung auch Informationen auf Deutsch. In der Saison tägl. 8–12 u. 13–17.30 Uhr, Okt.–Mai Mo–Fr 8–12 u. 13–17 Uhr. Cumhuriyet Meydanı 5, ℰ 0242/8361238, kasturizmdanismaburosu@hotmail.com. Eine gute kommerzielle Seite zu Kaş ist www.kas-tuerkei.de.

Verbindungen   Nahezu jede halbe Std. **Busse** nach Antalya (10 €/4 Std.) und Fethiye (6,40 €/2 Std.). Außerdem Verbindungen nach Selçuk (mit Umsteigen in Aydın, 6 Std.) oder nach Marmaris (mit Umsteigen in Gökova, 4 Std.). Nach Pamukkale steigt man in Fethiye um. Busbahnhof 700 m nordwestlich des Hafens nahe der Küstenstraße.

Dolmuş: In der Saison vom Busbahnhof ca. stündl. nach Kalkan (2,60 €), Kaputaş (2,10 €) und Patara (3,40 €), 4-mal tägl. nach Gömbe und Elmalı, ca. 8-mal tägl. ins Bergdorf Çukurbağ (mit der Gesellschaft *Kaştur*), außerdem tägl. gegen 10 Uhr nach Saklıkent (hin/zurück 13 €).

Vom hafennahen Kreisverkehr vor dem Rathaus *(Kaş Belediyesi)* starten die Dolmuşe zur Çukurbağ-Halbinsel (in der Saison jede halbe Std.) und zum Big Pebble Beach (in der Saison alle 2 Std.).

Taxi: Stand u. a. beim Hafen. Zur Çukurbağ-Halbinsel 8,50 €, zum Bergdorf Çukurbağ 13 €, zum Strand von Kaputaş 26 €, nach Kalkan 30 €.

Schiffsdolmuş: Von April–Okt. zu den vorgelagerten Inselchen und zur Limanağzı-Bucht (hin/zurück o. einfach 5,50 €). Von Mai–Okt. zudem mehr oder weniger fahrplanmäßige Verbindungen nach Kastellórizo/Meis (s. u.).

Flughafentransfers: Bietet Ali Baba (s. u.). Nach Dalaman für bis zu 3 Pers. 70 €, nach Antalya 80 €.

Blaue Reisen   Diverse Anbieter. Eine Woche mit Crew und Verpflegung (keine Getränke) kostet bei **Kahramanlar** (s. u.) auf der 23-m-Gulet 400 €/Pers. Zuweilen auch Last-Minute-Angebote.

Am Hafen von Kaş

Bootsausflüge Es gibt etliche Anbieter. Egal, wo man bucht, sämtliche Ausfahrten kosten rund 22 €. Fahrten u. a. zur Bucht von Kaputaş (→ S. 158) und zu nahe gelegenen Grotten oder ins unvermeidliche Blaue. Die Muss-Tour führt nach Kekova. Fahrtdauer je nach Bootsgröße 1 ½–2 Std. Im Angebot sind auch Ausflugsschiffe mit Glasrumpf zum Betrachten der Unterwasserwelt.

Organisierte Touren Etliche Büros mit 100 Angeboten. Einen guten Ruf haben **Bougainville Travel** (Çukurbağlı Cad. 10, ✆ 0242/8363737, www.bougainville-turkey.com) und **Xanthos Adventure** (İbrahim Serin Sok. 5, ✆ 0242/8363292, www.xanthos travel.com). Beide sind auf Aktivurlaub spezialisiert, z. B. Mountainbiketouren (40 €), Canyoning (50 €), Kajakfahrten bei Kekova (30 €), Trekkingtouren (30 €) usw.

Kahramanlar, kleines Büro (auch wenn „Head Office" darüber steht) am Hauptplatz, tatsächlicher Hauptsitz an der Hastane Cad. 18. Sehr hilfsbereit (nach Ayhan fragen, deutschsprachig). Bietet eher die klassischen Sightseeingtouren an, z. B. Trips nach Xanthos und Saklıkent (25 €). ✆ 0242/ 8361062, www.blue-cruises-turkey.com u. www.tuerkei-einmal-anders.de.

Veranstaltung Ende Juni findet das **Kaş Likya Kültür ve Sanat Festivalı** statt, ein internationales Folkloremusikfestival.

Per Boot nach Kastellórizo: Tagesausflüge zur nahe gelegenen griechischen Insel bedürfen von griechischer Seite keiner Zollformalitäten, nur von türkischer (Pass muss einen Tag vor Abreise oder am Tag der Abfahrt vor 8.30 Uhr beim Veranstalter abgegeben werden). Start der Schiffe um 10 Uhr (im Sommer tägl., außerhalb der Saison unregelmäßig), Rückfahrt gegen 16.30 Uhr. Dauer der Überfahrt 15 Min., hin und zurück 22 €/Pers. Tickets für die **Meis Ferry Line** bei Kahramanlar (s. u.), für die **Meis Express** über deren Office am Hafen (✆ 0242/8361725, www.meisexpress.com).

Adressen

Ärztliche Versorgung Eine Englisch und auch ein wenig Deutsch sprechende Ärztin ist **Dr. Munise Ozan** beim Hafen gegenüber dem Taxistand, İskele Sok. 10, ℘ 0242/8364141 o. 0532/5822054 (mobil). Das kleine staatliche Krankenhaus **Devlet Hastanesi** befindet sich in der Hastane Cad., der Straße zur Çukurbağ-Halbinsel. ℘ 0242/8361185.

Autoverleih Über Reisebüros oder lokale Verleiher, z. B. bei **Ali Baba Rent a car**, nahe der Moschee. Pkw ab 35 €. ℘ 0242/8362501, www.kasalibab.com. Ähnliche Preise bei **Kahramanlar** (→ Organisierte Touren).

Einkaufen/Souvenirs Geboten werden im Vergleich zu vielen anderen Touristenorten eher stilvolle Souvenirs und hochwertiges Kunsthandwerk. Umschauen kann man sich in den Haupteinkaufsgassen hinter dem zentralen Platz, insbesondere in der Uzun Çarşı Cad. Außerdem jeden Fr großer **Obst- und Gemüsemarkt** hinter der Busstation.

Polizei Östlich des Hafens (nahe der Hükümet Cad.). ℘ 155.

Post Im Zentrum an der Çukurbağlı Cad.

Türkisches Bad (Hamam) Kaş Hamamı, Bilginler Cad. 9. Tägl. 8–24 Uhr, für Männer und Frauen. Eintritt mit *Kese* und Massage 34 €. www.kashamam.com.

Waschsalon Express Laundry, am Hafen bei den Duschen für die Segler. Eine Trommel waschen und trocknen 8,50 €. Bei der **Rose Laundry** an der Süleyman Topçu Sok. gegenüber der Red Point Bar kosten 5 kg waschen u. trocknen 13 €.

Zeitungen Deutschsprachiges (und preiswerten Wein …) bekommt man im **Erdem**

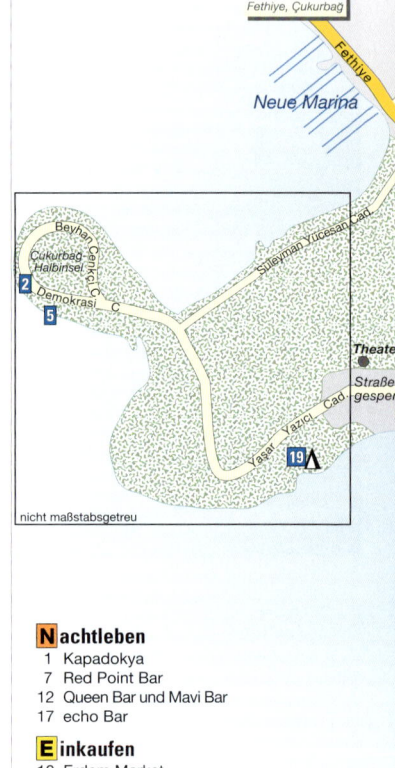

Fethiye, Çukurbağ

Neue Marina

Theater

Straße gesperr

nicht maßstabsgetreu

N achtleben
1 Kapadokya
7 Red Point Bar
12 Queen Bar und Mavi Bar
17 echo Bar

E inkaufen
10 Erdem Market

Market **10** am hafennahen Kreisverkehr bei der Moschee.

Zweiradverleih Scooter hat Ali Baba Rent a car (→ Autoverleih) ab 17 €/Tag im Angebot.

Übernachten/Camping

Oberhalb des Küçük Çakıl Plajı, wo sich Hotel an Pension und Pension an Hotel reiht, dominiert die Mittelklasse, preiswertere Unterkünfte mischen sich ab der 2. Reihe darunter. Fast alle der dortigen Häuser besitzen eine Dachterrasse mit herrlicher Aussicht. Machen Sie Ihre Wahl insbesondere davon abhängig, ob noch ein Zimmer mit Meeresblick frei ist. Aufgrund des Konkurrenzdrucks können Sie in der NS (angegeben sind wie immer die HS-Preise) erhebliche Preisnachlässe aushandeln, nicht selten gibt man 50 % Rabatt. Die günstigsten Pensionen (DZ ab ca. 30 €) findet man in den Seitengassen östlich des Atatürk Bul. Auch auf dem Campingplatz kann man günstig in Bungalows übernachten. Viele kleine, schicke Club-

Übernachten

2   Hotel Villa Tamara
3   Meltem Pansiyon
4   Santosa Pansion
5   Hotel Hadrian
6   Hideaway Hotel
13 Gülşen Pansiyon
19 Kaş Camping
20 Hotel Begonvil und
    Lantana Aparts
21 Rhapsody
22 Hotel Per Se

Essen & Trinken

1   Hanımeli Restaurant
8   Bahçe
9   Kaş Delicatessen
10 Ora Kebap Restaurant
11 İkbâl
12 Natur-el und Köşk Restaurant
14 Sardunya Paşabahçe Restaurant
15 Mercan
16 Bi Lokma Mama's Kitchen

---

hotels sind in den letzten Jahren auf der westlich des Zentrums gelegenen Çukurbağ-Halbinsel entstanden (Taxi dorthin ca. 8,50 €).

Hotel Villa Tamara 2, auf der Çukurbağ-Halbinsel. Natursteinverzierte Anlage mit 16 großen Zimmern und 12 Suiten (alle individuell und mit Geschmack eingerichtet), die über einen Atriumhof zu erreichen sind. Restaurant und Bar. Der Hit ist jedoch die wunderschöne, gemütliche Poolanlage mit traumhaften Meeresblicken. Sehr beliebt bei Flitterwöchnern. Leser bemängelten leider schon mal den „bescheidenen Service". DZ 110 €, Suiten ab 240 €. Çukurbağ Yarımadası, ✆ 0242/8363273, www.hoteltamara.com.tr.

Rhapsody 21, 2013 eröffnetes Haus mit 10 hellen, lichtdurchfluteten Zimmern. Modern eingerichtet, mit Designhotelambitionen. Tolle Blicke und große Balkone zur Seeseite,

selbst vom privaten Jaccuzi hat man Meeresblick. DZ 170 €. Oberhalb des Küçük Çakıl Plajı, ✆ 0242/8361200, www.rhapsodyhotel.com.

Hotel Hadrian 5, kleine komfortable Clubanlage auf der Çukurbağ-Halbinsel, unter deutsch-türkischer Leitung. 14 hübsche Zimmer mit Balkon und größtenteils tollem Meeresblick. Viele Blumen, großer einladender Meerwasserpool. Vorrangig deutsches Publikum. DZ mit HP ab 150 €, EZ ab 100 €. Doğan Kaşaroğlu Sok. 10, ✆ 0242/8362856 (in Deutschland 07262/6445), www.hotel-hadrian.de.

Hotel Per Se 22, in zweiter Reihe oberhalb des Küçük Çakıl Plajı. Nur 9 luftige Suiten geschmückt mit Drucken von Matisse.

Mini-Pool hinter dem Haus. Dachterrasse mit Bar. Für 2 Pers. je nach Stockwerk 100–120 €/Nacht (sofern man mind. 3 Nächte bleibt). Koza Sok. 23, ☏ 0242/8364256, www.hotelperse.com.tr.

≫≫ Unser Tipp: Hotel Begonvil **20**, über dem Küçük Çakıl Plajı in zweiter Reihe. Von sehr freundlichen türkischstämmigen Schweizern geführtes Haus. 15 sehr saubere, geschmackvolle Zimmer mit Fliesenböden und eine Suite im Haupthaus, dazu eine Straße weiter oben 4 Ferienwohnungen für bis zu 4 Pers. (für Familien, nicht für 2 Paare geeignet). Von Lesern hochgelobt. Gute Auswahl an internationalen Zeitschriften und Romanen. DZ ab 65 €, Ferienwohnung 512 €/Woche. Koza Sok. 13, ☏ 0242/8363079, www.hotelbegonvil.com. **≪≪**

In der Altstadt von Kaş

Lantana Aparts **20**, in der Nachbarschaft. Unter Leitung eines jungen, sympathischen Pärchens (englischsprachig). Apartments (Schlafzimmer, Wohnzimmer mit Küche) für 2–4 Pers. mit Landhausstilanklängen, teils mit herrlichstem Meeresblick. Hin und wieder Kunstausstellungen und Workshops. Für 2 Pers. ab 70 € (nach hinten) bzw. ab 110 € (Meeresblick). Koza Sok. 19, ☏ 0242/8361568, www.lantana.com.tr.

Gülşen Pansiyon **13**, in unmittelbarer Nähe zum Meer. Familienpension, freundlich, aber kaum fremdsprachig. 15 kleine, solide ausgestattete Zimmer mit gekachelten Böden und eher einfachen Bädern, alle mit Balkon, etliche mit herrlichen Meeresblicken. Garten, Gemeinschaftsküche und eigene Badeplattform. Von Lesern sehr gelobt. DZ 60 €. Hastane Cad. 23, ☏ 0242/8361171, www.gulsenpansiyon.com.

Hideaway Hotel **6**, angenehmes Haus mit 20 schlichten, gefliesten Zimmern. Schönes Terrassenrestaurant, gute Küche. Minipool. Hilfsbereiter Service. DZ 56 €. Eski Kilise Arkası 7, ☏ 0242/8361887, www.hotelhideaway.com.

Meltem Pansiyon **3**, eine von mehreren Unterkünften in der gleichen Ecke. Normaler Pensionsstandard. Kleinere und größere Zimmer mit und ohne Balkon, die schöneren im 2. Stock. Darüber eine nette Dachterrasse mit Hängematten. Wird immer wieder von Lesern gelobt. DZ 42 €. Meltem Sok., ☏ 0242/8361855, www.kasmeltempansion.com.

Santosa Pansion **4**, auch hier fühlen sich Leser wohl. Einfache, aber sehr saubere Zimmer mit blümchenbemalten Wänden, die meisten mit Balkon. Terrasse mit schöner Aussicht. Manchmal Barbecueabende. DZ 38 €. Vom Zentrum über die R. Bilgin Sok. zu erreichen, ☏ 0242/8361714, www.santosapension.com.

Camping Kaş Camping **19**, relativ kleiner, aber hübscher Platz in einem Olivenhain in Laufnähe zum Zentrum. Terrassierte Stellplätze am Hang, Felsküste mit künstlichem Einstieg und Plattform, nettes Café mit herrlichem Blick. 16 saubere Bungalows, entweder im Hundehüttenformat ohne Bad oder als geschmackvolle „Luxusvariante" mit Bad und Aircondition. Tauchbasis angeschlossen. Hundehüttenbungalow für 2 Pers. (ohne Frühstück) ab 30 €, komfortabler Bungalow für 2 Pers. 74 €, 2 Pers. mit Wohnmobil 19 €. Anfahrt mit dem Auto nur über die Süleyman Yücesan Cad. möglich. Hastane Cad. 3 (hinter dem Theater), ☏ 0242/8361050, www.kaskamping.com.

Außerhalb Delos, ein Tipp, aber nicht für jedermann. Abgelegen in der Limanağzı-Bucht – nur per Boot zu erreichen (→ Schiffsdolmuş). Absolut ruhig und idyllisch vor 10 Uhr und nach 18 Uhr, dazwischen ankern die Ausflugsboote von Kaş am Quijote-Strand. 20 einfache, aber nette Zimmer, alle mit Klimaanlage, viele mit kleiner Veranda. Sie verteilen sich auf 2 einstöckige, blau-weiße Gebäude, umgeben von Blumen und Palmen. Restaurant. Für die Gäste besteht ein kostenloser Bootsservice bis Mitternacht nach Kaş. Nur Mitte Mai bis Ende Okt. 32 €/Pers., 43 € mit HP. ☏ 0532/5148293 (mobil), www.delosbeachhotel.com.

Essen & Trinken/Nachtleben

→ Karte S. 144/155

Das Preisniveau der Restaurants ist in Kaş – ähnlich wie in Kalkan – etwas höher. Günstige Pide- und Kebablokale findet man am Atatürk Bul. stadtauswärts.

Essen & Trinken Mercan 🔟, etabliertes, gehobenes Fischlokal. Beste Lage an der Uferpromenade, tolle Terrasse mit Blick auf den Hafen, den Fischgrillern kann man bei der Arbeit zusehen. Frischeste Ware. Wer hinterher nicht erschrecken will, sollte den Preis des Fisches, den er aus der Vitrine auswählt, vorher explizit erfragen. Hg. 8,50–21 €. Hükümet Cad. 2/A, ✆ 0242/8361209.

Bahçe 🔟, im schattigen Gärtchen mit Korbmöbeln gibt es gute Vorspeisen. Wer davon nicht satt wird: Ein deftiger Adana- oder Urfakebab ist auch zu haben. Preislich in der Mittelklasse. In der Nachbarschaft das Bahçe Balık mit Schwerpunkt auf Fisch. Von Lesern sehr gelobt. Anıt Mezar Karşısı 31, ✆ 0242/8362370.

İkbâl 🔟, nettes kleines Terrassenlokal unter deutsch-türkischer Leitung. Regelmäßig wechselnde Specials (auch Fisch), 1a-Fleischgerichte, zuvorkommender Service. Hg. 8,50–16 €. Süleyman Sandıkçı Sok. 6, ✆ 0242/8363193.

Köşk Restaurant 🔟, etwas zurückversetzt vom Hafen hinter der Mavi Bar. Klassische türkische Küche mit Meze, Fisch und Fleisch. Einwandfreier Service. Hg. 7,20–15 €. Gürsoy Sok. 13, ✆ 0242/8363857.

Natur-el 🔟, in Nachbarschaft der Queen Bar (hafenabgewandte Seite). Außenbestuhlung in der Gasse. Unter Kaş-Kennern extrem populär, bei größerem Andrang sind längere Wartezeiten einzuplanen. Zu den Spezialitäten gehören verschiedene *Mantı* und die klebrig-süße Nachspeise *Aşure*. Hg. 5,50–13 €. Gürsoy Sok. 6, ✆ 0242/8362834.

Sardunya Paşabahçe Restaurant 🔟, lauschiges Gartenrestaurant mit Meeresblick. Ordentliche Meze, zu den Spezialitäten gehören *Saç Kavurma* (hier „Feuertopf" genannt) und verschiedene *Güveç*-Varianten, dazu auf Vorbestellung (bis 17 Uhr) geräucherte Dorade. Leider Schwankungen in der Qualität. Hg. 7,20–10,60 €. Hastane Cad., ✆ 0242/8363180.

Bi Lokma Mama's Kitchen 🔟, ein weiteres Gartenlokal, hier jedoch mit tollem Hafenblick. Auf den Tisch kommt verfeinerte Hausmannskost. Familiär-freundliche Atmosphäre. Grün-weiße Holzstühle unter Jasmin, ein Hauch Griechenlandflair. Für

Kaş und die Lage günstig (Hg. 7,20–9 €). Hükümet Cad. 2, ✆ 0242/8363942.

Hanımeli Restaurant 🔟, hier werden die Gäste liebevoll vom Ehepaar Şahin verwöhnt. Das Menü stellt man sich in der offenen Küche selbst zusammen. Netter Innenbereich, einfache Außenbestuhlung, manchmal spielt Celal Şahin abends Gitarre. Korrekter Service, faire Preise, Meze ca. 2,60 €, Hg. 4–6,50 €. 1. Çukurbağlı Sok. 3, ✆ 0242/8361634.

Kaş Delicatessen 🔟, das hübsche Bistro mit Terrasse bietet Frühstück und türkisch-internationale Küche mit Tapas statt Meze, Pasta und Sandwiches, auch Schweinefleisch ist zu haben. Gute Weine, leckere hausgebackene Kuchen. Alles in allem aber nicht billig. Mo geschl. Hastane Cad., ✆ 0242/8362405.

Ora Kebap Restaurant 🔟, Kebap, Pide, Pizza und diverse Ofengerichte in einem Hinterhofgarten. Unspektakulär, aber auch unter Locals beliebt. Faires Preis-Leistungs-Verhältnis, Hg. 4–11,50 €. Liman Cad., ✆ 0242/8363566.

Nachtleben Das Nachtleben findet insbesondere in den Bars an und hinter dem Hafen statt. Dort wird bis 3 Uhr recht ausgelassen gefeiert, danach ist Schluss.

Sehr beliebt ist z. B. die Queen Bar 🔟: Im 1. Stock die Tanzfläche, oben vergnügt man sich auf der Dachterrasse. DJs, Musik querbeet.

Die Mavi Bar 🔟 gleich in der Nähe gilt v. a. bei Tauchern als *der* Treffpunkt. Auf wackeligen Holzstühlen trinkt man teures Bier, sieht den Leuten beim Flanieren zu und hört laute Musik zwischen Nirvana und Bob Marley.

Ein weiterer Tauchertreff ist die Red Point Bar 🔟 in der Süleyman Topçu Cad. Hübsches Interieur, nette Musik, Tische auf der schmalen Gasse davor. Nur abends geöffnet.

Regelmäßig türkische Livemusik bietet die echo Bar 🔟 am Hafen nahe dem Taxistand. Gemütliches Interieur, draußen Terrasse.

Ins Kapadokya 🔟 an der Çukurbağlı Cad. 5/A zieht es die älteren Semester mit viel Durst (billiges Bier!), Türken, Touristen und skurrile Residenten. Große Terrasse, netter Wirt mit Reibeisenstimme. Im Winter ist hier am meisten los. Achtung, Umzug geplant!

Kaş → Karte S. 144/145

Baden/Sport

Baden Rund um den **Küçük Çakıl Plajı**, eine Minikiesbucht östlich des Hafens, findet man gepflegte terrassenförmige Lidos mit Bar und Sonnenschirmverleih, die auch am Abend gern besucht werden. Westlich des Hafens unterhalb der Hastane Cad. offerieren Beach Clubs Liegestühle zum Sonnen auf Betonplattformen, über Felsen geht es ins Meer.

Gute Badestrände findet man außerhalb, z. B. den grobkiesigen **Büyük Çakıl Plajı**, auch bekannt als **Big Pebble Beach**, etwa 20 schweißtreibende Fußmin. in östlicher Richtung (oder in der Saison alle 2 Std. mit dem Dolmuş ab dem hafennahen Kreisverkehr vor dem Rathaus). Außerdem die **Limanağzı**, eine Doppelbucht mit den 4 schmalen Kies-Felsstränden Nuris Beach, Don Quijote Beach, Otağ Beach und Bilal Beach – alle mit Strandbar und Liegestuhlverleih. Am einfachsten zu erreichen per Schiffsdolmuş (Dauer 20 Min., 5,50 €) oder zu Fuß von Kaş in ca. 2 Std. (→ Kleiner Wanderführer/Wanderung 5). Der mit Abstand schönste Strand der Gegend ist jedoch der **Kaputaş Plajı** zwischen Kaş und Kalkan (→ S. 158).

Abwechslung versprechen auch Bootsausflüge zu den verschiedenen Buchten der Umgebung (→ Bootsausflüge).

Paragliding Gestartet wird vom Asaz Dağı, je nach Wetterlage von rund 650 m oder 1000 m Höhe. Dauer der Tandemflüge je nach Thermik 20–40 Min., Kostenpunkt 90 €. Erfahrene Anbieter sind: **naturablue** (Likya Cad. 1, ✆ 0242/8362580, www.natura paragliding.com) und **Bougainville Travel** (→ Organisierte Touren). Wer woanders bucht, fliegt meist ebenfalls mit diesen Anbietern, zahlt jedoch dem vermittelnden Tourenanbieter noch eine Provision.

Tauchen Kaş ist ein ideales Tauchrevier. Das Wasser ist warm und klar, der Fischbestand groß. 2 Unterwasserhöhlen, Riffe, Amphoren von gesunken Schiffen, ein Flugzeugwrack aus dem Zweiten Weltkrieg und ein versenkter Nachbau des Uluburun-Wracks (ging vor 3300 Jahren unter, das gehobene Original ist im Museum der Unterwasserarchäologie in Bodrum zu besichtigen) sorgen für genügend Abwechslung. Ein Bootstauchgang mit Leihaus-

rüstung kostet im Schnitt 30–35 €, 10 Bootstauchgänge mit eigenem Equipment ca. 220 €, Anfängerkurs 290–320 €. Es gibt in Kaş insgesamt 16 Tauchsportanbieter, unsere Empfehlungen, allesamt mit deutschsprachigen Instrukteuren und von Lesern gelobt:

Barakuda Diving Center, das Office ist das Tauchboot im Hafen, ✆ 0242/8362996, www.barakuda-kas.com.

Mavi Diving, Office in einem Kiosk oberhalb vom Küçük Çakıl Plajı (auf Höhe des Hotels Gardenia). ✆ 0242/8363141, www. mavidiving.com.

Kaş Diving, ein paar Schritte weiter im Gebäude des Hotels Ferah. ✆ 0242/8364045, www.kas-diving.com.

Hinweis: Kekova und die Unterwasserruinen dürfen nicht betaucht werden, auch Schnorcheln und Baden ist dort verboten.

Wandern → Kleiner Wanderführer/ Wanderung 5, S. 259.

Außerdem kann man mit dem Dolmuş ins Bergdorf Çukurbağ fahren und von dort auf dem *Lykischen Weg* hinab nach **Kaş** wandern (Gehzeit ca. 2 ½ Std.). Die Tour bietet herrliche Ausblicke. Um den Einstieg in den Weg zu finden, hält man in Çukurbağ nach rot-weißen Markierungen an den Masten der Oberleitungen Ausschau. Die ersten Markierungen tauchen ca. 2,7 km nach der Abzweigung von der D 400 (Kaş – Demre) nach Çukurbağ auf, nach 3,3 km beginnt der Weg hinab nach Kaş (hier auch ein Hinweisschild des *Likya Yolu*: „Antiphellos 8 km“). Nun folgen Sie für ca. 25 Min. einem Feldweg, dann geht es links ab auf einen Pfad, der nach 10 Min. wieder auf einen Schotterweg trifft. Dieser führt in eine Talebene, die man auf ihrer ganzen Länge durchquert (wenn sich der Weg verliert, auf Markierungen und Steinmännchen achten!). Am Ende der kargen Ebene, noch bevor die ersten Büsche kommen, müssen Sie sich links orientieren – halten Sie nach einer kniehohen Steinpyramide Ausschau. Ihr Weg durchs Gebüsch ist dann wieder bestens markiert, schon bald tun sich von einem kleinen Plateau tolle Ausblicke auf die Küste auf. Nun folgt der steile Abstieg nach Kaş – Obacht geben, länger leben!

Kaş: antikes Theater mit Traumkulisse

Sehenswertes: Über den gesamten Ort verstreut stehen *Sarkophage*, die meisten sind allerdings stark zerstört. Den schönsten altlykischen Grabbau (über 4 m hoch) im typischen Holzspeicherstil mit Spitzbogendeckel und einer Inschrift kann man in der Stadtmitte bewundern (Uzun Çarşı Cad.). Einige kümmerliche *Stadtmauerreste* sind am Hafen übrig geblieben. Auf dem Weg zum Theater finden sich – laut Hinweisschild – Reste eines *hellenistischen Tempels* (aus bautypologischen Erwägungen handelt es sich aber eher um ein Bouleuterion, wie Archäologen neuerdings vermuten; 2013 fanden hier Grabungsarbeiten statt). Das antike *Theater* von Antiphellos aus dem 1. Jh. v. Chr., mit 25 Sitzreihen eher klein, ist ausgezeichnet erhalten bzw. rekonstruiert und lohnt einen Besuch nicht zuletzt wegen der schönen Aussicht auf die Bucht, das Meer und die vorgelagerte Insel Kastellórizo – kein Bühnenhaus verstellt das Panorama.

> **Wanderung 5: In die Limanağzı-Bucht** → S. 259
> Küstenwanderung mit Start in Kaş – Badehose nicht vergessen!

Ausflug auf die Insel Kastellórizo (Griechenland)

„Hier beginnt Europa" – so heißt es auf einer Tafel am Hafen von Megísti, dem einzigen Ort der kleinen griechischen Insel, die nur 2,5 km von der türkischen Küste entfernt liegt. Wer also Asien für einen Tag den Rücken kehren möchte, setzt sich in Kaş in ein Ausflugsboot und ist bereits 15 Minuten später am Ziel.

Megísti, an einer hufeisenförmigen Bucht gelegen, zählt nur rund 400 Einwohner, und das auch nur in den Sommermonaten. Entlang der Hafenpromenade erstrahlen die Fassaden der meisten Häuser in neuem Glanz, auch in der zweiten Reihe wird fleißig restauriert, darüber ein Band verwilderter Ruinen und Grundstücke. Die einzige Straße führt zum kleinen Inselflughafen. Der Rest der Insel ist ausschließlich auf alten Ziegenpfaden zu erwandern – wer die Ursprünglichkeit des griechischen Insellebens kennenlernen will, ist auf Kastellórizo also genau richtig. Junge Leute trifft man außerhalb der Saison jedoch kaum an – sie sind fernab der Heimat, die Insel bietet ihnen kaum Perspektiven.

Noch vor dem Zweiten Weltkrieg lebten über 10.000 Menschen auf Kastellórizo (türkisch „Meis"). Doch drei Unglücke trafen die Insel kurz hintereinander: ein Erdbeben (1926), Bombardements deutscher und italienischer Flugzeuge (1943) sowie ein verheerendes Feuer (1944). Eine Emigrationswelle, wie sie kaum eine andere griechische Insel erlebte, war die Folge. Dass heute überhaupt noch ein paar Menschen ganzjährig auf dem Eiland verweilen, darum bemüht sich Athen intensiv. Schließlich will man den „Grenzposten" in der östlichen Ägäis mit allen Mitteln halten. Mit einer Reihe von Maßnahmen wurde versucht, die Einwohner bei Laune zu halten: So wurden schon Kühlschränke und Nähmaschinen verschenkt, ein Flughafen und eine Meerwasser-Entsalzungsanlage gebaut, das Telefonnetz verbessert und die Steuern gesenkt. Und so können es sich die alten Männer gut gehen lassen und tagein, tagaus vor den Tavernen am Hafen sitzen, um hinaus aufs Meer und hinüber zur türkischen Küste zu blicken.

Die meisten Auswanderer zog es übrigens nach Australien. Heute kehren wieder welche zurück – zumindest in den Ferien. An lauen Nächten tummeln sie sich dann mit anderen Touristen und Einheimischen am Hafen. Auch unter Ägäis-Skippern erfreut sich das Eiland heute einer wachsenden Beliebtheit.

Telefonvorwahl   Internationale Landesvorwahl für Griechenland ℡ 0030.

Schiffsverbindungen   → Kaş/Bootsausflüge, S. 143.

Baden   Am besten in Megístis Nachbarbucht Mandraki. Ansonsten keine Strände.

Wandern   In Megísti gibt es den Wanderführer von Marina Pitsonis zu kaufen, mit dem man wild überwucherte Altertümer im bergigen Inselinnern entdecken kann.

Übernachten   In der HS sind oft alle Quartiere ausgebucht, im Winter hat nahezu alles dicht!

Kastellorizo Hotel, charmant im Boutiquehotelstil. 13 Suiten und Apartments, alle mit Meeresblick und Aircondition. Bar, Pool.

Für 2 Pers. ab 130 €. ℡ 22460/49044, www.kastellorizohotel.gr.

Hotel Mediterraneo, am westlichen Ende des Hafens. Schnuckeliges, kleines Hotel, individuell dekorierte Zimmer, Asien trifft Mittelmeer. EZ ab 70 €, DZ ab 80 €. ℡ 22460/49007, www.mediterraneo-megisti.com.

Pension Caretta, liebevoll renoviertes Haus, das von Monika und Damien betrieben wird. 7 einfache, saubere Zimmer mit Bad. DZ 50 €. ℡ 22460/49109, www.kastellorizo.de.

Essen & Trinken   Die Hafentavernen sind berühmt für ihre Fischgerichte. Zu empfehlen ist die Taverne **To Mikro Parisi**. Besitzer Giorgios holt seine Fische selbst aus dem Meer. ℡ 22460/49282.

Limanağzı-Bucht bei Kaş

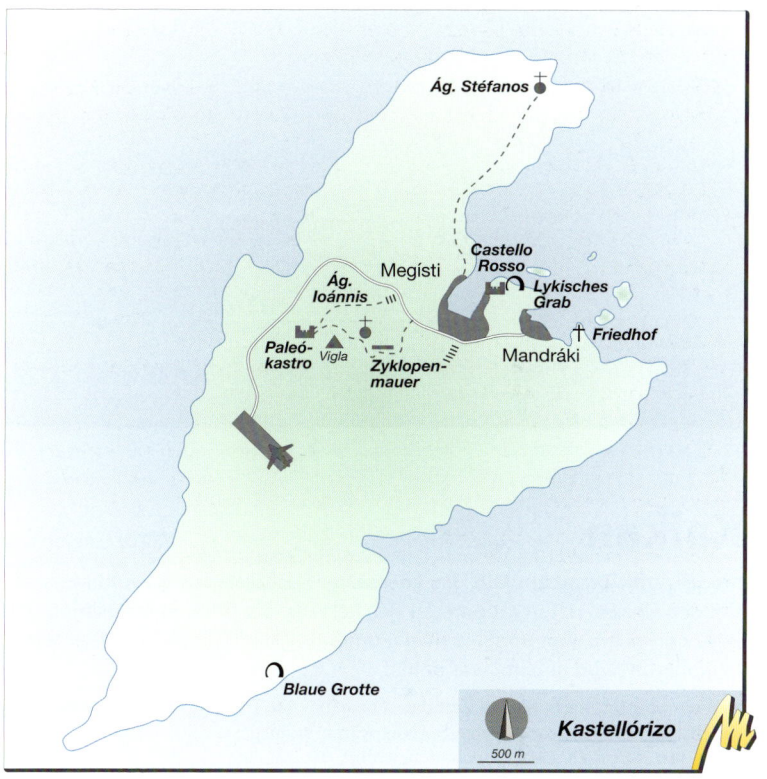

Sehenswertes

Oberhalb der weithin sichtbaren Moschee mit dem schmalen Minarett können Sie dem **Inselmuseum** (tägl. außer Mo 7–14 Uhr, Eintritt frei) einen Besuch abstatten, das über die bewegte Geschichte der kleinen (und allzu oft vergessenen) Insel informiert.

Ausgestellt sind u. a. Taucherausrüstungen, Keramikschalen, Wandfresken, Schmuckstücke, Vasen und Münzen. Von der alten, weitestgehend zerstörten **Kreuzritterfestung** aus dem 14. Jh. oberhalb des Hafens bietet sich ein herrliches Panorama über die Bucht. Der hiesige rötliche Fels gab der Insel übrigens ihren Namen: *Castello rosso* – Kastellórizo – rotes Kastell. Die Hauptattraktion der Insel liegt an deren Ostküste: die **Höhle von Fokaliá**, auch als **Blaue Grotte** oder einfach als **Grotta** bekannt. Sie ist nur per Boot zu erreichen. Da der Grotteneingang lediglich einen Meter hoch ist, lässt sich die Höhle nur bei ruhiger See besichtigen. Im Inneren wölbt sie sich zu einem kolossalen Festsaal über dem von blauem Licht durchschimmerten Wasser. Ein einzigartiges Erlebnis!

Bergsee Yeşilgöl bei Gömbe: beliebtes Ausflugsziel im Hinterland von Kalkan

Kalkan (3200 Einwohner)

In mehreren Terrassen fällt das ehemalige Fischerstädtchen zum Meer ab. Um den kleinen Hafen gruppieren sich Restaurants, darüber schmiegen sich weiß getünchte, von Bougainvilleen umrankte Häuschen eng an den Hang. Drumherum wird gebaut, was geht.

Kenner nannten Kalkan lange Zeit das „Portofino der Türkei". Heute hinkt der Vergleich ein wenig, Torquay oder St. Ives wären wohl passender. Denn Kalkan, bis 1922 ausschließlich von Griechen bewohnt, ist zu einer britischen Enklave geworden. Mittlerweile haben sich hier so viele Senioren von der Insel eine Sommerresidenz geleistet, dass man schon munkelt, Kalkan werde das erste türkische Städtchen mit einem britischen Bürgermeister. Mit dieser Entwicklung gingen auch eine enorme Steigerung der Grundstückspreise – ein Apartment, das zur Jahrtausendwende noch für 20.000 £ zu bekommen war, kostet heute fast das Vierfache – und ein gewaltiger Bauboom einher. So entstand eine Bucht westlich des alten Kalkan, die Villen- und Apartmentsiedlung Kalamar, das Pendant dazu in der anderen Richtung heißt Kışla. Doch Kalkan wächst nicht nur in die Breite, sondern auch die Hänge hinauf. Und so machen sich die Makler zunehmend Sorgen darüber, dass die Preise wieder in den Keller gehen – nicht nur wegen des Überangebots an Feriendomizilen, sondern auch wegen des Attraktivitätsverlusts. Der Küstenhighway, der Kalkan tangiert, hat mittlerweile die Breite, wie man sie von İstanbuler Vororten kennt.

Für den alten, verkehrsberuhigten Ortskern in der Mitte aber, der rund um den Hafen ansteigt, gilt noch immer: Beschaulichkeit ist Trumpf. Daran ändert auch die Tatsache nichts, dass dieser ganz und gar auf Tourismus eingestellt ist und über eine große Zahl von Pensionen und Hotels verfügt. Hier lädt Kalkan zum gemütlichen Schlendern ein, vorbei an erkergeschmückten Häusern hinab zum Hafen: Zur Linken fällt dort der Blick auf die gut belegten Tische der Restaurants und Cafés, zur Rechten auf die der Segler beim Abendessen an Deck. Hektiker und Vergnügungssüchtige

Kalkan | Patara | Zwischen Patara und Fethiye

kommen in Kalkan kaum auf ihre Kosten, für ruhigere Naturen ist der Urlaubsort dagegen ein empfehlenswerter Standort für Ausflüge zum Strand von Patara, nach Kaş oder zu den Ruinen von Xanthos und Letoon.

Basis-Infos

Information Kleines, außerhalb der HS i. d. R. unbesetztes Infobüro an der Uferstraße in Nachbarschaft des Restaurants Aubergine. Viele Infos zudem auf der kommerziellen englischspr. Seite www.kalkan turkey.com.

Verbindungen Alle Busse zwischen Antalya und Fethiye, die entlang der Küste fahren, machen in Kalkan Halt. Busbahnhof ca. 800 m oberhalb des Zentrums. Um vom Busbahnhof ins Zentrum zu gelangen, läuft man die Straße Richtung Meer geradewegs bergab. Fethiye 5,50 € (1 ¾ Std.), Dalaman 7,70 € (3 Std.), Selçuk 16 € (mit Umsteigen in Aydın, 6 Std.), Antalya 12 € (4 ½ Std.).

Dolmuş: Die Dolmuş-Kooperative besorgt den Nahverkehr: regelmäßig nach Kaş (2,60 €), zum Patara-Strand (2,10 €) und zur Bucht von Kaputaş (1,70 €). Die Dolmuşe fahren ebenfalls am Busbahnhof ab.

Taxi: Taxis stehen beim Kreisverkehr am Eingang zum Zentrum bereit. Nach Patara 30 €, nach Dalaman (Flughafen) 77 €, nach Xanthos hin/zurück 40 €, nach Saklıkent o. nach Pınara hin/zurück 70 € und nach Kaş 35 €. Größere Touren sind Verhandlungssache.

Ärztliche Versorgung Kleines Gesundheitszentrum *(Sağlık Merkezi)*, vom Kreisverkehr im Norden des Zentrums ausgeschildert, Richtung Kalamar fahren, nach ca. 300 m linker Hand. ✆ 0242/8441000.

Auto- und Zweiradverleih Mehrere Anbieter, z. B. über **Adda Tours** an der Mustafa Kocakaya Cad. Autos ab 30 €/Tag. ✆ 0242/8443610, www.addatours.com. **Pars,** am Kreisverkehr vor dem Zentrum, Scooter 20 €/Tag. ✆ 0242/8441262.

Bootsausflüge Bootsfahrten (egal wohin: ca. 25 €/Pers. inkl. Lunch) führen nach Kaputaş und zu den daneben gelegenen Blauen Höhlen, nach Patara (mit Stopp beim Schlammbad am Gerenlik-Strand) oder nach Kekova (z. T. kombiniert mit einer Busfahrt nach Kaş). Leser machen darauf aufmerksam, dass es ratsam ist, erst kurz vor der Abfahrt zu buchen, denn dann sieht man, welches Boot überfüllt und auf welchem Boot noch ein gemütliches Plätzchen zu bekommen ist.

Einkaufen Jeden Do großer **Markt** ca. 300 m nordwestlich des Kreisverkehrs bei der Moschee.

Organisierte Touren Diverse Anbieter, z. B. **Brave Tours** am Kreisverkehr am Eingang zum Zentrum. Tagestouren in die Saklıkent-Schlucht, nach Xanthos und Patara (inkl. Lunch 30 €), nach Myra und Kekova (inkl. Lunch 47 €) oder Kanutouren (inkl. Lunch Cad. 47, ✆ 0242/8441166, www.bravetours.com.

Auch die **Dolmuş-Kooperative** bietet Ausflugsfahrten: z. B. Saklıkent und Xanthos oder am Di zum Markt nach Fethiye und nach Ölüdeniz. Preise hängen von der Teilnehmerzahl ab, anfragen.

Polizei **Jandarma** an der Verbindungsstraße Kaş – Fethiye. ✆ 156.

Post Nahe dem Kreisverkehr beim Eingang zum Zentrum.

Türkisches Bad (Hamam) **La Sera Hamam**, kleiner Hamam, den man auch für sich alleine buchen kann. 90 Min. Komplettbehandlung mit *Kese*, Massagen und Gesichtsmaske 50 €, 40 Min. Kurzprogramm 25 €. Ca. 1 km abseits des Zentrums auf dem Weg nach Kalamar rechter Hand.

Waschsalon Beim Yachtclub am Hafen. Eine 4-kg-Trommel waschen und trocknen ca. 5 €.

Zeitung Deutschsprachiges z. B. im **Karaca Market** ◢ nahe der Post.

Übernachten

Die günstigeren Unterkünfte liegen im alten Ortskern, die besseren und neueren außerhalb. Wer sich für eine Unterkunft im Neubauviertel Kışla entscheidet, sollte entweder ein Haus wählen, das einen Transfer nach Kalkan anbietet, oder über ein Fahrzeug verfügen, ansonsten sitzen Sie am „A…" der Welt. In Kışla gibt es bislang keine Kneipen und kaum Läden.

Villa Mahal ◢, in Kışla. Hier hinkt die Prospektidylle nicht der Realität hinterher. Eine der besten Anlagen vor Ort, herrlich an einen Steilhang über dem Meer gebaut. 13 edel und geschmackvoll ausgestattete Zimmer mit zig Traumterrassen. Nachteil: viele Treppen! Eigener Bootsservice nach Kalkan, privater Felsstrand. DZ ab 220 €. Kışla (von der Straße nach Kaş der Beschilderung zum Hotel Patara Prince folgen, dann selbst ausgeschildert), ✆ 0242/8443268, www.villamahal.com.

Pension White House/Courtyard ◢, unter türkisch-englischer Leitung. Sehr freundlich. Zur Pension gehören 10 Zimmer unterschiedlicher Größe und Bettenzahl, alle mit Fliesenboden und Aircondition, 4 mit Balkon. Gigantisch ist die Dachterrasse, wo man beim reichhaltigen Frühstück gerne mal länger sitzen bleibt. Das unter gleicher Leitung stehende Courtyard direkt hinter der Pension bietet exklusivere Suiten. Relativ ruhige Lage. DZ in der Pension ab 65 €, im Courtyard 129 €. Im alten Kern, Süleyman Yılmaz Cad. 24, ✆ 0242/8443738, www.kalkanwhitehouse.co.uk bzw. www.courtyardkalkan.com.

Hotel Zinbad ◢, älteres, aber jüngst modernisiertes Haus mit mehreren Bars im Nacken. Frühstücksterrasse mit exzellentem Blick auf Moschee und Hafen. Relativ große Zimmer, 7 davon mit Meeresblick und Balkon. Bar und Restaurant. Ganzjährig. DZ ab 60 €. Yalıboyu Mah. 18, ✆ 0242/8443475, www.zinbadhotel.com.

»» Unser Tipp: **Pension Türk Evi** ◢, charmante 9-Zimmer-Pension, man spricht Deutsch. 9 Zimmer (grundsätzlich mit Holzboden) unterschiedlicher Größe und Farbe, individuell eingerichtet, u. a. mit geschmackvollen Antiquitäten, 4 davon mit Balkon. Tolle Dachterrasse. Auf Wunsch lecker zubereitetes Abendessen. Eigene Parkplätze und spielend anzusteuern. DZ je nach Ausstattung 50–60 €, EZ 40 €. Oberhalb des Zentrums (nahe der Küstenstraße, aber nur einen Katzensprung vom Zentrum entfernt), ✆ 0242/8443129, www.kalkanturkevi.com. **«««**

Pansiyon Öz ◢, hilfsbereite Inhaber und tolle Dachterrasse. 11 gepflegte, saubere Zimmer mit Klimaanlage, Fliesenböden und Kühlschrank, in der oberen Etage mit Meeresblick. EZ 38 €, DZ 51 €. In Nachbarschaft des Türk Evi (s. o.), ✆ 0242/8443444, www.hotelozkalkan.com.

Pension Old Kalamaki ◢, Familienpension mitten im Zentrum. Schönes altes Griechenhaus in Weiß-Blau, freundlicher Ser-

Ü bernachten
1 Villa Mahal
2 Pension Türk Evi und
  Pansiyon Öz
3 Pension Gül
7 Hotel Zinbad
10 Pension Old Kalamaki
13 Pension White
   House/Courtyard

N achtleben
6 Moonlight Bar
9 Yalı
12 Yachtpoint Bar und
   Marina Bar
18 Fener Café

E inkaufen
4 Karaca Market

E ssen & Trinken
5 Ali Baba
8 Merkez Café
11 Belgin's Kitchen
14 Aubergine
15 Zeki's La Terrazza
16 Deniz Restaurant
17 Korsan
19 Kalkanlar Derneği
   Pınar Café

Arzt, Polizei, Kışla Mahallesi, Kalamar, Busbahnhof, Brave Tours (Reisebüro), Hamam,

*Blue Marlin
Watersports*

Waschsalon   *Tauchboote*

*Adda
Tours*

Hafen

Kalkan

50 m

vice. Gemütliche, einladende Terrasse. 10 einfache helle Zimmer mit Kachelböden, fast alle mit Balkon. Keine Anfahrt mit dem Fahrzeug möglich. DZ 38 €. 2. Nolu Sok., ☎ 0242/8443066, www.oldkalamaki.com.

››› Unser Tipp: Pension Gül **3**, von Lesern immer wieder gelobt, insbesondere aufgrund der zuvorkommenden Vermieter, der

herrlichen Aussicht von der Dachterrasse und des leckeren Essens (tolles Frühstück, Abendessen auf Wunsch). 6 einfache, blitzblanke Zimmer mit Balkon und Aircondition, dazu 3 Apartments für 3–5 Pers. Gutes Preis-Leistungs-Verhältnis. DZ 34 €, EZ 23 €, Apartment je nach Größe ab 47 €. Yalıboyu Mah., ☎ 0533/2168487 (mobil), www.kalkangulpansiyon.com. ‹‹‹

Essen & Trinken/Nachtleben

Das Niveau der Restaurants ist im Großen und Ganzen abhängig von der Terrassenlage: Ganz oben am Eingang zum Zentrum finden sich die wenigen verbliebenen einfachen Lokantas Kalkans. Je weiter man in den Ort hinabsteigt, desto gediegener werden die Lokale. Die Krönung bilden schließlich die Fischrestaurants am Hafen. Wirklich billig ist in Kalkan nichts mehr.

Essen & Trinken Zeki's La Terrazza **15**, innen nostalgisch-modern eingerichtet, oben eine tolle Terrasse. Interessante türkisch-italienisch-internationale Küche. Antipasti statt Meze, Pizza, Pasta und feine Filetsteaks, zum Nachtisch Baklava und Tiramisu. Hg. 8,10–18 €. Hasan Altan Cad., ☎ 0242/8442613.

Korsan 17, in zweiter Reihe über Strand und Uferpromenade – schöne Blicke. Hübsche Terrasse in Weiß-Blau, ein wenig Griechenlandflair. Außergewöhnliche Fisch- und Fleischküche (Hg. 11,50–16 €), tolle Meze (3,80–7,20 €). ☎ 0242/8443622.

Zum Forellenessen nach İslamlar!

Das weit verstreute Bergdorf İslamlar zwischen Kalkan und Patara (ca. 5 km von Kalkan entfernt) bietet einige idyllische, auf Forelle spezialisierte Lokale – alle mit eigener Zucht. İslamlar erreicht man, indem man Kalkan beim Kreisverkehr an der D 400 Richtung Elmalı/Sütleğen landeinwärts verlässt. Nach knapp 1 km, wenn es geradeaus weiter Richtung Elmalı geht, links halten. Nach einem weiteren Kilometer ist man im Dorf Akbel, ab hier komplett ausgeschildert, die ersten Restaurants tauchen ca. 4 km weiter auf. Unser Favorit: das gepflegte Değirmen mit einer herrlichen Terrasse (✆ 0242/8386295). Gegen eine kleine Gebühr kann man sich von den Restaurants abholen lassen.

Deniz Restaurant **16**, eines der alteingesessenen Fischlokale Kalkans, direkt an der Uferpromenade. Seit fast 50 Jahren im Geschäft. Noch relativ schlichtes Am-biente, durch das sich das Restaurant im stylishen Kalkan wieder abhebt. Große Auswahl, auch Pasta und Fleischgerichte. Hg. 11–18,30 €. ✆ 0242/8443047.

Wer es ausgefallener mag: Das **Aubergine 14** etwas weiter an der Uferpromenade serviert sehr außergewöhnliche türkisch-internationale Küche, z. B. Wildschwein (!) mit Aprikosen und Feigen oder Entenbrustfilet mit Maulbeersoße. Schöne, weiß bestuhlte Terrasse, überaus adrette Kellner. Hg. 16,30–26 €, etwas günstigere Lunchangebote. ✆ 0242/8443332.

Belgin's Kitchen 11, die Kirgisin Belgin Akçı kocht beste türkische Hausmannskost, die in Kalkan sonst nur schwer zu bekommen ist, z. B. *Mantı, Güveç* oder frische Böreks. Herrliche Dachterrasse mit witziger Ausstattung, Riesenstoffesel zum Reiten und Nomadenzelt. Kindermenüs. Hg. 7,70–16,30 €. Yalıboyu Mah., ✆ 0242/8443614.

Ali Baba 5, am Eingang zum Zentrum. Die einfache Lokanta bietet grundehrliche Topfgerichte ohne Schnickschnack. Hungrige Einheimische und neugierige Touristen im bunten Mischmasch. Große Portionen. Hg. 4,50–6,40 €.

Merkez Café 8, Mischung aus Café und Restaurant, sehr beliebt und für Kalkaner Verhältnisse liebenswert unschick. Neben der geregelten Alkoholaufnahme wird hier auch die Zufuhr von Süßem gewährleistet.

Vom Fischerstädtchen zum Ferienort

Frühstück (natürlich auch „Full English"), süße Stückchen und Puddings, man kann aber auch richtig essen. Günstig. Hasan Altan Cad.

Kalkanlar Derneği Pınar Café , einfaches, mit Plastikstühlen bestücktes Open-air-Café über dem Strand. Die günstigste Adresse, die Kalkan zu bieten hat. Toast und Tee, kein Alkohol.

Essen & Trinken   außerhalb   Ada Restaurant, eine Leserentdeckung, ca. 8 km östlich von Kalkan an der Straße nach Kaş nahe dem Kaputaş-Strand. Einfaches, familiengeführtes Fischrestaurant mit Terrasse und schönem Meeresblick. Zu essen gibt es das, was am Tag gefischt wurde, dazu Brot und Salat. Sehr frisch, sehr lecker, aber nicht unbedingt supergünstig. ✆ 0535/9475478 (mobil).

Nachtleben   Einige Bars und Discobars, aber das große Nachtleben findet nicht mehr statt (die Jandarma kontrollierte zuletzt gegen 1.30 Uhr den Zapfenstreich). Angesagt ist eher gemütliches Picheln.

Bei allen Altersstufen beliebt ist das Café Yalı **9** mit Bar (zuweilen Fußballübertragungen) und Terrasse in der Hasan Altan Cad., wo man schon nach dem zweiten Besuch wie ein Stammgast fühlt. Im oberen Ortsteil (Ecke Kocakaya Cad./ Süleyman Yilmaz Cad.) befindet sich die **Moonlight Bar 6** mit gemütlicher Atmosphäre und großer Getränkekarte. In der **Yachtpoint Bar 12** am Hafen tauchen die

Kalkan: Restaurant mit Aussicht

Diver nachts ab, Gleiches gilt für die **Marina Bar 12** nebenan. Ruhigere Naturen zieht es ins **Fener Café 18** beim Leuchtturm.

(Baden/Sport

Baden   In Kalkan südlich des Hafens ein schmaler, jedoch rund 150 m langer und gepflegter Kiesstrand, das Wasser ist glasklar. Wer im westlichen Neubauviertel Kalamar zu Hause ist, findet dort den **Kalamar Beach Club**, einen gebührenpflichtigen Lido mit künstlichen Natursteinplattformen.

Traumhaft sind die Badeplätze der Umgebung, allen voran **Patara** (→ Patara/Baden, S. 162) und die Bucht von **Kaputaş** (s. u.).

Tauchen   Dolphin Scuba Team, älteste Tauchbasis von Kalkan, seit über 20 Jahren

im Geschäft. Deutschsprachige Instrukteure. Tagesausfahrt mit 2 Bootstauchgängen inkl. Leihausrüstung 52 €, Tauchkurse (z. B. P.A.D.I.-Open-Water) 300 €. April–Okt. Weitere Infos auf dem Tauchboot im Hafen. ✆ 0542/6279757 (mobil), www.dolphin scubateam.com.

Wassersport   Blue Marlin Watersports, im Gebäudekomplex des Hotels Pirat. Offeriert diverse Water-fun-Specials, u. a. Wasser- und Jet-Ski. ✆ 0242/8442783, www.bm watersports-kalkan.com.

🥾 **Wanderung 6: Ins Almdorf Bezirgan**   → S. 260
Wunderschöne Tour durch pastorale Idylle abseits des Küstentrubels.

Umgebung von Kalkan

Bucht von Kaputaş: An der Steilküste tief unterhalb der Küstenstraße von Kalkan nach Kaş breitet sich diese Bilderbuch-Bucht (→ Foto S. 281) mit einem Sandkies-strand aus, das Meer wirkt wie aus dem Malkasten gesprungen und leuchtet in strahlendstem Türkisblau, Smaragdgrün und Aquamarin. Weil's so schön ist, kom-men allerdings auch massenweise Touristen hierher (per Ausflugsboot oder Dolmuş), was dem kleinen Strand im Hochsommer etwas die Idylle raubt.

Regelmäßig Verbindungen per **Dolmuş** von Kalkan und Kaş. Fahrzeuge können an der Straße geparkt werden.

Gömbe: Nicht nur in Kaş, sondern auch in Kalkan und Patara haben die Tourenan-bieter das Bergstädtchen Gömbe zum Ausflugsziel im bergigen Hinterland erkoren. Immer noch sind hier viele Einwohner Halbnomaden, die im Winter an der Küste und im Sommer in den Bergen leben. Passstraßen, die die 1000-Meter-Grenze überwinden, führen hinauf in die Höhen des Lykischen Taurus. Der Ausflug lohnt insbesondere wegen der herrlichen Landschaft. Vor Ort gibt es ein paar Unterkünfte der einfachen und mittleren Kategorie sowie einige Lokantas.

Anfahrt/Verbindungen: In unzähligen Ser-pentinen führt von Kalkan die 07–53 nach Gömbe, von Kaş die 07–52, Dauer (egal bei welcher Route) ca. 1 ½ Std. Mit dem Dolmuş gelangt man von Kaş ca. 4-mal tägl. nach Gömbe, von Kalkan nur sehr un-regelmäßig. Am besten schließt man sich einer organisierten Tour an.

Yeşilgöl und Uçarsu: Der Bergsee Yeşilgöl und der Wasserfall Uçarsu sind die landschaftlichen Highlights in der Umgebung von Gömbe. Die raue Bergszenerie des Taurus zeigt sich hier von ihrer Schokoladenseite. Um zu den beiden Natur-schönheiten zu gelangen, sollte man sich einer organisierten Tour von Kaş oder Kalkan aus anschließen oder selbst mobil sein. Wer über ein Fahrzeug verfügt, folgt von der zentralen Kreuzung in Gömbe der Beschilderung „Uçarsu/Yeşilgöl". Nach

Wo im Sommer noch Schnee liegt: Tauruslandschaft bei Gömbe

ca. 5,5 km (ab Zentrum) verliert die Straße (im Sommer zuweilen mautpflichtig!) ihre Teerschicht, nach weiteren 1,8 holprigen Kilometern parkt man beim Brücklein bei einem provisorischen „Otopark" mit WC-Verschlag. Nun geht es zu Fuß weiter – Schilder weisen den Weg. Sollte eines fehlen, hier die Wegbeschreibung: 300 m hinter der Brücke links halten und dann immer auf dem Hauptweg bleiben. Von diesem zweigt nach rund 15 Gehminuten – mittlerweile ist man auf 1900 Höhenmetern angelangt – ein Pfad (kurzer Abstecher) nach rechts zum tiefgrünen, rund 200 m breiten Bergsee Yeşilgöl (*yeşil* = „grün") ab. Weiter auf dem Hauptweg erreicht man nach weiteren 15 Minuten den rund 60 m hohen Wasserfall Uçarsu (*uçar su* = „fliegendes Wasser").

Auf dem Weg zum Bergsee Yeşilgöl

Patara

Patara ist zunächst einer der schönsten Strände der Türkei, kilometerlang und unverbaut. Patara ist zudem eine antike Ruinenstadt in den Dünen hinter dem Strand, einst einer der Haupthäfen Lykiens. Und Patara ist nicht zuletzt der geläufige Name für eine weit verstreute Siedlung aus Pensionen und kleinen Hotels noch weiter hinter dem Strand, die offiziell Gelemiş heißt.

Der Strand von Patara ist über 12 km lang und bis zu 400 m breit, der Sand fast weiß und im Sommer glühend heiß. Wer das Bedürfnis nach absoluter Ruhe verspürt, wird sie hier finden (selbst im August, wenn die Italiener einfallen). In einem beruhigenden Rhythmus rauscht die Brandung, das Wasser ist kristallklar und das Baden eine Lust! Da den Strand auch Meeresschildkröten zur Eiablage schätzen und die Dünenlandschaft dahinter Schutzgebiet seltener Vögel ist, herrscht hier Bauverbot. Immerhin ist die Schildkrötenart laut aushängenden Plakaten 95 Mio. Jahre alt und soll noch älter werden. Aus diesem Grund darf sich der erdgeschichtlich blutjunge Homo sapiens nur tagsüber und nur in Wassernähe am Strand aufhalten.

Da die Küste also tabu ist, spielt sich der Tourismus 2 km hinter dem Strand ab, in einer bunt und weit verstreuten Ansammlung von kleinen Hotels, Pensionen, Restaurants und Bars. Als Zentrum könnte man den Mini-Atatürk-Park mit Kinderspielplatz bezeichnen.

Die hiesige Infrastruktur hinkt hinterher. Verantwortlich ist nicht die Schildkröte, sondern das antike Patara (→ S. 163). Denn auch auf dem Boden von Gelemiş findet man noch Reste antiker Bausubstanz, teils sieht man sie, teils liegt sie noch vergraben. Aus diesem Grund herrschte lange Zeit offiziell Bauverbot. Dennoch wurde investiert – da man aber stets mit Abriss oder Baustopp (daher auch so manche

Bauruine) rechnen musste, nur mit den bescheidensten Mitteln. Heute schreibt ein Bebauungsplan für Gelemiş vor, wo und wie überhaupt noch gebaut werden darf. Dieser Bebauungsplan schiebt zugleich großen Hotelprojekten einen Riegel vor, denn die Fläche eines Neubaus darf nicht größer als 150 m² sein, während das zu bebauende Grundstück mindestens 600 m² haben muss. Und dass Schmiergeldzahlungen nicht fruchten, darüber wachen die paar hiesigen, miteinander verwandten Familienclans, in deren Händen nahezu alle bestehenden Pensionen und Hotels liegen – sie befürchten, dass große Clubhotels ihre Kundschaft vergraulen würden. So setzt Patara weiterhin auf den Individualtourismus. Und um das Niveau zu steigern, brachte eine kürzliche Beauty-Kur gepflasterte Straßen. Folgen sollen ein Freilichttheater und ein Museum mit Funden aus Patara. Auch sind ein Parkplatz für die Gäste von außerhalb und eine „Straßenbahn" zum Strand in Planung. Wann jedoch aus den Planungen Realität wird, bleibt abzuwarten. Immerhin dauerte der Bau des neuen Küstenhighways von Patara gen Gelemiş allein vom ersten Spatenstich bis zur Vollendung ganze 15 Jahre ... So ist anzunehmen, dass Patara weiterhin ein zwar nicht ganz perfektes, aber gemütliches Refugium für Erholungssuchende ohne große Ansprüche bleiben wird – mit althergebracht-türkischer Herbergstradition, Familienanschluss inklusive.

Basis-Infos

Verbindungen Bus: Die großen Überlandbusse halten meist an der Abzweigung zum Ort, von dort (noch 2 ½ km bis ins Dorf und 5 ½ km bis zum Strand) geht's mit dem Dolmuş weiter. Die Preise sind mit denen ab Kalkan identisch.

Dolmuş: Regelmäßige Verbindungen von und nach Kalkan (2,60 €) und Kaş (3,50 €). Aktuelle Zeiten sind an der Haltestelle im Zentrum angeschlagen.

Die Dolmuşkooperative bietet zudem in der Saison Tagestouren an (z. B. nach Gömbe,

Nie überfüllt: Patara-Strand

Xanthos, Saklıkent usw.), deren Preise nach Teilnehmerzahl variieren. Infos unter ✆ 0242/8435117.

Taxi: Nach Xanthos und Letoon (retour) 40 €, nach Saklıkent (retour) 55 €, nach Kalkan (einfach) 35 €. Wer gut handelt, bezahlt 20 % weniger.

Organisierte Touren Mehrere Anbieter vor Ort, z. B. **Kırca Travel Agency Patara**, ansässig im Hotel Mehmet (→ Übernachten). Gern gebucht wird der Ausflug in die Saklıkent-Schlucht, zusammen mit einer Besichtigung von Tlos und Xanthos. Fahrt, Führung und Mittagessen 25 €/Pers. Des Weiteren Kanufahrt auf dem Xanthos-Fluss für 23 € (von Lesern hochgelobt), Tour in

das Bergstädtchen Elmalı für 40 € (empfehlenswert) und Pamukkale für 80 €. Angeboten werden ferner verschiedene „Blaue Reisen", inkl. Essen und Übernachtung 50 €/Pers./Tag, Tagestrips auf einer Gulet 25 €. Zudem **Flughafentransfers** nach Dalaman (für bis zu 4 Pers. 70 €) und Antalya (für bis zu 4 Pers. 120 €). ✆ 0242/8435298, www.kircatravel.com.

Auto- und Zweiradverleih Bei **Kırca Travel Agency Patara** (s. o.). Pkw ab 35 €/Tag, Jeeps ab 50 €, Scooter ab 20 €.

Geld Es gibt einen unübersehbaren Bankomat im Zentrum von Gelemiş. Da dieser auch mal defekt sein kann, besser eine Reserve mitbringen.

Übernachten/Camping

Es gibt rund 1500 Betten. Das Gros aller Pensionen und Hotels ist zu empfehlen – viele haben jedoch nicht ganzjährig geöffnet, sondern nur von Mai bis Mitte Oktober. Das Preis-Leistungs-Verhältnis ist überall sehr gut.

Patara View Point, eine Empfehlung unter den gehobeneren Unterkünften. Gepflegtes Hotel unter türkisch-englischer Leitung (viel englisches Publikum) mit 27 freundlich-rustikalen Zimmern, alle mit Balkon und Aircondition. Pool, gemütliche Terrasse mit Ottomanen und offenem Kamin. Ab und zu Grillabende. Eigener Zubringerservice zum Strand. Zudem Vermietung von Apartments an einem anderen Ort. EZ 36 €, DZ 54 €. Am Ortsbeginn von Patara links bergauf (ausgeschildert), ✆ 0242/8435184, www.pataraviewpoint.com.

Hotel Mehmet, hoch über Patara. Ruhige Lage. Restaurant, Bar, netter Pool, teppichausgelegte Plauderecke mit Kamin. Die schlichten Zimmer und Apartments – zuletzt leicht renovierungsbedürftig – sollen modernisiert werden. Der agile Mehmet spricht Englisch und gut Deutsch. Meist ganzjährig. DZ ab 36 €, Apartment für 2 Pers. ab 55 €. Am Ortsanfang links hoch, ✆ 0242/8435032, www.kircatravel.com.

St. Nicholas Pension, das Haus ist von Bougainvilleen überrankt, die Terrasse von Weinreben. Einfache, aber ordentliche und gepflegte Zimmer mit Aircondition und Balkon. Viel englisches Publikum. Gutes Restaurant. Der Pool des Partnerhotels Delfin nahebei kann mitbenutzt werden. EZ 20 €, DZ 30 €. Direkt an der Straße zum Strand, ✆ 0242/8435154, www.stnicholaspensionpatara.com.

Akay Pension, freundlicher junger Familienbetrieb, der von Lesern stets sehr gelobt

wird. Nette, ausreichend große Zimmer mit Balkon; zudem Familienzimmer. Terrasse zum Frühstücken. Es wird sehr lecker gekocht. EZ 20 €, DZ 30 €. Am Ortseingang rechter Hand, ✆ 0242/8435055, www.patara akaypension.com.

Flower Pension, bewährte, von Lesern hochgelobte Adresse mit langjähriger Stammkundschaft. Das hilfsbereite Ehepaar Mustafa und Ayşe Kırca spricht Englisch und betreibt abends noch ein empfehlenswertes Restaurant mit türkischer Hausmannskost. 9 einfache, aber nette DZ mit ordentlichen Bädern, Balkon oder Terrasse, Klimaanlage und Moskitonetz. Zudem vermietet die Familie 3 Apartments unterschiedlicher Größe am Hang gegenüber. Lediglich die 2 Studios unterm Dach zur Straßenseite (mit Teeküche und Kühlschrank) haben wenig Charme. Tee und Kaffee werden stets serviert, die Waschmaschine kann umsonst benutzt werden. Pool in Planung – bis zur Realisierung kann der Pool des Partnerhotels Mehmet mitbenutzt werden. Wanderstockverleih. EZ 19 €, DZ 26 €, Apartments 43–64 €. Am Ortseingang rechter Hand, ✆ 0242/8435164, www.pataraflowerpension.com.

Rose Pension, etwas weitläufigere Anlage. 12 simple, aber sehr freundliche Zimmer mit Moskitonetz über dem Bett, Klimaanlage, neu renovierten Bädern und Balkon. Nette überdachte Terrasse. Englischsprachig. DZ 26 €. Am Ortsanfang bei der Flower Pension rechts ab (nicht von dem Haus mit dem Schriftzug abschrecken lassen, da wohnt man nicht), ℘ 0242/8435165, www.rosepensionpatara.com.

Weitere von Lesern gelobte Pensionen sind die **Golden Pension** (bei der Abzweigung ins Zentrum, DZ 30 €, ℘ 0242/8435107, www.pataragoldenpension.com) und die **Zeybek 2 Pension** mit einer schönen Dachterrasse, die jedoch eine alkoholfreie Zone ist (bei der Golden Pension rechts abbiegen, beim Minikreisverkehr links halten und immer geradeaus, DZ 24 €, ℘ 0242/8435086, www.zeybek2pension.com).

Camping   Medusa Camping, geboten werden eine überdachte Zeile für die Zelte der Lycian-Way-Wanderer und ein Stellplatzareal, das an eine Baustellenausfahrt erinnert. Alles in allem recht lieblos und spartanisch. Dafür ist eine überaus gemütliche Bar angeschlossen. 4,20 €/Pers. Im Zentrum hinter dem Atatürk Parkı (bei der Golden Pension rechts ab), ℘ 0242/8435193.

Zudem kann man sein Zelt (keine Stellmöglichkeit für Wohnmobile) ein paar Schritte weiter auf die Wiese gegenüber der **Camel Bar** aufstellen. Das Areal wird von der Camel Bar gemanagt. 2,10 €/Pers.

Essen & Trinken/Nachtleben

Zum Forellenessen nach İslamlar
(→ Kalkan/Essen & Trinken, S. 156).

Essen & Trinken   Das Gros der Restaurants und Pensionsküchen in Patara ist empfehlenswert. Stets gelobt werden die Restaurants der **Pensionen Flower** und **St. Nicholas** (s. o.). Authentisch-türkische Küche (allerdings ohne Bier, Wein oder

Rakı) wird zudem im **Restaurant Tlos** im Zentrum serviert. Auch die **Durak Lokantası** ein paar Schritte weiter wird von Lesern gelobt.

Nachtleben   Patara ist kein Ort für Partypeople! Ein beliebter Treffpunkt am Abend ist jedoch die **Camel Bar**. Schöner Open-Air-Bereich mit osmanischen Ecken. In der Saison gibt es zuweilen Livemusik ab 22 Uhr, manchmal macht man auch auf Disco. Im Zentrum schräg gegenüber dem Atatürk Parkı.

Baden/Sport

Baden   Der kilometerlange Strand ist nur über wenige Zufahrtsmöglichkeiten zu erreichen. Die südlichste, an Gelemiş und dem Ruinenfeld Pataras vorbei, führt zu jenem Abschnitt, der als Patara-Strand bezeichnet wird. Er ist der schönste, aber zugleich der meistfrequentierte und außerdem gebührenpflichtig. Ein paar Kilometer nördlich davon liegt der Strandabschnitt namens Çay Ağzı und noch weiter nordwestlich der Kumluova Plajı.

Patara-Strand: Im Sommer tägl. 9–19 Uhr, im Winter 8–17 Uhr. Patrouillen sorgen für die Einhaltung der Zeiten. Eintritt zum Strand und Ausgrabungsort (s. u.) – die Straße führt hindurch – 2,10 €. Wer in Patara nächtigt, kann eine *Plaj Kartı* für 3,20 € kaufen, mit der man 10-mal zum Strand darf (die Karte ist übertragbar; Paaren, die stets gemeinsam den Strand aufsuchen, genügt eine). Seitdem die Strand-

bar von der Kommune geleitet wird, ist das Bier dort so billig wie fast nirgendwo! Liegestuhl- und Sonnenschirmverleih. Lifeguards. Dolmuşe zum Strand in der HS halbstündl. vom Zentrum.

Wer von Gelemiş aus kostenlos an den Strand möchte und zudem noch die imposantesten Dünen sehen will, dem sei folgende Route empfohlen (zu Fuß oder mit dem Fahrzeug): In Gelemiş zweigt man, von der D 400 kommend, bei der Golden Pension rechts ab, beim Minikreisverkehr 150 m weiter links, dann stets auf der Straße bergauf bleiben. Man passiert u. a. die Pension Zeybek 2 und weiter oben am Hang eine Ferienhaussiedlung mit Reihenhäuschen. Ca. 250 m hinter den Reihenhäuschen (am höchsten Punkt), wenn die Straße nach rechts abschwenkt, den Schotterweg nach links nehmen. Dieser führt durch einen Pinienwald zu den großen Dünen. Von dort bis zum Meer noch ca. 10 Min., vom Zentrum insgesamt ca. 3,5 km – ein schöner längerer Spaziergang.

Çay Ağzı: Der öffentliche Strandabschnitt an einer Flussmündung (ungefähr in der Mitte des über 12 km langen Strandes) gehört zur Gemeinde Ova. Keine Anbindung mit öffentlichen Verkehrsmitteln. Anfahrt: Patara auf seiner Zufahrtsstraße vorbei an der Flower Pension verlassen, nach 900 m kurz vor der Brücke links ab, dann noch ca. 6 km bis zum Strand auf unbefestigter Piste. Die dortige Strandbar ist nicht immer in Betrieb.

Kumluova Plajı: Bezeichnet das nördliche Ende des über 12 km langen Sandstrandes. Weite Dünenlandschaft, der Strand selbst ist schmaler als die anderen Abschnitte. In der Saison mit Strandbar, außerhalb etwas trostlos. Um zum Strand zu gelangen, folgt man zuerst der Beschilderung zum Ausgrabungsgelände Letoon (→ S. 171), bis der Strand selbst ausgeschildert ist.

Wer zur Abwechslung einer kleinen gemütlichen Bucht den Vorzug gibt, kann einen Ausflug in die **Bucht von Kaputaş** (→ S. 158) machen oder der Wanderung 7 (→ Kleiner Wanderführer, S. 263) folgen.

Düne am Strand von Patara

Reiten Ausritte bietet Patara Horse Riding (www.patarahorseriding.com). Dahinter steckt Mehmet von **Kırca Travel** (→ Organisierte Touren). 34 € für 2 ½ Std., Tagestour inkl. Essen 60 €. Auf Anfrage auch 5-Tages-Ritte nach Fethiye.

Wandern   → Kleiner Wanderführer/Wanderung 7, S. 263. Geführte Touren auf dem *Likya Yolu* bietet die Deutsche **Christiane Kurt**. 50 €/Tour und Gruppe. ✆ 0541/612984 (mobil), christianekurt@hotmail.de.

Patara – die Ruinenstadt

Patara, vermutlich seit dem 7. Jh. v. Chr. besiedelt, gehörte zu den führenden Städten des Lykischen Bundes. Die Stadt besaß wie Tlos, Pınara und Xanthos das dreifache Stimmrecht und verwaltete auch das Archiv des Bundes. Zugleich konnte Patara einen der Haupthäfen des Landes aufweisen. Da alle herrschenden Mächte in der Geschichte der Stadt diesen Hafen für ihre Flotten nutzten, war Patara weit über die Antike hinaus ein blühender Ort. In römischer Kaiserzeit wurde Patara zum Sitz des Statthalters von Lykien und Pamphylien und überflügelte gar Xanthos. Damit verbunden war eine rege Bautätigkeit, aus jener Zeit stammen auch die meisten heute noch erhaltenen Ruinen. Die Apostelgeschichte erwähnt Patara als Station auf der dritten Missionsreise des Paulus. Um 290 wurde hier der berühmte Weihnachtsmann geboren, der Nikolaus (→ S. 137).

Von alters her kämpfte die Stadt gegen den Sand an, den ein heute verlandeter Seitenarm des Xanthos-Flusses anschwemmte und der ständig die Hafeneinfahrt zu blockieren drohte. Als der Hafen schließlich nicht mehr zu retten war, folgte Pataras Niedergang. Vor rund 800 Jahren wurde Patara aufgegeben.

Seit 2004 werden unter Leitung der *Akdeniz Üniversitesi* in Antalya umfangreiche Grabungen durchgeführt. Dabei stieß man mit der Entdeckung verrußter Steine auf den „wirklichen" Leuchtturm des antiken Pataras – bis dato hielt man einen anderen Steinhaufen dafür –, was zur Folge hatte, dass die Patara-Pläne sämtlicher Reiseführer neu gezeichnet werden mussten. Für die Ausgrabung des Leuchtturms transportierte man rund 5000 Lkw-Ladungen Sand ab. Der Leuchtturm wurde unter Nero um 60 n. Chr. errichtet und gilt damit als der älteste erhaltene Leuchtturm der Welt. Für den Einsturz des Turms macht man einen Tsunami verantwortlich. Denn anhand der Lage der ausgegrabenen Steine – es sind nahezu alle vorhanden – weiß man, dass der Turm seitwärts wegkippte und nicht, wie beispielsweise infolge eines Erdbebens, in sich zusammenstürzte. Der Leuchtturm mit einer Gesamthöhe von 20 m soll wieder aufgebaut werden, mit dem Unterbau ist man schon fertig. Auch andernorts auf dem Gelände ist die Akdeniz-Universität überaus aktiv, es werden Säulen wieder aufgestellt und Mauerquader aufgeschichtet.

Sehenswertes: Antike Schriften berichten von einer Orakelstätte des *Apollon Patareus*, von dem in Patara bis heute aber keine Spuren gefunden wurden. Vielleicht war damit das Apollonheiligtum in der nahe gelegenen Tempelstadt Letoon gemeint. Aber auch ohne Apollonorakel lohnt eine Besichtigung des Ruinengeländes, es dösen genügend andere Bauwerke einsam in der Hitze.

Bereits auf dem Weg zum Grabungsgelände (zugleich die Straße zum Strand) passiert man *Tempelgräber* und *Sarkophage*. Dazwischen sieht man die Ruine einer *Kirche* samt Friedhof. Gleich hinter der sog. *Tepecik-Nekropole* steht der prächtige *Triumphbogen des Metius Modestus* (100 n. Chr.). Er zählt zu den besterhaltenen römischen Bauwerken der Türkei. Von den drei Bögen und den sie tragenden dicken Pfeilern fehlt kaum ein Stein – nur die Büsten vermisst man. Hinter dem Triumphbogen (Richtung Theater) erstrecken sich die Ruinen des *Hafenbades*. Noch bis zu 10 m hoch ragen die Mauern auf. 2013 fanden hier umfangreiche Grabungen statt.

Folgt man weiter dem gepflasterten Weg zum Theater in Richtung Süden, passiert man das einst monumentale *Vespasian-Bad* (rechter Hand), das an die Agora grenzte. Das große Caldarium, Tepidarium und Frigidarium lassen die einstige Pracht erahnen. Das *Theater* selbst wird als eines der schönsten Lykiens gehandelt. Im Innern war es noch bis vor wenigen Jahren von Flugsand verschüttet, mittlerweile ist es freigeschaufelt. Zwischen dem Theater und dem Vespasian-Bad steht das jüngst wieder aufgebaute – selbst Türen hat man wieder eingehängt – *Bouleuterion* mit 1455 Sitzen. Hier tagte der Lykische Bund, das erste demokratische Parlament der Welt (→ Xanthos, S. 167). Vor der Fassade des Bouleterions sind Inschriftensteine aufgereiht.

Vom Bouleuterion führte die *Kolonnadenstraße* zum Hafen, heute endet sie im Morast. Jedes Jahr jedoch geben ihr die Archäologen etwas von der alten Pracht zurück. Entlang der Kolonnadenstraße passiert man das *Zentralbad* von Patara (rechter Hand Ausschau halten). Vom heutigen Ende der Kolonnadenstraße ist der Weg zum Leuchtturm ausgeschildert. Er führt vorbei an einem kleineren *Bad* (linker Hand), am *Prostylos-Tempel* (im Dickicht rechter Hand) und einer Ummauerung (ebenfalls rechter Hand). Hinter dieser stehen u. a. noch die Reste einer *Kapelle*, einer weiteren *Kirche*, eines *Brunnenhauses* und einer *Stoa*. Danach durchquert man, heute trockenen Fußes, das antike Hafenbecken. Vom bereits angesprochenen *Leuchtturmfundament* kann man sich noch einen Weg zu einem Kornspeicher

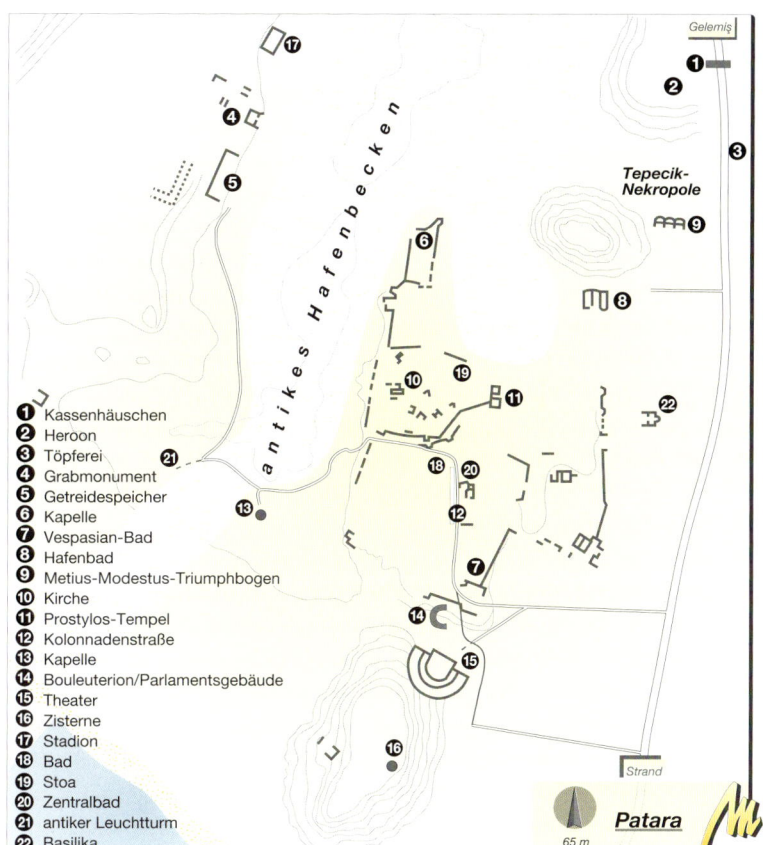

❶ Kassenhäuschen
❷ Heroon
❸ Töpferei
❹ Grabmonument
❺ Getreidespeicher
❻ Kapelle
❼ Vespasian-Bad
❽ Hafenbad
❾ Metius-Modestus-Triumphbogen
❿ Kirche
⓫ Prostylos-Tempel
⓬ Kolonnadenstraße
⓭ Kapelle
⓮ Bouleuterion/Parlamentsgebäude
⓯ Theater
⓰ Zisterne
⓱ Stadion
⓲ Bad
⓳ Stoa
⓴ Zentralbad
㉑ antiker Leuchtturm
㉒ Basilika

Patara

aus der römischen Kaiserzeit suchen, dem sog. *Granarium,* dem lediglich das Dach fehlt. Zu sehen gibt es darüber hinaus noch Reste weiterer *Thermen,* die *Stadtmauer,* mehrere *Nekropolen* etc. Doch es sind nicht allein die Ruinen, die den Reiz der Stätte ausmachen. Was fasziniert, ist die einzigartige Kombination aus wildem, ungebändigtem Steppenland und unbeschreiblich schönem Strand am türkisblauen Meer. Paul Klee und August Macke wären nie bis Tunis gekommen, wenn ihre Anreise durch Patara geführt hätte ...

Öffnungszeiten/Eintritt wie für den Strand (→ S. 162). Die Karte berechtigt auch zur Strandbenutzung.

🚶 Wanderung 7: Von Patara zu einsamen Buchten   → S. 263
Schöne, aber lange Tour – Abenteuerlustige beenden sie in Kalkan.

Caretta caretta

Die bis zu zwei Zentner schwere und bis zu einem Meter lange „Unechte Karettschildkröte" *(Caretta caretta)* verbringt wie alle Meeresschildkröten ihr gesamtes Leben im Wasser. Lediglich zur Eiablage kommen die weiblichen Tiere an Land. Dabei suchen sie – wie Touristen auch – insbesondere von Mitte Juni bis Mitte August feinsandige Strände auf. Während die Touristen jedoch tagsüber kommen, erscheinen die Schildkröten nachts. Werden die Schildkröten auf dem Weg zur Eiablage durch Geräusche, Lichtquellen oder auch Hindernisse wie Sonnenliegen gestört, kehren sie unverrichteter Dinge ins Meer zurück und verlieren dort unter Umständen ihre Eier. Für die Eiablage selbst graben die Schildkröten ein Nest. Nach getaner Arbeit bedecken sie die tischtennisballgroßen Eier mit Sand. Nach ca. 60 Tagen ist das Gelege von der Sommersonne ausgebrütet und die Schlüpflinge graben sich einen Weg ins Freie. Das geschieht meist nachts. Um dann den Weg ins Meer zu finden, orientieren sich die winzigen Kröten an der hellsten Fläche – i. d. R. dem im Mondlicht glänzenden Wasser. Diesen Weg prägen sich die weiblichen Tiere für ihr ganzes Leben ein: Nach 20 bis 30 Jahren und Tausenden geschwommenen Kilometern kehren sie genau an diese Stelle zurück, um ihrerseits Eier abzulegen. Das bedeutet, dass die wenigen, noch heute von Schildkröten aufgesuchten Strände in ihrer natürlichen Form erhalten bleiben müssen, will man nicht das Aussterben der noch verbliebenen Population verantworten. Verhaltensmaßnahmen zum Artenschutz:

- Meiden Sie Niststrände zwischen Sonnenuntergang und -aufgang.
- Schaffen Sie keine künstlichen Lichtquellen hinter dem Strand (Lagerfeuer, Autoscheinwerfer etc.) – die Jungtiere krabbeln sonst in die falsche Richtung und vertrocknen am Folgetag qualvoll in der Sonne!
- Halten Sie sich beim Sonnenbad möglichst nicht weiter als 5 m von der Uferlinie auf. Im meernassen Bereich vergraben die Schildkröten keine Eier. Hier können Kinder bedenkenlos im Sand buddeln und Sie einen Sonnenschirm hineinstecken, ohne Gefahr zu laufen, ein Gelege zu zerstören oder den Brutvorgang durch künstlichen Schatten zu verlängern.
- Berühren Sie auf keinen Fall frisch geschlüpfte Jungtiere.

Den Strand von Patara lieben auch Schildkröten

Harpyienmonument und Pfeilersarkophag: die Wahrzeichen von Xanthos

Zwischen Patara und Fethiye

Die Hauptverbindungsstraße zwischen Kalkan und Fethiye, die an Patara vorbei-
führt, zieht sich zunächst weit abseits der Küste durchs Landesinnere gen Norden.
Bei der Ortschaft Uğurlu schwenkt sie dann nach Westen, wieder auf die Küste zu.
Im ersten Abschnitt verläuft sie durch eine bäuerlich geprägte, weite Ebene, vorbei
an einsamen Bauerndörfern. Im Westen wird die Ebene vom Bergrücken des
Elmacık Dağı begrenzt, im Osten vom Ak Dağı und vom Yumru Dağı. Bis in den
April zeigen sich deren Gipfel schneebedeckt.

Dieser Streckenabschnitt bietet jedoch mehr als nur landschaftliche Reize. Rechts
und links der Straße liegen antike Ausgrabungsstätten wie Xanthos, Letoon,
Sidyma, Pınara oder Tlos. Und dazwischen, etwa auf der halben Strecke zwischen
Patara und Fethiye, lohnt ein Abstecher in die imposante Saklıkent-Schlucht.

Xanthos (antike Stadt)

Das Welterbe erstreckt sich auf einem Felsen hoch über dem Flusslauf des
Eşen Çayı. Seine Berühmtheit verdankt das Ruinengelände vorrangig eini-
gen Grabmonumenten. Die Orchestra des Theaters liegt hingegen voller
Trümmer und auch viele andere Bauten verfallen im unwegsamen Gelände.

Xanthos war eine der mächtigsten lykischen Städte und stand in späthellenistischer
und römischer Zeit dem Lykischen Bund vor. Dieser bestand aus 20 Städten und
wurde von einer Volksvertretung und einer Art Präsidenten regiert – die Lykier
schufen damit die erste „Republik" der Welt. Das Ausgrabungsgelände beherbergt
Ruinen aus lykischer, hellenistischer, römischer und byzantinischer Zeit. Bei den

verlustreichen Eroberungen der Stadt im Laufe der Jahrtausende ist es fast ein Wunder, dass noch so viel erhalten ist.

Gründer der Stadt waren laut Herodot kretische Kolonisten. Überliefert ist die Furcht der Xanthier, unterworfen zu werden. Herodot vermeldet den „heldenhaften" Kampf gegen die anrückenden Perser (545 v. Chr.), der mit dem Tod nahezu aller Bewohner endete: *„Von den jetzigen Xanthiern sind die meisten, außer achtzig Familien, Zugewanderte: Diese achtzig Familien aber waren damals (bei der Belagerung durch die Perser) gerade abwesend und blieben nur deshalb am Leben."* Die anwesenden Männer hingegen hatten beim Anrücken des weit überlegenen persischen Heeres ihre Familien in die Akropolis gebracht und die Burg in Brand gesetzt. Sie selbst ließen sich im Verlauf des aussichtslosen Kampfes niedermetzeln.

Die Überlebenden und die Zugezogenen bauten Xanthos wieder auf, doch lange währte ihre Arbeit nicht, im 5. Jh. machte ein Großfeuer die Stadt zunichte. Die folgenden Generationen sollten für rund drei Jahrhunderte mehr Glück haben. Geschickte Diplomatie sicherte den Xanthiern immer wieder autonome Phasen, dazu Frieden und Wohlstand. Das änderte sich 42 v. Chr.: Der von Oktavian gejagte Cäsarmörder Brutus belagerte die Stadt und bei der Einnahme von Xanthos spielten sich schließlich ähnlich schreckliche Szenen ab wie 500 Jahre zuvor. Die Männer brachten ihre Frauen und Kinder um und begingen anschließend kollektiven Selbstmord. Brutus setzte daraufhin gar eine Belohnung für jeden geretteten (!) Xanthier aus und bewahrte so 150 Bürger vor dem Tod. In der Kaiserzeit wurde Xanthos Provinzhauptstadt, unter Byzanz Bischofssitz. Die Angriffe der Araber im 8. Jh. läuteten das Ende der Stadtgeschichte ein. Wiederentdeckt wurde Xanthos wie Tlos und Pınara in den 1840ern von dem Engländer Sir Charles Fellows. 1988 wurde Xanthos zusammen mit Letoon von der UNESCO zum Welterbe erhoben. Seit 2010 gräbt hier die *Akdeniz Üniversitesi* aus Antalya.

Öffnungszeiten Mai–Okt. tägl. 9–19 Uhr, Nov.–April 8–17 Uhr. 2,10 €.

Anfahrt/Verbindungen Von der Hauptverbindungsstraße Kalkan – Fethiye aus beschildert. Wer ohne eigenes Fahrzeug unterwegs ist, nimmt am besten an einer der zahlreichen organisierten Touren teil.

Kanufahrten Kanufahrten von Xanthos bis zum Patara-Strand bietet u. a. die Kırca Travel Agency aus Patara (→ S. 161). Länge 15 km. Inkl. abschließendem Barbecue und Transfer von Patara 23 € (nahezu tägl.), von Fethiye 35 € (2-mal wöchentl.), von Kaş 32 € (1-mal wöchentl.) und von Kalkan 28 € (3-mal wöchentl.).

Sehenswertes: Vom Parkplatz sind es nur wenige Schritte zum *Theater,* das aus dem 2. Jh. v. Chr. stammt. Während die Sitzreihen relativ gut erhalten sind, steht vom ursprünglich zweistöckigen Bühnenhaus nicht mehr viel. Vermutlich war es einst überaus prunkvoll, da für dessen Ausschmückung Opramoas, ein reicher Mäzen (→ S. 125), rund 1200 Aureen stiftete, was rund 10 kg Gold entsprach. Von der Orchestra konnte lediglich der östliche Zugang genutzt werden, der westliche war eine Attrappe.

Dahinter erheben sich das *Harpyienmonument* und ein *Pfeilersarkophag.* Das viereckige Harpyienmonument besteht aus einem 5,4 m hohen Monolithpfeiler, der oben, unter einem Flachdach, mit den Reliefs sitzender Gestalten geschmückt ist, die Fruchtbarkeitssymbole (Hahn, Ei, Granatapfel) entgegennehmen. Dazu sieht man Harpyien – Sagengestalten, halb Frau, halb Vogel –, die dem Monument ihren Namen gaben. Diese Reliefs – Kopien, die Originale befinden sich in London – gelten als eine Besonderheit lykischer Bildhauerkunst. Warum man die Toten in dieser luftigen Höhe beisetzte, ist ein ungelöstes Rätsel.

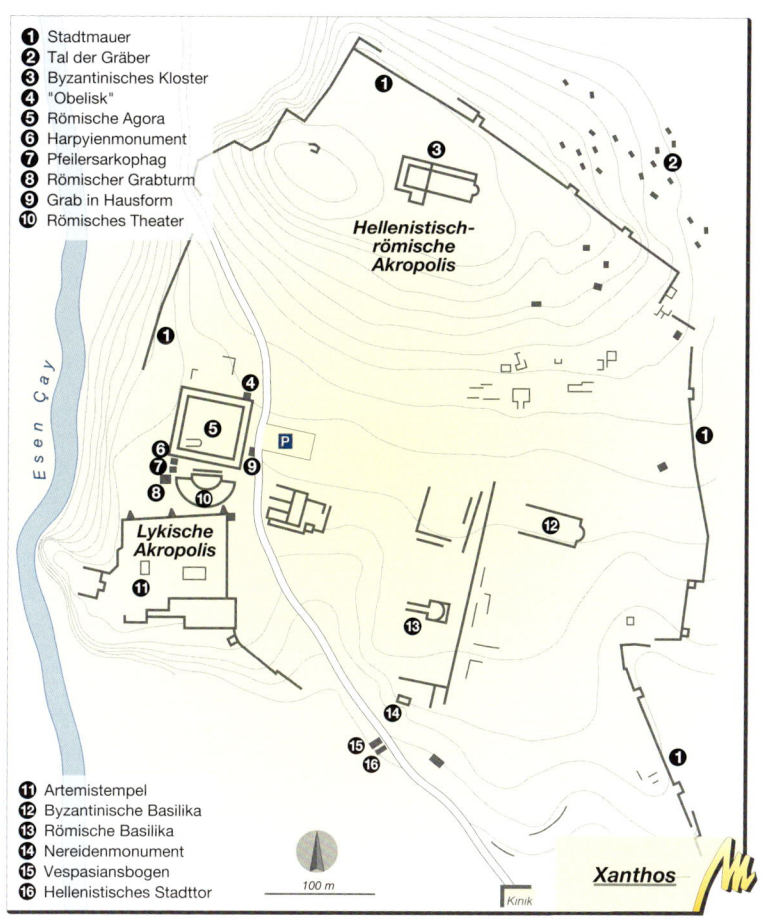

1 Stadtmauer
2 Tal der Gräber
3 Byzantinisches Kloster
4 "Obelisk"
5 Römische Agora
6 Harpyienmonument
7 Pfeilersarkophag
8 Römischer Grabturm
9 Grab in Hausform
10 Römisches Theater

*Hellenistisch-
römische
Akropolis*

Esen Çay

*Lykische
Akropolis*

P

11 Artemistempel
12 Byzantinische Basilika
13 Römische Basilika
14 Nereidenmonument
15 Vespasiansbogen
16 Hellenistisches Stadttor

100 m

Kınık

Xanthos

Zwischen Patara und Fethiye

Der Pfeilersarkophag daneben ist ein Doppelgrabmal. Aus hellenistischer Zeit stammt der pfeilerförmige Sockel, der in der Mitte hohl und für die Aufnahme eines Sarges bestimmt ist. Auf diesen wurde Jahrhunderte später ein zweiter Steinsarkophag mit Spitzbogendeckel gestellt. Ganz in der Nähe befindet sich außerdem ein *lykisches Grab in Hausform.*

Vor dem ehemaligen Bühnengebäude des Theaters lag einst die *Agora,* die von einer Säulenhalle umgeben war. Erhalten blieb der sog. *Obelisk* an der Nordostecke. Die Bezeichnung ist allerdings irreführend, denn es handelt sich um eine Grabkammer, die an der Außenseite mit Inschriften verziert ist. Der 250 Zeilen lange Text, die längste bekannte Inschrift Lykiens, listet die Heldentaten des Kherei auf. Kherei, der Sohn des persischen Feldherrn Harpagos, besiegte 429 v. Chr. die attische Flotte. Wer des Lykischen nicht mächtig ist, dafür aber etwas Griechisch kann, liest die zwölfzeilige, griechische Zusammenfassung am Ende. Wer beide Sprachen nicht beherrscht, besitzt das gleiche Bildungsdefizit wie die Autoren.

Einer seiner größten Attraktionen wurde Xanthos jedoch Mitte des 19. Jh. durch Sir Charles Fellows beraubt: Das *Nereidenmonument,* einer der bedeutendsten Grabbauten der Südwesttürkei, steht heute im *British Museum* von London. Lediglich den Unterbau ließ man zurück. Fürs geistige Auge: Das Monument besitzt einen typisch lykischen, rechteckigen Sockel mit umlaufendem Marmorfries, darüber erhebt sich ein ionischer Tempel. Vermutet wird, dass es Pate für den Grabbau des Mausolos in Halikarnassos (heute Bodrum) stand, von dem sich der Begriff Mausoleum ableitet.

Leto und Lykien

Leto, die Geliebte des Zeus und von diesem schwanger, wurde von dessen Gattin Hera eifersüchtig verfolgt. Kein Land der Welt wagte es, die Flüchtende aufzunehmen. Auf der im Meer treibenden Insel Delos gebar sie schließlich die Götterzwillinge Artemis und Apollon. Als sie danach weiter mit ihren Kindern rastlos durch die Länder zog, kam sie an den Xanthos-Fluss. Hier wollte sie ihre Säuglinge waschen, aber Hirten hinderten sie daran. Zu ihrer Überraschung erschienen ein paar Wölfe, die die Hirten vertrieben. Zum Dank nannte Leto das Land Lykien. Auch wenn die Bezeichnung Lykien nach neueren Erkenntnissen etymologisch nicht von *Lykos* (Wolf) herzuleiten ist, bleibt die Geschichte allemal schön und wird von vielen Führern gern erzählt.

Letoon   (antikes Heiligtum)

Das nur 4 km von Xanthos entfernt gelegene Letoon war das Hauptheiligtum des Lykischen Bundes, wo man sich alljährlich zu Kultfeiern und Wettkämpfen versammelte. Heute ist es ein kleines Ruinenfeld. Als erstes fällt das **Theater** ins Auge, das trotz der recht gut erhaltenen Zuschauerreihen wenig spektakulär ist. Ein paar Schritte hinter dem Kassenhäuschen ragen die Säulenstümpfe eines **Portikus** aus einem Teich hervor – einst ein Prachttor, das den heiligen Bezirk gen Norden abschloss. Einige schön bearbeitete Steine verlieren sich im flachen Wasser.

Dahinter standen die drei **Haupttempel** Letoons eng nebeneinander. Man vermutet aufgrund einer Widmung in einem Opferstein, dass der westliche Tempel (zur Straße hin) mit den Ausmaßen von 30 x 15 m der Göttin Leto geweiht war. Dieser wurde ansatzweise rekonstruiert, bis zu sechs Steinlagen wurden wieder aufgeschichtet. Auch drei Säulen ragen wieder in die Höhe. Von dem kleinen Artemis-Tempel daneben, bei dem die nach vorne gezogenen Seitenwände eine Vorhalle bildeten, ist außer dem Fundament wenig erhalten geblieben. Auch vom dritten Tempel der Gruppe, dem östlichen, der dem Apollon geweiht war, ist nicht viel erhalten. Südlich der Haupttempel liegen die Trümmer einer im 7. Jh. zerstörten **byzantinischen Kirche**, westlich davon Reste eines gigantischen Brunnentempels, des **Nymphäums**.

Ganz nebenbei: Der bedeutendste Fund von Letoon befindet sich heute im Museum von Fethiye. Es handelt sich um eine 1973 nahe der Tempelanlage entdeckte Stele. Deren Inschriften in Aramäisch, Griechisch und Lykisch trugen zur Entzifferung der lykischen Sprache bei.

Das vielbesuchte Letoon

Öffnungszeiten Mai–Okt. tägl. 9–19 Uhr, Nov.–April 8–17 Uhr. 3,40 €.

Anfahrt/Verbindungen Von der Hauptverbindungsstraße zwischen Kalkan und Fethiye ausgeschildert. Nichtmotori-sierte nehmen am besten an einer der zahl-reichen organisierten Touren teil. Xanthos und Letoon verbindet übrigens ein Teil-stück des *Lycian Way*, Gehzeit ca. 1 Std. 40 Min. (kein schöner Weg).

Sidyma
(antike Stadt)

Sidyma, eine im 5. Jh. v. Chr. gegründete lykische Siedlung, ist bei weitem keine der antiken Stätten, die man gesehen haben muss. Außer Wanderer auf dem *Likya Yolu* kommen auch kaum Touristen vorbei. Dennoch ist der Ausflug in die karge Berg-welt ein Erlebnis. Auf und zwischen den Ruinen – die meisten stammen aus der römischen Kaiserzeit – stehen die Behausungen und Stallungen der heute hier le-benden Bauern. Wer umherstreift, bekommt Einblicke in das harte Leben abseits der Moderne. Die Dorfbuben führen Sie zu den sehenswerten Grabbauten und an-deren Relikten der Antike. Noch lieber aber beweisen sie ihre Steinschleuderkünste. Bestimmen Sie als Ziel aber bitte nicht den Spatz in der Luft – die Jungs treffen! Südlich von Eşen von der Verbindungsstraße Fethiye – Kalkan ausgeschildert. Von da noch rund 11 km. Eine weitere Abzweigung befindet sich direkt bei Eşen, von dort jedoch noch 17 km. Keine Dolmuşanbindung.

Pınara
(antike Stadt)

Einst zählte Pınara, wie Tlos, zu den sechs bedeutendsten lykischen Städten, heute liegt es im touristischen Abseits. Zu Unrecht. Zwar sind die steinernen Überreste der antiken Stadt mit Ausnahme der Nekropolen und des Theaters eher beschei-den, ihre atemberaubende Lage in einer unberührten Landschaft mit Blick auf die hohen Taurusberge lässt jedoch einen Besuch zum Erlebnis werden.

Über die Geschichte Pınaras ist nur wenig bekannt. Laut antiken Quellen wurde die Stadt als Ableger des im 4. Jh. überbevölkerten Xanthos gegründet. Weitere Quellen berichten davon, dass sich die Stadt als eine der wenigen Lykiens kampflos Alexander dem Großen unterwarf. Was sich in Pınara in der römischen Kaiserzeit ereignete, ist relativ unbekannt. Das Gleiche gilt für die byzantinische Zeit, in der Pınara Bischofssitz wurde. Man nimmt an, dass die Stadt im Mittelalter nach einem Erdbeben aufgegeben wurde und die Bewohner die nahe gelegene Ortschaft Minare Köy gründeten. Viele Häuser wurden dort mit antiker Bausubstanz errichtet.

Das antike Pınara erstreckte sich auf mehreren Ebenen. Auf der untersten, wo man heute auch parkt, liegt das **Theater** mit 27 Sitzreihen. Von seiner Orchestra sind nur noch die Fundamente erhalten. Vom Parkplatz führt ein Pfad zum großen **Königsgrab** (Kral Mezarı), lassen Sie sich die Richtung vom Wärter zeigen. Die Kassetten der Fassade sind schwer in Mitleidenschaft gezogen. Türsturz und Vorhalle sind mit Reliefs verziert, in der Vorhalle zeigen sie befestigte Städte. Von dort führt der Weg weiter bergauf durch ein urwüchsiges, schmales Bachtal voller Schmetterlinge zu einer Felsterrasse. Auf ihr liegen die fast völlig zerstörte **Agora** und das **Odeion**, das vermutlich zugleich als Bouleuterion diente. Dahinter steigt eine 450 m hohe Felswand senkrecht auf, die wabenartig von mehr als 900 Felsengräbern

Lykische Felsengräber – Wahrzeichen eines rätselhaften Volkes

Zwischen der Bucht von Antalya und dem Köyçeğiz-See beeindrucken eigenartige Grabanlagen – Pfeiler-, Sarkophag- und insbesondere Felsengräber, die in ihrer Form außerhalb Kleinasiens nirgendwo entdeckt wurden. Viele der steinernen Grabhäuser imitieren Fachwerkkonstruktionen mit Quer- und Längsbalken, wie sie einst auch für den Bau von Speichern verwendet wurden. Sie entstanden zwischen dem 6. und 4. Jh. v. Chr. und sind die Hinterlassenschaft der Lykier.

Für die Wissenschaft sind die Lykier noch immer ein Volk voller Rätsel. Man weiß weder Verlässliches über ihre ethnische Identität noch hat man gesicherte Daten über ihre Herkunft. Gewiss ist lediglich, dass es zunächst die Bewohner des Xanthos-Tals waren, die als Lykier bezeichnet wurden. Das geht aus attischen Tributlisten hervor, in denen sie unter diesem Namen geführt wurden. Die Lykier selbst scherten sich allerdings wenig darum und bezeichneten sich noch bis ins 4. Jh. v. Chr. auf Grabinschriften und Münzen als Termilen. Tatsache ist auch, dass die Lykier infolge ihrer Abgeschiedenheit durch die hohen Berge des Taurus in vorrömischer Zeit nur wenig Austausch mit anderen Kulturen hatten. So konnte hier eine geschlossene Kulturlandschaft mit eigener Schrift (das lykische Alphabet kannte 19 griechische und zehn eigene Buchstaben) und eigener Sprache entstehen. In vorrömischer und römischer Zeit war die Region dicht besiedelt. Der Export von Holz, Olivenöl und die Purpurgewinnung sorgten für Wohlstand.

Gänzlich unbeantwortet ist bis heute die Frage, worauf sich die Jenseitsvorstellung der Lykier gründete, die sie zum Bau der eigenartigen Grabanlagen in luftiger Höhe anregte. Zwar werden die Kenntnisse über die Lykier ab der Zeit der Hellenisierung etwas fundierter, doch das Wissen hilft nicht viel weiter, denn die eigenartige lykische Grabbaukunst endete zu Beginn der hellenistischen Epoche.

❶ Theater
❷ Tempel
❸ Stadtmauer
❹ Odeion
❺ Thermen
❻ Königsgrab
❼ Agora
❽ Felsgräber
❾ Obere Festungsanlage

Pınara

50 m

Zwischen Patara und Fethiye

durchsetzt ist. Zum Bau dieser Gräber wurden Strickleitern und Hängegerüste herabgelassen. Oberhalb der Felswand lag einst die **Akropolis**, die vorwiegend als Fluchtburg diente.

Öffnungszeiten Tägl. 9–19 Uhr, im Winter 8–17 Uhr, das Gelände ist jedoch nicht umzäunt. 2,10 €.

Anfahrt/Verbindungen Pınara liegt ca. 40 km nördlich von Kalkan und 48 km südlich von Fethiye. Von der Hauptverbindungsstraße ist die Abzweigung ausgeschildert.

Die letzten 2 km zur Ausgrabungsstätte sind allerdings in einem schlechten Zustand. Von dem kleinen Parkplatz sind die Ruinen der Stadt noch nicht zu sehen (dafür muss man durchs Gebüsch – feste Schuhe sind ratsam), wohl aber die Felsengräber. Keine Dolmuşanbindung.

Saklıkent-Schlucht

Der imposante Cañon, der den Status eines Nationalparks hat, liegt auf halber Strecke zwischen Patara und Fethiye am Fuße des Lykischen Taurus. Senkrecht abstürzende, bis zu 300 m hohe Felswände flankieren einen tobenden Fluss. An einer der Felswände führt ein gesicherter Holzsteg einige Meter über der Wasseroberfläche in die Schlucht hinein. Nach ca. 150 m ist die Engstelle passiert, hier teilt sich das Tal, der Fluss strömt nun ruhig dahin. Wer noch weiter möchte, kann die Schuhe ausziehen und durchs Wasser waten – das erste Stück der insgesamt 13 km langen Schlucht ist problemlos begehbar und sehr eindrucksvoll. Ach ja: Der Schlamm des Flussbetts gilt als heilsam. In entgegengesetzter Richtung, also flussabwärts zur Küste hin, werden Raftingtouren angeboten (→ Übernachten/Camping). Nahe dem Eingang befinden sich zahlreiche Forellenlokale mit Holzplattformen direkt über dem Wasser.

Saklıkent-Schlucht

Verbindungen/Anfahrt   Saklıkent steht fest auf dem Programm sämtlicher Tourenveranstalter von Kalkan bis Fethiye. Per **Dolmuş** gelangt man im Sommer vom Dolmuşbahnhof in Fethiye nahezu alle 30 Min. nach Saklıkent, Fahrtzeit 1 Std. Von Patara oder Kalkan nimmt man einen Bus Richtung Fethiye, lässt sich an der Kreuzung bei Uğurlu absetzen und steigt dort auf das Dolmuş von Fethiye zur Schlucht auf.

Für Selbstfahrer ist die Anfahrt von der Hauptverbindungsstraße zwischen Kalkan und Fethiye ausgeschildert.

Öffnungszeiten   Im Sommer tägl. 8.30–19 Uhr, im Winter 9–17 Uhr. 2,40 €, erm. 1,20 €.

Ausrüstung   Am Eingang zur Schlucht werden Gummischuhe zum leichteren Durchwaten des Flusslaufes verliehen. Geeignetes Schuhwerk aber besser selber mitbringen. Zudem ist es sinnvoll, Wertsachen im Hotel zu lassen bzw. in einen wasserdichten Sack zu packen und in Badeklamotten zu kommen.

Übernachten/Camping   Gorge Club, betreibt nicht nur ein nettes Forellenrestaurant, sondern auch einen simplen Campingplatz und vermietet zudem 12 einfache, aber geräumige Baumhäuser (ohne Bad) sowie 6 Holzbungalows (mit Bad). Netter Poolbereich. Organisiert werden auch Raftingfahrten (40 Min. 15 €, 2 ½ Std. 30 €). 2 Pers. mit Wohnmobil 10 €, Baumhäuser 21 €/Pers., Bungalow 32 €/Pers. Am Ausgang der Schlucht, ✆ 0252/6590074, www.gorgeclub.com.

Tlos   (antike Stadt)

Die Ruinenstadt liegt rund 65 km nördlich von Kalkan und 42 km südöstlich von Fethiye. Funde wie die eines Bronzebeils lassen vermuten, dass ihre Ursprünge bis ins 2. Jt. v. Chr. zurückreichen. Laut hethitischen Quellen aus dem 14. Jh. v. Chr. gab es hier eine Ansiedlung namens *Dalawa*. In lykischer Zeit wurde daraus Tlava, wie Münzfunde belegen. Tlava war eine der mächtigsten Städte der lykischen Küste, im Rat der Städte besaß sie dreifaches Stimmrecht. Von einem Hügel aus, der heute von den Umfassungsmauern einer byzantinischen Burg gekrönt ist, kontrollierten die Stadtbewohner in strategisch bester Lage das gesamte Xanthos-Tal.

In der römischen Kaiserzeit (ab dem 2. Jh.) erhielt Tlos den Titel „glänzendste Metropolis der lykischen Nation". Im Byzantinischen Reich war die Stadt immerhin

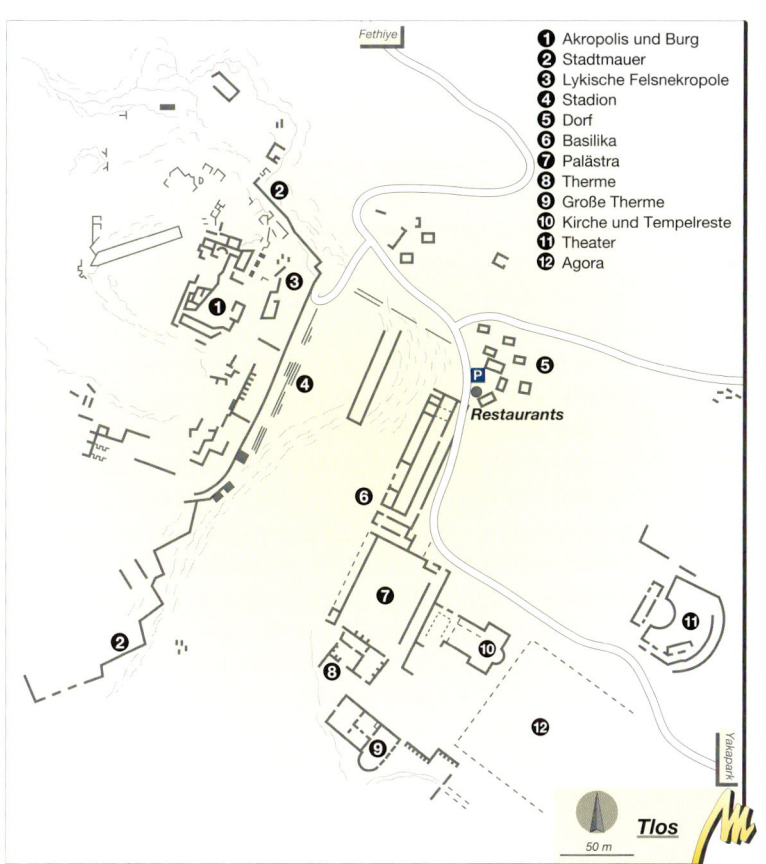

1 Akropolis und Burg
2 Stadtmauer
3 Lykische Felsnekropole
4 Stadion
5 Dorf
6 Basilika
7 Palästra
8 Therme
9 Große Therme
10 Kirche und Tempelreste
11 Theater
12 Agora

Fethiye

P Restaurants

Yakapark

Tlos

50 m

Zwischen Patara und Fethiye

noch Bischofssitz, aber dann ging es rapide bergab, viele Einwohner verließen Tlos. Nur die Burg blieb noch besiedelt. Bis ins 19. Jh. residierte hier ein Geschlecht türkischer Feudalherren, deren Stammbaum auch einen gefürchteten Räuber führte. Kanlı Ali Ağa, der „Blutige Ali", drangsalierte das gesamte Xanthos-Tal mit seinen Gewalttaten und Beutezügen. Baumaßnahmen unter seiner Regie veränderten auch einschneidend das Gesicht der Burg.

Sehenswertes: Die Ruinen von Tlos stammen aus lykischer, römischer und byzantinischer Zeit und sind bestens ausgeschildert. Unübersehbar ist die Akropolis mit den Ruinen der *byzantinischen Festung,* die sich auf den Fundamenten einer lykischen Burg erhebt. Die noch hohen Mauerreste auf der Ostseite gehörten einst zum Wohnpalast des Blutigen Ali.

In der steil abfallenden Felswand darunter sticht eine *lykische Felsnekropole* ins Auge. Die Totenstadt ist – man ahnt es schon beim ersten Blick – trotz der etwas mühsamen Kletterei der Höhepunkt des Ausgrabungsareals (am schönsten im

Morgenlicht, Vorsicht nach Regen: glitschig!). Hinter den Fassaden der Gräber stößt man vielfach auf Vorhallen, die z. T. mit Kriegerreliefs und Inschriften verziert sind. Das berühmteste Grab ist das sog. *Bellerophongrab* – von außen an seiner Tempelfassade mit Giebel und zwei unvollendeten Pfeilern zu erkennen. Die Grabreliefs zeigen u. a. Motive aus dem Bellerophon-Epos (→ Kasten, S. 97).

Die Relikte der Römer in der Senke vor dem Burgberg sind teils in einem jämmerlichen Zustand, teils aber vermitteln sie noch immer einen Eindruck von der Größe der Monumentalbauten aus der Kaiserzeit. Gleich unterhalb der Akropolis liegt das *Stadion,* von dem nur einige steinerne Sitzstufen erhalten sind. Parallel dazu stand eine dreischiffige *Basilika* in Form einer zweistöckigen Halle (der Unterbau diente als Getreidespeicher). Südlich davon lag die *Palästra,* sie war Teil einer Thermenanlage – die Ringer sollten es nicht weit zum Duschen haben. Spenden reicher Mäzene ermöglichten den Bau der prunkvollen Thermen, von deren Tonnengewölben noch einige efeubewachsene Bögen stehen. Die große *Therme,* die drei monumentale, parallele Räume aufweist, besaß im Westen sechs schaufenstergroße Glasfenster, durch die man einen herrlichen Blick auf die Xanthos-Ebene genoss. 100 m östlich der Therme (an der Straße) liegt das zuletzt nicht mehr zugängliche *Theater.* Mit seiner halbkreisförmigen Cavea und den gut erhaltenen 34 Sitzreihen entspricht es dem Idealtypus eines römischen Theaters. Erstaunlich, dass es mitten auf ein topfebenes Plateau gestellt und nicht an den vorhandenen Hang gebaut wurde. Die Bauzeit von 150 Jahren verwundert so nicht. Heute kümmert sich die *Akdeniz Üniversitesi* aus Antalya um die Ruinenstätte. Ihr spannendster Fund der letzten Jahre: fünf Monumentalstatuen (gut 2 m hoch), die die Kaiser Hadrian, Pius und Mark Aurel, Aurels Gattin Faustina die Jüngere und die Göttin Isis darstellen. Sie wanderten ins Museum von Fethiye.

Öffnungszeiten   Im Sommer tägl. 9– 20 Uhr, im Winter bis 17 Uhr. 2,10 €.

Tlos – Burgberg mit Felsnekropolen

Verbindungen/Anfahrt   Die **Dolmuşe** von Fethiye zur Saklıkent-Schlucht passieren die Abzweigung nach Tlos (→ Saklıkent-Schlucht/Verbindungen), aber nur wenige biegen dahin ab (von der Abzweigung noch 4 km zu Fuß bergauf). Tlos steht zudem fest auf dem Programm sämtlicher Tourenveranstalter von Kalkan bis Fethiye.

Wer mit dem Pkw unterwegs ist, findet Tlos aus Richtung Patara kommend von der Hauptverbindungsstraße nach Fethiye ausgeschildert. Von Fethiye kommend fährt man zunächst auf der D 400 Richtung Osten und zweigt dann auf die D 350 Richtung Korkuteli/Antalya ab. Kurz danach weist ein braunes Hinweisschild den Weg nach Tlos.

Übernachten   Mountain Lodge, abseits des Trubels der Küste. Ruhige, gemütliche Unterkunft. 8 komfortable Zimmer, die sich auf verschiedene Häuser im netten Garten verteilen – mit nicht mehr den frischesten Teppichen und rustikalem Mobiliar. Pool. Unter deutsch-türkischer Leitung. Nicht ganz billig: DZ 80–120 €, HP auf Wunsch. Yaka Yolu 2 (von Patara oder Fethiye kommend an der Straße nach Tlos), ✆ 0252/ 6382515, www.tlosmountainlodge.com.

Essen & Trinken   Yakapark nennt sich ein Gelände mit mehreren Forellenlokalen etwa 2 km oberhalb von Tlos (ausgeschildert). Man sitzt unter alten Ahornbäumen, drum herum rauschen kalte Gebirgsbäche. Eine erfrischende Pause nach dem heißen Tlos-Gelände.

Griechen und Türken – Nachbarn, die sich wieder lieben lernen

Noch zu Anfang des 20. Jh. waren die Griechen die größte nichtmuslimische Minderheit im Osmanischen Reich. In İstanbul stellten sie rund ein Viertel der Einwohner, und auch viele Orte der Mittelmeer- und Schwarzmeerküste sowie Zentralanatoliens waren fest in griechischer Hand. Über Jahrhunderte hinweg hatten sie friedlich mit den Türken zusammengelebt, Spannungen waren die Ausnahme. Doch mit der Zerschlagung des Osmanischen Reiches nach dem Ersten Weltkrieg und dem Versuch Griechenlands, sich Kleinasiens zu bemächtigen (→ Geschichte, S. 64), änderte sich die Situation. Es folgte der türkische Befreiungskrieg, an dessen Ende ein „Bevölkerungsaustausch" – eine Vertreibung bzw. ethnische Säuberung – stand: Ca. 1,4 Millionen Griechen mussten die Türkei verlassen, in entgegengesetzter Richtung waren rund 350.000 Türken aus Griechenland unterwegs. Dabei sprachen viele Griechen, die die Türkei verließen, gar kein Griechisch, und viele Türken, die kamen, kein Türkisch.

Lediglich die Griechen İstanbuls, ohne welche die Wirtschaft der Stadt von heute auf morgen zusammengebrochen wäre, und die Bewohner der Ägäisinseln Tenedos (heute Bozcaada) und Imbros (heute Gökçeada) durften bleiben. Doch auch sie kehrten in den folgenden Jahrzehnten der Türkei den Rücken: Die neue Republik belegte Nichtmuslime mit diskriminierenden Steuern – wer nicht zahlen wollte oder konnte, wurde in Arbeitslager verbannt. Ab den 50er-Jahren des letzten Jahrhunderts verschärfte zudem der Zypernkonflikt das Verhältnis zwischen Griechen und Türken – die Regierungen beider Länder förderten fortan alles andere als eine Politik der Entspannung und Versöhnung. Infolgedessen kam es in İstanbul vom 6. auf den 7. September 1955 zur antigriechischen Pogromnacht. Massaker an türkischen Zyprern führten 1964 schließlich zur letzten groß angelegten Ausweisung von *Rumlar*, wie die Türkeigriechen im Gegensatz zu den Griechenlandgriechen *(Yunanlar)* genannt werden.

Bis Ende der 1990er beobachteten die NATO-Partner mit Besorgnis das Verhalten der beiden „verfeindeten" Verbündeten, immer wieder kam es zu militärischen Provokationen in der Ägäis. Erst durch die wechselseitige Hilfe beider Nationen bei schweren Erdbeben und Waldbränden bahnte sich eine Verbesserung der bilateralen Beziehungen an. Mittlerweile gibt es enge wirtschaftliche Verflechtungen, Griechenland ist gar ein Befürworter des EU-Beitritts der Türkei. Und mittlerweile – der Krise in Griechenland geschuldet – versuchen Griechen auch wieder in der Türkei ihr Glück.

Griechenlandflair in Kalkan

Die Bucht von Fethiye

Fethiye

(ca. 84.100 Einwohner)

Fethiye ist einer der Zaubernamen an der türkischen Küste. Doch die Stadt selbst trägt weniger dazu bei, auch wenn sie ganz nette Ecken aufweist und einen Fischmarkt, dessen Besuch zum Gaumenschmaus wird. Es sind vielmehr die Strände der Umgebung, die für den großen Zulauf sorgen, allen voran die Traumlagune Ölüdeniz.

Das heutige Fethiye erstreckt sich auf dem Grund des antiken *Telmessos*, von dem bis auf 20 Felsengräber in einer Steilwand nicht viel erhalten geblieben ist. Deren Besuch ist allerdings ein Muss, nicht zuletzt wegen der herrlichen Aussicht über die Stadt und die Bucht von Fethiye mit ihren vielen Inseln und den Bergen am Horizont. Die übrige antike Bausubstanz wurde durch die beiden schweren Erdbeben von 1856 und 1957 weitgehend zerstört. Diese Beben sind auch für die heutigen, überwiegend recht nüchtern wirkenden Straßenzüge mit verantwortlich, die hie und da durch Palmen aufgelockert werden.

Das gepflegte Zentrum Fethiyes steht ganz im Zeichen des Tourismus. Jeden Abend lockt es braungebrannte Urlauberscharen aus den umliegenden Badeorten an. Die meisten Gäste sind Briten, gefolgt von den Deutschen. Zuerst flaniert man an den Ausflugsbooten am Kai vorbei. Weiter geht es durch die Gassen der ansehnlich restaurierten Altstadt mit ihren unzähligen Teppichläden, Juweliergeschäften, Lederboutiquen und Souvenirshops. Danach sucht man ein Restaurant oder eine Bar auf. Die Reihenfolge hält jeder ein, als gebe es Strafen bei Zuwiderhandlung.

Der berühmteste Badeort der Umgebung ist die **Strandlagune Ölüdeniz** (→ S. 188) 15 km südlich von Fethiye. Doch die Zeiten des Alleinseins mit sich und der Natur gehören dort schon lange der Vergangenheit an. Weniger attraktiv ist der Strand von **Çalış**, rund 4 km nördlich des Stadtzentrums und mit diesem durch eine neue Uferpromenade verbunden. Dahinter erstreckt sich eine weite Hotelzone für Pauschaltouristen mit allem, was dazugehört.

Geschichte

Telmessos wurde erstmals im 5. Jh. v. Chr. als Mitglied des attisch-delischen See-bundes erwähnt. Im 4. Jh. v. Chr. geriet die Stadt unter lykische Herrschaft, danach wurde sie von General Nearchos für das Weltreich Alexanders des Großen erobert. Nach dessen Tod geriet sie in den Machtbereich der Ptolemäer. Berühmt war Tel-messos zu jener Zeit durch seine Seherschule – der Ruf der sog. Schlangenmänner ging weit über den kleinasiatischen Raum hinaus. Viele Herrscher suchten hier um Rat nach, u. a. auch König Krösus.

Nach der Niederlage des Syrerkönigs Antiochos bei Manisa (190 v. Chr.) wurde Telmessos Teil des Königreichs Pergamon, 57 Jahre später fiel die Stadt an Rom. Allerdings wurde sie von den Römern lediglich als eines von vielen Seeräubernes-tern an der zerklüfteten lykischen Küste betrachtet. Entsprechend gering war das Interesse, das die neuen Machthaber Telmessos entgegenbrachten.

Im 6. und 7. Jh. verwüsteten Araber auf ihren Raubzügen die Stadt, in osmanischer Zeit führte sie ein Schattendasein. Ab dem Mittelalter hieß die Stadt *Makri*, später *Meğri*. Der Johanniterorden von Rhodos errichtete im 15. Jh. eine Burg als Stütz-punkt, die später auch die Genuesen nutzten.

1914 wurde Meğri in „Fethiye" umbenannt – zu Ehren des türkischen Kampfpilo-ten Fethi Bey, der seinerzeit nahe Damaskus abgestürzt war. 1922 musste die überwiegend griechische Bevölkerung auswandern. Nach dem Zweiten Weltkrieg erlebte Fethiye durch die Verschiffung des im Hinterland abgebauten Chromerzes einen industriellen Aufschwung. Doch 1957 schwang die Erde mit, ein Erdbeben zerstörte die Stadt fast vollständig. Dass dabei nur wenige Menschen ums Leben kamen, verdankten die Einwohner ihrem Bürgermeister. Kurz vor der Katastrophe hatte dieser, einer wunderbaren Eingebung bzw. seinem inneren Seismographen folgend, über Lautsprecher die Bewohner zum Verlassen der Häuser aufgerufen und so Schlimmeres verhindert. Daraufhin wurde die Stadt in eher zweckdien-lichem Stil wieder aufgebaut. Fethiyes heutige Blüte ist, wie für einen hiesigen

Küstenort typisch, aufs Engste mit dem Tourismus verknüpft. Dieser schafft Wohlstand und Arbeit. Dementsprechend steigt im Sommer die Einwohnerzahl um das Dreifache an. Man schätzt, dass mittlerweile auch rund 7000 Engländer und 500 Deutsche in und um Fethiye leben. 2012 schaute auch Daniel Craig vorbei: Für den James-Bond-Film *Skyfall* wurden einige Szenen in der Umgebung gedreht. Um den Tourismus weiter zu fördern, ist der Bau eines Kreuzfahrthafens bei Çalış geplant – ein unter Umwelt- und Tierschützern sehr umstrittenes Projekt.

Basis-Infos

Information Tourist Information, neben dem Hotel Dedeoğlu (auf dem Weg zum Yachthafen). Auskunft je nach Besetzung auf Deutsch oder Englisch. Im Winter Mo–Fr 8–17 Uhr, im Sommer Mo–Fr 8–19 Uhr, Sa/So nur 10–17 Uhr. İskele Karşısı, ✆ 0252/6141527.

Verbindungen Busbahnhof einige Kilometer östlich des Zentrums an der Straßenkreuzung Muğla – Antalya/Ölüdeniz. Von dort Dolmuşe (Aufschrift „Taşyaka/Karagözler“) ins Zentrum (bis zum westlichen Ende der Fevzi Çakmak Cad.). Nahezu rund um die Uhr gute Verbindungen nach Antalya (12 €, Inlandstrecke 3 ½ Std.), Pamukkale (über Denizli, 13 €, 4 ½ Std.), Kaş (7 €, 2 ½ Std.), Selçuk (meist über Aydın, 13 €, 4 ½ Std.) und Marmaris (8,50 €, 3 Std.).

Zum Flughafen Dalaman (→ S. 205), 50 km nordwestlich von Fethiye, fahren vom Busbahnhof Busse der Gesellschaft *Havaş*. In der Saison bis zu 10-mal tägl., Dauer 1 Std., 4,20 €/Pers. www.havas.com.tr.

Dolmuş/Stadtbus: Der Dolmuşbahnhof liegt ca. 2 km östlich des Zentrums nahe der Çarşı Cad. Auf die Dolmuşe nach Çalış, Ölüdeniz, Yeşilüzümlü, Kayaköy, Saklıkent (zuweilen über Tlos), Göcek und Kabak kann man aber auch an der Dolmuşhaltestelle bei der Moschee an der Ecke Atatürk Cad./Gaffar Okan Cad. zusteigen. Die Dolmuşe nach Ölüdeniz fahren am Busbahnhof vorbei.

Fethiye und Çalış verbindet ein Stadtbus.

Taxi: Standplätze an der Atatürk Cad. Eine Fahrt zum Flughafen Dalaman kostet rund 51 €, nach Ölüdeniz 26 €.

Per Schiff nach Rhodos: Ende April bis Ende Sept. Mo/Mi/Do/Fr um 9 Uhr (zurück um 16.30 Uhr, Stand 2013), Dauer 95 Min. Hin und zurück am gleichen Tag p. P. 60 €, wer länger bleibt, zahlt 75 €, einfach 50 €. Keine Fahrzeugmitnahme möglich. Tickets und

Infos über **Yeşil Dalyan**, Fevzi Çakmak Cad., ✆ 0252/6128686, www.yesildalyantravel.com.

Schiffsdolmuş: Im Sommer alle 30 Min. nach Çalış (einfach 2,10 €), zudem regelmäßig zur vorgelagerten Şövalye-Insel (hin/zurück 4,20 €).

Parken Das gesamte Zentrum von Fethiye ist gebührenpflichtig. Je nach Parkplatz bezahlt man bis zu 11 €/Tag. Außerhalb (z. B. Richtung Oyuktepe-Halbinsel) parkt man kostenlos.

Bootsausflüge Am Abend können Sie das gesamte Angebot am Kai vergleichen: Dutzende von Ausflugsbooten werben mit hell angestrahlten bunten Routentafeln um Kundschaft. Am beliebtesten ist die ganztägige **12-Insel-Tour** (→ Baden), bei der die Inseln vor der zerklüfteten Küste bei Göcek angelaufen werden (mit Lunch ca. 20 €). In der HS passiert es jedoch häufig, dass die einsamen Strände der Inseln gleichzeitig von 10 oder mehr Booten angelaufen werden und es in den Buchten zugeht wie in einem Freibad voller kreischender Teenies. Leser empfehlen, Getränke selbst mitzubringen, „da die Monopolstellung an Bord und auf den Inseln schamlos ausgenutzt wird.“

Blaue Reisen Eine seriöse Charteradresse ist **Alesta Yachting** am Yachthafen, Telegraf Apt. 9–10, ✆ 0252/6141861, www.alestayachting.com. Etliche Angebote rund ums Verleihgeschäft von kleinen und großen Ketschen sowie Gulets. Yachten für 6 Pers. inkl. Crew ab 600 €/Tag (ohne Verpflegung). Die Touren stellt man mit dem Kapitän nach eigenen Wünschen zusammen.

V-Go Yachting & Travel (→ Organisierte Touren) bietet für junge Leute Blaue Reisen nach Olympos an. 4-Tage-Tour 209 €/Pers. inkl. Verpflegung, jedoch ohne Getränke (Bier 3 €).

Das Telmessische Pferd

Nearchos, der Flottenbefehlshaber Alexanders des Großen, kannte die Geschichte vom Trojanischen Pferd und wandte bei der Eroberung von Telmessos einen ähnlichen Trick an. Er bat Antipatrides, den Herrscher von Telmessos, um die Erlaubnis, mit einem seiner Schiffe in den Hafen einlaufen zu dürfen. Er wolle gefangene Sklaven und Musikanten in die Stadt zurückkehren lassen. Antipatrides willigte nach einer flüchtigen Inspektion der Besatzung ein. So ruderten die Krieger Alexanders, verkleidet wie die Sarottimohren, unbehelligt mitten ins Herz der Stadt. Auf der Akropolis zogen sie ungerührt ihre Dolche aus den Flötenbehältern, holten Schilde aus Trommeln und Körben hervor und nahmen gelassen die Kapitulation der überrumpelten Telmesser entgegen.

Organisierte Touren Bieten diverse Veranstalter an, u. a. **V-Go Yachting & Travel**, vom gleichnamigen Guesthouse, mit einem Office neben der Tourist Information am Hafen, ℡ 0252/6122113, www.boat cruiseturkey.com. 2-Tages-Touren nach Ephesus und Pamukkale 45 €, Tagestouren per Jeep nach Dalyan und Kaunos inkl. Essen 26 €, nach Tlos, Saklıkent und Patara 21 €. Die meisten der größeren Tourenveranstalter aus Fethiye haben Zweigstellen in Çalış und Ölüdeniz. Die Preise der Anbieter unterscheiden sich nur unwesentlich.

Adressen
→ Karte S. 182/183

Ärztliche Versorgung Das private **Esnaf Hastanesi** (in Çalış nahe der Küstenstraße an der Sadi Pekin Cad.) mit englischsprachigen Ärzten akzeptiert zur Abrechnung in den meisten Fällen die europäische Versicherungskarte – zur Sicherheit aber nachfragen! ℡ 0252/6126400.

Autoverleih Diverse lokale Autoverleiher (Autos ab 35 €) gegenüber der Einfahrt zur Marina. Dort finden Sie auch **Avis** (Hnr. 21/B, ℡ 0252/6123719, www.avisfethiye.com). **Europcar** (über *Real Tour*) sitzt an der Atatürk Cad. 40, ℡ 0252/6144995, www.real tour.com.tr. Bei den international operierenden Gesellschaften kostet das billigste Fahrzeug rund 50 €/Tag.

Einkaufen/Souvenirs Die Mitbringselsuche ist einer der abendlichen Programmpunkte. Souvenirs über Souvenirs gibt es in der **Altstadt**, die nichts anderes als ein großer Basar ist. Hier teppichverhangene Fassaden, dort glitzernde Schmuckauslagen, daneben Flauschiges mit dem Schriftzug von *United Colors of Benetton* oder ein Laden mit Markenuhrimitaten. Ein paar zusätzliche Tipps:

Balcı Cevdet **2**, einer von mehreren guten Honigläden in Fethiye. Pinienhonig und *Pekmez* (eingedickter Traubensaft), alles auch in größeren Portionen. 42. Sok.

Ansonsten lohnt das **Marktgelände** nördlich der Çarşı Cad. einen Besuch (tägl. außer So). Etliche Geschäfte, in denen man alles zwischen Hammelkeule und Unterhose erstehen kann, dazu ein netter Gemüsemarkt. Rund um einen Innenhof befinden sich zudem etliche Fischlokale (→ Essen & Trinken).

Großer **Markt** jeden Di (kleinere Ausgabe am Fr) im Marktviertel nahe dem Dolmuşbahnhof. Ein Erlebnis!

Ein gut sortierter **Migros-Supermarkt** **12** befindet sich zentral an der Atatürk Cad., ein weiterer **7** außerhalb des Zentrums am Mustafa Kemal Bul.

Post An der Atatürk Cad.

Polizei An der Atatürk Cad. schräg gegenüber der Post. ℡ 155.

Reisebüro Lama Travel Agency (für THY, Atlasjet usw.), Hamam Sok. 3A, ℡ 0252/6149985, www.lamatour.com.

Fethiye → Karte S. 182/183

Altstadt

P Europcar
(Autoverleih)
Bootsdolmuşe 1
zur Şölvalye-Insel
Atatürk Caddesi
Lama 37. Sok. (Cumhuriyet Caddesi) 3 2
Travel Agency
4 5
47. Sok. (Hamam Sokak) 44. Sok. 6
Türkisches Bad
45. Sok. (Karagözler Caddesi)

Ü bernachten
9 V-GO's Hotel &
    Guesthouse und Duygu
    Pension
10 Villa Daffodil
11 Ece Saray
13 Hotel Doruk
16 Pınara Pansiyon
17 Irem Pansiyon
18 Yacht Classic Hotel

Kultur-
zentrum
Marina   Fähren
            V-Go   Ausflugsschiffe
Murat   Yachting   Bootsdolmuşe   Landratsamt
Laundry Alesta & Travel   nach Çalış   Sarkophag
11   Yachting
13   12
                            15 14
18 17 16   Atatürk
Fevzi Çakmak Caddesi Avis   Polizei
24   (Autoverleih) WC (37. Sok.) Cumhuriyet Cad.
                                  45.Sok.(Karagözler C.)
        Theater   Abalı Rent   19   Çarşı Caddesi
Yeşil Dalyan (Reisebüro)
Levent Rent a Car   Fischmarkt/
                            Marktgelände
                                    Burg
                Neues Museum
                (in Planung)   20
                        Kaya
                                Kayaköyü

E ssen & Trinken
1 Fethiye Belediyesi Çay
   Bahçesi und Özsüt
3 Nefis Pide
6 Meğri Lokantası
8 Sezai'nin Yeri Deniz
   Restaurant
14 Saray Restaurant
15 Mosaik
19 Paşa Kebap
20 Kale Park Restaurant

N achtleben
5 Makara
8 Kismet

E inkaufen
2 Balcı Cevdet
4 Safir Tekel
7 Migros Supermarkt
12 Migros Supermarkt

Türkisches Bad (Hamam) Der historische Hamam von Fethiye (16. Jh.) liegt in der Altstadt. Separate sowie gemischte Abteilungen für Männer und Frauen. Tägl. 7–24 Uhr. Eintritt 15 €, sämtliche Behandlungen kosten extra.

Waschsalon Murat Laundry, am Yachthafen zwischen Yacht Hotel und Hotel Doruk (Seeseite). Eine Trommel Waschen und Trocknen 6,40 €.

Zeitungen Deutschsprachige Tages- und Wochenblätter z. B. bei **Safir Tekel** 4 an der Atatürk Cad.

Zweiradverleih Abalı Rent, Office beim Amphitheater vor dem Hafen. Scooter ab 15 €. ✆ 0252/6128812, www.abalirentacar.com. **Levent Rent a Car** vermietet u. a. Fahrräder für 6,50 €/Tag. Fevzi Çakmak Cad., ✆ 0252/6148096.

Übernachten/Camping

Zwar gibt es rund um Fethiye über 45.000 Betten, das Angebot in der Stadt selbst ist aber eher bescheiden. Unterkünfte verschiedener Kategorien findet man am Yachthafen, am Hang darüber und noch etwas weiter westlich entlang der Fevzi Çakmak Cad. bzw. am Hügel über der Jandarma (gute Dolmuşverbindungen vom und ins Zentrum, auf die Aufschrift „Taşyaka" achten). Wer nur baden möchte, sollte sich in Ölüdeniz und Umgebung (→ S. 188) nach einem Quartier umschauen. Unzählige Mittelklassehotels auch hinter dem Strand von Çalış, im Vergleich zu

Ölüdeniz jedoch die zweite Wahl. Camper finden in Fethiye selbst nur einfache Möglichkeiten auf der Oyuktepe-Halbinsel, können jedoch nach Ölüdeniz ausweichen.

Ece Saray 11, noble Hotelanlage an der gleichnamigen Marina. Das Gebäude ist einem Sultanspalast am Bosporus nachempfunden. Gediegenes Restaurant, Wellnesscenter. Herrliche Terrasse direkt am Wasser. EZ ca. 130 €, DZ ca. 180 €, aber fast tägl. wechselnde Raten. 1. Karagözler Mevkii, ✆ 0252/6125005, www.ecesaray.net.

Yacht Classic Hotel 18, im Penthouse wohnte Daniel Craig beim Dreh zu *Skyfall*, seitdem hat man die Bar in „Skyfall Bar" umbenannt und die Preise ordentlich erhöht. 35 meist recht geräumige, lichte Zimmer mit hellen Laminatböden, alle mit Balkon, etliche mit tollen Meeresblicken. Schöne Bäder mit Regenduschen. Hübsche Poolanlage. Aufgrund teils billiger Materialien und liederlicher Handwerksarbeit

aber eines jener Hotels, die erfahrungsgemäß schnell altern. EZ ab 103 €, DZ ab 137 €, wer ins gleiche Bett wie Craig pupsen will, zahlt ca. 250 €. Fevzi Çakmak Cad., ✆ 0252/6125067, www.yachtclassichotel.com.

Hotel Doruk 13, oberhalb des Yachthafens. Ebenfalls traumhaft, falls man ein Zimmer mit Balkon zur Marina bezieht. Zimmer im Gegensatz zum Yacht Classic einfacher (z. T. mit älterem Furnierholzmobiliar). Pool. Zimmer zur Marina 105 €, zur Seite mit eingeschränktem Meeresblick 95 €. Yat Limanı, ✆ 0252/6149860, www.hotel doruk.com.

Villa Daffodil 10, freundliches Haus mit 42 kleinen, aber hübschen Zimmern etwas außerhalb des Zentrums. Pool, nette Terrasse, viel Holz. Öger-Tours-Vertragshotel.

EZ ab 45 €, DZ ab 60 €. Fevzi Çakmak Cad. 115, ☎ 0252/6149595, www.villadaffodil.com.

V-GO's Hotel & Guesthouse 🔟, beliebte Backpackeradresse. Freundliche Anlage mit Pool und gemütlicher Terrasse. 26 zweckmäßige Zimmer. Hilfsbereites Personal. Besser frühzeitig buchen. DZ 43 €, EZ 30 €, im 6-Bett-Dormitory 13 €/Pers. Fevzi Çakmak Cad., ☎ 0252/6144004, www.v-gohotel.com.

Duygu Pension 🔟, populäre Pension mit internationalem Publikum. 10 nett dekorierte Zimmer, absolut sauber. Gepflegter Pool, Dachterrasse. Gute Betreuung, zufriedene Gäste. Der Fevzi Çakmak Cad. stadtauswärts folgen, bei der Jandarma links ab und die erste Straße wieder rechts nehmen, dann rechter Hand. DZ 32 €, EZ 21 €. Ordu Cad. 54 (auch: 16. Sok), ☎ 0252/6143563, www.duygupension.com.

Irem Pansiyon 🔢, zentrumsnahe Familienpension mit 22 sauberen, ordentlichen Zimmern, 8 mit Balkon und 4 mit Meeresblick. An sich freundliche Frühstücksterrasse, jedoch leider etwas laut. DZ ab 34 €, EZ ab 26 €. Fevzi Çakmak Cad. 45, ☎ 0252/6143985, www.irempansiyon.com.

Zwei Türen weiter wird auch die **Pınara Pansiyon** 🔢 (www.pinarapansiyon.com) von Lesern gelobt. Ähnliche Preise, deutschsprachig.

Camping Einfache Möglichkeiten auf der Oyuktepe-Halbinsel (→ S. 187), und zwar hinter den Stränden **Aksazlar** (erster Strand, wenn man der Beschilderung „Letoonia Club & Hotel" folgt), **Küçük Samanlık Koyu** und **Büyük Samanlık Koyu**. In der Regel stellt man sich neben die festen Hauszelte der türkischen Familien. Von ausländischen Touristen werden für den nicht vorhandenen Komfort (Einfachstsanitäranlagen) zuweilen Abzockerpreise verlangt: für 2 Pers. mit Wohnmobil bis zu 17 €!

⏺ Essen & Trinken/Nachtleben   → Karte S. 182/183

Die meisten gehobeneren Restaurants befinden sich in der Altstadt und an der Uferpromenade (auch Richtung Çalış). Ebenso gut, aber preiswerter (sofern man nicht abgezockt wird) sind die einfachen Lokantas an der Çarşı Cad. und der Dispanser Cad.

Essen & Trinken   Kızılada Restaurant, das Fischrestaurant auf der gleichnamigen vorgelagerten Insel war bei unserem letzten Fethiye-Besuch leider geschlossen. Falls es wieder bewirtschaftet wird, erwartet Sie eine Traumadresse zum Sonnenuntergang. Infos (auch zum Bootsservice) über die Touristeninformation.

Kale Park Restaurant 🔟, über der Stadt neben der Burg bzw. dem zukünftigen Museum von Fethiye (→ Sehenswertes). Kleiner Innenraum, draußen herrliche Aussichtsterrasse. Gute Auswahl: Vorspeisen, Kebabs, Steaks, aber auch Pasta und Salate. Hg. 7–17 €. Ca. 20 Fußmin. vom Zentrum, ein netter Spazierweg. Mit dem Auto zunächst der Beschreibung zu den Gräbern folgen (→ S. 186), dann den Schildern nach Karmylassos/Kayaköy (= Kaya Cad.). ☎ 0252/6129119.

Meğri Lokantası 🔢, bei Türken und Touristen gleichermaßen beliebtes Lokal. Riesige Auswahl an Topfgerichten, viele auch für Vegetarier. Zudem Kebabs, Steaks und Fisch. Korrekter Service, aber aufdringliche Speisekartenwedler. Hg. 5–16 €. Çarşı Cad., ☎ 0252/6144047.

Nur ein paar Schritte weiter kann man bei **Paşa Kebap** 🔢 Fleischberge, Pide und Lahmacun vernichten.

⟫ Unser Tipp: Auf dem **Fischmarkt** nördlich der Çarşı Cad. kauft man seinen Fisch direkt von den Händlern – das Kilo Goldbrasse *(Çipura*, wild, keine Zucht!) kostet z. B. 17 €, das Kilo Riesengarnelen 21 € – und lässt ihn anschließend in einem der Lokale drum herum zubereiten. Das kostet ca. 2,60 €/Pers. inkl. Knoblauchbrot und Salat. Vorspeisen und Getränke schlagen extra zu Buche. Fest in Touristenhand, aber dennoch ein Erlebnis: Musikanten spielen zuweilen auf und die Stimmung ist ausgelassen. Unser Favorit ist das **Hilmi** mit blauweißer Bestuhlung und einer gigantischen Mezeauswahl mit Schwerpunkt auf Meeresfrüchten (Fischmeze ab 5,10 €). Zum Fingerablecken! ☎ 0252/6126242. **⟪**

Sezai'nin Yeri Deniz Restaurant 🔟, noch mal Fisch, etwas preisgünstiger als im Fischmarkt und sehr, sehr einheimisch. Das einfache Lokal mit Außenterrasse serviert neben Fisch auch gute Meze. 502 Sok. Uğur Mumcu Park Yanı 10/1, ☎ 0252/6127887.

Mosaik **15**, ein mit orientalischen Lämpchen dekoriertes Gartenlokal. Freundliche junge Betreiber aus der Provinz Hatay, die hier süd- und südostanatolische Spezialitäten kredenzen, darunter köstliche Vorspeisen und scharfe Kebabs. Hg. 5–9 €, günstiges Bier. An der Atatürk Cad. die Gasse direkt gegenüber dem Eingang zum Landratsamt *(Fethiye Kaymakamlığı)* wählen, dann steht man schon vor dem Lokal. 90. Sok. 2/A, ✆ 0252/6144653.

Saray Restaurant **14**, ebenfalls etwas abseits des großen Geschehens an der Ecke Atatürk Cad./Hükümet Cad. Vielfältige Küche, außer den gängigen Spießen und Steaks auch Topfgerichte, Kebabvariationen und Pide aus dem Holzofen. Mehr große Lokanta denn Restaurant. Recht günstig.

Nefis Pide **3**, simples Lokal mit Außenbestuhlung neben der Altstadtmoschee (41. Sok.). Pide, Lahmacun oder *İskender Kebap*, gute Qualität zu reellen Preisen. Der „Wermutstropfen": kein Bier, kein Wein, kein Schnaps.

Fethiye Belediyesi Çay Bahçesi **1**, von den Lokalen an der Uferpromenade das einfachste und billigste. Wird von der Stadtverwaltung unterhalten. Nur Snacks.

Özsüt **1**, in der Nachbarschaft. Türkeiweite Kette, die für ihre leckeren Süßspeisen und Kuchen bekannt ist. Innen wie außen recht nett.

Nachtleben   Die meisten Bars findet man in der Altstadt. Wer mehr Abwechslung und Unterhaltung sucht, fährt nach Hisarönü Köy oder nach Belceğiz (→ Ölüdeniz).

Die Diskothek der Stadt ist das **Makara 5** gegenüber dem Hamam in der Altstadt. Viel House und was sonst noch gefällt. Tagsüber sitzt man davor und raucht Wasserpfeife.

Unmittelbar hinter dem Hamam, in der **45. Sok**, haben sich einige Kneipen angesiedelt: Discobars, Livemusikbars, Wasserpfeifencafés – für jeden ist etwas dabei.

Eine kleine Kneipenstraße findet man auch nahe dem **Kulturzentrum** *(Fethiye Kültür Merkezi)*. Dort treffen sich v. a. trinkfreudige englische Touristengrüppchen. Sehr beliebt ist die rustikale Bierkneipe **Kismet 8**.

Baden/Sport

Baden Die nächstgelegenen, ansprechenden Bademöglichkeiten findet man auf der **Halbinsel Oyuktepe** (→ Sehenswertes).

Alternativ dazu kann man auch eine **Bootstour** unternehmen. Die bekannteste ist die **12-Insel-Tour** (→ Bootsausflüge), bei der mehrmals Anker geworfen wird, u. a. vor den *Yassıca Adalar* (kleine Inselgruppe; man kann von Inselchen zu Inselchen schwimmen; auf der größten ein Strand, der sich in Tropfenform ins Meer zieht und in der Mitte einen natürlichen „Pool" besitzt – ein schönes Planschbecken für Kinder), der *Deliktaş Adası* (gut zum Schnorcheln), der *Tersane Adası* (mit griechischen Ruinen) und der Bucht *Haman Koyu* (mit Klosterruinen im Wasser). In einer Bucht auf *Kızıl Ada* (Rote Insel) wurden die Strandszenen von *Skyfall* gedreht – die Ausflugsboote steuern aber meist einen anderen Inselstrand an.

Auch **Richtung Ölüdeniz** laufen Boote zu diversen Badebuchten und Inseln aus. Jedoch kann es auf diesen Touren vom Seegang her etwas rauer werden. Unter anderem wird vor der *Gemiler Adası* (St.-Nikolaus-Insel, → S. 196) gestoppt.

Auch per Dolmuş oder Leihfahrzeug lassen sich gute Badeplätze in der Umgebung von Fethiye aufsuchen: im Süden der populäre **Strand von Ölüdeniz** (→ S. 188), nördlich von Fethiye die **Buchten von Katrancı** und **Günlüklü** (→ S. 203).

Der lange, graue Kiesstrand von **Çalış** (4 km nördlich des Zentrums) wird in erster Linie von den Gästen der dahinter liegenden Pauschalhotels in Beschlag genommen. Viele Bars, großes Wassersportangebot. Auch gibt es in Çalış den Aquapark **Sultan's Aquacity**, zu erreichen mit dem Dolmuş von Fethiye aus. 15 €, Kinder 10,60 €. www.sultansaquacity.com.

Meereskajaktouren → Kayaköy, S. 195.

Paragliding → Ölüdeniz, S. 192. Die meisten Veranstalter in Fethiye kassieren lediglich eine Provision und reichen Sie an einen Anbieter in Ölüdeniz weiter.

Reiten Ausritte kann man über diverse Tourenveranstalter buchen, oder man probiert diese Adresse aus:

Desperado-Ranch in Yanıklar, ca. 12 km nordwestlich von Fethiye, von der D 400 Richtung Dalyan ausgeschildert. Unter deutsch-türkischer Leitung. Mit Übernachtungsmöglichkeit. Pferde für jeden Anspruch. Unterricht, aber auch Touren verschiedener Länge. Kinderfreundlich. ✆ 0507/7692441 (mobil), www.desperado-ranch.de.

Tauchen Vor der Küste diverse Höhlen und Riffe. Größter Anbieter ist **European Diving Centre**, auf dem Weg zur Oyuktepe-Halbinsel, Karagözler Mah. 133, ✆ 0252/6149771, www.europeandivingcentre.com. Unter britischer Leitung, aber auch deutschsprachige Lehrer. Unterhält zudem Ableger in den umliegenden Orten. Getaucht wird leider recht häufig in großen Schwärmen. Vielfältige Angebote – Schnuppertag für Anfänger, Tauchgänge für

Fortgeschrittene und diverse Kurse, an deren Ende international anerkannte Diplome stehen (P.A.D.I., BSAC, CMAS). Preisbeispiele: Tagesausfahrt mit 2 Tauchgängen, Transfer vom Hotel und Lunch 57 €, Schnuppertauchen (Leihausrüstung, 2 Tauchgänge) ebenfalls 57 €, P.A.D.I.-Open-Water-Kurs (3 Tage) 320 €.

Wandern → Kleiner Wanderführer/Wanderungen 8 und 9, S. 265. Eine kleinere, gemütliche Tour lässt sich auch auf der **Halbinsel Oyuktepe** (→ S. 187) unternehmen. Zudem hat die Handels- und Industriekammer Fethiye (!) eine Reihe neuer Wege in der Umgebung markiert und 2013 ein englischsprachiges Buch dazu herausgegeben: *Fethiye. Trekking Paths and Alternative Tourism Activities.* Es ist samt Plan in der Touristeninformation erhältlich.

Wassersport Am Strand von Çalış. Parasailing, Bananaboat, Wasserski, Surfbrettverleih etc.

Sehenswertes

Lykische Felsengräber: Die größte Attraktion Fethiyes sind die Gräber in der Felswand im Osten über der Stadt. Ins Auge sticht das repräsentative *Grab des Amyntas*. Das Tempelgrab im ionischen Stil wurde vermutlich im 4. Jh. v. Chr. für den Sohn eines Lokalfürsten aus dem Fels gemeißelt. Hinter den beiden Säulen, die einen schmucken Architrav tragen, befindet sich eine reich verzierte steinerne Scheintür, die die Grabkammer verbirgt. Um dieses Grabmal herum sind mehrere kleinere Felsengräber angeordnet, einige davon stammen aus dem 6. Jh. v. Chr. Der Zweck einer Nekropole ist in Fethiye besonders offensichtlich: Den Toten (die es sich leisten konnten) wurde eine ganze Stadt gebaut, in der sie, quasi in vertrauter Umgebung hoch über Telmessos, nach ihrem irdischen Dasein weiterleben konnten.

Öffnungszeiten Grab des Amyntas, tägl. 9–19 Uhr, im Winter bis 17 Uhr. 2,10 €. Wer sparen muss, kann abends oder nachts hingehen, wenn die Gräber beleuchtet sind und man sie genauso gut aus der Ferne sieht.

Anfahrt Von der stadtauswärts führenden Einbahnstraße, der Çarşı Cad., mit „Kaya mezarları (Rock Tombs)" ausgeschildert.

Lykische Steinsarkophage: Wer wachen Auges durch die Straßen geht, kann mehrere auf Sockeln stehende, reliefgeschmückte Steinsarkophage entdecken, die einst verstorbene Lykier der Oberschicht beherbergten. Wegen ihrer spitzbogigen Dächer, deren Firste an gekentete Schiffe erinnern, nennt man sie auch Schiffskielsarkophage. Das schönste dieser kleinen „Kompakthäuschen" befindet sich neben dem Landratsamt *(Fethiye Kaymakamlığı)*, ganz in der Nähe der Post. Noch bis in die Mitte des 20. Jh. stand dieser Sarkophag im Wasser, da die Küste hier im Laufe der Jahrtausende abgesunken war (→ Kekova, S. 139). Das änderte sich erst infolge von Erdaufschüttungen Ende der 1950er, die zugleich die hiesige Küstenlinie seewärts verschoben.

Theater: Das während der späthellenistischen Periode gebaute und später unter den Römern erweiterte Theater liegt im Südwesten der Stadt, ganz in der Nähe der Tourist Information. Es hatte einst 28 Sitzreihen und fasste 6000 Zuschauer. 2013 wurde es restauriert und soll künftig wieder für Aufführungen genutzt werden.

Kreuzritterburg: Von der zentral auf einem Hügel über der Stadt errichteten Burg der Johanniter aus dem 15. Jh. sind nur wenige Mauerreste erhalten; ein Besuch lohnt sich daher nur für speziell Interessierte. Bislang. Nebenan soll, jedoch nicht vor 2015, der Neubau des Museums von Fethiye (s. u.) entstehen.

Museum: Das kleine, aber feine Museum Fethiyes zeigt archäologische Funde der Umgebung, u. a. aus Kaunos, Pınara und Letoon. Zuletzt kam der sensationelle Statuenfund aus Tlos (→ S. 176) hinzu. Des Weiteren sieht man Büsten von Herrschern und Gottheiten, Keramik-, Glas- und Metallobjekte, Stelen und Kleinstelen, Amphoren und Münzen sowie ein Grab mit schön gearbeiteten Reliefs. Niedlich ist die Öllämpchensammlung aus hellenistischer bis byzantinischer Zeit. Das Schmuckstück ist jedoch die Statue eines Knaben, der einen Falken hält. Mehr Platz für all die schönen Dinge wird künftig der Neubau auf dem Burghügel haben (s. o.), ins alte Gebäude soll das Rathaus einziehen.

Tägl. (außer Mo) 8.30–19 Uhr, im Winter bis 17 Uhr. 1,30 €. 505 Sok. 4 (stadtauswärts, eine Seitenstraße der Atatürk Cad., beschildert), www.fethiyemuzesi.gov.tr.

Insel Şövalye und Halbinsel Oyuktepe: Zwei nahe Ausflugsziele, die zum Spazieren, Wandern, Baden und Schnorcheln einladen. Zur Şövalye-Insel im Golf von Fethiye, einem ruhigen Eiland mit Sommerresidenzen wohlhabender Türken, gelangen Sie per Bootsdolmuş vom Hafen. In einer Stunde hat man die Insel abspaziert. Es gibt ein Zwölf-Zimmer-Hotel (Infos unter www.sovalyeisland.com) und ein Restaurant (in manchen Jahren geschlossen), dazu Überreste einer alten Kirche und von Zisternen. Die Strände sind ziemlich klein.

Die Lagune von Ölüdeniz und der Strand von Belceğiz

In rund 3 ½ Std. hat man die Oyuktepe-Halbinsel im Westen Fethiyes zu Fuß um-
rundet – denken Sie an genügend Wasser! Folgen Sie dazu der Fevzi Çakmak
Caddesi vorbei am Yachthafen bis zum Ende der Bucht, dann der Beschilderung
zum „Letoonia Club & Hotel" (bis zur Werft am Buchtende von Fethiye fährt auch
ein Dolmuş; Zusteigemöglichkeit im Zentrum z. B. schräg gegenüber der Tourist
Information; Aufschrift „Taşyaka"). Vor und nach dem Letoonia Club wandert man
stets entlang der Küste. Man passiert diverse idyllische, von Pinien umrahmte und
gepflegte Kiesbuchten (manche wie die *Küçük Samanlık Koyu* und die *Büyük
Samanlık Koyu* sind gebührenpflichtig) und genießt schöne Ausblicke auf Fethiye
und die vorgelagerten Inseln. Wenn man schließlich hoch über dem Meer auf die
Zufahrtsstraße zum Hillside Beach Club trifft, hält man sich links, um zurück nach
Fethiye zu gelangen. Die Strecke ist komplett geteert und kann auch mit Fahrrad
(sehr nette Tour!), Scooter oder Auto befahren werden.

Ölüdeniz (Hisarönü Köy, Ovacık und Belceğiz)

Wer bei der Traumlagune Ölüdeniz an die Südsee denkt, liegt richtig: türkis-
farbenes Wasser, menschenleerer, fast schneeweißer Strand vor einer zerklüfteten Felskulisse und eine prächtige Yacht vor Anker. Aber nur im Winter hält der bekannteste Strand der Türkei das, was er in Katalogen und auf
Postern verspricht.

Ölü Deniz – „Totes Meer", von wegen! Hier wuselt es von April bis Ende Oktober
und im Hochsommer drängen sich jeden Tag Tausende von Menschen in die Bucht
mit ihrem Superstrand und dem – außerhalb der Saison – kristallklaren Wasser.
Auch im biologischen Sinne ist die Lagune nicht tot, es herrscht hier nur kein Wel-
lenschlag. Der fotogene Strand, der die Lagune bildet, heißt im Türkischen übrigens *Kumburnu,* „Sandnase". Dieser Teil ist auch gebührenpflichtig (2,60 €). Den
spektakulärsten Blick auf die Lagune hat man bei der im Kasten auf S. 192 beschriebenen Kurzwanderung oder bei einem Gleitschirmflug – Ölüdeniz ist das
türkische Mekka der Paraglider und ein Tandemflug beinahe ein Muss.

Hinter der südlichen Hälfte des insgesamt rund 3 km langen Strandes entstand in
den letzten drei Jahrzehnten **Belceğiz** (auch: **Belcekız**), eine gepflegte Feriensiedlung im Schachbrettmuster. Zuvor gab es hier nur ein paar Campingplätze. Schön
ist Belceğiz nicht, aber auch nicht hässlich, eher etwas steril. Immerhin gibt es keine zehnstöckigen Hotelanlagen. Da der Platz an der Lagune und in Belceğiz naturgemäß begrenzt ist, zieht sich die Tourismusmeile auch einige Kilometer landeinwärts: An der Straße ins 15 km entfernte Fethiye liegen die zwei Retortenstädtchen
Hisarönü Köy und **Ovacık**, die inzwischen das Gros an Unterkunftsmöglichkeiten
stellen. In diesen Orten wird 08/15-Urlaub an ein vorrangig englisches Massenpub-
likum verkauft. Aber auch die Russen kommen mittlerweile gerne.

(Basis-Infos

Achtung: In der HS kann die
Wasserqualität in der Lagune zu
wünschen übrig lassen!

Information Die Ölüdeniz Tourism Co-
operative nahe der Dolmuş-Endstation in
Belceğiz (von Fethiye kommend auf dem
Weg zur Lagune) hilft in erster Linie bei
der Zimmersuche weiter und vermittelt

nur die ihr angeschlossenen Unterkünfte. www.oludenizkoop.com.

Verbindungen Im Sommer verkehrt zwischen Fethiye und Ölüdeniz (Endhaltestelle am Strand von Belceğiz) von 6.30 Uhr morgens bis 2 Uhr nachts alle 3 Min. (außerhalb der Saison 7–23 Uhr ca. alle 15 Min.) ein **Dolmuş**. Zusteigemöglichkeiten in Ovacık und Hisarönü Köy – wenn nicht gerade Rushhour in eine Richtung ist. Außerdem geht es 7-mal tägl. nach Faralya und Kabak sowie Mai–Okt. 10–17 Uhr stündl. auf den Baba Dağı.

Taxi von Belceğiz nach Fethiye ca. 26 €, nach Hisarönü Köy 8,50 €, nach Kayaköy 17 €.

Ärztliche Versorgung In Belceğiz hilft die **Mete Clinic** weiter. Çarşı Cad. (nahe der Shadow's Bar, auf die Aufschrift „24 hours, englisch speaking" achten). ✆ 0533/6162878 (mobil). In Hisarönü geht man zur **Doctor Hakan Clinik** nahe der Abzweigung nach Ölüdeniz (deutschsprachig). ✆ 0532/4348489 (mobil).

Autoverleih Diverse Tourenveranstalter vermitteln Fahrzeuge ab rund 40 €/Tag.

Bootsausflüge Im Rahmen einer Tagestour werden die **Gemiler-Insel** (→ S. 196) und ein paar Grotten und Strände der Umgebung angefahren. Günstige 11 € inkl. Essen, Start meist gegen 11 Uhr. Auch stehen Touren zum **Butterfly Valley** (→ S. 193) auf dem Programm (hin/zurück 8,50 €). Die Boote legen auf Höhe der Jandarma ab.

> Das Gros aller Restaurants, Souvenirgeschäfte etc. finden Sie an der Strandpromenade und in der davon abgehenden Çarşı Cad.

Einkaufen Jeden Mo **Markt** in Hisarönü Köy an der Abzweigung nach Ölüdeniz. In diversen „Poundshops" in Hisarönü Köy kann man – wie der Name schon vermuten lässt – in englischen Pfund bezahlen.

Organisierte Touren Nahezu sämtliche Ausflüge, die in Fethiye starten (→ S. 181), können über diverse Anbieter auch in Belceğiz und in Hisarönü Köy gebucht werden. Einen Pickup-Service vom Hotel bieten die meisten Veranstalter.

Parken Selbstfahrer, die zum Baden auf die Sandnase wollen, finden unmittelbar davor einen kostenpflichtigen Parkplatz: Auto 8,50 €, Wohnmobil 15 €. Die Parkplätze in den Seitenstraßen von Belceğiz sind in der NS kostenlos, in der HS häufig gebührenpflichtig.

Polizei Jandarma in Belceğiz an der Uferstraße zur Lagune. ✆ 156.

Post Ebenfalls auf dem Weg zur Lagune.

Veranstaltung Ölüdeniz Art Festival, Ende Juni/Anfang Juli. Eine mehrtägige Veranstaltung mit Lesungen, Konzerten und Filmvorführungen am Strand. Für die Air Games → Paragliding.

◖ Übernachten/Camping

Hinter dem Strand von Belceğiz findet man überwiegend Mittelklassehotels und gehobenere Clubanlagen. Direkt an der Lagune gibt es vorrangig Campingplätze, die jedoch ihre Stellflächen zugunsten der lukrativeren Bungalow- und Wohnwagenvermietung einschränken. Das Gros der britischen Pauschaltouristen wohnt in den gesichtslosen Retortenstädtchen Hisarönü Köy und Ovacık. Die Saison der meisten Hotels und Pensionen reicht nur von April bis Mitte Oktober. Vor und nach der HS (Juni–Aug.) z. T. Rabatte von bis zu 50 %. Achtung: Das hier urlaubende Völkchen ist partyfreudig, kaum irgendwo sind die Nächte wirklich leise!

Unmittelbar an der Lagune Hier ist der Sandstrand recht schmal und mit Liegestühlen zugepflastert, das Meer dafür immer ein paar Grad wärmer. Auch hinter dem Strand wird jeder Quadratmeter genutzt, egal ob für Bungalow oder Wohnwagen, vieles steht eng an eng. Entlang der Stichstraße (Beschilderung „Hotel Meri" folgen) gibt es u. a. folgende Anlagen:

Sugar Beach Club, türkisches und internationales Publikum. Gemütliche, sehr nette Strandlounge (lauter Barbetrieb bis Mitternacht) mit gutem Restaurant. Kinderspielplatz. Große und kleine Bungalows mit Klimaanlage und Bad, dazu einfache Hütten ohne Bad. Gecampt wird auf dem angrenzenden schattigen Areal. Nette Sanitäranlagen, aber kein Warmwasser. Für 2 Pers. 38–

Umgebung von Fethiye

72 €, 2 Pers. mit Wohnmobil 13 € plus Strom. Ölüdeniz Cad. 20, ☎ 0252/6170048, www.thesugarbeachclub.com.

Sea Horse Beach Club, in Strandnähe werden Wohnwagen vermietet, auf dem Areal dahinter campt man mit dem eigenen Zelt (recht nett und schattig auf terrassiertem Gelände) oder Wohnmobil (auf der vertrockneten Wiese in der Mitte, wenig Schatten). Restaurant hinter dem Strand. 3 Duschen (Warmwasser) und 3 Klos pro Geschlecht. Campen 8,50 €/Pers., Mietwohnwagen 77 € inkl. Frühstück. Ölüdeniz Cad., ☎ 0252/6170123, www.seahorsebeachclub.com.

Hotel Meri, All-inclusive-Anlage am Hang hinter der Lagune. Unspektakuläre Zimmer, jedoch mit Balkon und viele mit herrlichen Ausblicken. Direkt an der Lagune ein gepflegter eigener Strandabschnitt. Buchbar (z. T. billiger) über große Reiseveranstalter.

Da kickt das Adrenalin:
Gleitschirmflug über Ölüdeniz

Vor Ort bezahlt man 102 €/Pers. Ölüdeniz, ☎ 0252/6170001, www.hotelmeri.com.

Das Ende der Bungalow- und Campingreihe bildet **Billy's Beach Club** mit eng aneinander stehenden Bungalows, teils mit Blick auf die Rückwand des vorderen, ein paar aber auch mit Strandblick. Für 2 Pers. 61 €. Ölüdeniz, ☎ 0252/6170028.

In Belceğiz Mit Ausnahme des White Dolphin erreichen Sie alle hier aufgeführten Hotels, wenn Sie, von Fethiye kommend, hinter dem Ata Lagoon Hotel links abbiegen (226 Sok.) und dann die erste Straße rechts nehmen (224 Sok.).

Beyaz Yunus (White Dolphin), kleines, elitäres Luxushotel auf einem Hügel zwischen Belceğiz und der Kıdrak-Bucht. Nur 7 geräumige Zimmer mit herrlichen Terrassen, alle überaus geschmackvoll und komfortabel eingerichtet. Pool mit gigantischer Aussicht! Ein Traumhotel. Leider oft ausgebucht, Reservierung empfohlen. DZ mit HP ab ca. 250 €. Kıdrak Yolu Üzeri 1 (auf dem Weg von Ölüdeniz nach Kabak, 500 m nach dem Ölü Deniz Resort in der Kıdrak-Bucht rechter Hand, hellblaue Holztüren an einer Natursteinmauer), ☎ 0252/6170244, ✆ 6170068, keine Webseite, buchbar über www.exclusiveescapes.co.uk.

Oyster Residences Ölüdeniz, eine Topadresse fast in erster Reihe. 16 Zimmer auf 2 Gebäude (viel Naturstein) verteilt. Komfortabel und stilvoll-individuell eingerichtet, Holzböden. Schöne Poolanlage. DZ 200 €. 224 Sok. 1, ☎ 0252/6170765, www.oyster residences.com.

Jade Residence, gleich daneben. Ebenfalls sehr stilvoll. Man kann sich streiten, welches der beiden die feinere Poolanlage hat. Auf jeden Fall hat das Jade die schönere Frühstücksterrasse – mit Meeresblick. DZ 150 €. Belceğiz, ☎ 0252/6170690, www.jade-residence.com.

Hotel Bronze, freundliches Haus mit 22 Zimmern, luftig gebaut. Kleiner Pool und grüner Garten. Alle Zimmer mit Balkon. DZ 69 €. 1 Gehmin. zum Strand von Belceğiz, ☎ 0252/6170107, htlbronze@gmail.com.

Oba Motel, kleine Bungalowanlage ca. 1 ½ Gehmin. vom Strand von Belceğiz entfernt. Obwohl die hölzernen Hütten und Häuschen (so rustikal wie in Kanada) recht eng beieinander stehen, viel Grün. Die Ausstattung der Bungalows reicht von spartanisch (aber mit privatem Sanitärbereich) bis hin zu äußerst komfortabel: mit Sitzecke, abgetrenntem Schlafbereich unterm Dach, guten Bädern, Klimaanlage, Kühlschrank und Veranda. Gutes Restaurant angegliedert. Bungalow für 2 Pers. je nach Ausstattung 64–85 €. Belceğiz, ✆ 0252/6170470, www.obamotel.com.tr.

Hotel Ünsal, gepflegte dreistöckige, L-förmige Anlage um einen Pool. 25 Standardhotelzimmer mit Balkon oder Terrasse. Außerhalb der HS auch viel junges türkisches Publikum. Gutes Frühstück. DZ 60 €. 224 Sok. 10 (gegenüber dem Oba Motel), ✆ 0252/6170031, www.unsalhotel.net.

Essen & Trinken/Nachtleben

Für das leibliche Wohl sorgen in Belceğiz Steakhäuser, Pizzerien, indische Lokale und Chinarestaurants. Nachts schwärmt man in Bars mit offenem Kamin und gediegener Pianomusik oder in Discopubs, wo zu heißen Rhythmen getanzt wird. Die Auswahl ist riesig. In Hisarönü Köy gibt es in erster Linie Pubrestaurants, die vormittags *English Breakfast* mit Schweinswürstel offerieren und abends fleischlastige „All-you-can-eat"-Büfetts mit *MTV* oder *Sky Sports* als Zugabe. Billig ist dort einzig und allein das Bier.

Essen in Belceğiz und bei der Lagune
Oyster Residences, geschmackvoll gestaltetes Terrassenlokal des gleichnamigen Hotels (→ Übernachten) an der Uferpromenade. Auch wohlhabende Türken zieht es hierher. Außergewöhnliche Karte, der Schwerpunkt liegt auf Fisch und Seafood, wechselnde Tagesspecials. Zu den Spezialitäten gehört der Schwertfisch-Kebab. Hg. 13–20 €. ✆ 0252/6170764.

Auch das zur gleichnamigen Unterkunft (→ Übernachten) gehörende **Jade Restaurant** ein paar Schritte weiter (hübsches Dachterrassenlokal) richtet sich an eine eher gehobene Klientel.

Buffalo's Steak House, unter holländischer Leitung, zum Hotel Flying Dutchman gehörend. Großes Freiluftsteakhaus (grandiose Fleischlappen und Burger) im amerikanischen Stil, kleine Karte im „Cowboyhut-Format", häufig Livemusik (Blues oder Jazz). Hg. 9–20 €. Çarşı Cad. 6, ✆ 0252/6170441.

Oba Restaurant, zum gleichnamigen Motel (→ Übernachten) gehörend. Gartenrestaurant. Zusammen mit dem Kumsal (s. u.) eines der wenigen Lokale, die noch türkische Küche servieren. Sehr leckere *Köfte* und *Güveç*-Variationen. Hg. 7,50–16 €.

Kumsal Restaurant, eine der ältesten Adressen von Belceğiz und immer noch eines der einfacheren Lokale vor Ort. Direkt am Strand, mit Dachterrasse. Gute Qualität und faire Preise: Fisch, Steaks, Pide aus dem Holzofen und Kebabs. Hg. 4–13 €. Am südlichen Ende des Belceğiz-Strandes, ✆ 0252/6170058.

Gut ist auch das Restaurant des **Sugar Beach Clubs** (→ Übernachten). Mix aus international-türkisch-mediterraner Küche der mittleren Preisklasse. Man sitzt herrlich an der Lagune, dazu Easy-Listening-Musik.

Nachtleben in Belceğiz
Buzz Beach Bar, gemütliche Terrassenbar (schöne Aussicht). Gute Küche, die auch im Restaurant darunter serviert wird. Stets fröhlich gelauntes Publikum, Loungemusik. Sehr beliebt. An der Uferpromenade.

Help Beach Lounge, gleich neben der Buzz Beach Bar und ebenfalls ein angesagter Spot. Lustig-bunt gestaltete Terrassenkneipe mit viel Holz. Etliche Sorten Bier und Kaffee, internationales Essen zwischen Burger und Pasta. Happy Hour von 18–20 Uhr.

Crusoes, ebenfalls an der Uferpromenade und als Open-Air-Tanztempel recht populär.

Nachtleben in Hisarönü Köy
Etliche Bars und Pubs, selbst aus Fethiye kommt man abends nach Hisarönü Köy. Seit Jahren sind das **Talk of the Town** und das **Grand Boozey** am angesagtesten – Karaokefans kommen auf ihre Kosten.

🚶 **Wanderung 8: Von Ölüdeniz nach Kayaköy**   → S. 265
Einfache Wanderung in ein Geisterdorf.

Die Lagune aus der Vogelperspektive: Wer ohne Gleitschirmflug Panorama-ausblicke auf die Ölüdeniz-Bucht genießen möchte, dem sei – per pedes oder Auto – Folgendes empfohlen: Ölüdeniz Richtung Hisarönü Köy verlassen und nach 2 km (bzw. 400 m hinter der Zufahrt zum Paradise Garden Hotel) den Schotterweg nach links in den Wald nehmen (von Hisarönü Köy kommend geht es 600 m nach der Abzweigung zum Nicholas Heights Hotel rechts ab). Bis zur Abzweigung kann man auch mit dem Dolmuş fahren. Nach ca. 1 km auf dem Schotterweg tun sich erste tolle Ausblicke auf Belceğiz auf und nach weiteren 500 m spektakuläre Ausblicke auf die Lagune. 900 m weiter gibt es ein Abenteuercamp mit Hochseilgarten. Gegenüber dem Camp beginnt ein abenteuerlicher Pfad (umgestürzte Bäume) hinab nach Ölüdeniz (ca. 30 Min., teilweise markiert).

Sport

Meereskajaktouren → Kayaköy, S. 195.

Paragliding   Anfang der 1990er ent-deckten Gleitschirmfreaks den *Baba Dağı* (1900 m) hoch über der Lagune von Ölü-deniz als Startplatz. Kurze Zeit später ge-hörte der Tandemflug (mit einem professio-nellen Piloten im Huckepackverfahren) zum Aktivprogramm der hiesigen Veranstalter.

Ausflug auf den Baba Dağı: Schon allein die Anfahrt auf den Baba Dağı ist ein Erlebnis: Wahn-sinnsausblicke, auch für „Nicht-flieger" ein schönes Ausflugsziel! Die Straße auf den Berg ist ge-teert und gut befahrbar (Dauer ca. 30 Min.). Transfers werden von den Paragliding-Agenturen für ca. 6,50 € angeboten. Zudem fahren Mai–Okt. 10–17 Uhr stündl. Dolmuşe hinauf. Oben befindet sich ein Tagescafé mit Traumaus-blicken. Den Rückweg kann man auch zu Fuß antreten, ein mar-kierter Wanderweg führt vom Gipfel nach Ölüdeniz (11 km). Für „Flieger" lohnt es sich, den Ver-anstalter zu fragen, ob man nicht schon eine Stunde vor Abflug in ein Fahrzeug auf den Berg zustei-gen kann. Andernfalls ist der Auf-enthalt oben nur sehr kurz. www.oludenizbabadag.com.

Mittlerweile hat sich der Baba Dağı mit rund 70.000 Flügen im Jahr zu einem Mekka der Paraglider entwickelt. In der zweiten Oktoberhälfte finden die **Air Games** statt, 5 Tage im Zeichen des Gleitschirmfliegens, sozusagen Zirkus in der Luft. Die Flugbe-dingungen am Baba Dağı sind jedoch nichts für Anfänger. Immer wieder werden die hiesigen Windverhältnisse unterschätzt, regelmäßig kommt es zu Unfällen, zuwei-len auch tödlichen.

Für Tandemflüge gibt es über 10 Anbieter. Einer der renommiertesten ist **Sky Sports**. Ein Tandemflug kostet ca. 90 €. April–Nov. Büro in der Fußgängerzone Çarşı Cad. in Belceğiz, ☎ 0252/6170511, www.skysports-turkey.com. Flugzeit mind. 30 Min. (Cracks schaffen bis zu 2 Std. und schrauben sich bei günstiger Thermik auf 2500 m Höhe). Landeplatz ist die Strandpromenade von Belceğiz. Hier sieht man auch, welche Tan-dempiloten etwas draufhaben! Schweben sie elegant vom Himmel und setzen zart auf oder plumpsen sie eher in die Hecken herab? Tipp: Schauen Sie sich die Landun-gen an und suchen Sie sich den Piloten für Ihren Flug aus.

Tauchen   Das **European Diving Centre** aus Fethiye (→ Fethiye/Sport, S. 186) unter-hält Zweigstellen in Hisarönü Köy (an der Hauptflaniermeile) und in Belceğiz (Stand an der Uferpromenade).

Wandern   → Kleiner Wanderführer/Wan-derungen 8 und 9, S. 265. Beachten Sie zu-dem die Kästen „Ausflug auf den Baba Dağı" und „Die Lagune aus der Vogelperspektive".

Südlich von Ölüdeniz: von Kıdrak bis Kabak

Von Belceğiz windet sich eine 14 km lange Straße entlang einer grandiosen Küstenlandschaft mit tollen Ausblicken gen Süden. Um den Einstieg in die Straße zu finden, folgt man in Belceğiz der Beschilderung zum Club „Ölüdeniz Resort Hotel" (lässt dieses jedoch rechts liegen). Nach rund 2 km passiert man die **Kıdrak-Bucht** mit einem wunderbaren (aber kostenpflichtigen) Strand.

Nach weiteren rund 6 km erreicht man die Häuseransammlung **Faralya** (auch: **Uzunyurt**) hoch über dem **Butterfly Valley** *(Kelebek Vadisi)*. Der Blick hinab auf die kleine, von steilen Berghängen umrahmte Talebene mit einem Traumstrand davor ist superb. Das Tal ist ein Naturschutzgebiet, in dem sich unzählige Schmetterlinge tummeln. Man kann hinabsteigen bzw. -klettern (Wegbeginn bei der Pension George House, Dauer 30–45 Min.; → Kleiner Wanderführer/Wanderung 9, S. 267). Für den Rückweg bedarf es einer Bombenkondition. Absolute Schwindelfreiheit und festes Schuhwerk sind Voraussetzung. Gehen Sie zudem nicht nach Regen und mit schwerem Gepäck – es kam schon zu tödlichen Unfällen! Wer es bequemer mag, nimmt an einer Bootstour teil. Am Strand ist für das leibliche Wohl gesorgt. Auch werden einfachste Bungalows mit gemeinschaftlichen Sanitäranlagen vermietet, zudem kann gezeltet werden (Bungalow mit HP 34 €/Pers., ☎ mobil 0530/ 3021965, www.yenikelebeklervadisi.org). Übernachtungsmöglichkeiten bestehen zudem in Faralya, von der einfachen Pension bis zum Boutiquehotel ist alles dabei.

Endstation für Dolmuşe und Autos ist rund 6 km weiter beim Last Stop Café bzw. kurz hinter Mama's Pension. Gebastelte Holzschilder weisen dort den Weg hinab zu den im Grünen gelegenen Treehouse-Campings in der **Bucht von Kabak**. 20 Minuten dauert der Weg hinab zum idyllischen kleinen Kiessandstrand, 30 Minuten hinauf (die Schotterstraße in die Bucht darf von fußfaulen Touristen nicht befahren werden!). Noch vor einigen Jahren tummelten sich in Kabak überwiegend naturverbundene Freaks mit Robinsonambitionen, denen ein kaltes Bier als einziger Luxus genügte. Mittlerweile setzen manche „Camps", wie sich die zusammengezimmerten Hüttensiedlungen in der Bucht nennen, nicht mehr nur auf Yoga, Thaimassage und *Organic Food*, sondern auch auf mehr Komfort. Die ersten Klimaanlagen wurden bereits installiert, und nicht wenige Nachwuchs-Robinsons surfen am Strand auf ihren *MacBooks* im Internet. Wie lange die Idylle erhalten bleibt, ist fraglich, denn obwohl die Bucht von Kabak unter Naturschutz steht, wird fleißig gebaut.

Verbindungen   Im Sommer 7-mal tägl. (zuletzt um 7, 9, 11, 13, 15, 16 u. 18 Uhr) ein **Dolmuş** von Fethiye über Ölüdeniz und Faralya nach Kabak (zurück stets 1 ½ Std. später). Im Winter nur 3-mal tägl. morgens, mittags und abends. **Taxi** von Ölüdeniz nach Kabak ca. 26 €. Der **Bootstrip** von Ölüdeniz (Abfahrt gegenüber der Jandarma, auf das Boot mit der Aufschrift „Butterfly Valley" achten) zum **Butterfly Valley** kostet retour 8,50 €/Pers.

Übernachten in Faralya   Montenegro **Motel**, gepflegte, kleine, charmante Bungalowanlage um einen Pool. Nette Terrasse (leider ohne Blicke ins Butterfly Valley, obwohl direkt darüber). DZ 56 € mit HP.

Ausgeschildert, kurz hinter der Moschee rechts ab, ☎ 0252/64211777, www.montenegro motel.com.

🌿 **Wassermühle**, von Ölüdeniz kommend geht es unmittelbar vor der Gül Pension links bergauf. Eine der schönsten Unterkünfte im Reisegebiet, ein plätscherndes Paradies unter deutsch-türkischer Leitung: 7 geschmackvolle Suiten und 2 DZ mit z. T. herrlichen Balkonen und tollen Ausblicken. Weitläufiges Gartengelände mit (chlorfreiem) Pool. Restaurant (Vollwertküche). Frühzeitige Buchung empfehlenswert. Mindestmietdauer offiziell 1 Woche, wer Glück hat, kommt spontan auch kurzfristig unter. Im Winter geschl. Wermutstropfen: Das Meer zwar in Blickweite, der Sprung hinein setzt aber einen weiteren Weg voraus. Mit HP ab 55,50 €/Pers. Hisar Mah. 4, ✆ 0252/6421245, www.natur-reisen.de. ∎

Übernachten in der Kabak-Bucht Eine Reservierung ist in der HS empfehlenswert. Jeep- bzw. Traktortransfers hinab in die Bucht werden auf Anfrage organisiert. Das Gros der Camps – von vielen hat man schöne Ausblicke auf Meer und/oder Berge – hämmert, nagelt und pinselt sich von Jahr zu Jahr schöner. Die Idylle lässt man sich gut bezahlen.

Sea Valley Bungalows, weitläufige, grüne Anlage direkt hinter dem Strand. 18 Bungalows (größere und kleinere; hoffentlich kommen keine weiteren 18 hinzu – Platz hätte es noch), Pool, Restaurant, Market, überdachter Tischfußball, Billard. DZ 92–127 €. Kabak, ✆ 0252/6421236, www.sea valleybungalows.com.

Kabak Natural Life, wildromantische, recht komfortable Anlage. Am Hang 10 hübsche, teils aber winzige Bungalows mit Glasfron-ten (teils super Aussicht), Balkon und Bad, manche mit Klimaanlage. Dazu einfachere Hütten unten im Garten. Lauschige Sitzecken, 2 Restaurants, netter kleiner Pool. Je nach Zimmer 32–69 €/Pers. mit HP. Kabak, ✆ 0252/6421185, www.kabaknaturallife.com.

Turan Hill Lounge, schnuckelige terrassierte Anlage mit Pool fürs Fußbad und urgemütlichem Restaurant. Kleine Open-Air-Bibliothek. 17 Bungalows mit und ohne Bad, mit und ohne Balkon. Für 2 Pers. je nach Bungalow 64–125 € mit HP. Kabak, ✆ 0252/6421227, www.turanhilllounge.com.

Reflections Camp, ein eher spartanischer Camp in der Bucht, aber sehr nette Atmosphäre. 9 zusammengeschusterte, schnuckelige Hüttchen mit Moskitonetzen, Gardinen ersetzen das Fensterglas. Drum herum Bananenbäume. Gemeinschaftliche Freiluftsanitäranlagen mit Aussicht – besser als jede Zeitung! Nette Sitzecke mit tollem Meeresblick. Im Bungalow mit Dusche 43 €/Pers., ohne 30 €/Pers, im Zelt 20 €/Pers., jeweils mit HP. Kabak, ✆ 0252/6421020, www.reflectionscamp.com.

🚶 **Wanderung 9: Von Faralya nach Kabak**   → S. 267
Traumhafte Küstenwanderung ohne große Auf- und Abstiege.

Kayaköy

Zwischen Ölüdeniz und Fethiye liegt die alte griechische Siedlung *Livissi* in einem Tal etwas abseits der Hauptstraße. Im Rahmen des Bevölkerungsaustausches nach dem türkischen Befreiungskrieg 1922 wurden die hier lebenden Griechen auf den Peloponnes umgesiedelt (→ Kasten, S. 177). Der Ort wurde aufgegeben und verwandelte sich in eine Geisterstadt, dem das verheerende Erdbeben von 1957 den Rest gab. In grauen Reihen drängen sich heute die Hüllen der Häuser der einst stattlichen Kleinstadt die Hänge empor. Dazwischen rascheln Salamander und Eidechsen durchs Unkraut, im Schatten der Steine dösen Skorpione. Was um die 90 Jahre unbeachtet verfiel, verfällt zwar größtenteils noch immer weiter, wurde aber als Touristenattraktion entdeckt und zum kostenpflichtigen Museumsgebiet erklärt. Dementsprechend werden von allen umliegenden Ferienzentren organisierte Ausflüge nach Kayaköy angeboten, auf Wunsch können Sie auch in der Gruppe hinreiten. Die Zukunft des gespenstischen Museums ist allerdings ungewiss. Angedacht ist nicht nur eine umfassende Restaurierung der Geisterstadt (mit den beiden Kirchen wurde bereits begonnen), sondern auch eine Umwandlung des gesamten Areals in ein 300-Betten-Resort. Im Nachfolgedorf Kayaköy unterhalb der Ruinen gibt es bereits Bars und Cafés, kleine Pensionen und Boutiquehotels – alle ringen um Gäste.

Hier wohnen nur noch Eidechsen: die Geisterstadt Kayaköy

Öffnungszeiten Im Sommer 8–19 Uhr, im Winter bis 17 Uhr. 2,10 €.

Anfahrt/Verbindungen In Fethiye von der stadtauswärts führenden Einbahnstraße, der Çarşı Cad., ausgeschildert, u. a. auch mit dem antiken Namen „Karmylassos". Im Sommer von 7.15–22 Uhr alle 30–60 Min. **Dolmuşe** von Fethiye, im Winter nur bis 19 Uhr. Keine Direktverbindungen nach Ölüdeniz, umsteigen in Hisarönü.

Meereskajaktouren Seven Capes, die Agentur unter türkisch-englischer Leitung bietet spannende Meereskajaktouren mit Start in der Gemiler-Bucht oder von Ölüdeniz aus. Halbtagestour mit Essen 40 €/Pers., auch Mehrtagestouren mit Camping möglich (3 Tage mit allem Drum und Dran 285 €). Zudem Kajakverleih. Kein Office, aber gut erreichbar, ☎ 0537/4033779 (Dean mobil), www.sevencapes.com.

Wandern → Kleiner Wanderführer/ Wanderung 8, S. 265 und Lesetipps unten.

Übernachten Unterkünfte verschiedener Preisklassen vor Ort. Ein Lesertipp ist die **Villa Rhapsody**. 16 nette Zimmer mit Balkon. Schöner Garten mit Pool. Freundliche, aber zurückhaltende Gastgeber. Am Abend wird auf Wunsch lecker gekocht. Gutes Preis-Leistungs-Verhältnis. DZ 44 €, EZ 34 €. Besser reservieren, da vor Ort nicht immer jemand anzutreffen ist. Ca. 500 m abseits des Zentrums, an der Straße nach Gemiler rechter Hand, ☎ 0252/6180042, www.villa rhapsody.com.

Essen & Trinken Die Lokale nahe dem Ruinengelände leben größtenteils vom Eintagestourismus. Ein mit Liebe gestaltetes Gartenlokal ist das **Sarnıç** im unteren Bereich des Ruinengeländes. Sehr lauschig, die melancholische Musik passt zum Ort. Meze, Kebabs, Pasta und Salate. Hg. 4,50– 15 €. Eigener Parkplatz. Von der Durchgangsstraße ausgeschildert, ☎ 0252/6180153.

Lesetipps zu Kayaköy Louis de Bernières *Traum aus Stein und Federn*, → Literaturtipps, S. 52. Der Romancier Louis de Bernières schrieb auch das Vorwort zum englischsprachigen, 2012 erschienenen Handbuch *A Guide to Kayaköy*. Autor ist der in Kayaköy lebende Engländer Dean Livesley, der auch die Agentur Seven Capes (s. o.) betreibt. Sehr informativ, inkl. 10 Wanderungen. Bestellbar über www.kayakoyguide.com.

Gemiler-Bucht

Rund 7 km südwestlich von Kayaköy liegt die Gemiler-Bucht, ihr vorgelagert die gleichnamige Insel. Zwischen Bucht und Insel ankern stets ein paar Yachten, dazu laufen regelmäßig Ausflugsboote ein. Der herrliche Sandkiesstrand, noch vor wenigen Jahren ein Geheimtipp in der Idylle, ist heute recht populär, zudem Ziel von Jeep- und Quadsafaris. Türken grillen im Schatten Lammkoteletts, Engländer in der Sonne sich selbst. Auf der **Gemiler-Insel** (Gemiler Adası), auch als *St.-Nikolaus-Insel* bekannt, stehen die Ruinen von zwei Kirchen, die einst ein unterirdischer Kreuzweg miteinander verband. Mehrere Abschnitte des rund 500 m langen Tunnels sind heute eingestürzt. In einer der Kirchen kann man stellenweise noch Fresken ausmachen.

In der Nähe der Gemiler-Bucht liegen zudem die Überreste eines alten Klosters. Sie sind auf dem Weg zur Bucht (ca. 4 km vorher) mit **„Af Kule Manastırı"** ausgeschildert. Von der Abzweigung läuft man am besten zu Fuß weiter, die letzten Meter müssen ohnehin per pedes zurückgelegt werden. Dazu folgt man dem Waldweg und hält sich an dessen Ende rechts (rot-gelbe Markierung). Nach ca. 40 Min. Gesamtgehzeit, sobald man die Küste zu Gesicht bekommt, muss man auf der Meerseite nach den Ruinen Ausschau halten. Die Ruinen sind weniger spannend, ihre Lage jedoch spektakulär.

Anfahrt/Verbindungen   Die Gemiler-Bucht ist von Kayaköy mit „Gemiler Adası" ausgeschildert. **Dolmuşe** von und nach Fethiye Ende Mai bis Ende Okt. 9.30–18.30 Uhr halbstündl. Buchteintritt 1,30 €/Pers. Für ca. 20 € (Personenzahl egal, handeln!) kann man sich zur Insel hin- und zurückrudern lassen, hinzu kommt jedoch noch der „Inseleintritt" von 3,40 €/Pers. Bucht und Insel werden von Fethiye und Ölüdeniz im Rahmen von **Bootsausflügen** angesteuert.

Camping   In der Bucht kann gecampt werden, gezahlt wird an der Schranke. Sehr idyllisch, aber nur bescheidenste Sanitäranlagen. 2 Pers. mit Wohnmobil 6,40 €.

Kadyanda   (antike Stadt)

Ein Ausflug in das stimmungsvolle Kadyanda, 27 km nordöstlich von Fethiye und 1000 m höher gelegen, ist allein wegen des herrlichen Blicks über die Bucht von Fethiye ein Erlebnis. Der Bergwald des Lykischen Taurus hat sich diese vergessene Stadt zurückerobert, Bäume und Unterholz wuchern in und über den Ruinen, abgefallene Nadeln bedecken umgestürzte Säulen und Wurzeln schlingen sich über Reliefsplitter.

Man weiß so gut wie nichts über Kadyanda, das in keiner Chronik erwähnt wird. Aus einigen Inschriften ist lediglich bekannt, dass ein Herrscher von Karien einst einigen lykischen Städten, darunter Kadyanda, stattliche Zahlungen zukommen ließ. Klein war Kadyanda jedenfalls nicht, das wird deutlich, wenn man in die längst untergegangene Welt eintaucht, die von wenigen Touristen und gelegentlich auch von Ruinenplünderern heimgesucht wird. Durch die antike Stadt führt ein Rundweg, auf dem man auch bleiben sollte, insbesondere wenn man alleine ist, um nicht in irgendeiner unterirdischen Zisterne zu verschwinden.

Der Weg vom Parkplatz (links am Kassenhäuschen vorbei) führt zuerst durch die ausgedehnte kaiserzeitliche **Nekropole**. Sobald es bergauf geht, passiert man kleine Schachtgräber, aber auch Ruinen großer Tempelgräber und reliefverzierte Grabhäuser. Nachdem man einem römischen **Heroon** den Rücken gekehrt hat, tun sich linker Hand grandiose Blicke auf die Bucht von Fethiye auf – rechter Hand liegt das schattige Trümmerfeld der **Agora**. Unter der Piniennadeldecke verstecken sich noch bemerkenswerte Architekturfragmente einer einst angrenzenden Pfeilerhalle und einer Stoa. Oberhalb der Agora stehen die mächtigen Ruinen der **Vespasian-Therme**, deren Größe man erst vom noch höher gelegenen **Stadion** aus wahrnimmt. Ob die ebene Fläche, die von einer Seite von einer niedrigen Tribüne flankiert wird, wirklich als Kampfsportbahn diente, ist allerdings umstritten, neuere Forschungen gehen von einer Prozessionsstraße aus. Hinter der Tribüne liegt der Trümmerberg eines **dorischen Tempels** aus hellenistischer Zeit. Folgt man der Arena oder Prozessionsstraße nach rechts, taucht linker Hand ein quadratischer Platz auf, darunter große **Zisternen**. Der Rundweg führt weiter zum **Theater** aus römischer Zeit. Es ist in einen schattigen Hang eingebettet und bis auf die Orchestra recht gut erhalten. In der obersten Reihe saßen die Ehrenbürger der Stadt auf Bänken mit Lehnen, heute wachsen auf so manchen Rängen Kiefern. Vorbei an einer **Polygonalmauer**, die Stützmauer des darüber liegenden Theaters und Stadtmauer in einem war, gelangt man zurück zum Parkplatz.

Öffnungszeiten   Im Sommer tägl. 8–19 Uhr, im Winter bis 17 Uhr. 2,10 €.

Anfahrt/Verbindungen   Kadyanda (u. a. auch mit „Cadianda" ausgeschildert) erreicht man über das gemütliche und auch bei englischen Residenten beliebte Bergstädtchen Yeşilüzümlü 20 km nordöstlich von Fethiye. Yeşilüzümlü wiederum liegt an der Straße nach Denizli und ist vom Küstenhighway   D 400   ausgeschildert. Bis Yeşilüzümlü fährt auch der **Dolmuş** (stündl. ab Fethiye), ohne eigenes Fahrzeug muss man von da ab jedoch laufen. Der **Fußweg** zu den Ruinen ist im Zentrum mit „Kadianda Yürüyüş Yolu" ausgeschildert und markiert. Anstrengend, aber schön, 400 Höhenmeter sind zu überwinden, Dauer je nach Kondition 1–1 ½ Std.!

Selbstfahrer folgen der ausgeschilderten Straße von Yeşilüzümlü nach Kadyanda (9 km, auch wenn vor Ort weniger angegeben ist), die letzten 5,2 km sind unbefestigt.

Einkaufen   In Yeşilüzümlü werden schöne helle Baumwollstoffe und Wein verkauft – nette Mitbringsel.

Ausflug nach Rhodos-Stadt   (Griechenland)

Von Fethiye bestehen im Sommer regelmäßige Fährverbindungen nach Rhodos, der größten Insel des Dodekanes. Eine Perle ist das historische Zentrum von Rhodos-Stadt an der Nordspitze der Insel.

Rhodos, 77 km lang und 38 km breit, zählt rund 115.000 Einwohner. Etwa die Hälfte davon lebt in Rhodos-Stadt, das aufgrund seiner Lage am Rande Europas und Asiens auf eine wechselvolle Geschichte zurückblickt. Die Inselhauptstadt begeistert durch eine verwinkelte Altstadt mit einem mittelalterlichen, labyrinthartigen Straßensystem, das in ganz Griechenland seinesgleichen sucht. Beim Schlendern durch die Gassen, vorbei an schattigen Hinterhöfen, urigen Kneipen, halb verfallenen Moscheen und herausgeputzten Ritterhäusern, glaubt man zuweilen, die Zeit sei stehen geblieben. Ganz anders dagegen die ernüchternde Neon-Beton-Moderne der angrenzenden Neustadt – ein quadratisch aufgeteiltes Viertel mit Hotels, Diskotheken, Restaurants, Fastfoodlokalen, Souvenirgeschäften und Menschen dicht an dicht. Hier ist Rhodos-Stadt nichts weiter als ein großer touristischer Rummelplatz.

Basis-Infos

Telefonvorwahl   Internationale Landesvorwahl für Griechenland ℡ 0030.

Information   Griechische Fremdenver-
kehrszentrale **EOT** unweit des Busbahn-
hofs an der Straßenecke Alexandrou-
Papagou-Str. 31/Makariou-Str. (zwischen
Alt- und Neustadt). Mo–Fr 7.30–15 Uhr. Sehr
hilfsbereit, gutes Informationsmaterial.
℡ 22410/44335, www.gnto.gr.

Fährverbindungen von der Türkei
→ Fethiye/Verbindungen, S. 180. Eine weitere regelmäßige Fährverbindung besteht
nach Marmaris.

Verbindungen auf Rhodos   An der
Busstation an der Hafenfront (Nea Agora)
halten und starten die **Stadtbusse**. Vom
Busbahnhof in der Averof-Str. (an der Rück-
seite der Nea Agora) fahren die **Busse** zur
Westküste ab, vom Busbahnhof am Rimini-
Platz jene zur Ostküste, u. a. halbstündl.
6.30–23.30 Uhr nach Kallithéa und 1-mal
morgens (zurück am Nachmittag) zum
Tsambiká-Beach.

Autoverleih   **Hertz**, **Avis** oder **Europcar**
haben Büros in Rhodos-Stadt und am Flughafen. Günstiger sind die kleineren einheimischen Verleiher: billigste Fahrzeuge ab
30 €/Tag ohne Kilometerbeschränkung.

Taxis   Große Taxistation an der Platia
Rimini (Mandráki-Hafen). Die Preise sind
auf einer Tafel angeschlagen, z. B. ins
Schmetterlingstal 30 €, Líndos 55 €. Wartezeit ca. 10 €/Std.

Zweiradverleih   50-ccm-Moped ohne Kilo-
meterbegrenzung ab 15 €/Tag, Fahrräder
(meist ohne Gangschaltung) ab 6 €, Mountainbikes 12 €. Verleiher gibt es an fast jeder Straßenecke, v. a. in der Neustadt.
Recht professionell arbeitet **Fidusa** in der
Sofouli-Str., ℡ 22410/21264.

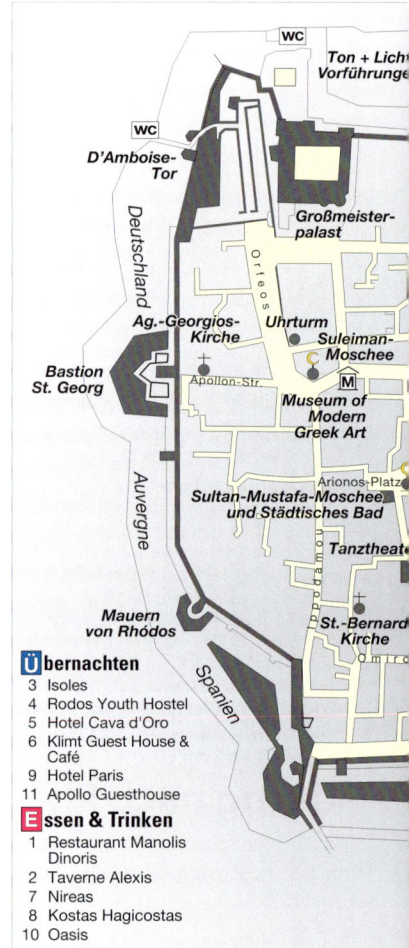

Ü bernachten
3 Isoles
4 Rodos Youth Hostel
5 Hotel Cava d'Oro
6 Klimt Guest House &
   Café
9 Hotel Paris
11 Apollo Guesthouse

E ssen & Trinken
1 Restaurant Manolis
   Dinoris
2 Taverne Alexis
7 Nireas
8 Kostas Hagicostas
10 Oasis

Übernachten

Hotels an jeder Straßenecke in der Neustadt – auf Pauschaltouristen eingerichtet.
Die hier ausgewählten Hotels liegen alle in der Altstadt, wo es ruhiger und weniger touristisch zugeht. Außerdem ist es hier preisgünstiger.

Hotel Cava d'Oro �‧5, ruhiges Boutiquehotel in Hafennähe unter freundlicher grie-
chisch-deutscher Leitung. 13 meist kleine,
aber individuell eingerichtete Zimmer. DZ je
nach Ausstattung ab 80 €. Kistiniou-Str. 15,
℡ 22410/36980, www.cavadoro.com.

Rhodos Altstadt

70 m

Hotel Paris 🄋, im ehemals türkischen Viertel gelegene Herberge, sehr ruhig und trotzdem relativ zentral. Benannt nach dem netten Besitzer. Sehr gepflegt. Garten. Nur April–Okt. DZ ab 70 €, Frühstück 7 € extra. Fanouriou-Str. 88, ☎ 22410/26356, www.paris-hotel-rhodes.gr.

Klimt Guest House & Café 🄆, mitten im Herzen der Altstadt liegt diese einladende

Pension mit Wiener Charme. Die Österreicherin Jutta vermietet 3 komfortable Doppelzimmer. Zum Haus gehört ein Café, in dem ab und zu auch Apfelstrudel gebacken wird. Reichhaltiges Frühstück. DZ 50–90 €. Fanouriou Str. 32–24, ☎ 22410/20745, www.klimt-guest-house.com.

Isoles 🄃, im Obergeschoss eines Altstadthauses. Sehr saubere Zimmer. Schöner

Wer jeden Winkel der Altstadt und der Insel erkunden will, dem sei das **Reisehandbuch „Rhodos"** von Hans-Peter Siebenhaar aus dem Michael Müller Verlag empfohlen.

Blick über die Altstadt bis zum Hafen. DZ 30–60 €. März–Okt. Evdoxou-Str. 75, ✆ 22410/20682, www.hotelisoles.com.

Apollo Guesthouse ⑪, Maggie und Ikuo vermieten 6 geschmackvolle Zimmer, teilweise mit Hochbett. Im von Weinreben überdachten Innenhof wird das Frühstück serviert. DZ ab 55 €. Omirou-Str. 28 c, ✆ 22410/32003, www.apollo-tourist house.com.

Rodos Youth Hostel ④, schon ziemlich abgewohnte, private Jugendherberge für sehr bescheidene Ansprüche. Kleine Bar im Garten. Übernachtung im Mehrbettzimmer bzw. Schlafsaal ab 9 €, DZ ab 20 €. Eine der billigsten Möglichkeiten in Rhodos-Stadt unterzukommen. Ergiou-Str. 12, ✆ 22410/30491, ✆ 22410/75861.

Essen & Trinken → Karte S. 198/199

Die Altstadt ist ein wahres Schlemmerparadies, hier gibt es alles: vom zünftigen Tavernengrill über leckere griechische Nouvelle Cuisine bis hin zu einer ganzen Reihe hervorragender *Psarotavernas* (Fischtavernen), die zwar nicht günstig sind, dafür aber Allerfeinstes aus der Ägäis bieten.

Restaurant Manolis Dinoris ①, mehrfach ausgezeichnetes Lokal in einem ehemaligen Reitstall im Zentrum der Altstadt. Meeresfrüchte aller Art: Hummer, Krabben, Tintenfisch. Für ein dreigängiges Menü plus Getränke sollte man mit 45–55 € rechnen. Versteckt an der Platia Moussiou 14 a, ✆ 22410/25824.

Taverne Alexis ②, Traditionslokal, ebenfalls inmitten der Altstadt. Die Gäste – darunter waren übrigens auch Mikis Theodorakis und Jackie Onassis – sitzen dicht gedrängt an der Sokrates-Str. 18 und genießen auch hier, was aus der Ägäis gefischt wird. Eine Spezialität ist die Shrimpssuppe. Das Essen ist besser als der Service. Man sollte mit ca. 50 €/Pers. rechnen. So Ruhetag. ✆ 22410/29347.

Nireas ⑦, mit Stil eingerichtetes Restaurant, feine Küche. Exzellenter Oktopus, auch die Miesmuscheln und die Seeigel sind sehr gut. Dazu wildes Gemüse, super Vorspeisen und eine pflanzenüberwachsene Terrasse. Wenn das Lokal voll besetzt ist, sollte man etwas Geduld mitbringen. Sofokleous-Str. 22, ✆ 22410/21703.

Oasis ⑩, an einem stillen Platz gegenüber der halbverfallenen Redjab-Pascha-Moschee. Nikos Baláskas und seine Familie bieten griechische Hausmannskost an – deftig und sehr preisgünstig. Man sitzt unter Schatten spendenden Bäumen; schon zum Frühstück geöffnet. Dorieos-Platz 12, ✆ 22410/34253.

Kostas Hagicostas ⑧, die vielen Lobeshymnen seiner Gäste hängt der Wirt gerne auf einer Pin-up-Wand als Empfehlung vors Lokal – die gebotene Hausmannskost ist schmackhaft und preiswert. Pythagoras-Str. 62, ✆ 22410/26217.

Altstadt von Rhodos mit Kirchtürmen und Minaretten: ein multikultureller Kosmos

Baden

An der Nordspitze und der sich anschließenden Westflanke von Rhodos-Stadt liegen ausgedehnte Kies-/Sandstrände mit allen touristischen Einrichtungen, jedoch sind diese von Juni bis Anfang September restlos überlaufen. Das Gleiche gilt für die meisten Strände an der Westküste zwischen Trianda und Rhodos-Stadt. Empfehlenswert sind Ausflugsfahrten zu den Stränden der Ostküste (per Bus oder per Schiff vom Mandraki-Hafen). Abgelegenere Buchten an der Westküste findet man lediglich nahe der Straße Richtung Flughafen.

Kallithéa An der Ostküste, 10 km von Rhodos-Stadt. Der kleine, von Palmen gesäumte Sandstrand zählt zu den Attraktionen der Insel. Oft machen kleine Ausflugsschiffe Halt, um ihren Gästen in der Bucht eine Schnorchelpartie im kristallklaren Wasser zu ermöglichen. Schön auch die wunderbar restaurierte alte Thermenanlage von Kallithéa.

Tsambiká-Bucht   Sand, Sand, Sand. Ebenfalls an der Ostküste, jedoch weiter südlich, liegt die wohl schönste Badebucht der Insel. Der Strand ist gut besucht, aber selbst im Hochsommer kaum überfüllt. Am nördlichen Rand der Bucht ein steiler, 240 m hoher Berg, auf dessen Gipfel eine blendend weiße Wallfahrtskirche thront.

Sehenswertes

Die Altstadt ist von einem wuchtigen, 4 km langen Befestigungswall mit bis zu 14 m breiten Mauern umgeben. Die Ritter des Johanniterordens ließen diesen, während sie auf der Insel weilten (1308–1522), aus Furcht vor türkischen Angriffen ausbauen. Ein Rundgang über die Stadtmauern beginnt im Hof vor dem Großmeisterpalast und führt über das D'Amboise-Tor mit seinen eindrucksvollen Rundtürmen in Richtung Süden bis zum Koskinou-Tor (offiziell Di–So 8–13 Uhr, 2 €, Dauer ca. 30 Min., 2013 wegen Personalmangels jedoch nicht möglich). In der Altstadt sind das Ritterviertel und das Türkische Viertel besonders sehenswert.

Ausflug nach Rhodos-Stadt

Göcek: Zentrum des Yachttourismus

und Servicecenter kümmern sich um deren Belange. Auf der breiten und langen, mit Palmen gesäumten Uferpromenade lässt es sich gemütlich an Booten aus dem gesamten Mittelmeerraum vorbeischlendern, dahinter laden Cafés, Delikatessenläden und Bars auf eine Pause ein. Alles ist ein wenig schmucker, trendiger und niveauvoller, hier bedient man Segler und keine „einfachen Pauschaltouristen". Im Zentrum verlocken ein paar schicke Boutiquen zum Geldausgeben, an den Ortsrändern stehen noble Villen. Jüngster Stolz ist das Projekt *Portville* im Südosten des Städtchens, eine Ansammlung von 130 Villen im traditionellen Architekturstil, die durch Wasserkanäle mit dem Meer verbunden sind.

Per Boot lassen sich etliche Traumstrände in der weiten Bucht von Göcek ansteuern, dazu gehören auch jene Badeplätze, die von Fethiye aus im Rahmen der beliebten Zwölf-Insel-Bootstour abgeklappert werden (die Inseln liegen fast vor der Haustür).

Basis-Infos

Verbindungen Stündl. vom Zentrum Dolmuşe nach Fethiye. Die Überlandbusse halten und starten i. d. R. an der Schnellstraße (Bustickets bekommt man am zentralen Platz), von dort sind es 5–10 Fußmin. ins Zentrum.

Taxis stehen am Platz bei der Moschee bereit, zum Flughafen Dalaman 38 €, nach Fethiye 43 €.

Autoverleih Ein paar lokale Verleiher an der Parallelstraße hinter der Uferpromenade. Diese besitzen meist jedoch selbst keine eigenen Fahrzeuge, sondern vermitteln lediglich Autos aus Fethiye und streichen dabei eine saftige Provision ein. Besser gleich nach Fethiye fahren. Autos ab 45 €.

Bootsausflüge Nahezu identisches Angebot wie in Fethiye (→ S. 180), an erster Stelle steht die **12-Insel-Tour.**

Einkaufen Am So ist **Markt.**

Veranstaltungen Göcek veranstaltet jährlich zwei **Regatten**, eine im Mai und eine im Nov.

Waschsalon Mehrere vor Ort, z. B. **Dolphin Laundry** an der Parallelstraße zur Uferpromenade. Eine Maschine (6 kg) waschen 10,60 €.

Yachtcharter z. B. über **E.G.G. Yachting** (Eignergemeinschaft Göcek). In der D-Marina, ✆ 0252/6452741, www.eggyachting.com. Billigste Yacht in der HS für 4 Pers. 2100 €/ Woche ohne Skipper.

Altstadt von Rhodos mit Kirchtürmen und Minaretten: ein multikultureller Kosmos

Baden

An der Nordspitze und der sich anschließenden Westflanke von Rhodos-Stadt liegen ausgedehnte Kies-/Sandstrände mit allen touristischen Einrichtungen, jedoch sind diese von Juni bis Anfang September restlos überlaufen. Das Gleiche gilt für die meisten Strände an der Westküste zwischen Trianda und Rhodos-Stadt. Empfehlenswert sind Ausflugsfahrten zu den Stränden der Ostküste (per Bus oder per Schiff vom Mandraki-Hafen). Abgelegenere Buchten an der Westküste findet man lediglich nahe der Straße Richtung Flughafen.

Kallithéa An der Ostküste, 10 km von Rhodos-Stadt. Der kleine, von Palmen gesäumte Sandstrand zählt zu den Attraktionen der Insel. Oft machen kleine Ausflugsschiffe Halt, um ihren Gästen in der Bucht eine Schnorchelpartie im kristallklaren Wasser zu ermöglichen. Schön auch die wunderbar restaurierte alte Thermenanlage von Kallithéa.

Tsambiká-Bucht Sand, Sand, Sand. Ebenfalls an der Ostküste, jedoch weiter südlich, liegt die wohl schönste Badebucht der Insel. Der Strand ist gut besucht, aber selbst im Hochsommer kaum überfüllt. Am nördlichen Rand der Bucht ein steiler, 240 m hoher Berg, auf dessen Gipfel eine blendend weiße Wallfahrtskirche thront.

Sehenswertes

Die Altstadt ist von einem wuchtigen, 4 km langen Befestigungswall mit bis zu 14 m breiten Mauern umgeben. Die Ritter des Johanniterordens ließen diesen, während sie auf der Insel weilten (1308–1522), aus Furcht vor türkischen Angriffen ausbauen. Ein Rundgang über die Stadtmauern beginnt im Hof vor dem Großmeisterpalast und führt über das D'Amboise-Tor mit seinen eindrucksvollen Rundtürmen in Richtung Süden bis zum Koskinou-Tor (offiziell Di–So 8–13 Uhr, 2 €, Dauer ca. 30 Min., 2013 wegen Personalmangels jedoch nicht möglich). In der Altstadt sind das Ritterviertel und das Türkische Viertel besonders sehenswert.

Ausflug nach Rhodos-Stadt

Ritterviertel: Den nördlichen Teil der Altstadt bildet das alte Ritterviertel, das leicht am alles überragenden Großmeisterpalast zu erkennen ist. Die originalgetreu restaurierte *Odos Ippoton (Ritterstraße)*, die hangaufwärts zum Palast führt, ist ein Musterbeispiel für die Architektur aus der Zeit der Johanniterherrschaft. Spätgotische Häuserfassaden reflektieren das einfache, strenge Leben der Ordensritter. Auf den ersten Blick wirkt die schnurgerade kopfsteingepflasterte Straße enttäuschend. Eine Ritterherberge sieht wie die andere aus. Doch wer genauer hinschaut, entdeckt an den Hauswänden viele interessante Details.

Wenige Schritte abseits der Ritterstraße befindet sich im einstigen Hospital des Ordens das **Archäologische Museum** (Juni–Okt. Di–So 8–20 Uhr, Mo 9–16 Uhr, Nov.–Mai tägl. außer Mo 8–14.30 Uhr, 6 €). Es beherbergt eine umfangreiche Sammlung von Grabstelen aus hellenistischer und römischer Zeit, Reliefs und Statuen, darunter die berühmte *Kauernde Aphrodite* aus dem 1. Jh. v. Chr. Sehenswert ist auch der 51 m lange Krankensaal im Obergeschoss.

Der zinnenbekrönte **Großmeisterpalast** (Grundfläche 80 x 75 m) am Ende der Ritterstraße hat sein heutiges Gesicht erst sehr viel später erhalten, als es sein Name vermuten lässt. Er wurde im Jahr 1940 während der Herrschaft der italienischen Faschisten nach alten Plänen fertig gestellt. Im ersten Stock gibt es mehr als ein Dutzend Räume, deren Besichtigung sich v. a. wegen der Mosaikböden lohnt (April–Okt. tägl. außer Mo 8–19.40 Uhr; Juli/Aug. bis 20 Uhr, Mo 9–16 Uhr; Nov.–März tägl. außer Mo 8.30–19 Uhr; 6 €).

Türkisches Viertel: Der lebendigste Teil der Altstadt liegt südlich der Ritterstraße. Sein Herz ist die *Sokratesstraße* mit ihren Schuh-, Pelz- und Schmuckläden. Dazwischen findet man immer volle Cafés und Restaurants. Doch wer sich nur ein paar Schritte davon entfernt, lernt die beschaulicheren Seiten des Türkischen Viertels kennen. Am oberen Ende der Sokratesstraße steht die *Suleiman-Moschee.*

Weitere Sehenswürdigkeiten: Besuchenswert ist zudem das *Museum für moderne griechische Kunst* mitten in der Neustadt am Haritou-Platz 100 (tägl. außer So/Mo 9–14 Uhr, Sa 10–14 Uhr, 3 €). Die Sammlung von rund 150 Gemälden und Plastiken gibt einen guten Überblick über die griechische Gegenwartskunst. Interessant ist auch der Besuch der *Kahal-Shalom-Synagoge,* des ältesten jüdischen Gotteshauses in Griechenland an der Polidorou-Str. 5 (So–Fr 10–15 Uhr, Spende erwünscht). Im angeschlossenen Museum ist das Leben der jüdischen Gemeinde bis zum Beginn des Zweiten Weltkriegs dokumentiert – die Nazis besorgten deren Untergang. Ein 15-minütiger Spaziergang entlang dem Strand gen Norden führt schließlich zum 1935 im Art-déco-Stil errichteten *Aquarium*, das Einblicke in die Unterwasserwelt der Ägäis gibt (April–Okt. tägl. 9–20 Uhr, im Winter bis 16.30 Uhr, 5,50 €).

Eines der sieben Weltwunder: der Koloss von Rhodos

Der über 30 m hohe Gigant wurde um 290 v. Chr. in zwölfjähriger Arbeit zu Ehren von Helios (Sonnengott und Schutzpatron der Insel) errichtet. Mit breit gespreizten Beinen und einer Fackel in der Hand soll er am Eingang des Mandráki-Hafens gestanden haben. Doch das ist mehr Legende als historische Wahrheit, schon aus Gründen der Statik wäre ein solches Unternehmen gescheitert. Wahrscheinlich stand die Riesenstatue in der Nähe des heutigen Großmeisterpalastes – aber nur 63 Jahre lang, dann brach sie infolge eines Erbebens zusammen. Wie der Koloss aussah, erfährt man in jedem Souvenirladen – Kitsch und Kult sind auch nach über 2000 Jahren lebendig.

Zwischen Fethiye und Dalyan

Knapp 65 km trennen Fethiye vom Köyceğiz-See, nahe dessen Meereinmündung, einem reizvollen Delta, die Ortschaft Dalyan liegt. Die Hauptverkehrsstraße zwischen Fethiye und Dalyan verläuft bis Göcek parallel zur Küste und führt an mehreren herrlichen Badebuchten vorbei. Hinter Göcek verlässt die Straße die Küste und schwenkt durch den gebührenpflichtigen Göcek-Tunnel ins Landesinnere ab. Sie können aber auch die alte Strecke über den Göcek-Pass (345 m) wählen. Es folgt die Abzweigung zum Dalaman-Airport und nach Sarıgerme, einem kleinen aufstrebenden Badeort ohne viel Charme. Über Ortaca, vorbei an Orangen- und Zitronenplantagen, erreicht man Dalyan, dessen İztuzu-Strand Schildkröten und Badeurlauber gleichermaßen in seinen Bann zieht.

Die Buchten von Katrancı, Günlüklü und İnlice

17 km nördlich von Fethiye zweigt eine ausgeschilderte Stichstraße zur Bilderbuchbucht von Katrancı ab, dahinter macht sich ein Picknick- und Campingplatz (→ Übernachten) unter Kiefern breit. In das Wasser davor führt eine Rutsche. 3 km nördlich von Katrancı liegt die etwas weitere und ähnlich schöne Bucht von Günlüklü mit ein paar Palmen am Strand und ebenfalls einem schattigen Picknickareal. Den nordwestlichen Abschnitt belegen die Liegestühle des Bay Beach Club. Beide Buchten sind gebührenpflichtig (5,50 €/Auto, 1,90 €/Pers., 12 €/Wohnmobil). Außerhalb der türkischen Ferienzeit und insbesondere unter der Woche sind sie kaum frequentiert, während der Saison allerdings überlaufen und auch stets etwas vermüllt. Zwischen der Bucht von Günlüklü und Göcek liegen weitere tolle Buchten, die man größtenteils aber nur per Boot erreicht. Eine Ausnahme ist die Bucht von İnlice. Der fast unverbaute, 500 m breite, dunkelgraue Sandstrand mit Taverne ist gebührenfrei, dafür aber auch nicht immer ganz der sauberste.

Anfahrten Die Abzweigungen nach Katrancı und Günlüklü sind ausgeschildert, nicht jedoch die in die İnlice-Bucht. Sie befindet sich, von Fethiye kommend, ca. 8 km hinter der Abzweigung von Günlüklü bzw. ca. 350 m hinter dem Ortsausgangsschild des Dorfes İnlice (linker Hand nach Hotelschild „Dalos" Ausschau halten). Ein Abzweigen ist allerdings nur in Fahrtrichtung Göcek – Fethiye möglich.

Übernachten/Camping The Bay Beach Club, im Nordwesten der Bucht von Günlüklü. Modern und komfortabel ausgestattete Bungalows verschiedener Kategorien, z. T. mit Jacuzzi und offenem Kamin.

Drum herum viel Grün. Nette Poolanlage. Tolle Restaurantterrasse. Haken: teuer. DZ mit VP ab 270 €. Günlüklü Koyu, ✆ 0252/6336610, www.thebaybeachclub.com.

Katrancı Camping, schattiger Platz hinter der gleichnamigen Bucht. In der HS komplett überlaufen. Grill an Grill und Kopftuch an Kopftuch – viel konservatives Publikum mit wenig Sinn für Müllentsorgung. Einfachste Sanitäranlagen mit Kaltwasserduschen. Kleines Restaurant. Für das Gebotene reichlich teuer. 2 Pers. mit Wohnmobil 14 €, mit Zelt 12,30 €. Katrancı, ✆ 0252/6336406, www.katranci.org.

Göcek (4500 Einwohner, im Sommer bis zu 7000)

Wer den Palstek nicht vom Schotstek unterscheiden kann, fährt i. d. R. nicht nach Göcek – unmittelbar vor Ort fehlt es nämlich an guten Stränden. So kommen hierher vorrangig die Segler, die für jeden Knoten einen Namen haben.

Das freundliche Göcek, knapp 30 km nordwestlich von Fethiye, hat sich ganz dem Yachttourismus verschrieben – immerhin sechs Marinas gibt es. Diverse Agenturen

Göcek: Zentrum des Yachttourismus

und Servicecenter kümmern sich um deren Belange. Auf der breiten und langen, mit Palmen gesäumten Uferpromenade lässt es sich gemütlich an Booten aus dem gesamten Mittelmeerraum vorbeischlendern, dahinter laden Cafés, Delikatessenläden und Bars auf eine Pause ein. Alles ist ein wenig schmucker, trendiger und niveauvoller, hier bedient man Segler und keine „einfachen Pauschaltouristen". Im Zentrum verlocken ein paar schicke Boutiquen zum Geldausgeben, an den Ortsrändern stehen noble Villen. Jüngster Stolz ist das Projekt *Portville* im Südosten des Städtchens, eine Ansammlung von 130 Villen im traditionellen Architekturstil, die durch Wasserkanäle mit dem Meer verbunden sind.

Per Boot lassen sich etliche Traumstrände in der weiten Bucht von Göcek ansteuern, dazu gehören auch jene Badeplätze, die von Fethiye aus im Rahmen der beliebten Zwölf-Insel-Bootstour abgeklappert werden (die Inseln liegen fast vor der Haustür).

Basis-Infos

Verbindungen　Stündl. vom Zentrum **Dolmuşe** nach Fethiye. Die Überlandbusse halten und starten i. d. R. an der Schnellstraße (Bustickets bekommt man am zentralen Platz), von dort sind es 5–10 Fußmin. ins Zentrum.

Taxis stehen am Platz bei der Moschee bereit, zum Flughafen Dalaman 38 €, nach Fethiye 43 €.

Autoverleih　Ein paar lokale Verleiher an der Parallelstraße hinter der Uferpromenade. Diese besitzen meist jedoch selbst keine eigenen Fahrzeuge, sondern vermitteln lediglich Autos aus Fethiye und streichen dabei eine saftige Provision ein. Besser gleich nach Fethiye fahren. Autos ab 45 €.

Bootsausflüge　Nahezu identisches Angebot wie in Fethiye (→ S. 180), an erster Stelle steht die **12-Insel-Tour.**

Einkaufen Am So ist **Markt.**

Veranstaltungen Göcek veranstaltet jährlich zwei **Regatten**, eine im Mai und eine im Nov.

Waschsalon　Mehrere vor Ort, z. B. **Dolphin Laundry** an der Parallelstraße zur Uferpromenade. Eine Maschine (6 kg) waschen 10,60 €.

Yachtcharter　z. B. über **E.G.G. Yachting** (Eignergemeinschaft Göcek). In der D-Marina, ☏ 0252/6452741, www.eggyachting.com. Billigste Yacht in der HS für 4 Pers. 2100 €/ Woche ohne Skipper.

Übernachten/Essen & Trinken

Die Preise für Übernachten und Essen liegen in Göcek ca. 30 % über denen in Fethiye oder Dalyan. An der Parallelstraße zur Uferpromenade befinden sich noch einige einfache Pensionen, deren Zahl jedoch stark am Abnehmen ist. Bessere Hotels überwiegen.

Übernachten Göcek Dim Elit Hotel, direkt hinter der Uferpromenade (westlicher Ortsteil), 2013 eröffnet. 19-Zimmer-Komforthotel in einem Neubau, die Zimmer licht, geräumig und unterschiedlich eingerichtet, alle mit Kühlschrank und Balkon, fast alle blicken aufs Meer. Nach vorne ein nettes Café auf grünem Rasen, nach hinten ein kleiner Pool. DZ ab 100 €. Sahil Yolu 66, ✆ 0252/6451670, www.gocekelidimhotel.com.

Hotel Villa DanLín, freundliches Hotel mit 13 ausreichend großen Zimmern (mit und ohne Balkon), auf 2 kleine Gebäude verteilt, dazwischen ein Pool. An der Parallelstraße zur Uferpromenade. DZ ab 75 €. ✆ 0252/6451521, www.villadanlin.com.

Tufan Pansiyon/Pınar Pension, beide in einem Gebäude an der Uferpromenade (Pensionsschilder auch an der Rückseite, also an der Parallelstraße zur Uferpromenade). Beide bieten einfache, schlichte Zimmer.

Wählen Sie die Pension, in der Sie noch ein Zimmer mit Meeresblick bekommen. DZ um die 30 €. ✆ 0252/6451334 (Tufan) bzw. ✆ 0252/6451369 (Pınar).

Essen & Trinken Die Restaurants in Göcek sind fast durch die Bank empfehlenswert.

Can Restaurant, schattiges Terrassenlokal an der Uferpromenade (Höhe Mega Yacht Marina), dazu Tische direkt am Wasser. Ein Klassiker in Göcek. Eine der besten Adressen für frischen Fisch (geniale Vitrine) und gute Meze. Meze ab 3,40 €, Hg. 7,70–15 €. ✆ 0252/6451507.

Kebab Hospital, beim Kebabkönig Göceks gibt's über 10 Sorten Kebab (6,80–12 €), die vor der Nase zubereitet werden, dazu diverse andere Fleischspezialitäten. Wer keine Fleischberge mag, wählt Pide oder Lahmacun. An der Parallelstraße zur Uferpromenade, aber auch Terrasse zur Uferpromenade hin, ✆ 0252/6451873.

Dalaman Airport

Rund 10 km südlich der Küstenstraße bzw. rund 7 km südlich von Dalaman, einer wenig reizvollen Stadt mit 24.600 Einwohnern, liegt der gleichnamige Flughafen. Wer hier landet, hat noch, bevor er den Zoll passiert, die Möglichkeit, einen Dutyfree-Einkauf zu tätigen (billiger als der zollfreie Einkauf in Deutschland). Die Touristeninformation im Ankunftsbereich des internationalen Terminals ist im Sommer offiziell rund um die Uhr besetzt, im Winter nur, wenn Maschinen landen. Am Flughafen finden Sie auch Geldwechselmöglichkeiten und Bankomaten. Den internationalen Terminal trennen rund 500 m vom nationalen.

Bahnhof ohne Bahn

Dalaman ist die wohl einzige Stadt der Welt, die trotz fehlenden Eisenbahnanschlusses ein Bahnhofsgebäude besitzt. Der Grund liegt im Versehen eines Pariser Architekturbüros, das zu Anfang des 20. Jh. zwei von Ägyptens Herrscher Abbas Hilmi II. bestellte Entwürfe verwechselte. So wurde das für Dalaman geplante Jagdschlösschen als Stationsgebäude an der Privatbahn des Khediven in Ägypten gebaut und der Bahnhof als Jagdschloss auf seinem türkischen Gut. Abbas Hilmi, gleichermaßen begeisterter Jäger wie Eisenbahnfan, fügte sich schließlich in die Verwechslung.

Verbindungen Von Dalaman zum Airport fahren keine öffentlichen Verkehrsmittel. Wer nicht mit dem Bus von seiner Reisegesellschaft abgeholt wird oder auf einen **Havaş**-Bus aufsteigen kann (ca. 10-mal tägl. über Göcek nach Fethiye, 4,20 €, bzw. über Köyceğiz nach Marmaris, 6,40 €; Abfahrt nur vom Ankunftsbereich des nationalen Terminals, www.havas.com.tr), muss notgedrungen mit dem **Taxi** (Göcek ca. 38 €, Fethiye ca. 60 €) weiter. Am preiswertesten ist es, ein Taxi zum Busbahnhof von Dalaman zu nehmen (ca. 20 €) und dort in einen **Bus** oder ein **Dolmuş** umzusteigen. Die Dolmuşe fahren nur bis 20 Uhr, die großen Busse auf der Strecke Izmir – Antalya aber auch nachts.

Übernachten Am Airport selbst gibt es keine Möglichkeit, auch viele Hotels an der Zufahrtsstraße zum Flughafen machten in den letzten Jahren dicht. Eine gute Adresse ist:

Hotel Burç, an der Straße von Dalaman zum Flughafen. 26 geräumige, saubere Zimmer, 10 davon recht komfortabel (samt Lärmschutzfenstern), andere bislang noch mit einfachen Bädern und altem Mobiliar. Gepflegter Pool. Restaurant im sterilen Kantinenambiente. DZ 40–50 €. Kenan Evren Bul. 129, ca. 2,5 km vom Airport entfernt, ☎ 0252/6922935, www.burchotel.com.

Sarsala Koyu

Die mit Abstand schönste Badegelegenheit rund um Dalaman! Schon die Anfahrt zur Sarsala-Bucht, vorbei am tiefgrünen See Kocagöl (Mischung aus Süß- und Salzwasser), ist ein Erlebnis. Der ca. 250 m lange, grobe, graue Traumstrand an der zerlappten Küste bietet ein vorgelagertes Inselchen, eine idyllische Taverne, die Ruine eines osmanischen Zollhäuschens, eine alte Zisterne und ein Volleyballfeld. Zudem werden Sonnenschirme und Liegen verliehen. Meiden sollte man die Sommerwochenenden, wenn sich hier halb Dalaman im Wasser tummelt. Camper mit Wohnmobil werden für eine Nacht geduldet (keine Zelte).

Anfahrt über die Straße von der D 400 zum Flughafen Dalaman, 3 km hinter der Abzweigung nach Sarıgerme geht es links ab (ausgeschildert). Von dort ca. 13 km. Buchteintritt 0,65 €/Pers.

Sarıgerme

Die kleine, weit verstreute Ortschaft liegt 12 km südwestlich von Dalaman – nicht an der Küste, sondern im Landesinnern in der Nähe einiger Teiche, die als Brutstätten von Moskitos bekannt sind. Sarıgerme verwandelte sich in den vergangenen Jahren von einem verschlafenen Bauerndorf in das geschäftige Zentrum einer kleinen Ferienregion. Neben den Touristen spaziert zuweilen aber auch noch ein gackerndes Huhn durch die Straßen. Dort gibt es Ladenzeilen, aber kaum Restaurants – ein Tribut an die vielen All-inclusive-Hotels nahebei, jedes Jahr werden es mehr. Die Urlauber, darunter viele Deutsche und immer mehr Engländer, kommen wegen des herrlichen breiten und flach ins Meer verlaufenden **Sandstrands** einen Kilometer hinter Sarıgerme (für Otto Normalverbraucher gebührenpflichtig). Diesem vorgelagert ist ein kleines Inselchen. In einem Hain ist ein kleiner, gepflegter Park mit Kinderspielplatz, Tiergehegen, Picknickbänken und einer Bar angelegt.

Verbindungen/Anfahrt Mit dem **Dolmuş** über Ortaca (s. u.) zu erreichen. Sarıgerme ist auf dem Weg zum Flughafen Dalaman ausgeschildert. Die Dolmuşkooperative bietet auch Fahrten zu den Märkten der umliegenden Städte an.

Golf In Sarıgerme ist ein 18-Loch-Platz (PAR 72) geplant, der dem Hotel Dalaman Hilton Resort & Spa angeschlossen sein wird. Seit Jahren ist man aus dem Planungsstadium jedoch nicht herausgekommen. Infos unter www.hiltondalaman.com.

Übernachten Die Auswahl beschränkt sich vornehmlich auf Pauschalherbergen, die von Deutschland aus gebucht werden müssen, und auf einfache, austauschbare 08/15-Hotels.

Sarsala-Bucht bei Dalaman

Dalyan (ca. 5300 Einwohner)

Das überschaubare Städtchen liegt nicht direkt am Meer, sondern am östlichen Ufer des flussartigen Zulaufs, welcher den Köyceğiz-See mit dem Dalyan-Delta verbindet. Am gegenüberliegenden Ufer prangen weit sichtbar lykische Felsengräber in einer senkrecht abfallenden Felswand. Etwas weiter entfernt ruhen die Reste der antiken Stadt Kaunos.

Dalyan besitzt trotz fehlender Küstenromantik Flair. Aber obwohl das Städtchen 10 km abseits der Küste liegt, dürfen Sie keine vom Tourismus unberührte Oase erwarten. Tagsüber herrscht reges Kommen und Gehen bei den Ausflugsbooten am Kai, abends bummeln die Gäste, insbesondere Briten, Deutsche und Holländer, gemütlich von Bar zu Bar.

Es ist gar nicht allzu lange her, da zählte Dalyan keine 1000 Einwohner, die vom Fischfang und dem Anbau von Sesam, Baumwolle und Granatäpfeln lebten. Doch dann geriet der Name des Ortes in die Schlagzeilen. Ende der 1980er sollte am İztuzu-Strand, der das Dalyan-Delta vom Meer abschirmt, ein 2000-Betten-Clubhotel entstehen. Da den wunderschönen Strand auch die Caretta-caretta-Meeresschildkröte (→ S. 166) zur Eiablage aufsucht, liefen Naturschutzverbände aus aller Welt Sturm gegen die Pläne. Mit Erfolg, das Projekt wurde abgeblasen. Der Traumstrand aber war fortan in aller Munde und der Garant für Dalyans kometenhaften Aufstieg zum Urlaubsort abseits der Küste. In großem Stil wurde neu gebaut, angebaut, aufgestockt, und einem Wunder gleich blieb die Zahl der architektonischen Sündenfälle bescheiden. Binnen weniger Jahre entstanden über hundert Unterkünfte im Grünen, zudem zahlreiche Restaurants, Souvenirläden und Bars. Den

Urheber des rasanten Aufschwungs hat man dabei nicht vergessen: Auf einem kleinen Platz vor dem Kai grüßt heute eine fröhliche, in Erz gegossene Schildkrötenfamilie.

Die einstigen Fischer haben allesamt zum Bootstouranbieter umgelernt. In der Saison schleusen sie Tausende von Tagesgästen auf dem Weg zum berühmten Strand durch das Dalyan-Delta, ein außergewöhnliches Naturparadies mit rund 150 Vogelarten, darunter Adler, Eisvogel, Kormoran und Pelikan. Mit der Folge, dass heute die tägliche Armada von Ausflugsbooten das ökologische Gleichgewicht des Deltas gefährdet. Durch den regen Bootsverkehr kommt es zudem häufig zu Unfällen, bei denen Schildkröten durch Schiffsschrauben verletzt werden. Auch locken manche Tourenanbieter die Tiere mit artfremder, schwer verdaulicher Nahrung an, um den Touristen das Schildkrötenerlebnis zu garantieren.

Basis-Infos   Karte S. 210/211

Information   Tourist Information, in einem Pavillon am zentralen Platz. Auskünfte meist nur auf Englisch. Mai–Okt. Mo–Fr 8–17 Uhr, im Winter geschl. ☎ 0252/2844235, www.dalyan.bel.tr.

Verbindungen   Dolmuş: Nach Fethiye (hin/zurück 13 €, 1 Std.) und Marmaris (hin/zurück 15 €, 2 Std.) nur, sofern mind. 6 Leute zusammenkommen. Regelmäßige Verbindungen nach Ortaca (einfach 1,50 €); von Ortacas Busbahnhof gelangt man in nahezu alle Orte der Südwestküste und nach Köyceğiz. Zum İztuzu-Strand mind. stündl. ein Dolmuş (retour 3,40 €). Zudem Touren zu den umliegenden Orten an deren Markttagen, dann auch nach Köyceğiz (hin/zurück 8,50 €). Die Sammeltaxis fahren wenige Meter vom Kai mit den Ausflugsbooten ab.

Dolmuşboot: Zum İztuzu-Strand (über Kaunos) 4,20 € (hin/zurück). Diese 12-Mann-Boote legen bei Vollbesetzung ab.

Taxi: Dalyans Taxifahrer arbeiten nach festen Tarifen. İztuzu-Strand 19 €, Dalaman (Airport) 41 €, Köyceğiz 47 €, Marmaris 72 € und Fethiye 70 €.

Ärztliche Versorgung   Krankenstation an der Sağlık Sok. beim Fluss. ☎ 0252/2842033.

Autoverleih   Im Angebot diverser Reisebüros. Bei Europcar, durch Kaunos Tours (s. u.) vertreten, gibt es das billigste Gefährt ab etwa 40 €/Tag.

Bootsausflüge   Vielfältiges, fast verwirrendes Angebot, doch bei der **Bootskooperative** (☎ 0252/2842094, www.dalyan teknekoop.com) wird dem Fremden geduldig alles auseinanderklamüsert. Es gibt Boote zum Schlammbad (hin/zurück 10 €), nach Kaunos (10 €) und zum Montagsmarkt von Köyceğiz (13 €). Ein Tagestrip mit Lunch ist auch schon für 13 € zu bekommen, handeln Sie! Ein Tipp ist der Nachtausflug samt Barbecue. Wer dabei von einer Mücke gestochen wird, zahlt die Hälfte. Außerdem gibt es Bird- und Turtlewatching-Ausfahrten (10 €). Neben der Bootskooperative bieten auch etliche private Kapitäne ihre Dienste an, die meisten sind – sofern man das Feilschen nicht auf dem Basar von Marrakesch gelernt hat – jedoch erheblich teurer.

Einkaufen   Souvenirs jeder Art ersteht man am gemütlichsten am Abend, wenn die Maraş Cad. für den Verkehr gesperrt ist und sich zur Fußgängerzone und Shoppingmeile verwandelt.

Lebensmittel bekommt man im Supermarkt **Migros** ▨ am Atatürk Bul. neben der Shell-Tankstelle.

Eine besondere Adresse für Schuhfans sind die handgemachten Leder-Flipflops und Jesuslatschen von **Ali Usta** ▧ nahe dem Kreisverkehr bzw. nahe Kaunos Tours, Maraş Mah.

Zum anderen Ufer: Eine Brücke soll seit Jahren gebaut werden – wann es so weit ist, steht in den Sternen. Bis dahin kann man vom kleinen Steg auf Höhe des Caria Hotels mit einem Ruderboot übersetzen (1,70 €/Pers. hin/zurück). Bis nach Kaunos sind es dann noch ca. 20 Fußminuten.

Markt **3** jeden Sa gegenüber der Dolmuşstation.

Organisierte Touren Touren per Bus
und Boot zu diversen Zielen der Umgebung
werden überall angeboten. Die Preise äh-
neln sich. Preisbeispiele: Saklıkent 30 €,
Fethiye/Markt und Ölüdeniz 30 €, Jeepsafari
34 €, Dalyan-Tour mit İztuzu-Strand und
Schlammbad   17 €,   12-Insel-Bootstour
(→ Fethiye, S. 180) 46 €. Ein Anbieter ist
z. B. **Kaunos Tours**, am Hauptplatz, ✆ 0252/
2842816, www.kaunostours.com.

Polizei Jandarma, am Stadtrand am
Çevre Yolu. Umzug geplant. ✆ 156.

Post Im Zentrum an der Maraş Cad.

Türkisches Bad (Hamam) Moderner,
zum **Acar Park Hotel** gehörender Touris-
tenhamam an der Belediye Sok. Das Angebot ist alles andere als eines klassischen Hamams: 30 Min. mit Massage 13 €,
45 Min. mit Aromatherapiemassage 17 €,
45 Min. mit Schokoladenmassage (!) ebenfalls 17 €. Auf Wunsch Abholservice vom
Hotel (✆ 0252/2842424).

Zeitungen Die *BILD* bekommt man im
Bilgin Market **15** an der Ecke Maraş Cad.
40 A/Yalı Sok.

Zweiradverleih Mehrere Verleiher von
Mountainbikes in der Nachbarschaft von
Kaunos Tours am Hauptplatz, ab 5 €/Tag.
Auch Scooter hat dort immer irgendjemand
im Angebot.

Übernachten/Camping

Karte S. 210/211

Jede Menge Pensionen und etliche Hotels. Die schönsten Unterkünfte liegen
ganz im Süden am Fluss, doch je weiter von diesem entfernt, desto moskitofreier
die Nächte. Im Zentrum geht es nachts recht lebhaft zu. Das Preis-Leistungs-Verhältnis ist in Dalyan allgemein recht gut.

Happy Caretta **23**, schöne Anlage mit herrlichem Palmen- und Zypressengarten im
Süden des Städtchens direkt am Wasser,
kleiner Boots- und Liegesteg. Auch das
Frühstück gibt es mit Flussblick. Deutschsprachig. Am Abend türkische Küche auf
Wunsch. Kleine DZ, dazu größere Zimmer
für bis zu 4 Pers., allesamt gepflegt, aber
ohne Balkon (was wegen dem tollen Garten nicht weiter stört). Freundlicher Service.
Von Lesern sehr gelobt. EZ 52 €, DZ 73–
93 €.   Kaunos   Sok.,   ✆ 0252/2842109,
www.happycaretta.com.

Mandal-inn **11**, etwa 300 m vom Fluss entfernt. Kleine, gepflegte Hotelanlage mit 22
Zimmern. 3 Zimmer mit Jacuzzi, eines davon mit Jacuzzi auf dem privaten Balkon!
Alle sehr groß, freundlich, sehr sauber und
angenehm kühl (z. T. mit Marmorboden).
Pool mit kleiner Bar, sehr gutes Frühstück
und gutes Preis-Leistungs-Verhältnis. DZ je
nach Ausstattung 40–60 €. Eski Karakol Karşısı,
✆ 0252/2842286, www.mandalinnhotel.com.

Pension Midas **20**, gemütliche Terrasse
direkt am Fluss, Garten mit Hängematten.
10 einfache, aber nette und gepflegte Zimmer,
alle mit Aircondition. Man spricht Deutsch.
EZ 25 €, DZ 40 €. Maraş Mah. Kaunos Sok. 30,
✆ 0252/2842195, www.midasdalyan.com.

Gül Pension **14**, in einer Parallelstraße zur
Einkaufsmeile. Sehr gut in Schuss. Zurück-

haltender und hilfsbereiter Betreiber. Leckeres
Frühstück mit Honig aus der eigenen Imke-
rei. Von der Dachterrasse Blick auf die Felsengräber. Angenehme Zimmer mit Bad und
kleinen Balkonen, für Familien gibt's Dreibett-
zimmer. DZ mit Aircondition 32 €. Caretta Sok.,
✆ 0252/2842467, www.dalyangulpansiyon.com.

Camping Dalyan Camping **22**, kleiner
Platz in schöner Lage direkt am Wasser neben der Sweet Dancing Bar (Fr/Sa Party bis
5 Uhr morgens!). Nette Barterrasse. Restaurant für die Gäste, Grillgelegenheiten,
Waschmaschinen und Camperküche. Wenige, aber gepflegte Sanitäranlagen. Vermietet werden zudem 8 schlichte Bungalows, 3 davon mit Bad, alle mit Miniveran-
da. Campen für 2 Pers. mit Wohnmobil
17 €, Bungalows mit Bad für 2 Pers. 38 €,
ohne Bad 30 €, kein Frühstück. Kaunos Sok.,
✆ 0252/2845316, www.dalyancamping.net.

Falls voll oder zu laut, kann man auf die
Campingmöglichkeiten des **Ekin Otel** **18**
ausweichen. Es liegt auf dem Weg zum
İztuzu-Strand (etwa auf halber Strecke). Die
Zelte stellt man zwischen dem Kinderspielplatz und den Tischen des hübschen Gartenrestaurants auf, für Wohnmobile gibt es
ein paar schattenlose Stellplätze in zweiter
Reihe. Nur eine Toilette und eine Dusche
pro Geschlecht. 2 Pers. mit Wohnmobil
13 €, mit Zelt 8,50 €. ✆ 0252/2890005.

Dalyan → Karte S. 210/211

Außerhalb Villa Gökbel , nahe dem Dorf Gökbel, von der Straße zum İztuzu-Strand (von der „Villa" ca. 4 km entfernt) ausgeschildert. Architektonisch interessantes Landhaus in dörflicher Idylle. Von der Lounge mit großem Kamin traumhafter Blick aufs Delta. 8 großzügige, teils jedoch etwas angegraute Zimmer (dicke Teppichböden, schwere Möbel, Kunstdrucke an den Wänden). Dazu eine Suite mit Teeküche und gigantischem Deltablick. Weitere Pluspunkte: hübscher Pool mit Panoramaaussicht und Jogaecke, sehr freundliche, polyglotte Betreiber. Auf Wunsch wird abends lecker gekocht. Radverleih. Nur für Selbstfahrer geeignet. DZ 80 €, Suite (für bis zu 4 Pers.) 140 €. Gökbel, ✆ 0252/2890046, www.villagokbel.com.

Essen/Nachtleben

Dutzende Restaurants am Fluss, in der langen Parallelstraße dahinter und um den Hauptplatz herum bieten türkische und internationale Gerichte aller Preisklassen. Spezialität ist Fisch aus dem See – am idyllischsten in einem der lauschigen Restaurants mit einer Terrasse am Wasser.

Essen & Trinken »» Unser Tipp: Restaurant Gel Gör ⧉, direkt am Fluss, ca. 15 Fußmin. südlich des Zentrums (beim Hotel Portakal) – der Weg lohnt! Schönes, schlicht-stilvolles Ambiente. Neben Fisch (Preis nach Gewicht) hervorragende Meze (Megaauswahl, Portion 3,50 €, mit Fisch 6,50–13 €), gute Weine und faire Bierpreise. Service und Qualität werden auch von Lesern in den höchsten Tönen gelobt. Maraş Mah. Dalko Karşısı, ✆ 0252/2845009. «««

Sini Restaurant ⧉, nettes Gartenlokal. Auf den Tisch kommen anatolische Spezialitäten wie *Çöp Şiş* (Spieß mit ganz kleinen Lammfleischstückchen), *Testi Kebap* (Kebab aus dem Tontopf) oder *Hünkar Beğendi* („Dem Herrscher hat's gefallen" – Fleischstücke mit Auberginenpüree). Hg. 8,70–15 €. Geçit Sok. (Yalı Sok.) 12, ✆ 0252/2845033.

Metin Pizza & Pide Restaurant ⧉, kleines, lichtes Inneres (mit Pideofen), nette Terrasse. Gute Steaks, Meze, Kebabs und Pide zu fairen Preisen. Unaufdringlicher Service, der aber in Stoßzeiten etwas überfordert sein kann (lange Wartezeiten). Sehr beliebt. Hg. 4,50–14 €. Sarı Su Sok., ✆ 0252/2842877.

Fırat Pide-Pizza ⁊, in einer Parallelgasse zur Maraş Cad. versteckt (die Gasse zwischen Post und Le Café nehmen). Ähnliches Angebot und ähnliche Preise wie Metin, besonders lecker das *Güveç*. ℡ 0252/2844585.

Atay Dostlar Sofrası ➋, schräg gegenüber der Dolmuşstation. Sehr zu empfehlen. Gegrilltes, leckere Meze, Eintöpfe und *Mantı*. Viele Gerichte sind auch für Vegetarier geeignet. Günstig. ℡ 0252/2842156.

Le Café (➑, auch **Gerda's Café**), neben der Post. Nettes Gartencafé unter deutscher Leitung. Im Angebot sind stets ein paar hausgemachte Kuchen. Gute Snacks.

Demet Café ➒, an der Flaniermeile Maraş Cad. Ein weiterer Tipp für Schleckermäuler: vorzügliche Baklava, Puddings, aber auch deftige Böreks fürs Frühstück usw.

Kaunos Kral Bahçesi ⓬, der städtische Teegarten, eine große plastikbestuhlte Wiese mit Pool direkt am Fluss. Billig. Es wird auch Bier ausgeschenkt (sofern nicht die *AKP* irgendwann den Bürgermeister stellt).

Essen & Trinken außerhalb　Gölbaşı **Restaurant** ⓭, ca. 3 km außerhalb von Dalyan an der Straße zum İztuzu-Strand.

Superidyllisches Terrassenlokal mit Holzstegen über dem Fluss. Steaks, Fisch, Meze und *Gözleme* der mittleren Preisklasse, außerdem gutes Frühstück. Schildkröten, Enten und Pfauen auf dem Gelände. Mit dem Tretboot kann man kostenlos das Delta erkunden. Moskitospray nicht vergessen! Freier Abholservice vom Hotel. Ein Tipp für Familien mit Kindern. ℡ 0252/2844410.

Nachtleben　Abends ist mehr los im Städtchen, als man am Tage glaubt. Die meisten Bars gibt es in der Maraş Cad. Jene rund um die **MM Rock Bar** (⓰, Garten nach hinten) ändern regelmäßig Namen und Aussehen. Ein Klassiker, aber alles andere als innovativ, ist an der Maraş Cad. das **Albatros** ⓭ mit Hippiesound und Straßentheke. Auch die **Jazz Bar** ➊ in der Gülpınar Cad. nördlich des Hauptplatzes gehört zu den alteingesessenen Adressen. Diese kleine, rustikale Bar mit offenem Kamin und Terrasse davor bietet häufig Livemusik, im Sommer fast tägl.

Die Diskothek vor Ort ist die **Sweet Dancing Bar** ㉑ am südlichen Ortsende (direkt am Fluss): Fr/Sa recht lustig, sofern die Musik gefällt.

Baden/Sport

Sind Sie mit dem Auto oder Moped unterwegs? Wenn ja, lohnt sich auf der Rückfahrt vom İztuzu plajı ein **Abstecher zum Café Şahin Tepesi** (s. u.).

Baden　Der 4 km lange İztuzu plajı (oft auch als *Turtle Beach* bezeichnet) trennt das Delta vom Meer. Es handelt sich um einen Sandstrand vom Feinsten, das Meer davor ist meist ruhig und ausgesprochen kinderfreundlich. Es geht sehr flach ins Wasser. Außerdem sind immer Plätze zu finden, an denen man nicht den Sonnenölgeruch des Nachbarn in der Nase hat. Sonnenschirm- und Liegestuhlverleih. Lifeguards. Über den Landweg (10 km, → Verbindungen/Dolmuş) gelangt man an das Westende des Strandes. Wer mit dem eigenen Auto kommt, zahlt Parkgebühren. Die Bootsfahrt (→ Bootsausflüge) ab

Dalyan führt zur Ostseite und dauert etwa 45 Min. Für die Schildkröten wurde übrigens eine badefreie Zone reserviert: Von 20–8 Uhr (im Winter 18–8 Uhr) ist der Strand geschlossen.

Hinter dem Strand (Gökbel-Seite) gibt es das **Sea Turtle Research, Rescue and Rehabilitation Centre**, eine Hilfs- und Aufzuchtstation für verletzte Schildkröten und Eier aus zerstörten Gelegen. Das Zentrum kann besucht werden. http://caretta.pau.edu.tr.

Aşı Koyu (Aşı Beach): Einst ein sehr idyllischer Fleck mit grauem Kiesstrand und einer gemütlichen Taverne in einer von Felsen umrahmten Bucht. Mittlerweile gebührenpflichtig (1,50 €/Pers., 4,20 €/Auto) und zuletzt mit wenig überzeugendem, überteuertem Restaurant. Zudem war 2013 der Bau einer größeren Bungalowanlage in der Bucht geplant. Die Bucht kann bis zu Ihrem Besuch also komplett anders aussehen, auch kann sich die Anfahrt ändern. Bislang gelangte man so am einfachsten zum Aşı Beach:

Schildkrötenstrand İztuzu

Von Dalyan folgt man zunächst der Straße zum İztuzu-Strand. Nach ca. 7 km links abbiegen (Richtung Mergenli/Sarıgerme), nach weiteren 700 m die zwei Linksabzweigungen ignorieren, also rechts halten. Wieder 300 m weiter folgt man nicht der ausgeschilderten Rechtsabzweigung zur Aşı Koyu (diese Strecke war zuletzt auf rund 9 km ungeteert, sehr holprig und nicht durchgehend beschildert), sondern fährt geradeaus. 3,7 km später (400 m hinter einer Brücke) rechts abbiegen. Nach 1,8 km, am Ortsbeginn von Güvez Mahallesi, rechts halten (dann stets geradeaus weiter an der Moschee vorbei). Nach weiteren 2,5 km verliert die Straße kurz vor einem Brückchen ihre Teerschicht. Hinter dem Brückchen rechts halten. Nach erneuten 2,5 km, bei der Gabelung mit Brunnen, links halten. Nun noch drei holprige Kilometer.

Kargıcak Koyu („Kamelhalsschlucht-Strand") bzw. Bacardi Beach: Eine unverbaute Bucht mit einem ca. 200 m langen Sand-Kies-Strand. Wunderschön! Um die Bucht zu finden, folgt man der Wegbeschreibung zum Café Şahin Tepesi (→ Wandern), lässt dieses aber links liegen und fährt einfach den Schotterweg weiter bergab. Ca. 1,3 km nach dem Café biegt man rechts auf einen anderen Schotterweg ab (sehr breite Abzweigung), der Sie hinab in die Bucht bringt.

Eine nette Abwechslung (v. a. für Selbstfahrer oder Wanderer, → Kleiner Wanderführer/Wanderung 10) verspricht ein Ausflug zum Strand der Ekincik-Bucht; mit öffentlichen Verkehrsmitteln nur schwer zu erreichen.

Kajak Kajaktouren auf dem Meer bietet **Kaunos Tours** (→ Basis-Infos/Zweiradverleih). 35 €/Pers.

Rafting Auf dem harmlosen Dalaman-Fluss (entfällt im Hochsommer zuweilen wegen Wassermangel), organisiert ebenfalls **Kaunos Tours**. Inkl. Transfer und Lunch 45 €/Pers.

Tauchen **Dalyan Dive**, zuletzt an der Maraş Cad. (zieht öfters um!). 2 Boottauchgänge mit Equipment und Lunch 65 €. Deutschsprachig. ✆ 0555/4125438 (mobil), www.dalyandivecentre.com.

Wandern → Kleiner Wanderführer/Wanderung 10, S.269. Geführte Wanderungen kann man zudem mit Şahin (hat 2 ½ Jahre in Deutschland gelebt und spricht gut Deutsch) vom **Café Şahin Tepesi** (ca. 16 km außerhalb von Dalyan) unternehmen. Das schlichte Lokal mit herrlicher Panoramaterrasse (toll zum Sundowner – Blick auf die Bozburun-Halbinsel und Rhodos in der Ferne) ist von der Straße zum İztuzu-Strand (nach ca. 9 km) ausgeschildert. Wer mit dem Dolmuş anreist und an der Abzweigung aussteigt, muss noch 5 km laufen!

Dalyan → Karte S. 210/211

🏃 **Wanderung 10: Von Dalyan zur Ekincik-Bucht** → S. 269
Schöne Wanderung, deren krönender Abschluss die Bootstour zurück ist.

Anmeldung unter ✆ 0537/7850812 (mobil) o. sahintepesirestorant@hotmail.com.   Preis pro Wanderung (für Gruppen von bis zu 5 Pers.) je nach Länge (Şahin bietet 4 verschiedene Touren) 40–70 €. Übernachtungsmöglichkeiten in Bungalows geplant.

Umgebung von Dalyan

Felsengräber: An der steilen Felswand auf der Dalyan gegenüberliegenden Flussseite sind sie eindrucksvoll in den Stein geschlagen: karische Königsgräber im ionischen Stil, griechischen Tempeln ähnlich. Manche hatten einst kolossale Drehtüren. Beim Bau der Gräber arbeiteten sich die Steinmetze i. d. R. von oben nach unten vor, d. h. sie fingen mit dem Giebel an. Das mächtigste Grab der Felswand ist unvollendet, es besitzt lediglich Säulenansätze unterhalb der Kapitelle. In den Grabkammern selbst wurden, obgleich ursprünglich nicht vorgesehen, im Laufe der Jahrhunderte mehrere Persönlichkeiten bestattet.

Kaunos (antike Stadt): Vor gar nicht allzu langer Zeit war Kaunos noch eine nahezu unbeachtete Ruinenstadt mit wenigen weit verstreuten Überresten der antiken Kultur. Die Ruinen sind immer noch mittelmäßig, aber alle Welt macht sich plötzlich auf, um sie zu bewundern. Der Grund ist einfach: In Ermangelung anderer kultureller Attraktionen in der nahen Umgebung wurde die Trümmerstätte im letzten Jahrzehnt vom Tourismusmanagement (insbesondere in Marmaris) derart hochgepusht, dass der Ausflug nach Kaunos mittlerweile zum obligatorischen Programmpunkt geworden ist. Die Schiffsanfahrt durch das Dalyan-Delta ist dabei noch der interessanteste Teil des Ausflugs.

Oben am Burgberg liegt die *Akropolis*. Wer sich der Mühe des Aufstiegs unterzieht, wird immerhin mit einem schönen Rundblick belohnt. Noch relativ gut erhalten sind das *römische Theater* und das allerdings völlig schmucklose *Nymphäum*. Von der *Agora* ist nichts weiter übrig geblieben als ein hübscher antiker Kreis im verbrannten Gras. Die spätrömische *Therme* gehörte zu den monumentalsten Badeanlagen Kleinasiens. Daneben stehen die Reste einer frühchristlichen *Basilika,* im Innern liegen Säulentrommeln, verzierte Kapitelle und Architekturfragmente mit griechischen Inschriften.

In der Geschichte spielte Kaunos, ein bescheidenes Landstädtchen an der Grenze zwischen Karien und Lykien, nie eine bedeutende Rolle. Man lebte vom Schiffsbau

Felsengräber über Dalyan

und vom Export von Salz, Sklaven und dem Harz des Amberbaumes. Es gab zwei Grundübel, die die Bewohner über Jahrhunderte plagten und an denen die Stadt letztlich auch zugrunde ging: die Malariafliege und die fortschreitende Verschlammung des Hafens, die ihn am Ende verlanden ließ. Heute kümmert sich die *Başkent Üniversitesi* aus Ankara um die Grabungsarbeiten.

Öffnungszeiten Im Sommer tägl. 8.15–18.45 Uhr, im Winter 8–17 Uhr. 3,40 €.

Anfahrt Kaunos liegt schräg gegenüber von Dalyan auf der anderen Seite des Flusses. Man kann sich mit einem Ruderboot übersetzen lassen (vom Hafen 200 m flussabwärts) und 20–25 Min. zu Fuß bis zum Eingang der Ausgrabungsstätte (→ Kleiner Wanderführer/Wanderung 10) laufen. Alternativ lässt man sich mit einem Ausflugsboot hinbringen. Diese fahren meist einen Sightseeing-Umweg durchs Delta (→ Dalyan/Basis-Infos/Bootsausflüge).

Kaunos hat einen oberen und einen unteren Eingang; nicht immer jedoch sind beide geöffnet.

Einmal sich wie ein Schwein im Schlamm suhlen: das „Mudbath"

Mudbaths: Die „Schlammbäder" – ein kleines und ein größeres – liegen links des Flusses auf dem Weg zum Köyceğiz-See und werden im Rahmen der Bootsausflüge angelaufen. Den Ausflüglern macht es sichtlich Spaß, sich im Schlamm zu suhlen, doch der angepriesene Verjüngungseffekt tritt wahrscheinlich nicht ein. Seit Jahren wird der Schlamm wegen des großen Besucherandrangs von auswärts angefahren. In der Hochsaison springen bis zu 1000 Menschen täglich in die Becken. Achtung: Wer's mit dem Herzen hat, sollte von einem Bad absehen!
Tägl. 9.30–19 Uhr. 2,10 €.

Köyceğiz

(ca. 8900 Einwohner)

Tagsüber döst das Städtchen vor sich hin, abends sind die Stühle der Uferpromenade traurig verwaist. In Köyceğiz am gleichnamigen See herrscht alles andere als reges Treiben – die Touristen tummeln sich in Dalyan und sparen Köyceğiz aus.

Auf den ersten Blick macht das Städtchen einen freundlichen Eindruck: Eine palmengesäumte Eingangsallee führt ins Zentrum. Doch angesichts der freien Sitzplätze an der breiten Uferpromenade und der leer stehenden Souvenirgeschäfte überfällt den Besucher schnell die Melancholie. Köyceğiz ist einer der wenigen Orte an der Lykischen Küste, dem die Teilnahme am großen, profitablen Geschäft mit dem Tourismus verwehrt bleiben will. Lediglich ein paar türkische Familien belegen zur Ferienzeit die Hotels, was das Seestädtchen für „Rummelflüchtige" auch wieder attraktiv macht. Es besticht noch durch seine Natürlichkeit. Manche Einwohner des Ortes wünschen sich, dass sich am gegenwärtigen Zustand nie etwas ändert – Dalyan ist für sie ein abschreckendes Beispiel. Andere dagegen blicken neidvoll das Seeufer hinab. Zu den wenigen Attraktionen des Ortes zählt der große Markt, der allwöchentlich montags stattfindet.

Umgebung von Dalyan

Ganz schön kindisch: Thermen von Sultaniye, im Hintergrund der Köyceğiz-See

Basis-Infos

Information   Tourist Information beim Hauptplatz. Meist deutschsprachig besetzt. Mo–Fr   8–17 Uhr.   Atatürk   Kordonu, ✆ 0252/2624703, www.koycegiz.bel.tr.

Verbindungen   Busbahnhof weit außerhalb des Zentrums nahe der Küstenstraße (ins Zentrum Dolmuşverbindungen, Taxi 6,50 €). Mehrmals tägl. **Busse** nach Marmaris und Antalya, stündl. nach Fethiye, halbstündl. nach Muğla. Büros der Busgesellschaften u. a. an der Eingangsallee (mit Shuttleservice zum Busbahnhof). Vom Zentrum fast alle 15 Min. **Dolmuş**verbindungen nach Ortaca (dort umsteigen nach Dalyan).

Baden   In Köyceğiz selbst lockt nur der **Delta Plajı**, ein kleiner Strand (mit Snackbar und Tretbootverleih) 1,5 km westlich des Zentrums. Leicht salziges Süßwasser, nichts Umwerfendes, dafür meist ohne Wellen, und beim Hinausschwimmen haben Sie zur Abwechslung ein Bergpanorama statt der Weite des Meeres vor der Nase.

Bootsausflüge   Werden am kleinen Hafen und an der Promenade am Paşa Parkı angeboten. Die Standard-Tagestour führt zum İztuzu-Strand, nach Kaunos, zu den Thermen von Sultaniye und zum Schlammbad (8,50 €/Pers.).

Einkaufen   Am besten auf dem **Montagsmarkt**, einem der größten und schönsten Märkte der Region, den sich auch Urlauber aus Dalyan nicht entgehen lassen.

Übernachten/Camping

Kaunos Hotel, an der Seepromenade. Von der Stadt geführtes Haus (mehr ein kleiner Kasten) mit 72 ordentlichen Zimmern ohne persönliche Note. 57 davon jedoch mit Balkon und dem schönsten Seeblick, den man sich wünschen kann. Pool. DZ 60 €. Cengiz Topel Cad. 29, ✆ 0252/2623730, www.kaunoshotel.com.

Hotel Alila, ebenfalls an der Seepromenade. Leicht in die Jahre gekommenes Haus mit 20 Zimmern (die unterm Dach haben ein Facelifting erhalten), alle mit Aircondition. Bis auf 2 haben alle Seeblick. Restaurant. Kleiner Pool im grünen Gärtchen. Ganzjährig. DZ 30 €. Emeksiz Cad. (Eingangsallee bis zu ihrem Ende durchfahren, dann rechts ab und linker Hand Ausschau halten), ✆ 0252/2621150, www.hotelalila.com.

Flora Hotel, im Westen der Stadt direkt an der Uferstraße (Eingangsallee bis zu ihrem Ende durchfahren, dann rechts ab). Farbenfrohe Zimmer mit Furnierholzmöbeln und Balkonen. Freundlicher Service, der Besitzer spricht Deutsch. Gesellige Bar davor. DZ 40 €, Apartment (ohne Frühstück) ebenfalls 40 €. Kordon Boyu 96, ☎ 0252/2624976, www.florahotel.com.tr.

Tango Pension, Pension und Hostel in der Parallelstraße zur Uferstraße (Eingangsallee bis zu ihrem Ende durchfahren, dann rechts ab, dann ausgeschildert). Beliebter Travellertreff. Saubere Zimmer mit Bad und Betten im Schlafsaal. Gemütliche, feuchtfröhliche Gartenbar davor. Organisiert werden auch Ausflüge in die Umgebung. Fremdsprachig. DZ 26 €, Bett im Schlafsaal 11 €.

Ali Ihsan Kalmaz Cad., ☎ 0252/2622501, www.tangopension.com.

Camping Delta Camping, 1,5 km westlich des Zentrums gegenüber dem Delta Plajı (Eingangsallee bis zu ihrem Ende durchfahren, dann rechts ab und immer geradeaus). Städtischer Platz, viel Schatten unter hohen Bäumen. Zuletzt jedoch lieblos geführt. Im Sanitäranlagen vergeht einem das Pfeifen, dafür gibt's auf dem Areal Volieren. 2 Pers. mit Zelt 4 €, mit Wohnmobil 8 €. Köyceğiz, ☎ 0252/2624005.

Essen & Trinken/Nachtleben

Essen & Trinken Mehrere einfache und gute Lokantas im Zentrum. Frischen Fisch aus dem See, der bis zu seiner Zubereitung in einem Aquarium auf der Terrasse schwimmt, bekommt man im **Thera Restaurant**. Innen etwas nüchtern. Große Terrasse, nur durch die Uferstraße und einen Grünstreifen vom See getrennt. Fisch ab 6 €, Meze ab 2 €. Eingangsallee bis zu ihrem Ende durchfahren, dann rechts ab, ☎ 0252/2623514.

Das **Mona Liza** direkt am See serviert neben „Schipigel Eiye" gute Snacks. Von Lesern empfohlen.

Nachtleben/Frühstück Nachts ist außer dem Zirpen der Grillen wenig Unterhaltung geboten. Am meisten spielt sich noch in den Bars und Cafés an der Ufermeile ab. Dafür kann man am nächsten Morgen gut ausgeschlafen in den Teegärten am See nett frühstücken.

Umgebung von Köyceğiz

Thermen von Sultaniye: 10 km von Köyceğiz am Südwestufer des Sees speist eine 39 °C warme, schwefelhaltige und leicht radioaktive Quelle den See. Die Thermen sind eine ursprünglich römische Anlage, die von den ebenfalls hier kurenden Osmanen architektonisch verändert wurde. Für die Touristen von heute kamen noch zwei Außenbecken, ein Schlammbad und eine Cafeteria hinzu. Das Wasser hilft gegen Depressionen, Gallenleiden, Darmerkrankungen u. Ä. mehr (ohne Gewähr). Als Kurbad ist Sultaniye eine ziemlich konservative Angelegenheit, als Spaßbad im Rahmen eines Tagesausflugs aber okay.

Nur im Rahmen eines Bootsausflugs oder mit einem Privatfahrzeug erreichbar. Von der Zufahrtsstraße zur Ekinicik-Bucht aus beschildert. Kein Dolmuş. Für Bäder und Schlammbad jeweils 1,70 € Eintritt.

Zum Forellenessen an den Yuvarlakçay: Am Flusslauf des Yuvarlakçay, im von Wäldern umrahmten Nirgendwo, liegen mehrere idyllische Forellenlokale mit Terrassen direkt über dem Gebirgsbach. Serviert werden frische Bachforellen oder das berühmte *Tandır Kebap*, eine Hammelfleischspezialität aus dem Backofen. Nach der Hitze des Tages ist es hier angenehm kühl. Anfahrt: Von Köyceğiz rund 10 km Richtung Fethiye fahren, dann links ab Richtung Beyobası (Hinweisschild). Nach weiteren 5,5 km – mittlerweile hat man Beyobası passiert – links halten. Ab hier sind die Lokale ausgeschildert (noch rund 3,5 km). Unser Favorit ist das **Çınar** mit Pool und Übernachtungsmöglichkeit. Forelle 5,50 €. ☎ 0252/2670053.

Der Köyceğiz-See

Der 65 km² große und durch einen schmalen Fluss mit dem Meer verbundene Köyceğiz-See ist eine verlandete Meeresbucht. Einen Zufluss hat der See nicht, er wird aus teilweise warmen Quellen gespeist. Da die meisten Uferbereiche schilfbestanden und unzugänglich sind, ist es mit dem Schwimmen im See aufgrund schlechter Einstiegsmöglichkeiten weniger gut bestellt.

Neben einer fast unberührten Natur und einer einzigartigen Fauna bietet der Köyceğiz-See auch eine biologisch-kulinarische Besonderheit: Steigt das Meer, fließt Salzwasser in den See und bringt Meeräschen *(kefal)* und Seebarsche *(levrek)* mit, die in dem ruhigen Gewässer laichen. Den Weg zurück ins offene Meer finden aber die wenigsten. Nach getaner Arbeit werden sie im schmalen Fluss gefangen, schmackhaft zubereitet und verzehrt.

Eine botanische Rarität in den sumpfigen Gebieten rund um den See sind Auwälder mit Amberbäumen, die zur Gattung der Zaubernussgewächse gehören. Sie werden anderenorts bis zu 45 m hoch, erreichen hier jedoch selten die halbe Größe und haben Blätter ähnlich denen des Ahorns. Diese seltenen Bäume liefern durch Anritzen ein Harz, das im Altertum für medizinische Zwecke genutzt wurde. Das Amberharz sollte nicht mit dem Amberöl verwechselt werden, einer wachsartigen grauen Masse, die bis in die Mitte des letzten Jahrhunderts aus dem Darm des Pottwals gewonnen wurde und als wohlriechend (!) und appetitanregend (!) galt.

Bucht von Ekincik

Die extrem ruhige, von hohen Bergen umrahmte Bucht liegt etwa 40 km südwestlich von Köyceğiz. Ein Ausflug lohnt nicht nur wegen des sichelförmig geschwungenen, graubraunen Kiesstrandes – allein die Anfahrt entlang dem Köyceğiz-See ist ein Erlebnis. Die Bucht ist traditioneller Anlaufpunkt für Segelyachten und Ausflugsboote aus Marmaris, deren Passagiere auf dem Weg ins Dalyan-Delta hier in kleinere Boote umsteigen. Hinter dem Strand und an der Straße zu diesem findet man ein paar nette Pensionen und Hotels sowie mehrere einfache Campingplätze, dazu die etwas triste Ruine einer nie fertiggestellten Clubanlage. Ansonsten steckt die touristische Infrastruktur noch in den Kinderschuhen – für Erholungssuchende, denen ein schöner Strand und ein gutes Buch reichen, sehr angenehm. Das gleichnamige Dörfchen Ekincik liegt übrigens ein paar Kilometer hinter der Uferfront.

Anfahrt/Verbindungen In Köyceğiz der Uferstraße (vorbei am Delta Plajı) gen Westen folgen. So gelangt man zum Dörfchen Hamitköy. Am Ortsende von Hamitköy links ab (Hinweisschild – falls dieses mal wieder über den Haufen gefahren ist, auf Pensionsschilder achten), etwa 2 km hinter dem Ort beginnt eine gut ausgebaute Straße nach Ekincik. Ekincik ist auch von der D 400 ausgeschildert. Bislang lediglich Mitte Juni–Mitte Sept. 1-mal tägl. ein **Dolmuş** von Köyceğiz in die Ekincik-Bucht gegen 9.30 Uhr, zurück um 17.30 Uhr (Stand 2013).

Bootsausflüge Am kleinen Hafen im Westen der Bucht bietet die lokale Bootskooperative Ausflüge ins Dalyan-Delta an. ☏ 0252/2660192.

Wandern In die Bucht führt eine schöne Wanderung → Kleiner Wanderführer, Wanderung 10, S. 269.

Übernachten **Ekincik Hotel**, in der ersten Reihe am Strand. Überschaubare Anlage mit 27 klimatisierten, zeitgemäß-modern eingerichteten Zimmern. Lassen Sie sich eines mit Meeresblick geben. Eigener Spa-Bereich (darunter versteht man hier eine Thai-Massage). Mit HP 73 €/Pers. Ekincik, ☎ 0252/2660203, www.hotelekincik.com.

Villa Salkım, ummauertes Areal mit gepflegtem Garten hinter der Bauruine. Nur 6 Zimmer, alle mit Terrasse und Gartenblick. Netter Betreiber. DZ mit HP 85 €. ☎ 0252/2660092, www.villasalkim.com.

Hotel Falcon Crest, hoch über Ekincik, ca. 4,5 km vor der Bucht (zu Fuß über einen Schleichweg in ca. 25 Min. zu erreichen), ausgeschildert. Schöne Anlage auf 12.000 m² Fläche, Restaurantterrasse mit Wahnsinnsblick und Ruhe pur. 35 Zimmer mit Furnierholzmöbeln und Terrasse, 10 davon mit grandiosen Weitsichten. Pool. Regelmäßiger Transfer zum Strand. April–Okt. Besitzer Cem Kalkan hat 37 Jahre in Deutschland gelebt. DZ mit HP 64 €. Ekincik, ☎ 0536/8344744 (mobil), www.hotelfalconcrest.de.

Pension Ekincik, 5 Fußmin. vom Strand entfernt. 16 sehr saubere Zimmer und ein Apartment, die meisten mit Balkon oder Terrasse. Dazu eine nette Innenhofterrasse. Liebenswerte Inhaber. Sehr leckeres Essen. DZ 52 € mit HP. Ekincik, ☎ 0252/2660179, www.ekincikpansiyon.com.

Hotel Akdeniz, ebenfalls 5 Fußmin. vom Strand entfernt. Große, helle und gepflegte Zimmer mit Balkon und Aircondition. Super Dachterrasse. Sehr freundlich und sehr sauber – man spricht mit schwyzerdütschem Einschlag. Ganzjährig. DZ mit HP 64 €. Ekincik, ☎ 0252/2660255, www.akdenizotel.com.

Camping Mehrere einfache Campingplätze, die von Mai–Okt. geöffnet haben. Darunter auch ein spartanischer öffentlicher Platz direkt hinter dem Strand (auf dem Weg zum Hafen) – idyllisch in der NS. Eine Dusche und eine Toilette pro Geschlecht bietet auch das Strandlokal **Likya** (gute Küche, der kleine Campingbereich befindet sich aber hinter dem Restaurant). Für 2 Pers. mit Wohnmobil inkl. Strom 13 €. Ausgeschildert, neben dem Hotel Ekincik, ☎ 0539/4451378 (Önder spricht deutsch), likyarestaurant@hotmail.com.

Bootsfahrt durch das Dalyan-Delta

Die Kalksinterterrassen von Pamukkale gehören zu den Top-Ausflugszielen der Türkei

Ausflüge nach Pamukkale, Aphrodisias und Ephesus

Die Türkei besitzt faszinierende Naturlandschaften und steinerne Überreste verschiedener Hochkulturen, darunter nicht wenige von Weltrang. Manche der einzigartigen Attraktionen des Landes liegen von den Urlaubsorten der Lykischen Küste zu weit entfernt, als dass man sie „mal eben" besichtigen könnte. Andere aber lassen sich in wenigen Fahrstunden erreichen.

Die Rede ist von den Sinterterrassen von Pamukkale und den berühmten Ausgrabungsorten Aphrodisias und Ephesus. Sie stehen auf dem Programm vieler Tourenveranstalter an Ihrem jeweiligen Urlaubsort (Preisbeispiele → Organisierte Touren im Reiseteil). Angeboten werden Tagesausflüge mit festem Ziel, aber auch zwei- oder dreitägige Rundfahrten, auf denen alle Attraktionen abgeklappert werden.

Wer das Steuer selbst gern in die Hand nimmt, gelangt zu allen drei Ausflugszielen auch unproblematisch mit dem Leihwagen (Entfernungstabelle → S. 22). Teilen sich mehrere Personen die Kosten, ist diese Variante sogar die preiswertere. Außerdem besteht noch die Möglichkeit, mit den regulären Überlandbussen (Preise und Fahrtdauer → Basis-Infos/Verbindungen unter den jeweiligen Städten im Reiseteil) anzureisen. Gute Busverbindungen bestehen von Antalya und Fethiye nach Ephesus/Selçuk und Pamukkale. Lediglich nach Aphrodisias gestaltet sich die Anreise mit dem Bus etwas komplizierter.

Pamukkale/Hierapolis

Die Kalksinterterrassen von Pamukkale gehören zu den berühmtesten Attraktionen der Türkei – erwarten Sie also kein unberührtes Idyll. Darüber liegt die antike Stätte Hierapolis.

Die Entstehung der außergewöhnlichen weißen Kalksinterterrassen ist einer einfachen chemischen Reaktion zu verdanken: Eine warme Quelle (53 °C) enthält große Mengen gelöstes Kalziumbikarbonat, das sich beim Abkühlen an der Oberfläche in Wasser, Kohlendioxid und Kalziumkarbonat (Kalk) umwandelt. Das Kohlendioxid entweicht, der Sinterkalk lagert sich ab und verstopft die Abflusskanäle des Wassers, das überquillt und sich fächerartig über die Abhänge ausbreitet und so die weißen Sinterterrassen formt: riesige, übereinander gestaffelte Bassins wie überdimensionale Badewannen. Von unten ähnelt der über 100 m hohe Abhang einem großen vereisten Wasserfall.

Direkt unterhalb der Sinterterrassen liegt **Pamukkale Köy**, eine Siedlung aus Pensionen, Hotels, Restaurants und Bars. Hier übernachten in erster Linie Individualreisende. In **Karahayıt**, rund 6 km nördlich der Terrassen, wohnen Busgruppen in großen Hotelanlagen und konservative Kurgäste mit Rauschebart und Kopftuch in Einfachstpensionen. Dort sprudelt auch die sog. *Rote Quelle* (Kırmızı Su). Ihr stark eisenhaltiges Wasser überzieht die Felsen mit dunkelroten Ablagerungen.

Die nächstgrößere Stadt ist **Denizli** mit rund 525.000 Einwohnern, eine lebhafte, meist smogverhangene Provinzstadt 18 km südlich von Pamukkale. Für Touristen ist sie eher uninteressant, die historische Bausubstanz wurde durch mehrere Erdbeben zerstört.

Geschichte

Seit Jahrtausenden kennen und schätzen die umliegenden Einwohner die Heilkraft der Quellen. Hethiter und Phryger errichteten hier Altäre, doch erst der pergamenische König Eumenes II. gründete an der Quelle die Stadt Hierapolis als Gegengewicht zum nahe gelegenen makedonischen Laodikeia (von der Verbindungsstraße Pamukkale – Denizli ausgeschildert; ebenfalls eine sehenswerte Ausgrabungsstätte!). Die Rivalität der beiden Städte, deren Reichtum u. a. in der Wollverarbeitung gründete, war so groß, dass sie sich gegenseitig in ihrer Entwicklung behinderten. Erst mit der Eingliederung in die römische Provinz Asia erlangte Hierapolis größere Bedeutung. 60 n. Chr. wurde die Stadt durch ein Erdbeben zerstört, aber kurz darauf wieder aufgebaut. Schon früh hatte sie eine starke christliche Gemeinde, und in byzantinischer Zeit wurde sie sogar Bischofssitz. Mit dem Eindringen der Seldschuken verödete die Stadt. Erste Grabungen unternahm 1887 der Pergamon-Entdecker Carl Humann, systematische Arbeiten führen seit 1957 insbesondere italienische Archäologen durch.

Pamukkale – frisch geweißt

Pamukkale wird gerne, aber nicht unbedingt richtig mit „Baumwollschloss" übersetzt. Da Baumwolle („pamuk") hier aber als unterstreichendes Synonym für „weiß" zu verstehen ist (wie etwa „Schnee" bei schneeweiß), übersetzt man Pamukkale („kale" = Schloss) sinngemäß am besten mit „baumwollweißes Schloss". Doch das herrliche Pamukkaleweiß, das in so manchen Produktkatalogen wie selbstverständlich neben Bordeauxrot in der Farbpalette auftaucht, war zur Jahrtausendwende zum schmutzigen Grau verkommen. Die Quittung für eine jahrzehntelange, rücksichtslose Vermarktung des Naturphänomens. Abermillionen Besucher karrte man mit Bussen heran, baute für diese gar eine Straße mitten hindurch (heute durch zwei neue Auffahrten ersetzt) und ließ sie mit Schuhen über die weiße Pracht laufen. Noch verheerender aber wirkte sich der Bau luxuriöser Hotelanlagen auf dem Plateau unmittelbar über den Terrassen aus. Diese speisten ihre Pools mit dem heißen Quellwasser. Zu viel kostbares Nass wurde auf diese Weise abgeleitet, das in den Pools abkühlte und danach auf den Terrassen keinen Kalk mehr ablagerte. Erst als die Sehenswürdigkeit zur „Sehensunwürdigkeit" verkommen war, erst als Waschkörbe empörter Protestbriefe eingingen und man dem Druck internationaler Umweltschutzorganisationen und der UNESCO (seit 1988 Welterbe) nicht mehr standhalten konnte, begann man zu handeln. Im Jahr 2000 wurde das letzte Hotel oberhalb der Terrassen dem Erdboden gleichgemacht – und so mischten sich vorübergehend Ruinen der Neuzeit unter die Ruinen des antiken Hierapolis. Heute erstreckt sich oberhalb der Sinterterrassen eine gepflegte Parkanlage. Auf den Terrassen selbst, über die sich neuer Kalk legte und die nun wieder in einem Weiß wie aus der Colgate-Werbung strahlen, kontrollieren Wächter mit Trillerpfeifen, dass niemand die vorgegebenen Pfade verlässt oder mit Schuhen umherspaziert. Baden darf man nun auch wieder, jedoch nur noch in den künstlichen Becken entlang dem Hauptweg auf der alten Zufahrtsstraße. Lediglich an den Rändern des Naturphänomens ist noch etwas Grau und Gelb auszumachen.

Basis-Infos

Information Tourist Information, am Südeingang. Im Sommer tägl. 8.30–12 u. 13–
17.30 Uhr, im Winter 8–12 u. 13–17 Uhr.
℡ 0258/2722077, www.pamukkale.gov.tr.

Verbindungen Dolmuş/Bus: Direktbusse
von und nach Pamukkale Köy gibt es nur
wenige. Die Überlandbusse halten i. d. R.
am Busbahnhof von Denizli. Von dort starten Dolmuşe nach Pamukkale Köy von 7–
19 Uhr alle 20 Min., danach bis 22 Uhr
stündl. Diverse größere Busgesellschaften (u. a. *Pamukkale* mit einem Bu-
chungsbüro in Pamukkale Köy) bieten
einen eigenen Transfer von Denizli nach
Pamukkale an.

Von Denizli bestehen gute Busverbindun-
gen zu allen größeren Touristenorten der
Südküste, u. a. nach Antalya (3 Std.) oder
Fethiye (4 Std.), zudem nach Selçuk (2 ¾ Std.).

Öffnungszeiten Die **Sinterterrassen** sind
rund um die Uhr zugänglich, das **Museum**
von Hierapolis im Sommer tägl. (außer Mo)
9–12.30 u. 13.30–18.30 Uhr, im Winter 8–17 Uhr.
Eintritt für Sinterterrassen und Ausgrabungsgelände 8,50 €, Museum 2,10 € extra.

Organisierte Touren In Pamukkale Köy
kann man Tagesausflüge nach Aphrodisias
oder zu den Attraktionen der näheren Umgebung für ca. 13 € (ohne Eintritt) buchen.

Zugänge zu den Sinterterrassen
und nach Hierapolis: Das Areal
hat 3 Eingänge. Einer befindet
sich zu Füßen der Sinterterrassen
neben dem kleinen Parkareal von
Pamukkale Köy mit künstlichem
Teich, quakenden Fröschen und
Bootsverleih. Von hier steigt man
zu Fuß über die Terrassen hinauf
auf das Plateau, auf dem sich das
antike Hierapolis erstreckt. Der
Weg folgt dabei der Straße, die
man einst durch die Terrassen
schlug. Man kann aber auch
hinauffahren. Oben gibt es 2 Eingänge: den Südeingang, der sich
ca. 250 m von den Terrassen entfernt befindet, und den Nordeingang nahe der Straße nach
Karahayıt – er ist rund 1,2 km von
den Terrassen entfernt. Auf dem
Weg vom Nordeingang zu den
Terrassen passiert man die
sehenswerte Nekropole. Vom
Nordeingang besteht zudem ein
Pendelservice zu den Terrassen
(0,90 €). Parkgebühr, egal wo, 3 €
für Autos, 4,20 € für Minibusse
und Wohnmobile. Von Pamukkale
Köy fahren von 8–19 Uhr alle 15 Min.
Dolmuşe zum Nordeingang.

Übernachten/Essen & Trinken

Die kleinen Unterkünfte im Dorf **Pamukkale Köy** sind vornehmlich auf Individualreisende eingestellt. Zu den hier empfohlenen Pensionen und Hotels ist es zuweilen aber schwierig vorzudringen – das Schleppertum ist ausgeprägt. Übrigens leitet fast jede Pension das Kalkwasser, das von den Sinterterrassen kommt, durch
irgendeinen Kanal in den eigenen Pool. Die meist leicht in die Jahre gekommenen
Mehr-Sterne-Anlagen für Busgruppen am Ortsrand von **Karahayıt** bieten zuweilen
großzügige Rabatte.

Übernachten in Karahayıt   ***** Spa
Hotel Colossae, 213 klassische Hotel-
zimmer mit Balkon. Viel Schnickschnack:
Wellnesszentrum, Thermalabteilung, mehrere Restaurants, Sportangebot. DZ 115 €
mit HP – langwieriges Einchecken, wenn
Busgruppen ankommen. Karahayıt, ℡ 0258/
2714156, www.colossaehotel.com.

Übernachten in Pamukkale Köy Venüs
Hotel, 14 gepflegte, niveauvolle Zimmer auf
3-Sterne-Niveau mit Flachbild-TV und Klimaanlage, z. T. mit Balkon und Fliesenböden.
Restaurant, nette orientalische Sitzecken in
der Lobby, Pool. Von Lesern immer wieder
gelobt. Sehr gutes Preis-Leistungs-Verhältnis: DZ 45 €. Pamukkale Köy, ℡ 0258/
2722152, www.venushotel.net.

Ausflüge

Hotel Beyaz Kale, die „Weiße Burg". 11 blitzsaubere Zimmer mit in Schuss gehaltenen Bädern, Klimaanlage und farbenfrohen Wänden. L-förmig um eine kleine, gemütliche Poolanlage. Obenauf ein Restaurant samt Dachterrasse und tollen Sinterterrassenblicken. Leser loben seit Jahren die gute Küche und die Warmherzigkeit der Familie Yiğen (englischsprachig). DZ 30 €. Pamukkale Köy, ✆ 0258/2722064, www.beyazkalehotel.com.

Hotel Pamukkale, einfache, aber ordentliche und saubere Teppichbodenzimmer mit Klimaanlage. Pool, Dachterrasse mit eigenem Restaurant (gute, reichhaltige Küche). Familiäre Atmosphäre. Die Betreiber

In den künstlichen Becken ist Baden erlaubt

sprechen ein wenig Deutsch. Campingmöglichkeiten. DZ 30 €, Campen im Garten für 2 Pers. 15 €. Pamukkale Köy, ✆ 0258/2722090, www.hotelpamukkale.net.

Dört Mevsim Hotel, kleines Hotel auf größerem Grund mit nettem Poolbereich im Garten. Ebenfalls einfache, aber saubere Zimmer. Freundliche Atmosphäre. Campingmöglichkeiten. DZ 26 €. Hasan Tahsin Cad. 25, ✆ 0258/2722009, www.hoteldort mevsim.com.

Camping Bei vielen Pensionen sind auch Camper willkommen. Außerdem:

Manzara Camping, an der Durchgangsstraße von Pamukkale Köy (am Ortsausgang Richtung Karahayıt). Einer riesigen Abfütterungsstelle für Bustouristen angeschlossen. Saftige grüne Wiese vor einer Poolanlage, leider kein Schatten. Zwar nicht idyllisch, aber gepflegt und okay. Ganzjährig. 2 Pers. mit Wohnmobil 20 €. M. Akif Ersoy Bul. 79, ✆ 0258/2722540, manzara2013@ hotmail.com. Ähnlich ist der **Baydil Camping** etwas näher am Zentrum an der gleichen Straße.

Tepe Camping, ca. 7 km von Pamukkale Köy entfernt, auf einem Hügel mit Wahnsinnsfernsicht über die Mäanderebene. Meist ist eher wenig los. Wohnmobile stellt man auf die Wiese vor den Pool, Zelte werden eine Terrasse höher aufgeschlagen. Die Sanitäranlagen sind okay (2 Duschen und Klos). Panoramarestaurant. Es werden auch einfache Zimmer vermietet. 2 Pers. mit Wohnmobil 13 €. Auf dem Weg zum Südeingang ausgeschildert, ✆ 0258/2653973, www.tepecamping.com.

Essen & Trinken Dass die meisten Gäste nur einmal in ihrem Leben nach Pamukkale kommen und das per Bus in der Gruppe für 2–3 Std., ist der Qualität der Gastronomie nicht förderlich. Lästige Türsteher, schleppender Service, kleine Portionen, hohe Preise und auf die Schnelle mit wenig Aufwand zubereitete Gerichte bestimmen das Bild. Am besten isst man in den Pensionen und Hotels. Ordentliches Essen bekommt man zudem im von Lesern entdeckten Restaurant **Mehmet's Heaven** an der zentralen Atatürk Cad. 25, ✆ 0258/2722643.

Sehenswertes

Sinterterrassen: Die Sehenswürdigkeit schlechthin – im Gänsemarsch wandert man hindurch. Der versinterte Abhang ist über 100 m hoch und mehr als 2 km breit. Die Quelle sprudelt nach wie vor kräftig, und ein eigens angestellter Wassermeister reguliert durch Schieber den Wasserlauf, um die zentralen Terrassen einmal wöchentlich zu fluteten. Das Wasser wird unterhalb des Hangs gefasst, dann den Pensionspools und danach den Feldern in der Ebene zugeführt. Einige Becken sind nachts beleuchtet. Ob tagsüber oder nachts, vor dem Spaziergang über die Terrassen gilt: Schuhe ausziehen! In den künstlich angelegten Becken entlang dem Hauptpfad darf man planschen – in den oberen Becken schwimmt noch nicht der Schweiß tausend anderer mit!

Pamukkale-Therme: Die Hauptquelle liegt im offenen Innenhof des einstigen Pamukkale-Motels. Sie speist einen zwischen Palmen wunderschön angelegten Quellteich, in dem antike Säulen liegen – daher auch „Antique Pool" genannt. Angeblich hilft ein Bad gegen Magengeschwüre, Bronchitis, Herz-Kreislauf-Beschwerden, Darmträgheit und vieles mehr. In jedem Fall ist das Planschen im 35 °C warmen Wasser eine wahre Lust – sofern keine kreischenden Busgruppen mitbaden, was leider meist der Fall ist. Besser so spät wie möglich kommen!

Tägl. 8–18.30 Uhr, im Winter bis 17 Uhr. Eintritt satte 14 €, Kinder 5,50 €. www.pamukkale thermal.com.

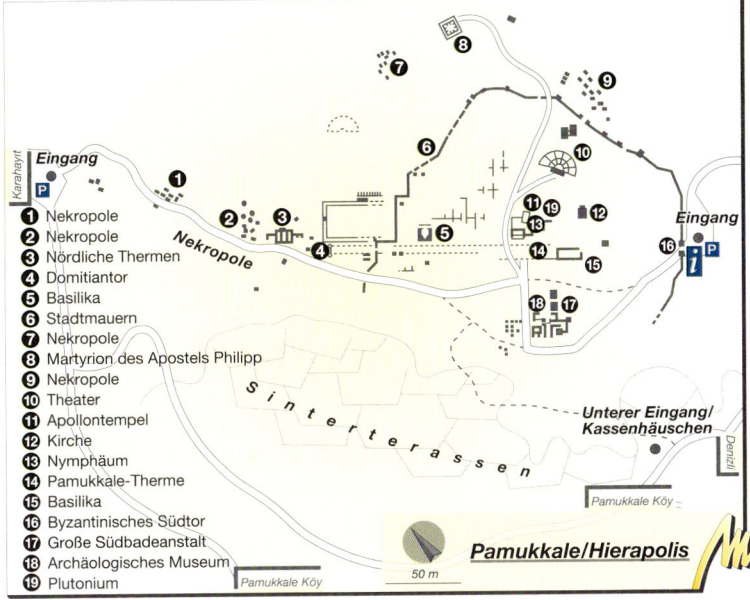

① Nekropole
② Nekropole
③ Nördliche Thermen
④ Domitiantor
⑤ Basilika
⑥ Stadtmauern
⑦ Nekropole
⑧ Martyrion des Apostels Philipp
⑨ Nekropole
⑩ Theater
⑪ Apollontempel
⑫ Kirche
⑬ Nymphäum
⑭ Pamukkale-Therme
⑮ Basilika
⑯ Byzantinisches Südtor
⑰ Große Südbadeanstalt
⑱ Archäologisches Museum
⑲ Plutonium

Eingang

Karahayıt

Nekropole

Eingang

Denizli

S i n t e r t e r r a s s e n

Unterer Eingang/
Kassenhäuschen

Pamukkale Köy

Pamukkale Köy

Pamukkale/Hierapolis

50 m

Ausflüge

Hierapolis: Die Sehenswürdigkeiten der Antike liegen weit verstreut auf dem Plateau oberhalb der Sinterterrassen. Unübersehbar an der Straße zur Pamukkale-Therme stehen die Ruinen der *Großen Therme* von Hierapolis, deren wuchtige Gewölbe einst mit Marmor ausgelegt waren. Sie beherbergt heute das kleine, aber schöne und interessante *Archäologische Museum* mit Funden aus Hierapolis und Laodikeia, insbesondere reich verzierte Sarkophage, Statuen und Reliefs. Besuchenswert sind zudem:

Nymphäum, Apollontempel und Plutonium: Die imposante Ruine des *Nymphäums,* einst eine aus großen Steinquadern errichtete, monumentale Brunnenanlage, stammt aus dem 2. Jh. n. Chr. Direkt dahinter stehen die Überreste des Apollontempels. An ihn erinnern noch ein 2,5 m hohes Podest mit einer kleinen Freitreppe, dazu einige Kapitellteile, die verstreut an Ort und Stelle liegen. Zum Tempelkomplex gehörte das *Plutonium*, eine Grotte, die Pluto, dem Gott der Unterwelt, geweiht war. In der Grotte und deren Vorhalle verpesteten giftige Gase die Luft – unbefugte Eindringlinge, Vögel und selbst Ochsen starben. Nur die Priester konnten unbeschadet passieren: Sie krochen am Boden entlang und hielten die Luft an. Die Grotte selbst ist weitgehend verschüttet, ihr Zugang (zu erkennen an dem überwölbten Türbogen) zugemauert, denn noch immer strömen Schwefelgase aus.

Theater: Gut erhalten ist das nahezu vollständig ausgegrabene Theater (2. Jh. v. Chr.) mit über 100 m Seitenlänge, 20 Sitzreihen im ersten und 25 Sitzreihen im zweiten Rang. Acht Treppen führen nach oben. An die 10.000 Zuschauer fanden hier Platz. Das jüngst behutsam restaurierte Bühnenhaus vermittelt einen Eindruck von der einstigen Pracht.

Martyrion des Apostels Philipp: Eine jüngst ausgegrabene Pilgerstraße führt zu einer rund 500 m nördlich des Theaters gelegenen Grabkirche, dem sog. *Martyrion des Apostels Philipp.* Dabei überquert man eine kleine Schlucht auf einem hölzernen Brückchen. Etwas weiter bergauf steht eine dreischiffige *Basilika,* deren Grundmauern noch mannshoch erhalten sind. Auf dem Hügel darüber erhebt sich die Grabkirche, die zu Anfang des 5. Jh. erbaut wurde. Ihr quadratischer Grundriss ist noch deutlich auszumachen. Der Hauptsaal war als Oktogon angelegt, einen Altar sucht man vergebens, doch die halbrunde Sitzreihe für den Bischof und die Gemeindeältesten ist noch zu erkennen. Acht Kammern schließen daran an, deren Wälle noch bis zu 6 m hoch sind. Die Durchgänge zwischen den Kammern sind allesamt erhalten. Drum herum gruppierten sich 32 Zimmer, die als Herberge für Pilger gedeutet werden. Italienische Archäologen verkündeten 2011, das Grab des Apostels Philipp, eines der zwölf Jünger Jesu, hier lokalisiert zu haben. Bestätigt ist dies jedoch nicht. Noch immer wird angezweifelt, ob der Apostel, der nach dem Tod Jesu in Westanatolien missionierte und in Hierapolis der Legende nach den Märtyrertod fand, hier je beigesetzt wurde.

Nekropole: Man durchquert das imposante Gräberfeld automatisch, wenn man sich den Sinterterrassen von Norden her nähert. Spaziert man hingegen von der Pamukkale-Therme die antike Hauptstraße von Hierapolis entlang, passiert man zunächst die Grundmauern einer *Basilika,* dann das *byzantinische Stadttor* und danach eine *Säulenstraße* das unter der Herrschaft Domitians aufgestellte und diesem gewidmete *Domitiantor.* Die sich anschließenden *nördlichen Thermen,* im 5. Jh. zu einer gewaltigen *Basilika* umgebaut, liegen schon auf dem Gelände der Nekropole. Mehr als tausend Gräber aus verschiedenen Epochen sind hier zu finden: Grabtempelchen, kreisrunde Tumulusgräber, die einst von phallusähnlichen Steinen gekrönt wurden, Steinsarkophage etc. Einige sind im Lauf der Zeit bis zur Hälfte im Sinterkalk versunken, andere liegen wie das geborstene Spielzeug eines Riesen regellos verstreut …

Das Tetrapylon von Aphrodisias

Aphrodisias (antike Stadt)

„Stellen Sie sich vor, Sie kommen in eine Stadt, die so reich an archäologischen Schätzen ist, dass Ihnen Skulpturen vor die Füße rollen, Marmorköpfe aus Wänden fallen oder dicht an dicht in Bewässerungsgräben liegen!"

So enthusiastisch äußerte sich der 1990 verstorbene türkische Archäologe Kenan T. Erim, der die Erforschung von Aphrodisias zu seinem Lebenswerk gemacht hatte, im Magazin *National Geographic*. Und ein andermal soll er auf die Frage, warum er nie geheiratet habe, geantwortet haben: „Heiraten? Ich? Ich bin doch verheiratet. Wie soll ich eine bessere Frau finden als Aphrodite?".

Aphrodisias war eine der Hauptstätten des Aphroditekults. Die Göttin der Liebe, der Schönheit und der Verführung drückte der Stadt ihren Stempel auf. Der Kult und die ihn begleitenden, z. T. ausschweifenden Festlichkeiten bescherten Aphrodisias Besucher aus der gesamten antiken Welt. Schließlich wurde die Göttin vom Christengott vertrieben, und die Stadt verfiel. Das heutige Ausgrabungsgelände weist zwar im Vergleich mit Ephesus die weniger spektakulären Ruinen auf, dafür kann man sie ohne Gedränge genießen. Zudem ist die Lage von Aphrodisias inmitten einer Hochebene reizvoller. Im Frühling, wenn zwischen den antiken Monumenten Blumen blühen und die umliegenden Berggipfel noch schneebedeckt sind, ist ein Besuch am schönsten.

Geschichte

Der nahe Fluss Mäander und sein fruchtbares Tal zogen schon in grauer Vorzeit Menschen an. Erste Spuren einer dauerhaften Ansiedlung auf dem Boden von Aphrodisias stammen aus dem 7. Jh. v. Chr. Der Ort war damals ein assyrisches

Ausflüge

Gladiatoren- und Tierkämpfe aufführen zu können, ohne die Zuschauer zu gefährden. Durch einen Wassergraben konnte die Orchestra nach solchen Kämpfen zur Reinigung geflutet werden. Vor der Bühne errichtete man ein tunnelartiges Gewölbe, in dem Jäger und Gejagte auf ihren Auftritt warteten. Vom Bühnenhaus wurden nur der untere Teil und eine Halbsäulenreihe wieder aufgerichtet.

Tetrastoon und Theaterthermen: Nachdem sich die Aphrodisianer seit dem Beben im 4. Jh. auf ihrer Agora beständig nasse Füße geholt hatten, legten sie vor dem Theater einen neuen Marktplatz an, der auf allen vier Seiten mit einem Säulengang (Tetrastoon) umgeben war und im Süden mit einer älteren, basilikaähnlichen Halle verbunden wurde. An deren Westseite grenzen die bis in byzantinische Zeit benutzten Theaterthermen, deren Mittelpunkt ein bis heute erhaltener, fast 10 m hoher Rundbau war – ein *Caldarium,* der Schwitzraum des Bades (zuletzt nicht zugänglich).

Sebasteion: Es stand am Ostende der nördlichen Agora, heute liegt es versteckt hinter dem Grabungsgebäude auf dem Weg zum Museum. Der Komplex diente der Huldigung der vergöttlichten Kaiser der julianisch-claudischen Dynastie von Augustus (griech. Sebastos) bis Nero. An den beiden Längsseiten besaß das Sebasteion 80 m lange, dreistöckige Portiken, dazwischen befand sich eine Prozessionsstraße, die zum Tempel (nur noch spärliche Reste erhalten) führte. Der linke Portikus (Südportikus) wurde jüngst in einem Abschnitt in voller Höhe rekonstruiert. Die Reliefs zwischen den Säulen des Mittel- und Obergeschosses sind Kopien – die Originale werden Sie später im Museum sehen. Die Reliefs zeigen im Mittelgeschoss vorrangig mythologische Motive, im Obergeschoss auch Kaiser. Vom Nordportikus blieben nur wenige Reliefs erhalten, im Museum werden Sie welche von unterworfenen Völkern und kosmischen Wesen sehen. Im 4. Jh., als das Christentum die Oberhand gewann, wurde aus der offenen Kulthalle ein Marktplatz.

Im Museum von Aphrodisias

Museum: Ein Besuch macht deutlich, dass der Ruhm von Aphrodisias nicht zuletzt auf seiner Bildhauerschule gründete. Das Museum besteht aus zwei Trakten, dem alten bzw. vorderen Trakt und dem neuen hinteren, der *Sebasteion Hall.* Im vorderen Trakt dominieren Büsten und Statuen diverser Kaiser, Prinzen, Philosophen, Musen und Götter, dazu die von reichen Persönlichkeiten und von Gouverneuren. In einem Gang steht ein Relief aus dem 1. Jh. v. Chr., das Zoilos ehrt, der vom Gefangenen zum Wohltäter der Stadt aufstieg und u. a. das Bühnenhaus des Theaters stiftete. Die Sebasteion Hall zeigt die grandiosen Originalreliefs des Sebasteion. Rund 80 Reliefs wurden insgesamt gefunden und aufwändig restauriert. Das einzige Objekt, das hier nicht aus dem Sebasteion stammt, ist die Marmorskulptur eines galoppierenden Pferdes – ein einzigartiger antiker Fund.

Das Tetrapylon von Aphrodisias

Aphrodisias

(antike Stadt)

„Stellen Sie sich vor, Sie kommen in eine Stadt, die so reich an archäologischen Schätzen ist, dass Ihnen Skulpturen vor die Füße rollen, Marmorköpfe aus Wänden fallen oder dicht an dicht in Bewässerungsgräben liegen!"

So enthusiastisch äußerte sich der 1990 verstorbene türkische Archäologe Kenan T. Erim, der die Erforschung von Aphrodisias zu seinem Lebenswerk gemacht hatte, im Magazin *National Geographic*. Und ein andermal soll er auf die Frage, warum er nie geheiratet habe, geantwortet haben: „Heiraten? Ich? Ich bin doch verheiratet. Wie soll ich eine bessere Frau finden als Aphrodite?".

Aphrodisias war eine der Hauptstätten des Aphroditekults. Die Göttin der Liebe, der Schönheit und der Verführung drückte der Stadt ihren Stempel auf. Der Kult und die ihn begleitenden, z. T. ausschweifenden Festlichkeiten bescherten Aphrodisias Besucher aus der gesamten antiken Welt. Schließlich wurde die Göttin vom Christengott vertrieben, und die Stadt verfiel. Das heutige Ausgrabungsgelände weist zwar im Vergleich mit Ephesus die weniger spektakulären Ruinen auf, dafür kann man sie ohne Gedränge genießen. Zudem ist die Lage von Aphrodisias inmitten einer Hochebene reizvoller. Im Frühling, wenn zwischen den antiken Monumenten Blumen blühen und die umliegenden Berggipfel noch schneebedeckt sind, ist ein Besuch am schönsten.

Geschichte

Der nahe Fluss Mäander und sein fruchtbares Tal zogen schon in grauer Vorzeit Menschen an. Erste Spuren einer dauerhaften Ansiedlung auf dem Boden von Aphrodisias stammen aus dem 7. Jh. v. Chr. Der Ort war damals ein assyrisches

Die Bucht von Adrasan zeigt sich bei Wanderung 3 von ihrer Schokoladenseite

Das Tetrapylon von Aphrodisias

Aphrodisias (antike Stadt)

„Stellen Sie sich vor, Sie kommen in eine Stadt, die so reich an archäologischen Schätzen ist, dass Ihnen Skulpturen vor die Füße rollen, Marmorköpfe aus Wänden fallen oder dicht an dicht in Bewässerungsgräben liegen!"

So enthusiastisch äußerte sich der 1990 verstorbene türkische Archäologe Kenan T. Erim, der die Erforschung von Aphrodisias zu seinem Lebenswerk gemacht hatte, im Magazin *National Geographic*. Und ein andermal soll er auf die Frage, warum er nie geheiratet habe, geantwortet haben: „Heiraten? Ich? Ich bin doch verheiratet. Wie soll ich eine bessere Frau finden als Aphrodite?".

Aphrodisias war eine der Hauptstätten des Aphroditekults. Die Göttin der Liebe, der Schönheit und der Verführung drückte der Stadt ihren Stempel auf. Der Kult und die ihn begleitenden, z. T. ausschweifenden Festlichkeiten bescherten Aphrodisias Besucher aus der gesamten antiken Welt. Schließlich wurde die Göttin vom Christengott vertrieben, und die Stadt verfiel. Das heutige Ausgrabungsgelände weist zwar im Vergleich mit Ephesus die weniger spektakulären Ruinen auf, dafür kann man sie ohne Gedränge genießen. Zudem ist die Lage von Aphrodisias inmitten einer Hochebene reizvoller. Im Frühling, wenn zwischen den antiken Monumenten Blumen blühen und die umliegenden Berggipfel noch schneebedeckt sind, ist ein Besuch am schönsten.

Geschichte

Der nahe Fluss Mäander und sein fruchtbares Tal zogen schon in grauer Vorzeit Menschen an. Erste Spuren einer dauerhaften Ansiedlung auf dem Boden von Aphrodisias stammen aus dem 7. Jh. v. Chr. Der Ort war damals ein assyrisches

Städtchen namens *Ninoe*. Im 2. Jh. v. Chr. wurde Ninoe durch einen Verwaltungsakt des Römischen Reichs in Aphrodisias umbenannt. Angeblich erhielt der römische Diktator Sulla vom Orakel in Delphi den Rat, der griechischen Göttin der Liebe zu huldigen, die die Römer als Venus verehrten. Von nun an ging es mit Aphrodisias bergauf, zwischen dem 1. Jh. v. Chr. und dem 3. Jh. n. Chr. erlebte die Stadt ihre Blütezeit. Aphrodisias erhielt viele Privilegien, war unabhängig und so heilig, dass es bis ins 4. Jh. n. Chr. keine Stadtmauer benötigte. Doch nicht nur der Aphroditekult machte die Stadt in der späten Antike berühmt. Auch das literarische und wissenschaftliche Leben brachte bedeutende Ergebnisse hervor, zudem verbreitete sich der Ruhm der lokalen Bildhauerschule im ganzen Imperium. Das Rohmaterial, Marmor feinster Güte aus einem nahe gelegenen Steinbruch, wurde in der Stadt meisterhaft bearbeitet und überallhin verschickt. Skulpturen aus Aphrodisias wurden im griechischen Olympia wie im afrikanischen Leptis Magna aufgestellt, auch viele Plätze Roms waren mit ihnen geschmückt. Die aphrodisischen Künstler warben erfolgreich mit dem guten Ruf der Stadt, indem sie ihrem jeweiligen Vornamen den Künstlernamen „Aphrodisieus" anfügten.

Die Spaltung des Römischen Reiches leitete den Niedergang von Aphrodisias ein. Unter der Herrschaft von Byzanz wurde die Stadt Bischofssitz. Im 7. Jh. versuchten die Christen, die heidnische Vergangenheit zu übertünchen und tauften die Stadt in *Stauropolis* („Stadt des Kreuzes") um. Später hieß sie *Karia*, dann *Geyre*. Mit den Eroberungsfeldzügen der Seldschuken im 11. und 13. Jh. sank das bereits vorher von Erdbeben in Mitleidenschaft gezogene Städtchen zur Bedeutungslosigkeit herab.

Verbindungen/Anfahrt Organisierte **Touren** nach Aphrodisias sind oft gekoppelt mit der Besichtigung von Pamukkale. Außerdem bieten Reisebüros von Pamukkale Tagesausflüge nach Aphrodisias an.

Mit dem **eigenen Pkw** zweigt man (von Aydın kommend) ca. 16 km hinter Nazilli nach Karacasu ab. Ab hier ausgeschildert

(noch ca. 38 km). Großer Parkplatz an der Hauptstraße (noch vor der Zufahrt zum Ausgrabungsgelände). Der Transfer zum Gelände ist in den Parkgebühren (Auto 3 €, Minibus/Wohnmobil 4,20 €) inbegriffen.

Gute **Bus**verbindungen von Selçuk (1 ½ Std.), Denizli/Pamukkale (1 ½ Std.) und Antalya (5 ½ Std.) nach Nazilli, von dort weiter

Zu den Ausgrabungen: Die Ruinen liegen innerhalb und in der nächsten Umgebung des alten Dorfes **Geyre**, dessen Bewohner in den 1960ern umgesiedelt wurden, weil sie den Ausgrabungen im Wege waren. Erste Ausgrabungen, besser: Plünderungen, unternahm 1904 der französische Eisenbahningenieur und Hobbyarchäologe Paul Gaudin. Die dabei geborgenen Funde sind teils im Museum von İstanbul ausgestellt, teils auf verschlungenen Wegen in die Museen von Boston, Brüssel, Berlin und in andere Winkel der Welt gelangt. 1937 wurden Ausgrabungen unter italienischer Leitung durchgeführt. Stücke des prächtigsten Fundes – der mit geradezu lebensechten Gesichtern verzierte Fries des Tiberius-Portikus – befinden sich sowohl im Museumsgarten von Aphrodisias als auch im Archäologischen Museum von İzmir. Ab 1961 wurde Aphrodisias systematisch von einem türkisch-amerikanischen Team unter Kenan T. Erim erforscht, das jedes Jahr ein paar Säulen aufrichtete und herabgestürzte Kapitele wieder in ihre alte Position hievte. Das Grab des berühmten Archäologen liegt gleich beim wiedererrichteten Tetrapylon. Die Grabungen werden heute von der New York University mit einem internationalen Team fortgesetzt.

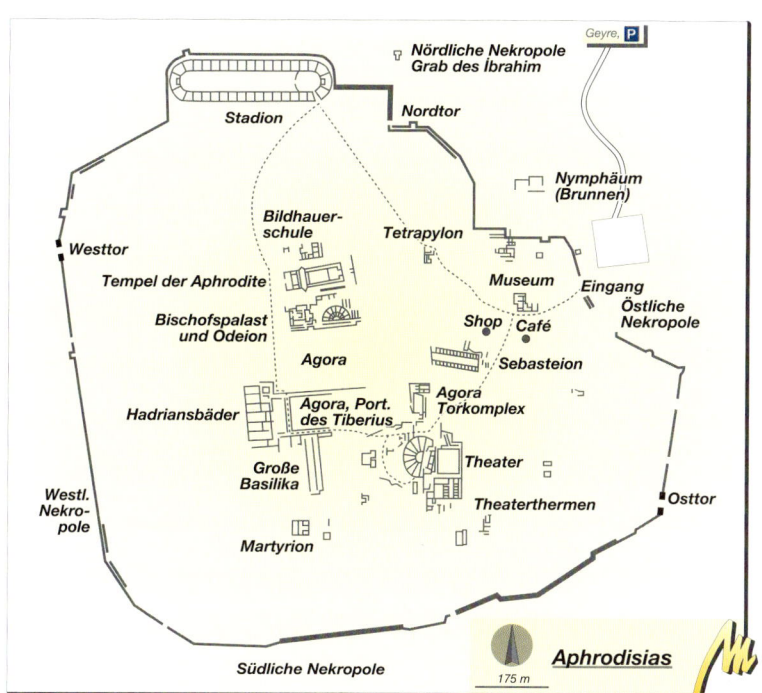

Geyre, P

Nördliche Nekropole
Grab des İbrahim

Nordtor

Stadion

Nymphäum
(Brunnen)

Bildhauer-
schule

Tetrapylon

Westtor

Tempel der Aphrodite

Museum

Eingang

Östliche
Nekropole

Bischofspalast
und Odeion

Shop   Café

Agora

Sebasteion

Hadriansbäder

Agora, Port.
des Tiberius

Agora
Torkomplex

Theater

Große
Basilika

Theaterthermen

Westl.
Nekro-
pole

Osttor

Martyrion

Südliche Nekropole

175 m

Aphrodisias

---

per **Dolmuş** nach Karacasu. Von Karacasu im Sommer stündl. Dolmuşe nach Aphrodisias, im Winter nur wenige Fahrten.

Öffnungszeiten Ausgrabungsgelände im Sommer tägl. 8–19 Uhr, im Winter 8–17 Uhr. Das Museum ist Mo geschl. 4,20 €.

Übernachten/Essen Besser plant man seine Tour so, dass man hier nicht übernachten muss. Kurz vor Redaktionsschluss berichteten uns Leser von einer neuen Unterkunft am Parkplatz von Aphrodisias. Detailinfos dazu waren nicht mehr zu be-

kommen, doch wird die Unterkunft mit Sicherheit besser sein als folgende:

Aphrodisias Hotel, 25 spartanische, in die Jahre gekommene Zimmer, gruselige Atmosphäre. Restaurant, im Sommer im Garten, im Winter unterm Dach. Campingmöglichkeit. DZ 51 € mit HP. Bei Geyre an der Hauptstraße, ✆ 0256/4488132.

Camping Zwischen Karacasu und Aphrodisias bieten ein paar Restaurants einfache, i. d. R. kostenlose Stellmöglichkeiten, sofern man im Restaurant isst.

Rundgang

Vom Eingang führt der Weg, vorbei an Sarkophagen, automatisch zum Museum, das für gewöhnlich als Letztes besichtigt wird. Rund um den Platz vor dem Museum mit einer Löwenstatue in der Mitte stehen weitere Sarkophage, zudem sind Tempelfriese zu sehen. Der übliche Rundgang verläuft entgegen dem Uhrzeigersinn, dafür hält man sich hinter dem Museum rechts (Hinweisschild „Tetrapilon").

Tetrapylon: Es handelt sich vermutlich um einen Teil eines großen, von vier Seiten zugänglichen Zeremonientores aus dem 2. Jh. Insgesamt bestand das Tor aus vier

Viererreihen von Säulen, die – soweit möglich – samt Gebälk wieder aufgerichtet wurden. Besondere Aufmerksamkeit verdient die kunstvolle Spiralkannelierung der Säulen, eine Meisterarbeit der örtlichen Steinmetze. Vielleicht war das Tor der Eingang zum heiligen Hain rund um den Aphroditetempel, dessen Säulen links im Hintergrund zu sehen sind.

Stadion: Es gilt als das besterhaltene antike Stadion im Mittelmeerraum und ist zugleich das eindrucksvollste Monument von Aphrodisias. Mit einem Fassungsvermögen von 30.000 Menschen kann es mit Bundesligastadien konkurrieren. Die 262 m lange und 59 m breite Anlage schließt an den Enden halbkreisförmig, sodass alle Zuschauer einen guten Blick hatten. Hier liegen auch die völlig intakten Eingangstunnel, durch die die Sportler ins Stadion einliefen. In der Mitte der nördlichen Seite pflegte der Kaiser in seiner Loge Platz zu nehmen. Die Löcher in den Sitzreihen dienten als Halterungen für Sonnendächer. Ursprünglich überragte eine umlaufende Säulenreihe den oberen Teil des Stadions. In der Arena fanden hauptsächlich athletische Spiele, Gladiatorenkämpfe sowie Ring- und Boxkämpfe statt.

Tempel der Aphrodite: Vom berühmten Aphroditetempel (mit „Tapınak" ausgeschildert) stehen noch 14 Säulen und eine Stirnwand der Cellamauer. Ursprünglich war die Cella von je 13 Säulen an den Längs- und je acht an den Schmalseiten umgeben. In byzantinischer Zeit riss man jedoch das Bauwerk nieder, baute an seiner Stelle eine christliche Kirche und ließ nur die umliegende Säulenhalle stehen. Grabungen brachten zudem Funde ans Tageslicht, die auf ein erstes Heiligtum aus archaischer Zeit schließen lassen. Nördlich des Tempels liegen die Trümmer der antiken Bildhauerschule.

Bischofspalast und Odeion: Südwestlich des Aphroditetempels finden sich die Reste eines als Bischofspalast (Biskopos Sarayı) bezeichneten, stattlichen Wohnhauses mit bemerkenswerten Säulen aus bläulichem Marmor. Über das Südostende des Bischofspalastes wurde im 2. Jh. n. Chr. das gut erhaltene Odeion gebaut. Überdauert haben von dem ursprünglich überdachten Gebäude die untersten neun *Sitzreihen*

Antike Kunst in Aphrodisias

An den Hadriansbädern

(die oberen waren aus Holz) mit Löwenfüßen als Symbol der Macht, die *Orchestra* und die schmale *Bühne*. Die Marmorverkleidung, der Mosaikboden und die vielen Skulpturen des Odeions wurden ins Museum gebracht.

Nord-Agora: Südlich des Odeions und des Bischofspalastes erstreckte sich die Doppelagora der Stadt, zwei mit Säulenarkaden umgebene Plätze, die das Verwaltungs- und Handelszentrum von Aphrodisias bildeten. Die 202 x 72 m große nördliche Agora ist bisher nur ansatzweise ausgegraben, zuletzt stießen die Archäologen hier auf einen Brunnen und das Fundament eines möglichen Altars. Münzfunde belegen zudem, dass hier bis ins 7. Jh. gehandelt wurde.

Hadriansbäder: Die Thermen sind eine typische römische Badeanlage mit großem Kaltwasserbad, Warm- und Heißwasserräumen sowie Sauna. Bemerkenswert die beiden Marmorbecken des *Caldariums* (Heißwasserbad). Zum Zeitpunkt der letzten Recherche standen die Bäder im Mittelpunkt der Grabungsarbeiten.

Süd-Agora: Der Platz misst 212 x 69 m. Nach dem ihn umgebenden Säulengang, dem *Portikus des Tiberius*, trägt er auch den Namen Tiberiusagora. An seiner Westseite wurde das bekannte *Preisedikt Diokletians* gefunden. Mit überall im Reich öffentlich angeschlagenen Festpreisen versuchte der Kaiser, letztlich erfolglos, die damals galoppierende Inflation in den Griff zu bekommen. Das *Agorator* wurde nach einem Erdbeben im 4. Jh. in ein *Nymphäum* umgebaut, das dann zum Ärger der Bürger immer wieder die Agora flutete.

Theater: Der Hügel, an den sich das Theater schmiegt, ist ein *Höyük*, eine riesige Schutthalde aus Trümmern uralter, bis 5800 v. Chr. zurückreichender Siedlungen. Vom Theater (1. Jh. v. Chr.) sind die *Sitzreihen* fast vollständig erhalten, das *Bühnenhaus* ist in einem weniger guten Zustand. Von seiner Anlage her hellenistisch, wurde das Theater in römischer Zeit mehrmals umgebaut. Der *Zuschauerraum* mit Marmorsitzen wurde größtenteils in den Hang gegraben. Die halbrunde *Orchestra* wurde unter Mark Aurel vertieft und die unteren Sitzreihen abgerissen, um auch

Ausflüge

Gladiatoren- und Tierkämpfe aufführen zu können, ohne die Zuschauer zu gefährden. Durch einen Wassergraben konnte die Orchestra nach solchen Kämpfen zur Reinigung geflutet werden. Vor der Bühne errichtete man ein tunnelartiges Gewölbe, in dem Jäger und Gejagte auf ihren Auftritt warteten. Vom Bühnenhaus wurden nur der untere Teil und eine Halbsäulenreihe wieder aufgerichtet.

Tetrastoon und Theaterthermen: Nachdem sich die Aphrodisianer seit dem Beben im 4. Jh. auf ihrer Agora beständig nasse Füße geholt hatten, legten sie vor dem Theater einen neuen Marktplatz an, der auf allen vier Seiten mit einem Säulengang (Tetrastoon) umgeben war und im Süden mit einer älteren, basilikaähnlichen Halle verbunden wurde. An deren Westseite grenzen die bis in byzantinische Zeit benutzten Theaterthermen, deren Mittelpunkt ein bis heute erhaltener, fast 10 m hoher Rundbau war – ein *Caldarium*, der Schwitzraum des Bades (zuletzt nicht zugänglich).

Sebasteion: Es stand am Ostende der nördlichen Agora, heute liegt es versteckt hinter dem Grabungsgebäude auf dem Weg zum Museum. Der Komplex diente der Huldigung der vergöttlichten Kaiser der julianisch-claudischen Dynastie von Augustus (griech. Sebastos) bis Nero. An den beiden Längsseiten besaß das Sebasteion 80 m lange, dreistöckige Portiken, dazwischen befand sich eine Prozessionsstraße, die zum Tempel (nur noch spärliche Reste erhalten) führte. Der linke Portikus (Südportikus) wurde jüngst in einem Abschnitt in voller Höhe rekonstruiert. Die Reliefs zwischen den Säulen des Mittel- und Obergeschosses sind Kopien – die Originale werden Sie später im Museum sehen. Die Reliefs zeigen im Mittelgeschoss vorrangig mythologische Motive, im Obergeschoss auch Kaiser. Vom Nordportikus blieben nur wenige Reliefs erhalten, im Museum werden Sie welche von unterworfenen Völkern und kosmischen Wesen sehen. Im 4. Jh., als das Christentum die Oberhand gewann, wurde aus der offenen Kulthalle ein Marktplatz.

Im Museum von Aphrodisias

Museum: Ein Besuch macht deutlich, dass der Ruhm von Aphrodisias nicht zuletzt auf seiner Bildhauerschule gründete. Das Museum besteht aus zwei Trakten, dem alten bzw. vorderen Trakt und dem neuen hinteren, der *Sebasteion Hall*. Im vorderen Trakt dominieren Büsten und Statuen diverser Kaiser, Prinzen, Philosophen, Musen und Götter, dazu die von reichen Persönlichkeiten und von Gouverneuren. In einem Gang steht ein Relief aus dem 1. Jh. v. Chr., das Zoilos ehrt, der vom Gefangenen zum Wohltäter der Stadt aufstieg und u. a. das Bühnenhaus des Theaters stiftete. Die Sebasteion Hall zeigt die grandiosen Originalreliefs des Sebasteion. Rund 80 Reliefs wurden insgesamt gefunden und aufwändig restauriert. Das einzige Objekt, das hier nicht aus dem Sebasteion stammt, ist die Marmorskulptur eines galoppierenden Pferdes – ein einzigartiger antiker Fund.

24.000 Zuschauern bot das Theater in Ephesus Platz

Ephesus (Efes, antike Stadt)

Ephesus war schon eine Weltstadt, als Athen noch tiefste Provinz und Rom noch nicht einmal gegründet war. In ihren besten Zeiten zählte die antike Metropole eine viertel Million Einwohner. Heute gehört Ephesus zu den faszinierendsten Ausgrabungsstätten der Antike. Wer länger bleibt, übernachtet i. d. R. im benachbarten Selçuk.

Ephesus war die reichste Stadt Kleinasiens und wurde auch als „Bank Asiens" bezeichnet. Der große Hafen war das Tor zu den Schätzen Anatoliens und Persiens. Aber nicht nur auf Geldgeschäfte verstanden sich die Epheser: Ihre Stadt galt als das Zentrum der Artemisverehrung und damit als Wallfahrtsort ersten Ranges. Das Artemision, der riesige Artemistempel, wurde zu den sieben Weltwundern gezählt.

Doch Ruhm und Reichtum sind vergänglich. Der Hafen versandete und die Stadt ging unter. Erst Ausgrabungen zwischen 1866 und 1922 brachten Ephesus zurück ans Tageslicht. Auch wenn vieles in Trümmern liegt – an nur wenigen Orten der Welt konnte eine derart intakte Stadtanlage ausgegraben werden. Sie wird in Spitzenzeiten von bis zu 15.000 Touristen täglich besucht.

Geschichte

Die Besiedlung der Gegend geht bis in das 2. Jt. v. Chr. zurück. Damals ließen sich Leleger und Karer auf dem Zitadellenhügel von Selçuk nieder, wo auch ein Heiligtum für die Fruchtbarkeitsgöttin Kybele stand.

Den Grundstein der Stadt Ephesus legten ionische Siedler im 11. Jh. v. Chr. Ihr Anführer war Androklos, der zuvor das Orakel von Delphi befragt hatte, wo die neue Stadt zu gründen sei. Die Antwort hatte gelautet: „Ein Fisch und ein Keiler werden dir den Ort anzeigen." Mit dieser Weisung ausgestattet, zogen die Siedler los. Als sie eines Tages einen noch zappelnden Fisch über dem Feuer grillen wollten, sprang dieser vom Rost und setzte durch die mitgerissene Kohle einen Busch in Brand, aus dem ein Keiler sprang. Dieser machte sich auf und davon und kam erst an der Mündung des heute verlandeten *Kaystro-Flusses* zum Stehen. Hier errichteten die Siedler ihre Stadt – so zumindest die Legende.

Ephesus entwickelte sich dank seines Hafens und seiner günstigen Lage schnell zu einer ansehnlichen Stadt. Der griechische Artemiskult verschmolz mit der archaischen Verehrung der Kybele zur eigentümlichen ephesianischen Variante der Artemisverehrung, die ihren sichtbaren Ausdruck in einem riesigen Artemistempel finden sollte, mit dessen Bau im 6. Jh. v. Chr. begonnen wurde. Bis zu seiner Fertigstellung vergingen allerdings mehr als 200 Jahre.

Um 550 v. Chr. wurde die Stadt vom Lydierkönig Krösus angriffen. Die Bewohner wussten sich nicht anders zu helfen, als Tempel und Stadt mit einem Tau zu umspannen, um sich so symbolisch unter göttlichen Schutz zu begeben. Krösus zeigte sich daraufhin milde. Er schonte den noch nicht fertiggestellten Tempel und plünderte nur die Stadt. Knapp 200 Jahre später wurde der Tempel dann aber doch zerstört. 356 v. Chr. zündete Herostratos das gerade vollendete Bauwerk an, um seinen Namen unsterblich zu machen – was ihm damit auch gelang. Als Alexander der Große 334 v. Chr. sämtliche Baukosten für den Wiederaufbau des riesigen Tempels übernehmen wollte, lehnten die stolzen Epheser das Anerbieten ab. Sie finanzierten den prunkvollen Neuaufbau aus eigenen Mitteln und erweiterten den Bereich des Tempelasyls, in dem Gewaltanwendung verboten war. So amortisieren sich die Tempelkosten bald – manch reicher Geächteter rettete sich hierher und dankte der Göttin mit großzügigen Spenden.

Zugänge: Das kostenpflichtige Grabungsgelände besitzt zwei Eingänge, einen unteren, von Selçuk zu erreichen über die Straße nach Pamucak/Kuşadası, und einen oberen, zu erreichen von der Straße nach Meryemana. Der obere Eingang wird zuweilen als Haupteingang bezeichnet, da viele Busgruppen ihre Tour durch Ephesus dort starten und am unteren Eingang wieder eingesammelt werden. Auch bevorzugen die Taxifahrer von Selçuk den oberen Eingang – dieser ist weiter entfernt und so lässt sich mehr verdienen (die Fahrt zum unteren Eingang ist erheblich billiger!). Die von uns beschriebene Tour durch das Ausgrabungsgelände beginnt beim unteren Eingang, da dieser ohne eigenes Fahrzeug einfacher zu erreichen ist – die Dolmuşe von Selçuk steuern ihn an, zudem erreicht man ihn von Selçuk, vorbei am Artemistempel, zu Fuß (3 km, → S. 242). Auch bietet er die besseren Parkmöglichkeiten.

Am unteren Eingang werden Individualtouristen häufig angesprochen, ob sie nicht vom oberen Ausgang kostenlos abgeholt werden wollen, sodass sie sich den Weg zurück durchs Ausgrabungsgelände sparen können (ohne Krücken dauert dieser gerade mal 15 Min.). Oder ob sie nicht kostenlos zum Haupteingang gefahren werden wollen, da man sonst nicht alles in der richtigen Reihenfolge sieht. Das ist Quatsch! Willigen Sie in den „Free Shuttle" ein, landen Sie garantiert bei einem Bruder oder sonstigen Anverwandten des vermeintlichen Wohltäters, der zufällig einen Teppichhandel betreibt …

Vor der Bibliothek von Ephesus

Vermutlich ab 294 v. Chr. ließ Lysimachos, einer der Feldherren Alexanders des Großen und Herrscher von Pergamon, das Stadtgebiet, das sich bis dahin rund um den Artemistempel erstreckte, an den heutigen Standort verlegen. Außerdem wurde auf sein Betreiben ein neuer Hafen ausgehoben und die Stadt mit einer Schutzmauer von 9 km Länge umgeben.

133 v. Chr. fiel Ephesus an die Römer und wurde bald darauf Hauptstadt der Provinz Asia. Lange Zeit aber war Rom aufgrund hoher Steuerabgaben für viele Einwohner mehr Feind als Freund. 88 v. Chr. kam es im Zuge der Revolte des Mithridates von Pontus gegen die römische Herrschaft auch in Ephesus zum Aufstand: Bei der sog. Ephesischen Vesper wurden in ganz Kleinasien rund 80.000 Kaufleute, Steuereintreiber und andere römische Bürger getötet. Dennoch, unter Rom entwickelte sich die Stadt zu einer blühenden Metropole mit mehr als 250.000 Einwohnern. Die meisten ausgegrabenen Sehenswürdigkeiten stammen aus dieser Zeit.

In die Zeit der römischen Herrschaft fällt auch der Besuch des Apostels Paulus, der auf seiner zweiten Missionsreise 55–58 hier weilte. Paulus' Predigten hatte einen solchen Zulauf, dass die alteingesessenen Devotionalienhändler kaum noch eine Artemis an den Mann brachten. Ein Silberschmied namens Demetrios mobilisierte daraufhin den Mob gegen die Christen – im Theater skandierten sie den viel zitierten Spruch: „Groß ist die Artemis der Epheser!" Nach den ersten Tumulten verließ Paulus die Stadt. Als weiterer Apostel soll der Evangelist Johannes in Ephesus gewirkt haben (→ Selçuk, S. 242).

262 n. Chr. verwüsteten die Goten Stadt und Tempel – der Wiederaufbau erfolgte in bescheidenem Rahmen. Der Hafen versandete, andere Handelsplätze liefen Ephesus den Rang ab. Im 7. Jh. wurde die Siedlung in der Ebene aufgegeben. Man zog sich auf den nahe gelegenen Zitadellenhügel (von Selçuk) zurück, in dessen Schutz das Christenstädtchen *Hagios Theologos* einige Jahrhunderte überdauerte,

Ausflüge

während die einstige Weltstadt nebenan langsam in Vergessenheit geriet. In der Mitte des 13. Jh. eroberten die Seldschuken Hagios Theogolos. Unter dem neuen Namen *Ayasoluk* erlebte die Zitadellenstadt im 14. Jh. als Handelsplatz und Residenz der Aydınoğulları noch einmal eine kurze Blütezeit, die mit der osmanischen Eroberung 1423 endete.

1866 entdeckte der Engländer J. T. Wood das *Artemision* und begann zu graben. Seit 1896 werden die Arbeiten unter der Regie des Österreichischen Archäologischen Instituts durchgeführt. *Ayasoluk* wurde 1914 in *Selçuk* umbenannt.

Verbindungen → Selçuk, S. 242.

Öffnungszeiten Im Sommer tägl. 8.30–18.30 Uhr, im Winter 8–17 Uhr. 10,60 €, Hang-häuser weitere 6,40 € (Tickets im Grabungsgelände am Eingang zu den Häusern). Parken für Autos 3,40 €, für Wohnmobile je nach Größe ab 10,60 € (!).

Rundgang durch das (kostenpflichtige) Grabungsgelände

Im Abseits, etwas versteckt, stehen die Ruinen der **Marienkirche**, einer einst dreischiffigen Basilika aus dem 6. Jh. Zuvor stand hier ein mächtiger Zeustempel, der vermutlich Ende des 4. Jh. in eine Bischofskirche umgebaut wurde, in welcher 431 das III. Ökumenische Konzil stattfand. Außer ein paar Mauerresten, Säulen und einem Taufbecken ist nicht mehr viel zu sehen. Wer sich davon überzeugen will, zweigt gleich hinter dem Kassenhäuschen (noch vor den Toiletten) nach rechts auf einen Weg ab.

Ansonsten folgt man der schattigen Allee, die vom Eingang direkt zur Arkadiane und zum Großen Theater führt. Rechts der Allee lag einst der **Verulansplatz**, ein 200 x 240 m großer, von Arkadengängen umgebener Hof, auf dem Athleten trainierten – heute sieht man davon aber so gut wie keine Spur mehr. Linker Hand tauchen die Reste des **Theatergymnasions** auf.

Arkadiane: Die mehr als 500 m lange Prunkstraße führte vom Theater zum Hafen. Heute endet sie im Dickicht, das Meeresufer liegt rund 6 km entfernt. Es gibt jedoch ehrgeizige Pläne, die eine Wiedervereinigung der antiken Stadt mit dem Meer vorsehen. Um in Booten von der Arkadiane zum schönen Pamucak-Strand tuckern zu können, müssten jedoch abertausende Tonnen Sand abtransportiert werden. Unter Kaiser Arcadius wurde die Arkadiane 400 n. Chr. renoviert und war dann auf ihrer ganzen Länge beidseitig von Säulen und Arkadenhallen umgeben, mit Marmor ausgelegt und als erste Straße der Welt nachts beleuchtet. Der Belag wurde rekonstruiert, viele Säulen wurden wieder aufgestellt. Leider darf auf der Arkadiane nicht mehr gelustwandelt werden.

Großes Theater: Effektvoll an den Hang gebaut, bot das Theater 24.000 Zuschauern Platz. Die Grundmauern stammen aus hellenistischer Zeit (um 270 v. Chr.), sein heutiges Aussehen verdankt es den Umbaumaßnahmen unter den römischen Kaisern Claudius und Trajan. Der Durchmesser des Theaters beträgt 130 m, seine Höhe 38 m, die 66 Sitzreihen sind in drei Ränge unterteilt. Vom einst dreistöckigen Bühnengebäude (18 m) stehen noch die Mauern des ersten Stockwerks, davor der Säulenwald der Orchestra. Besonders beeindruckend sind die Akustik und der Blick auf die Arkadiane bis zum verlandeten Hafen.

Marmorstraße: Die einstige Arkadenallee verläuft vom Theater an einem Brunnenhaus vorbei bis zur Celsusbibliothek (s. u.). Ihren Namen verdankt sie dem Belag aus schweren Marmorplatten, darunter ein mannshohes Kanalisationssystem. Gleich zu Beginn der Marmorstraße gelangt man durch ein Bogentor rechter Hand auf eine Terrasse, die einen Blick auf die Untere Agora ermöglicht.

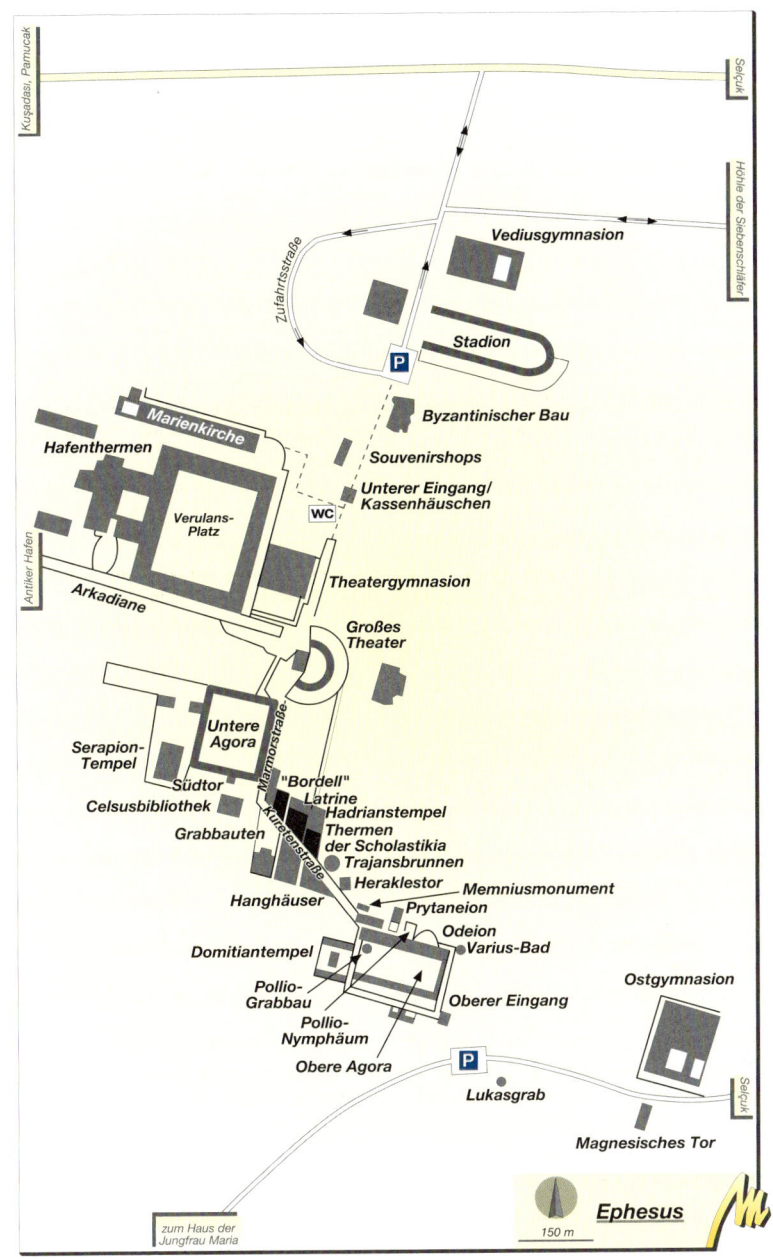

Küsadası, Pamucak

Selçuk

Höhle der Siebenschläfer

Zufahrtsstraße

Vediusgymnasion

Stadion

P

Byzantinischer Bau

Souvenirshops

Marienkirche

Hafenthermen

Unterer Eingang/
Kassenhäuschen

WC

Verulans-
Platz

Antiker Hafen

Arkadiane

Theatergymnasion

Großes
Theater

Untere
Agora

Marmorstraße

Serapion-
Tempel

Südtor

Celsusbibliothek

"Bordell"
Latrine
Hadrianstempel

Grabbauten

Kuretenstraße

Thermen
der Scholastikia

Trajansbrunnen

Heraklestor

Memniusmonument

Hanghäuser

Prytaneion

Odeion

Domitiantempel

Varius-Bad

Pollio-
Grabbau

Oberer Eingang

Pollio-
Nymphäum

Ostgymnasion

Obere Agora

P

Lukasgrab

Selçuk

Magnesisches Tor

zum Haus der
Jungfrau Maria

Ephesus

150 m

Ausflüge

Untere Agora: Der allseitig von Kolonnaden umgebene Marktplatz liegt rechts der Marmorstraße und misst 110 x 110 m. Hervorragend erhalten ist das *Südtor* der Agora (neben der Celsusbibliothek, s. u.), das nach seinen Stiftern, zwei dankbaren freigelassenen Sklaven, auch *Mazeus- und Mithridatestor* genannt wird. Wen diese mochten und wen nicht, erfährt man aus der zweisprachigen Stiftungsinschrift: In der lateinischen Version erwähnen sie die römischen Herren, in der griechischen sparen sie diese aus.

Celsusbibliothek: Sie wurde 135 n. Chr. am Ende der Marmorstraße von einem gewissen C. Aquila zum Gedenken an seinen Vater Celsus, einst Statthalter der Provinz Asia, erbaut. Die zweistöckige Bibliothek hatte in der oberen Etage eine umlaufende Galerie, von der aus man in den unteren Lesesaal sehen konnte. Da die österreichischen Archäologen nicht weniger als 850 Originalbausteine fanden, gelang ihnen ab 1970 in acht Jahren Bauzeit eine vollständige Rekonstruktion der Fassade; sogar die Statuen stehen wieder an ihren ursprünglichen Plätzen. Sie verkörpern von links nach rechts Weisheit, Vortrefflichkeit, Urteilskraft und Sachverstand. Im Inneren der Bibliothek finden sich informative Schautafeln. Schriften gibt es übrigens nicht mehr: Sie wurden von den Goten zum Heizen der Thermen verwendet.

Falls zugänglich: Hinter der Celsusbibliothek und der Agora liegen die spärlichen Tempelreste des **Serapeion**. Allein die Säulenvorhalle dieses Tempels aus dem 2. Jh. n. Chr. wurde von acht 14 m hohen korinthischen Säulen getragen. Das eiserne Tor zur Cella war so schwer, dass es auf Rollen lief.

Kuretenstraße: Von der Celsusbibliothek führt die Kuretenstraße zur oberen Agora (s. u.). Arkaden säumten sie, Mosaike glänzten vor den angrenzenden öffentlichen Bauten. Unter der Straße befand sich ebenfalls ein Kanalisationssystem. Gleich zu Beginn linker Hand glaubten Archäologen lange Zeit, ein *Bordell* entdeckt zu haben, da hier eine Figur des Gottes Priapos (ausgestattet mit einem Penis, den sich so mancher Mann und manche Frau wünschen würden) sowie das Bild einer abgetakelten Matrone gefunden wurden. Daran schließt eine öffentliche Latrine an: in der Mitte ein von Säulen geschmückter Brunnen, drum herum an den Wänden die Toilettensitze. Gegenüber der Latrine, auf der anderen Seite der Kuretenstraße, befinden sich drei *Grabbauten,* das sog. *Oktogon* zieren Inschriften. Dahinter markiert ein futuristisches Schutzdach die sog. Hanghäuser.

Die Hanghäuser von Ephesus

Hanghäuser: Die Hanghäuser wurden in einer mehrjährigen Grabungskampagne freigelegt, in deren Verlauf erstaunlich gut erhaltene Fresken und Mosaikböden gefunden wurden. Noch immer sind Restauratoren am Werk. Ein Besuch schlägt extra zu Buche, ist aber spektakulär. Und da die Hanghäuser von den meisten Reisegruppen ausgespart werden, kann man sich in aller Ruhe umsehen. Der Rundgang vermittelt hautnah, wie sich in der Antike die Oberen Zehntausend ihre Anwesen einrichteten, Fußbodenheizung, Thermalbad und fließendes Wasser inklusive. Ein Muss!

Hadrianstempel und Thermen der Scholastikia (auch: **Variusthermen**): Weiter entlang der Kuretenstraße folgt linker Hand der imposante, weitgehend rekonstruierte Hadrianstempel (130 n. Chr.). Den Schlussstein des Architravs ziert die Göttin Tyche, sie stand für das Glück der Stadt. Ein Fries zeigt die Legende von der Gründung der Stadt. Daneben befinden sich die Ruinen einer mehrgeschossigen Badeanlage, die zu Beginn des 2. Jh. von Varius Valens errichtet und 200 Jahre später auf Kosten der Christin Scholastikia renoviert wurde. Die Thermen boten bis zu 1000 Besuchern Platz, es gab auch eine Bibliothek und Vergnügungsräume. Die Statue der Mäzenin ist bis auf den Kopf erhalten. Von den Thermen konnte man durch Glasfenster das Treiben auf der Straße beobachten. Auf der gegenüberliegenden Straßenseite befanden sich noble „Boutiquen", die sich vor ihrem Eingangsbereich prächtige Mosaike legen ließen.

Trajansbrunnen und Heraklestor: Ein paar Schritte weiter, ebenfalls linker Hand an der Kuretenstraße, steht der skelettartige wiedererrichtete Trajansbrunnen, ein einst prächtiges Nymphäum, das 114 n. Chr. Kaiser Trajan gewidmet wurde. In den Nischen standen zwölf Statuen und eine große des Kaisers darüber, ein Fuß erinnert noch an ihn. 60 m weiter bergauf passierte man früher einen Triumphbogen. Da Herakles dessen Seitenpfeiler ziert, wird er auch „Heraklestor" genannt. Heute fehlen allerdings die oberen horizontalen Abschlusssteine.

Memmiusmonument (auch: **Hydreion**): Wieder ein paar Schritte weiter bergauf folgt linker Hand das Memmiusmonument, das später in einen Springbrunnen verwandelt wurde. Es war Gaius Memmius gewidmet, einem Enkel des römischen Feldherrn und Diktators Sulla, der die Stadt 84 v. Chr. zur Strafe für die Ephesische Vesper gebrandschatzt hatte.

Domitiantempel: Vorbei am *Pollio-Grabbau* (Sextilius Pollio war ein weiterer Mäzen der Stadt) und dem *Domitian-Nymphäum,* das einst wie der Trajansbrunnen reich mit Statuen geschmückt war, gelangt man zum mächtigen Unterbau des Domitiantempels. In ihm fanden Archäologen das Haupt einer Monumentalstatue des im Jahre 96 ermordeten Kaisers Domitian (heute im Museum von Selçuk). In die Geschichte ging er als Christenhasser ein. Er war es übrigens auch, der den Limes anlegen ließ. Im Unterbau ist eine Inschriftensammlung aufbewahrt, in welcher dem lateinischen Originaltext jeder gefundenen Steinplatte die englische Übersetzung gegenübergestellt wird. Seit Jahren jedoch ist die Sammlung der Öffentlichkeit nicht mehr zugänglich.

Obere Agora, Prytaneion und „Odeion": Der 160 x 58 m große Platz war der politische Mittelpunkt der Stadt. Etwas nördlich davon stand das Prytaneion, ein Versammlungshaus. Hier brannte das ewige Feuer der Stadt, von Kureten (Priestern) und Vestalinnen (priesterliche Jungfrauen) gehütet. In diesem Gebäude fand man die überlebensgroße Artemisstatue, die heute im Archäologischen Museum von Selçuk steht. Durch einen Bogengang geht es hinüber zu einem Bau, der vermutlich das Bouleuterion beherbergte, das Rathaus. Seiner Form nach wird es „Odeion" genannt. Die Sitzreihen sind ausgezeichnet erhalten, auf 27 Rängen konnten etwa 1400 Zuschauer die Ratsversammlungen verfolgen. Zwischen Rathaus und Oberer Agora stehen die Säulenstümpfe der 160 m langen, nach ihren eigenartigen Kapitellen benannten *Stierkopfhalle.*

Sehenswertes in der Umgebung von Ephesus

Außerhalb des kostenpflichtigen Grabungsgeländes: Was rund um Ephesus keinen Eintritt kostet, lohnt auch nicht unbedingt den Besuch. Hinter dem oberen Ausgang des Grabungsgeländes liegt rechter Hand der Straße (hinter einem Parkplatz) das sog. *Lukasgrab*, das Rundmausoleum eines unbekannten Toten aus dem 1. Jh., das in christlicher Zeit zu einer Kirche umfunktioniert wurde. Eine Zeit lang glaubte man, der Evangelist Lukas sei hier bestattet worden. Etwas weiter steht das *Magnesische Tor*, das einstige Haupttor der Stadt und eines jener Bauwerke, die jüngst im Zentrum der wissenschaftlichen Arbeit der österreichischen Archäologen standen. Nordwestlich davon die spärlichen Überreste des *Ostgymnasions*, das nach den hier gefundenen Mädchenstatuen auch Mädchengymnasion genannt wird.

Nahe dem Parkplatz vor dem unteren Eingang stehen die Ruinen eines *byzantinischen Baus*, vermutlich ein Palast oder eine Bäderanlage, insgesamt wenig spannend. Etwas weiter an der Straße nach Selçuk lag zudem das unter Kaiser Nero erbaute *Stadion* mit der klassischen Länge von 192 m. Erhalten ist nicht viel mehr als ein monumentales *Eingangstor*. Alle Steintribünen wurden abgetragen und zum Bau des Kastells auf dem Zitadellenhügel verwendet. 50 m weiter befinden sich zudem die von einem Zaun umgebenen Trümmer des *Vediusgymnasions*, gestiftet von Publius Vedius Antonius, einem reichen Bürger der Stadt. Es besaß u. a. ein Bad mit Fußbodenheizung.

Von den Zufahrtsstraßen zum oberen und unteren Eingang ist ferner die *Höhle der Siebenschläfer* mit „Grotto of the Seven Sleepers" oder „Yedi Uyuyanlar (Seven Sleepers)" ausgeschildert. Während der Christenverfolgungen sollen sich sieben Jünglinge in diese Höhlen geflüchtet haben. Römische Soldaten, die dies bemerkten, vermauerten den Eingang. Darauf versanken die Flüchtlinge in einen 200 Jahre währenden Schlaf. Als sie durch ein Erdbeben erwachten und die Mauer einstürzte, war das Christentum längst Staatsreligion geworden, die Verfolgungen Vergangenheit. Kaiser Theodosius II. ließ an dieser Stelle später eine Wallfahrtskirche errichten, in welcher angeblich die Leichname der Jünglinge begraben liegen. Das (schmucklose) Kirchenschiff ist noch deutlich zu erkennen, auch sind Gräber auszumachen. Das Gelände ist umzäunt, aber einsehbar.

Artemision: Antipatros notiert in seiner Abhandlung über die sieben Weltwunder der Antike hingerissen: „Doch als ich dann endlich den Tempel der Artemis erblickte, der in die Wolken sich hebt, verblasste das andere. Ich sagte: Hat Helios' Auge außer dem hohen Olymp je etwas Gleiches gesehen?" Heute sieht Helios, der Sonnengott, zwar immer noch den Olymp, aber anstatt auf das Artemision blickt er nur noch auf eine kümmerliche Ruine. Von den einstigen 127 Säulen des ehemals fußballplatzgroßen Tempels ragt nur noch eine einzige aus dem sumpfigen Morast einsam in den Himmel. Wer sie besichtigen will, hält auf halbem Weg an der Straße von Selçuk nach Ephesus (unterer Eingang, also Richtung Kuşadası/Pamucak) rechter Hand Ausschau.
Das Gelände ist frei zugänglich. Kein Eintritt.

Archäologisches Museum von Selçuk: Es zählt zu den angesehensten Museen seiner Art in der Türkei. In themenbezogenen Sälen präsentiert es teils spektakuläre Grabungsfunde aus Ephesus. Ein Highlight des Besuchs bildet der *Saal der Funde aus den Hanghäusern*, in dem ein buntes Sammelsurium an Kostbarkeiten, die einst römische Edelvillen zierten, gezeigt werden: eine ägyptische Priesterstatuette aus dem 7. Jh. v. Chr., ein Marmorfresko des Sokrates, Büsten von Tiberius und

Mark Aurel, eine kleine Bes-Figur mit mächtigem Glied, ein hübscher Elfenbeinfries, Goldschmuck, medizinisches Besteck und Einrichtungsgegenstände wie Badewanne, Kerzenständer, Klappstühle oder Tischgestelle. Ein weiterer Höhepunkt ist der *Artemissaal:* Neben einer Artemisstatue ohne Kopf werden stimmungsvoll zwei römische Marmorkopien des uralten Artemiskultbildes in Szene gesetzt. Die größere Kopie ist 3,20 m hoch, das Original muss aus Holz gewesen sein. Das Brustgehänge der Artemis wird als Fruchtbarkeitssymbol gedeutet, wobei sich die Experten nicht einig sind, ob es Stierhoden, Brüste oder Eier darstellen soll. Ein Modell des Artemisions verdeutlicht zudem, warum es einst zu den sieben Weltwundern gehörte. In einem anderen Saal ist man umringt von römischen Kaisern – imposant dort: die Büste der einstigen Kolossalstatue des Kaisers Domitian (Regierungszeit 81–96) aus dem Domitiantempel von Ephesus. Daneben sein Unterarm: Er allein misst gut 1,5 m. In einem anderen Raum steht Eros im Mittelpunkt: Er verzückt den Betrachter u. a. in Bronze auf einem Delfin reitend, ist aber auch zusammen mit Aphrodite oder Psyche

Artemis von Ephesus

zu bestaunen. Des Weiteren gibt es einen *Saal der Monumentalbrunnen* (beachtenswert hier die Figurengruppen des Pollio-Nymphäums, welches Odysseus bei der Vorbereitung der Blendung Polyphems zeigt) und den *Saal der Grabobjekte,* der sich der antiken Sterbekultur widmet.

Im Zentrum von Selçuk schräg gegenüber der Tourist Information. Im Sommer voraussichtlich tägl. 8.30–19 Uhr, im Winter bis 17 Uhr (und vielleicht Mo geschl.).

Hinweis: Zum Zeitpunkt der letzten Recherche war das Museum wegen Modernisierungsarbeiten geschlossen, eine Wiedereröffnung ist für das zweite Halbjahr 2014 angekündigt. Die Ausstellung soll durch neuere Grabungsfunde erweitert werden.

Wohn- und Sterbehaus der Jungfrau Maria (Meryemana): Über das Leben der Maria nach Jesu Geburt ist wenig bekannt, und so ist auch ihr Sterbeort unklar. War es der Berg Zion in Jerusalem oder der Berg Aladağ bei Ephesus? Für Letzteren spricht folgende Geschichte: Auf einer Vision beruhend, fertigte die Nonne Katharina Emmerich (1774–1824), die nie ihre Heimat verlassen hatte, Aufzeichnungen über die Lage und das Aussehen des Wohn- und Sterbehauses Marias an. Anhand dieser Aufzeichnung entdeckten 1891 Lazaristen-Mönche aus İzmir auf dem 9 km südlich von Selçuk gelegenen, 425 m hohen Aladağ ein ihren Beschreibungen entsprechendes Gebäude, das daraufhin zur Pilgerstätte wurde. Es handelt sich um einen kuppelbedeckten Steinbau mitten im Wald. Durch ein Vestibül gelangt man in den Hauptraum, in dessen Apsis ein Altar mit schwarzem Marienbild steht. Der Raum seitlich soll das Schlafzimmer der Maria gewesen sein. Direkt unter dem Haus entspringt eine Quelle, die hangabwärts zu Tage tritt und in einem Becken aufgefangen wird. Hier entnehmen Gläubige das Wasser, dem besondere Kräfte zugeschrieben werden. Zu Mariä Himmelfahrt kommen scharenweise Pilger.

Anfahrt Vom Ortszentrum von Selçuk die Straße nach Aydın nehmen, nach etwa 2 km rechts ab (mit „Meryemana" ausgeschildert), von dort noch ca. 7 km. Tolle Panoramastraße! Keine Dolmuşverbindungen, Taxi ca. 26 € hin/zurück.

Öffnungszeiten Tägl. 8–18 Uhr, im Winter bis 16.30 Uhr. Eintritt für den „Meryemana-Kulturpark" 6,40 €/Pers., Parken 3,40 € extra, für Wohnmobile 10,60 € (!).

Selçuk

(28.200 Einwohner)

Die Kleinstadt 3 km östlich von Ephesus ist ein angenehmer Stützpunkt für nichtorganisierte Ephesusbesucher. Sehenswertes bietet Selçuk auch: Neben dem **Archäologischen Museum** (falls wieder geöffnet, s. o.) lohnen die Ruinen der **Johannesbasilika** auf dem Ayasoluk-Hügel einen Besuch. Die Basilika zählte einst zu den größten byzantinischen Kirchen und wurde unter Kaiser Justinian im 6. Jh. über dem angeblichen Grab des Apostels Johannes errichtet. Um 1330 wurde sie in eine Moschee umgewandelt, später diente sie als Markthalle, bevor sie schließlich einem Erdbeben zum Opfer fiel. Bei einer Teilrestaurierung wurden einige Säulen und ein Abschnitt der südlichen Langhausarkade wieder aufgerichtet (tägl. 8–18.30 Uhr, im Winter bis 17 Uhr, 2,10 €). Zu Füßen der Basilika liegt die **İsa-Bey-Moschee**, die 1375 unter dem seldschukischen Sultan İsa Bey I. gebaut wurde. Weiter nördlich erhebt sich die **Zitadelle**, die im 6. Jh. entstand. Ihr Mauerkranz und die 15 Türme wurden zuletzt restauriert, irgendwann soll sie der Öffentlichkeit zugänglich gemacht werden.

Von und nach Ephesus: 3 km oder 40 Gehminuten trennen Selçuk von Ephesus' unterem Eingang. Dafür folgt man von der Kreuzung beim Busbahnhof, an welcher auch die Tourist Information liegt, dem Dr. Sabri Yayla Bul., der Straße nach Pamucak/Kuşadası. Parallel dazu verläuft ein schattiger Gehweg. Nach 2 km geht es links ab, nach weiteren 350 m einfach geradeaus entgegen der Einbahnstraße weiter (kürzer!). Alle 20 Min. verkehren auch **Minibusse** vom zentralen Busbahnhof zum unteren Eingang. **Taxi** zum oberen Eingang einfach ca. 6,40 € (zum unteren Eingang ca. 4 €). So manche Unterkünfte bieten auch einen kostenlosen **Transferservice** nach Ephesus an.

Basis-Infos

Information Gegenüber dem Museum. Auskünfte in Englisch und Deutsch. Literatur zu Ephesus gibt es hier günstiger als am Grabungsgelände. Mai–Sept. tägl. 8.30– 17.30 Uhr, sonst nur Mo–Fr. Efes Müzesi Karşısı 23, ✆ 0232/8926328, www.selcuk.bel.tr.

Verbindungen Bus: Busbahnhof zentral an der Atatürk Cad. Regelmäßige Verbin-

Selçuk

150 m

dungen nach Pamukkale (2 ¾ Std.) und Antalya (6–7 Std.). Für Fahrten entlang der Küste gen Süden muss man zuweilen in Aydın umsteigen.

Ärztliche Versorgung Staatliches Krankenhaus **Devlet Hastanesi** an der Straße nach Ephesus gegenüber der Tourist Information. ✆ 0232/8927036.

Auto-/Zweiradverleih Autos werden ab 40 €/Tag z. B. von **Helios Travel Agency** (✆ 0232/8926717, www.helios-travel.com) nahe dem Museum verliehen. Räder verleihen viele Unterkünfte.

Baden Die nächste Badegelegenheit bietet sich am ausgedehnten Strand von **Pamucak** ca. 8 km westlich von Selçuk. Schön! Auch mit dem Dolmuş zu erreichen.

Einkaufen Sa großer Wochenmarkt nahe dem Busbahnhof. Das Teppichknüpfzentrum der Handelskammer mit Teppichen und Kelims aus der ganzen Türkei ist **Lonca 15** an der Anton Kallinger Cad.

Parken Vom Benutzen der öffentlich ausgewiesenen Parkplätze am Museum und vor der Johannesbasilika raten wir ab: Wucherpreise. Es gibt genug anderweitigen Parkraum, z. B. an der Anton Kallinger Cad. westlich des Museums.

Polizei In der 1006 Sok. im Zentrum beim Hamam. ✆ 155.

Post An der Cengiz Topel Cad. im Zentrum.

Türkisches Bad (Hamam) Selçuk Hamamı in der 1006 Sok., ausgeschildert. In der Regel wird gemischt gebadet. Eintritt

23,50 € mit Massage und *Kese*. Tägl. 6–24 Uhr. www.efesselcukhamami.com.

Waschsalon **Pamukkale Laundry**, in der 1005 Sok. Waschen und Trocknen für 8,50 €/Trommel. Achtung: Der Besitzer ist ein Schlitzohr und versucht zuweilen, 4 Kilo Wäsche auf 4 Trommeln zu verteilen! So geschl.

Übernachten/Camping

→ Karte S. 243

Hotel Nilya 5, 11 liebevoll ausgestattete Zimmer um einen schattigen Hof. Von der Veranda der zweiten Etage schöner Blick – reservieren Sie ein Zimmer oben! Überaus angenehme Atmosphäre. Etwas versteckt gelegen, von der Johannesbasilika zuletzt nur noch mäßig ausgeschildert, notfalls nachfragen. Von Lesern sehr gelobt. DZ 81–106 €. 1051 Sok. 7, ✆ 0232/8929081, www.nilya.com.

Ephesus Suites 4, nur 4 unterschiedliche Zimmer und familiengerechte Suiten in einem netten zweistöckigen Neubau. Teils charmant mit weißen gusseisernen Betten, teils aber auch etwas protzig ausgestattet. Kleiner Garten. Der Service könnte professioneller sein. Lesern gefiel es hier jedoch sehr gut, gelobt wird das erstklassige Frühstück. Für 2 Pers. ab 85 €. Anton Kallinger Cad./Ecke 1056 Sok., ✆ 0232/8926312, www.ephesussuites.com.

** **Hotel Kale Han 1**, gehobene Unterkunft etwas außerhalb des Zentrums an der Straße nach İzmir. Älterer, mit Geschmack restaurierter Komplex. 43 gemütliche, individuell und liebevoll eingerichtete Zimmer, dunkles Holz kombiniert mit weißen Wänden. teils jedoch ziemlich klein. Gutes Restaurant, Bar, Sonnenterrasse, Pool. Nach hinten hinaus ruhig, die Zimmer zur Straße besitzen doppelverglaste Fenster. DZ 75 €, EZ 55 €. Atatürk Cad. 49 (neben einer Opet-Tankstelle), ✆ 0232/8926154, www.kalehan.com.

Hotel Akay 2, gepflegtes Haus bei der İsa-Bey-Moschee. 24 Zimmer auf 2 Gebäude verteilt, 16 davon um einen kleinen Innenhof gruppiert, darüber ein gutes Dachrestaurant (preisliche Mittelklasse). Die anderen 8 Zimmer in einem auf alt gemachten Neubau sind stilvoller. Pool, von Lesern hoch gelobt. Die hilfsbereiten Besitzer Bekir und Yılmaz Akay sprechen Deutsch. DZ 34–56 €. Serin Sok. 3, ✆ 0232/8923009, www.hotelakay.com.

Hotel Bella 6, nahe der Johannesbasilika. Zimmer mit leicht orientalisch angehauchter Deko, viele von bescheidener Größe, dafür einige mit Balkon. Tolle Dachterrasse. Englischsprachig. DZ 47 €, mit Balkon 66 €. St. John Cad. 7, ✆ 0232/8923944, www.hotelbella.com.

Hotel Rilican 16, wer ca. 8 Min. Fußweg ins Zentrum nicht scheut, dafür in einer ursprünglichen, ruhigen Umgebung wohnen und dazu schöne Ausblicke (tolle Dachterrasse) auf Stadt und Zitadelle genießen will, ist hier gut aufgehoben. Alle 20 Zimmer mit Balkonzugang, ordentlich, sauber und mit Steinböden versehen. Der Eigentümer ist Deutscher, der Pächter deutschsprachig. Nov.–April geschl. Gutes Preis-Leistungs-Verhältnis: EZ 21 €, DZ 34 €. 4034 Sok. 14, ✆ 0232/8923828, www.rilican.de.

Barım Pension 14, im Nacken des Museums, ein Haus aus dem 18. Jh., auf dem Schornstein nistet ein Storch. Sauberer Familienbetrieb, diskret und englischsprachig. 12 einfache, charmante Zimmer, mit etwas anatolischer Folklore aufgepeppt und im Winter beheizt, gruppieren sich um den reich bepflanzten Innenhof. Entspannte internationale Atmosphäre. DZ 26 €. Turgutreis Sok. 34, ✆ 0232/8926923.

Vardar Pension 17, sehr zentral und in unmittelbarer Nähe zum Busbahnhof gelegen. Mehrstöckiges Haus, geführt von einer türkisch-holländischen Familie. Einfach, aber freundlich und blitzsauber. 14 Zimmer, alle mit Balkon, 10 mit privatem Bad und teils sehr winzig – mehr als ein Bett passt dann kaum hinein. Dachterrasse fürs Frühstück. Viele japanische Gäste. DZ 24 €, ohne Bad 20 €. Şahabettin Dede Cad. 9, ✆ 0232/8924967, www.vardar-pension.com.

Camping **Garden Camping**, ca. 600 m abseits des Trubels gelegenes, schattiges Plätzchen in ruhiger Lage, das aber besonders außerhalb der Saison gepflegter sein könnte. Pool, Sanitäranlagen okay, Restaurant. Auch Zimmervermietung. 2 Pers. mit Zelt oder Wohnmobil 17 €, DZ ab 35 €. Kale Altı Mevkii 4 (von der İsa-Bey-Moschee ausgeschildert), ✆ 0232/8926165.

>>> **Unser Tipp:** Dereli Motel Camping, direkt am Meer in Pamucak, ca. 8 km von Selçuk entfernt. Der große Platz unter deutscher Leitung bietet nahezu alles, was das Herz begehrt: blitzsaubere Duschen und Toiletten, einen kleinen Laden, ein gutes Restaurant in wunderschöner Lage, einen gepflegten Strandabschnitt (Palmen à la Südostasien), fotogenen Sonnenuntergang über dem Meer. Vermietet werden auch direkt am Strand in Reihe gebaute saubere Zimmer mit kleiner Veranda. Nov.–Febr. geschl. Regelmäßige Direktdolmuşe nach Selçuk. DZ 45 €, mit Meeresblick 65 €, Campen 9 €/Pers. Pamucak, ✆ 0232/8931205, www.dereli-ephesus.com. <<<

Im Inneren der İsa-Bey-Moschee

(Essen & Trinken/Nachtleben → Karte S. 243

Die Restaurants von Selçuk bieten ein hervorragendes Preis-Leistungs-Verhältnis. Spezialität der Gegend ist *Çöp Şiş* („Abfallspieß") – keine Sorge, das Gericht kommt nicht frisch aus der Mülltonne, sondern besteht aus zarten kleinen Lammstückchen. Über ein gutes Restaurant verfügt auch der **Dereli Motel Camping** (s. o.): tolle Terrasse direkt am Strand, reichhaltige Auswahl an Meze, Fleisch und Fisch, Essen für 2 Pers. mit Bier ab rund 25 €.

Essen & Trinken Amazon Bistro **8**, europäisch-türkische Küche (v. a. Rindfleisch- und Hühnchengerichte, aber auch Pasta) in modernerem Ambiente. Zudem ein paar Tische im Garten auf der anderen Straßenseite mit Blick auf die einzige verbliebene Säule des Artemision. Hg. 4–9 €. Anton Kallinger Sok. 22, ✆ 0232/8923879.

Okumuş Mercan Restaurant 10, bei der Post. Achten Sie auf das „Mercan" im Namen, denn „Okumuş" nennen sich viele Restaurants. Von Lesern gelobt. Einfaches Lokal. Terrasse mit plätscherndem Brunnen, superfreundlich und sehr günstig. Reichhaltige Auswahl an Meze (ab 2,10 €) und Kebabs (4,20–7,50 €). ✆ 0232/8926196.

Eski Ev 9, das „Alte Haus" ist ein kleines Lokal mit gemütlichem Innenhof in der 1005 Sok. 1/A., einer Seitenstraße der Cengiz Topel Cad. Meze, Fisch, Gegrilltes, auch Frühstück. Hg. 4,20–8,40 €. ✆ 0232/8929357.

Selçuk Köftecisi 18, nahe dem Busbahnhof. Einfache Lokanta mit Außenterrasse, die auch gerne von Einheimischen besucht wird. Kleine Auswahl an leckeren Grillgerichten wie *Köfte* (4,20 €) oder *Çöp Şiş* (grandios! Portion 5,10 €). Guter Salat und fantastisches *Cacık* (Zaziki). Şahabettin Dede Cad.

Café Carpouza 3, nahe dem Hamam in der 1006 Sok. Gepflegtes Café-Restaurant mit schattiger Terrasse, davor ein Rasen von Golfplatzqualität. Gute Frühstücksadresse. Zudem Salate, Pasta und gute Süßspeisen. Alkoholausschank.

Cabare 7, Eckcafé, Lokanta und Restaurant in einem. Unter deutsch-türkischer Leitung. Mittags kocht die (Schwieger-) Mama Hausmannskost, abends gibt es mediterrane Küche von Hühnerspießen bis Pasta zu sehr fairen Preisen. Cengiz Topel Cad. 18.

St. John Café Shop 13, Mischung aus nettem Café und Lädchen (Olivenöl, Olivenölseifen) unter freundlicher türkisch-schweizerischer Leitung. Ordentlicher Kaffee, selbstgebackener Kuchen, Müsli und Röschti. Uğur Mumcu Sevgi Yolu 4/C.

Nachtleben Bierselig! Mehrere Bierkneipen, oft rustikal eingerichtet und voller trinkfreudiger Traveller aus Australien oder England, finden Sie v. a. in der Cengiz Topel Cad. und der Siegburg Cad. In Letzterer garantieren u. a. das **Ekselans Beer House 11** und das **Pink Bistro Café 12** einen feucht-fröhlichen Abend.

Ausflüge

Die Bucht von Adrasan zeigt sich bei Wanderung 3 von ihrer Schokoladenseite

Kleiner Wanderführer

Kleiner Wanderführer

Im Frühjahr und Herbst gibt es kaum eine schönere Art, die Lykische Küste zu entdecken. Im Sommer dagegen ist Wandern aufgrund der hohen Temperaturen fast unmöglich. Ein eindrucksvolles Trekkingerlebnis verspricht der gut markierte **Lykische Weg** (→Kasten „Likya Yolu"). Zudem haben die Gemeinden Fethiye und Kemer in den vergangenen Jahren begonnen, neue Wanderwege zu erschließen, aber nicht mit der Perfektion, wie man sie aus den Alpen kennt. Daher sind manche Pfade – obwohl markiert – nicht immer auf Anhieb zu finden. Bringt man aber guten Willen, Ausdauer und Kondition mit, dann wird man mit einer Fülle von Naturschönheiten belohnt, seien es kleine versteckte Fjorde, tiefe Schluchten mit tosenden Flüssen oder auch ausgedehnte Blumenteppiche, auf die man v. a. im Frühjahr stößt.

Basisausrüstung Viele Wegstrecken sind steinig und steil, daher sind knöchelhohe und gut eingelaufene Wanderschuhe mit fester Profilsohle für alle Wanderungen dringend zu empfehlen. Kniestrümpfe oder lange Hosen aus festem Stoff vermeiden bei Wegen durch stachliges Gebüsch böse Kratzer. Nicht zu vergessen: ausreichend Wasser, Sonnenschutzmittel, Sonnenbrille und eine Kopfbedeckung. Gehen Sie möglichst nicht alleine, als Frau niemals! Nehmen Sie eine Trillerpfeife als Notsignal mit und informieren Sie Ihre Hotelrezeption über die Route.

Wanderkarten Die besten Wanderkarten zu Lykien sind die *Topographic Tourist Maps* von EWP, die es zu Ostlykien (Mount

Übersicht der
Wanderungen

10 km

Olympos Region, 1:54.000) und zu Westly-kien (Fethiye to Kalkan, 1:75.000) gibt. Leider fehlt bislang noch eine Karte mit dem Küstenabschnitt dazwischen. Die Karten bekommt man über www.ewpnet.com und für 10,60 € je Karte im Sibel's Four Seasons Restaurant in Beycik (→ S. 115).

Gefahren am Wegesrand Wirklich gemeine Köter am Wegesrand sind selten, wohl aber gibt es Hütehunde mit ausgeprägtem Beschützerinstinkt – wer auf Nummer sicher gehen will, hat Pfefferspray oder einen *Dog Chaser* (→ Unterwegs mit dem Fahrrad, S. 26) im Gepäck. Auch die meisten Schlangen sind harmlos und flüchten, wenn sich ein Mensch nähert, es gibt aber auch die Taurische Bergotter, deren Biss gefährlich werden könnte. Im Unglücksfall sollten Sie die Schlange, falls Sie sie nicht identifizieren können, am besten töten (leichter gesagt als getan) und zum Arzt mitnehmen. Skorpionstiche sind zwar schmerzhaft, aber i. d. R. nicht lebensge-

fährlich. Um Bienenkästen sollte man stets einen großen Bogen machen. Ein Problem können ferner Zecken sein, diverse Anti-Mückenmittel schützen auch vor ihnen.

Wanderwege Die hier beschriebenen Touren verlaufen größtenteils auf offiziellen und somit markierten Wanderwegen. Die mangelnde Qualität der Routenskizzen rührt daher, dass das türkische Militär die Herausgabe topographischer Karten in einem wandertauglichen Maßstab untersagt. Schwierige Passagen werden daher besonders ausführlich beschrieben – wenn Sie über ein wenig Orientierungssinn und Übung verfügen, dürften Sie keine größeren Probleme haben.

Und plötzlich ist kein Weg mehr da Das ist ärgerlich und kann passieren. Heben Sie sich ein Lächeln für ein paar Meter in die falsche Richtung auf. Manche Wege und Pfade sind je nach Grasstand bzw. Jahreszeit unterschiedlich gut zu finden. Zuweilen können Wegmarkierungen verblasst oder zugewuchert sein. Für Verwirrung können auch falsche Markierungen sorgen: Wirte z. B. markieren gerne den offiziellen Weg um, um Wanderer an ihrem Lokal vorbeizulotsen. Hinzu kommt die Forstbehörde, die immer wieder neue Waldwege anlegt und dabei sämtliche Markierungen vernichtet. Auch der Bauwahn an der Küste führt dazu, dass der einst so klar zu erkennende Pfad auf einmal vor einem umzäunten Grundstück endet oder von einer neuen Zufahrtsstraße verschluckt wurde. Falls es zu Schwierigkeiten auf Touren kommen sollte, so halten Sie nach Alternativen Ausschau. Gehen Sie aber kein Risiko ein. Drehen Sie notfalls um!

Dauer der Touren Die angegebene Dauer einer Tour bezieht sich auf die reine Gehzeit ohne Pausen – für ungeübte Wanderer verlängert sich die Gehzeit um ca. ein Drittel.

Beste Wanderzeit Herbst, Winter, Frühjahr. Von Mitte Juni bis Mitte September sind die Temperaturen für Wanderungen i. d. R. zu hoch. Aber auch im Mai oder Oktober kann es extrem heiße Phasen mit über 35° C am Tag geben.

Wanderung 1: Auf den Çalış Tepesi, den Hausberg Kemers

Charakteristik: Dieser von der Stadt Kemer initiierte, weitgehend schattige Rundwanderweg ist in Abschnitten identisch mit dem Lykischen Weg zwischen Kemer und Kiriş. Der Weg ist bis auf den Abstecher auf den Çalış Tepesi und den Abstecher zum Leuchtturm recht einfach zu gehen. **Länge/Dauer**: 9,5 km, Gehzeit ca. 2:30 Std. ohne Abstecher, mit Abstecher zum Gipfel des Çalış Tepesi und zum Leuchtturm von Kemer ca. 4 Std. **Markierung**: Der Weg ist in weiten Teilen gut markiert, lediglich der Abstecher zum Leuchtturm erfordert ein wenig Pfadfindergespür. **Einkehr**: unterwegs keine Möglichkeit. **An- und Weiterfahrt**: → Kemer/Verbindungen, S. 106.

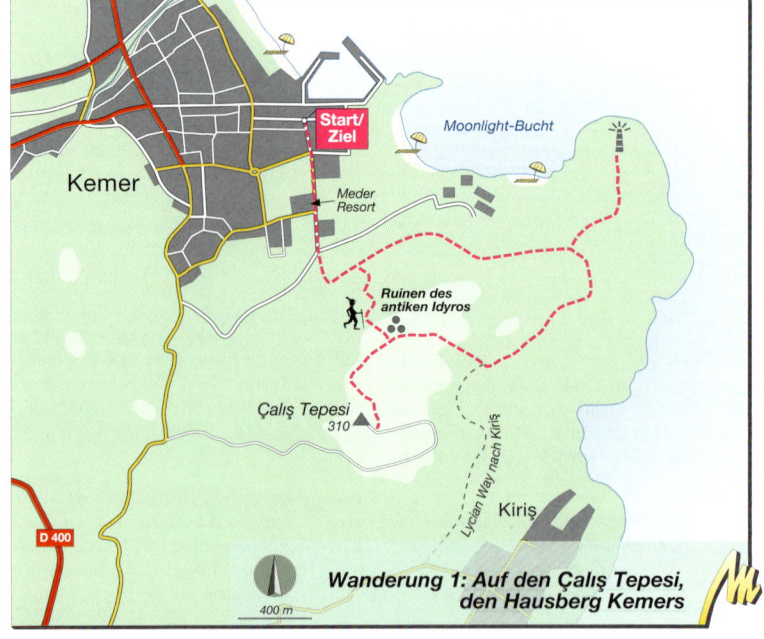

Wanderung 1: Auf den Çalış Tepesi, den Hausberg Kemers

Likya Yolu – der Lykische Weg

Der 509 km lange Fernwanderweg führt von Fethiye (Ölüdeniz) entlang der Küste und durch das schroffe Taurusgebirge bis in die Nähe von Antalya. Die englische *Sunday Times* erklärte ihn zu einem der schönsten Wanderwege der Welt. Unterwegs passiert man etliche antike Stätten und herrliche Buchten. Entlang des Weges kann man in den Ferienorten an der Küste oder in einfachen Unterkünften in den Dörfern übernachten, viele Trekker ziehen jedoch den Schlafsack unter dem Sternenhimmel vor. Rund fünf Wochen sollte man für die Tour als Ganze einplanen – und ein paar Monate Training davor. Beste Zeit ist das Frühjahr – im Sommer ist es zu heiß, im Herbst sind viele Quellen versiegt und man muss zusätzlich literweise Wasser schleppen. Damit aber nicht der komplette Jahresurlaub dafür in Anspruch genommen werden muss, können Sie auch einzelne Abschnitte des Weges gehen. Halten Sie für den Einstieg in den Lykischen Weg entlang der Küste einfach nach den gelben Wegweisern mit der Aufschrift „Likya Yolu" Ausschau. Der Wegverlauf ist durchgehend weiß-rot markiert, ein rotes Kreuz bedeutet „falscher Weg". Wer sich die gesamte Wandertour zum Ziel setzt, dem sei folgende Literatur empfohlen: *The Lycian Way, Turkey's First Long Distance Walk,* Kate Clow, Upcountry (Verlag), die schlechte deutsche Übersetzung nennt sich *Der Lykische Pfad*, ebenfalls bei Upcountry erschienen. Aktuelle Infos unter www.cultureroutesinturkey.com/c/lycian-way/.

Wegbeschreibung: Ausgangspunkt der Wanderung ist die **Yalı Caddesi**, die vom Zentrum **Kemers** zum Moonlight Park führt (→ Stadtplan Kemer, S. 107). Auf etwa halber Strecke, beim einzigen Kreisverkehr (hier auch das Kemer Hotel) zweigt man rechts ab. 150 m weiter, beim nächsten Kreisverkehr, geht es geradeaus weiter.

Nun auf der Barış Manço Cad., passiert man die Hotelanlage **Meder Resort**. Die Straße führt auf die bewaldete Anhöhe Çalış Tepesi zu, die ein Sendemast krönt. Bei der T-Kreuzung unmittelbar vor dem Waldrand hält man sich rechts. Ca. 80 m weiter (hier ein Wanderwegweiser mit der Aufschrift „Çalış Tepesi 6 km") wählt man den nach links führenden Pfad.

Nach rund 0:15 Std. Gehzeit auf dem Waldweg – unterwegs tun sich die ersten Blicke auf die halbrunde Moonlight-Bucht auf – müssen Sie nach einer kleinen Steinpyramide Ausschau halten. Bei dieser biegen Sie nach rechts auf einen bergauf führenden Pfad ab. (Sollte die Steinpyramide fehlen und Sie sich bezüglich der Abzweigestelle unsicher sein, so achten Sie auf Folgendes: Gehen Sie den Pfad, den Sie gekommen sind und der hier weitgehend eben verläuft, für rund 30 m weiter, dann müsste von diesem ein Pfad nach links bergab führen. Ist dies der Fall, gehen Sie die 30 m wieder zurück und dort den Berg hoch.)

Der Pfad rechts bergauf steigt relativ steil an und ist immer wieder weiß-rot markiert. Den Wegrand säumen zuweilen die roten Stämme von Erdbeerbäumen. Nach rund 0:20 Std. auf diesem Pfad bergauf passieren Sie einen antiken Wall aus massiven Quadern, es sind Ruinen der antiken Stadt **Idyros**. Kurz dahinter gabelt sich der Weg. Um die Rundtour ohne Abstecher fortzusetzen, müssen Sie sich links halten.

Wählen Sie den rechten Pfad, so gelangen Sie auf den Gipfel des Çalış Tepesi:

Abstecher zum Gipfel des Çalış Tepesi: Der Pfad zum Gipfel des **Çalış Tepesi** (310 m) ist sehr steil, am Anfang müssen Sie ein wenig über Felsen kraxeln. Kalkulieren Sie für den Abstecher insgesamt ca. 0:45 Std. ein. Von oben genießen Sie herrliche Ausblicke auf die Küste und Strände der Kemerregion sowie auf die dahinter ansteigenden Berge. Auch sehen Sie vom Gipfel den Leuchtturm von Kemer, zu dem Sie später einen zweiten Abstecher unternehmen können.

Weiter auf der Rundtour. Etwa 0:15 Std. nach der Weggabelung stößt man auf ein Hinweisschild des Lykischen Wegs, das den Weg nach Kiriş weist. Hier dürfen Sie jedoch nicht nach rechts abbiegen, sondern wandern nach links voraus weiter – schon gleich tut sich wieder ein Pfad auf, auch dieser ist weiß-rot markiert.

Nach ca. 0:30 Std. stößt dieser Pfad auf einen quer verlaufenden Pfad. Die Möglichkeit nach rechts ist durch ein rotes Kreuz als falscher Weg markiert, also links halten. 2 bis 3 Min. später – es geht durch ein jüngst aufgeforstetes Wäldchen – zweigt von Ihrem Weg nach rechts der Pfad zum Leuchtturm ab. Falls Sie den Abstecher auslassen wollen, gehen Sie geradeaus weiter.

Abstecher zum Leuchtturm: Der Pfad zum Leuchtturm ist recht anspruchsvoll; wer trittsicher ist, braucht aber nicht kraxeln. Der Weg ist durchgehend mit Steinpyramiden markiert, zuweilen sieht man auch rote Farbkleckse. Der letzte Abschnitt des Weges verläuft auf steinigem Untergrund, hier bedarf es eines geübten Auges, um den Pfad und die Pyramiden gleich zu erkennen. Falls Sie über ein solches verfügen, dauert der Abstecher hin und zurück keine 0:40 Std. – falls nicht, drehen Sie besser um, bevor Sie verzweifeln. Es gibt eigentlich nur eine schwierige Stelle: Kurz bevor Sie das Meer sehen, müssen Sie sich linker Hand bergauf orientieren. Am **Leuchtturm** lässt es sich herrlich picknicken mit tollen Blicken auf die Bucht von Antalya.

Weiter auf der Rundtour. Keine 3 Min. nach der Abzweigemöglichkeit zum Leuchtturm gabelt sich der Weg vor einem haushohen **Felsmassiv**. Hier halten Sie sich links. Rund 0:15 Std. später gabelt sich der Weg erneut, hier geht es abermals links. So erreichen Sie rund 30 m weiter jene Stelle, bei der Sie zu Anfang der Tour rechts aufgestiegen sind, und wandern auf bekanntem Weg zurück zum Ausgangspunkt.

In den Bergen hinter Kemer

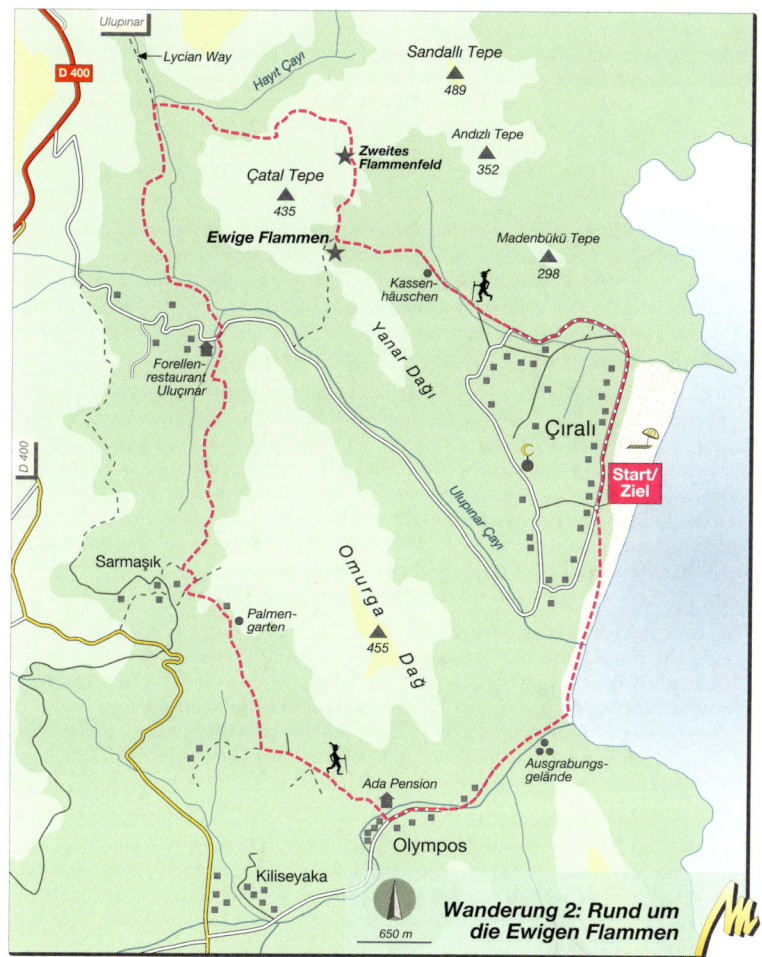

On the map:

Ulupınar

← Lycian Way

D 400

Hayıt Çayı

Sandallı Tepe
▲ 489

Andızlı Tepe
▲ 352

★ *Zweites Flammenfeld*

Çatal Tepe
▲ 435

Madenbükü Tepe
▲ 298

Ewige Flammen ★

Kassen-
häuschen

Yanar Dağı

Forellen-
restaurant
Uluçınar

Çıralı

D 400

**Start/
Ziel**

Ulupınar Çayı

Sarmaşık

Omurga Dağı

Palmen-
garten
▲ 455

Ausgrabungs-
gelände

Ada Pension

Olympos

Kiliseyaka

650 m

***Wanderung 2: Rund um
die Ewigen Flammen***

Wanderung 2: Rund um die Ewigen Flammen

Charakteristik: Diese Wanderung führt von Çıralı über die Ewigen Flammen/
Chimaira zum Forellenrestaurant Uluçınar (an der Zufahrtsstraße nach Çıralı) und
von dort weiter über den Weiler Sarmaşık nach Olympos, von wo es am Strand
entlang zurück nach Çıralı geht. Die Wanderung verläuft größtenteils auf leicht zu
bewältigenden Pfaden und Wegen. Im Winter und Frühjahr sind einige Bäche zu
durchwaten, im Sommer und Herbst sind sie i. d. R. ausgetrocknet. Sehen Sie von
der Tour nach langem oder starkem Regen ab. **Länge/Dauer**: Die gesamte Tou-
renlänge beträgt 18 km, Gehzeit 5:30 Std. Wem die Tour zu lang ist, der kann auch
nur bis zum Forellenrestaurant Uluçınar an der Zufahrtsstraße nach Çıralı wandern

(von Çıralı Dauer ca. 2:30 Std.) und dort auf ein Dolmuş zurück nach Çıralı warten. Alternativ dazu kann man auch von Çıralı über die Ewigen Flammen zu den Forellenrestaurants von Ulupınar wandern (von Çıralı einfach etwa 2:30 Std.). **Markierung**: Der Weg ist nicht durchgehend markiert. **Einkehr**: Einkehrmöglichkeiten bestehen in Çıralı, etwa auf halber Strecke im Restaurant Uluçınar und in Olympos. Am Parkplatz, an dem der Fußpfad zu den Ewigen Flammen beginnt, werden zudem Erfrischungsgetränke verkauft. **An- und Weiterfahrt**: → Çıralı, S. 116. Wer von Olympos aus in die Wanderung einsteigen möchte, wandert einfach den Strand entlang nach Çıralı und steigt dann in die Tour ein.

Wegbeschreibung: Von **Çıralı** wandert man zunächst am Strand bzw. an der Strandstraße entlang gen Norden. Rund 200 m vor dem Buchtende von Çıralı schwenkt die Strandstraße landeinwärts ab – Ihr Weg für die nächsten 1,3 km bzw. ca. 0:15 Std. Dann zweigt man nach rechts auf einen Schotterweg Richtung „Yanartaş/Chimeira" (Hinweisschild) ab. Beim Kiosk am Beginn des Aufstiegs zu den **Ewigen Flammen** muss man ein Ticket für die Besichtigung (→ S. 120) lösen.

Nach ca. 20 schweißtreibenden Minuten hat man das **erste Flammenfeld** erreicht. Halten Sie am oberen Ende des Flammenfeldes nach einem markierten Pfad Ausschau, der Sie nach weiteren rund 0:25–0:30 Std. zum höher gelegenen, deutlich kleineren **zweiten Flammenfeld** bringt (linker Hand danach Ausschau halten). Der Pfad ist kunterbunt markiert, mal sieht man die offiziellen weiß-roten Markierungen des *Likya Yolu*, mal aber auch rote oder blaue Pfeile. Wenn Sie längere Zeit keine Wegmarkierung sehen, sind Sie falsch! Weiter dem markierten Weg bergauf folgend, erreicht man kurz darauf einen **Bergkamm**, von wo man eine herrliche Aussicht auf die Bucht von Çıralı und die Beydağları-Berge genießt.

Von dort verläuft der markierte Pfad diagonal zum Hang durch den Wald in das dahinter liegende **Bachtal des Hayıt Çayı**. Der Weg wechselt schließlich auf die andere Seite des Bachs, man überquert dabei ein breiteres, im Sommer meist trockenes Bachbett. Im Winter muss man hindurchwaten oder nach Trittsteinen Ausschau halten, um es passieren zu können – alles bestens markiert. Auf der anderen Seite des Baches führt ein schmaler Pfad die Böschung hinauf zu einem rund 20 m oberhalb des Flusses verlaufenden Waldweg.

Um die Rundtour fortzusetzen, verlassen Sie hier den weiß-rot markierten Weg (dieser führt in rund 45 anstrengenden Minuten bergauf zu den Forellenrestaurants von Ulupınar, → S. 116) und folgen dem Waldweg nach links, sozusagen flussabwärts. Er verläuft mal nahe am Flussbett, mal weiter weg, mal hoch darüber. Bei der Gabelung nach rund 7 Min. hält man sich links bergab, aus dem Weg wird nun vorübergehend ein Pfad.

Ein paar Bäche, die den Weg kreuzen, meistert man auf Trittsteinen. Etwa 0:30 Std. später mündet der Weg wieder als Waldweg in die geteerte **Zufahrtsstraße nach Çıralı** (von hier entlang der Straße bis zum Strand 4 km; wer die Wanderung hier beenden, aber nicht bis Çıralı laufen will, kann trampen oder auf ein vorbeifahrendes Dolmuş warten – was in der Nebensaison dauern kann).

Um die Wanderung nach Olympos fortzusetzen, folgt man der Zufahrtsstraße nach rechts und zweigt bereits nach rund 30 m, noch vor dem **Forellenrestaurant Uluçınar** – immer gut für eine Pause – nach links auf eine breite Forststraße ab. Nach ca. 200 m gabelt sich die Forststraße vor einer Wiese, Sie halten sich links bergauf (linker Hand rote Markierungen). Rund 3 Min. später gabelt sich die Forststraße erneut, hier müssen Sie wieder nach links abbiegen und 80 m weiter rechter Hand nach einem roten Pfeil Ausschau halten, der dazu auffordert, im rechten Winkel auf einen Pfad abzubiegen. Der Pfad steigt für rund 10 m an und schwenkt dann nach rechts ab.

Nun folgen Sie stets dem Pfad, er ist gut markiert. Wenn das Gras hoch steht, sind die Markierungen (rote Punkte oder Steinpyramiden) jedoch nicht immer leicht zu erkennen. Sie passieren einen **Bachlauf**, eine **Tränke** und eine **Hausruine**, deren Mauern noch brusthoch stehen, dazu Wäldchen, Lichtungen, Wiesen und Olivenhaine. Nach rund 0:30 Std. stoßen Sie auf eine Forststraße. Diese überquert man in Laufrichtung, passiert dahinter ein kurzes Wiesenstück und gelangt so auf eine noch höher gelegene Forststraße, der man nach rechts folgt.

Die Forststraße steigt erst mäßig, dann in Serpentinen steil an und führt in die weit verstreute Paarhäusersiedlung **Sarmaşık**. Dort trifft der Weg auf eine von Telefonmasten gesäumte Schotterstraße. Hier geht es links bergauf. Bei der Weggabelung 2 Min. später vor einem Palmengarten hält man sich rechts und lässt nach weiteren 4 Min. die bergauf führende Linksabzweigung vor einem Haus unberücksichtigt, man

Olympos

geht also geradeaus weiter. Nun verwandelt sich das unbefestigte Sträßlein in einen leicht bergab führenden Wald- und Wiesenweg. Etwa 6 Min. später passiert man ein **unverputztes Haus**, der Weg führt rechts herum. Dahinter wird aus dem Weg ein Pfad, der auf einen Waldrand zuläuft, schließlich rechts des Waldrandes bergab führt und auf eine Forststraße trifft. Dieser folgt man nach links.

Nach ca. 4 Min. mündet von links eine Forststraße auf Ihre Forststraße, diese bleibt unbeachtet. 1 Min. später jedoch, bei einer Forststraßenkreuzung auf einer Lichtung, müssen Sie nach links abbiegen. Sobald Sie wieder den Wald erreichen, sollten Sie die Wegmarkierungen im Auge behalten. Wenn der Waldweg nach links abschwenkt, geht es geradeaus auf einem klar zu erkennenden Pfad weiter. Dieser bringt Sie bis nach Olympos. Kurz vor Olympos trifft der Pfad auf ein umzäuntes Areal, das man im Uhrzeigersinn umgeht. Dabei passiert man auch ein Bachbett. Bei der **Ada Pension** erreicht man schließlich die Zufahrtsstraße zum Ausgrabungsgelände von **Olympos** und hält sich links. Durch das **Ausgrabungsgelände** (ab 19 Uhr frei, zuvor muss ein Ticket gelöst werden) und über den Strand gelangt man zurück nach **Çıralı**.

Wanderung 3: In die Sazak-Bucht

Charakteristik: Die einfache Wanderung von Adrasan zur abgeschiedenen Sazak-Bucht verläuft auf einem schönen, schattigen Waldweg. Die Sazak-Bucht ist v. a. bei Seglern und Ausflugsbooten beliebt, an den einsamen Strand verirrt sich zuweilen auch eine Kuh. **Länge/Dauer**: einfach 9,5 km, Gehzeit einfach 2:15 Std. **Markierung**: Der Weg ist nicht markiert. **Einkehr**: keine Möglichkeit. **An- und Weiterfahrt**: → Adrasan, S. 123. In der Saison findet man in der Sazak-Bucht meist ein Boot, das einen mit zurück nach Adrasan nimmt. Wer auf Nummer sicher gehen will, macht bereits in Adrasan einen Bootsrücktransfer klar. Zu Fuß besteht von der Bucht kein Weiterkommen nach Olympos.

Wegbeschreibung: Um den Einstieg in die Wanderung zu finden, folgt man im Norden **Adrasans** der Straße entlang dem Fluss landeinwärts, bis vor dem **Likya Adrasan Otel** ein gelbes *Likya-Yolu*-Hinweisschild den Einstieg in den Wanderweg nach Olympos markiert.

Schöne Blicke auf die Andrasan-Bucht tun sich bei Wanderung 3 auf

Hier biegt man nach rechts ab und nimmt das Sträßlein durchs Bachbett (also nicht dem Lykischen Wanderweg folgen). Unmittelbar hinter dem Bach gabelt sich der Weg vor einem Holzschild mit der Aufschrift „Beydağları Sahil Milli Parkı". Hier hält man sich rechts. 150 m weiter stößt man erneut auf eine Weggabelung, diesmal hält man sich links. Nun folgt man stets dem Forstweg. Tolle Blicke über den Strand von Adrasan tun sich auf, später herrliche Küstenblicke. Sie bleiben stets auf dem Hauptweg, alle kleineren Abzweigungen bleiben unberücksichtigt.

Nach ca. 1:45–2 Std. gabelt sich der Weg. Hier müssen Sie sich links halten (der Weg nach rechts, den Sie nicht gehen sollten, beschreibt schon nach wenigen Metern eine Rechtskehre). Etwa 5 Min. später – Sie blicken auf das Massiv des Musa Dağı – kreuzt ein Feldweg Ihren Schotterweg – hier wandern Sie geradeaus weiter. Der Weg führt nun hinab in die **Sazak-Bucht**.

Wanderung 4: Von Üçağız zur Ruinenstätte Aperlai

Charakteristik: schöne Küstenwanderung von Üçağız nach Aperlai ohne schweißtreibende Auf- und Abstiege, aber auch ohne Schatten. Mit gutem Schuhwerk einfach zu gehen, nur nach Regen ist der Weg etwas schmierig. **Länge/Dauer**: einfach 7,5 km, Gehzeit einfach 3 Std. **Markierung**: Der Weg ist weiß-rot markiert. **Einkehr**: Einkehrmöglichkeiten bestehen im Restaurant Yörük Ramazan (ca. 0:20 Std. vor Aperlai) und in der Pension Purple House in Aperlai (DZ ab 43 €, Campingmöglichkeiten, www.aperlai.com), ein beliebter Etappenstopp auf dem Lykischen Weg. **An- und Weiterfahrt**: → Üçağız, S. 140. Aperlai ist nicht an das Straßennetz angebunden. Sie können von Aperlai aber für ca. 30 € mit dem Boot zurückfahren. Einen Transfer kann man bereits in Üçağız vereinbaren (z. B. bei Hassan, → S. 141), oder am Ende der Wanderung im Restaurant Yörük Ramazan (nur während der Saison, nicht fremdsprachig, ☎ 0539/2952945, mobil) bzw. im

Purple House (ganzjährig, ✆ 0539/8599196, mobil). Alternativ dazu besteht die Möglichkeit, von Aperlai weiter zur Ruinenstätte Apollonia zu wandern (7 km, weitere 3 Std.), die nahe dem Dorf Sahilkılınçlı liegt. Von Sahilkılınçlı, an der Straße Kaş – Üçağız, hilft der Daumen weiter.

Wegbeschreibung: Der Weg nach Aperlai ist bestens weiß-rot markiert. Um den Einstieg zu finden, folgt man vom großen **Parkplatz am Hafen** von Üçağız der Straße, die hinter der Küstenwache *(Sahil Güvenlik)* nach Westen führt (steht man also mit dem Rücken zum Wasser, links halten).

Die Straße verläuft rückseitig der Uferlokale und trifft dahinter wieder auf die Küste. Dort passiert man die **Kekova Pension** und das **Baba Veli Restaurant**. Hinter dem Baba Veli geht man entlang der Küste weiter und trifft so auf den Pfad des *Likya Yolu* (Wegweiser „Kılıçlı/Apollania 15 km"). 100 m weiter, bei den letzten Häusern von Üçağız, erschreckt Sie ein kläffender Hund (keine Sorge, er ist angekettet). Der Weg (hier nicht gut markiert) führt zwischen den beiden Häusern hindurch. Danach ist der Pfad nicht mehr zu verfehlen.

Nach ca. 2:30 Std. erreichen Sie das in einer tief eingeschnittenen Bucht gelegene **Restaurant Yörük Ramazan**. Von dort müssen Sie noch den Isthmus (1 km) der **Sıcak-Halbinsel** überqueren, um zum **Purple House** und zu den Ruinen von **Aperlai** zu gelangen. Die Ruinen sind bis auf die westliche Stadtmauer eher spärlich. Wer sucht, kann noch die Grundmauern zweier Kirchen aus byzantinischer Zeit ausmachen. Dafür ist das Landschaftsszenario mit Sarkophagen aus der römischen Kaiserzeit in der Meeresbucht einfach traumhaft.

Der weitere Wegverlauf nach **Apollonia** ist schweißtreibend, aber ebenfalls bestens markiert. Die Ruinen dieser antiken Stätte liegen weit verstreut. In Apollonia treffen Sie auf ein unbefestigtes Sträßlein (Hinweisschild „Aperlai 7 km"). Folgt man dem Schottersträßlein nach links, erreicht man nach rund 1,5 km **Sahilkılınçlı**.

Wanderung 5: In die Limanağzı-Bucht

Charakteristik: Die Wanderung von Kaş über den Büyük Çakıl Plajı in die Limanağzı-Bucht (Nuris Beach) und zurück ist mit Ausnahme eines kurzen Wegstücks eine recht einfache Tour. Für dieses kurze Wegstück wird jedoch absolute Schwindelfreiheit vorausgesetzt, auch muss man dabei ein wenig kraxeln. Sofern man die Wanderung nicht als Rundtour abschließen möchte, lässt sich dieses Wegstück umgehen. Gutes Schuhwerk ist empfehlenswert. Badesachen nicht vergessen! **Länge/Dauer**: Mit Start und Endpunkt in Kaş 9,5 km, Gehzeit dann 3:45 Std. Wer mit dem eigenen Fahrzeug oder dem Dolmuş bis zum Büyük Çakıl Plajı (→ Kaş/Verbindungen, S. 142) fährt, dort in die Wanderung einsteigt und sie dort auch enden lässt, verkürzt die Gehzeit auf 3 Std. Wer als Rückweg einen Schiffsdolmuş wählt und am Büyük Çakıl Plajı startet, wandert gerade mal 1:45 Std. **Markierung**: Der Weg ist weiß-rot markiert. **Einkehr**: Einkehrmöglichkeit nur während der Saison am Nuris Beach – herrlich. **An- und Weiterfahrt**: → Kaş/Verbindungen, S. 142.

Wegbeschreibung: In **Kaş** folgt man vom Cumhuriyet Meydanı (Platz mit Atatürkstatue am Hafen) der Hükümet Caddesi gen Süden. Der Weg führt vorbei an der Jandarma und am **Küçük Çakıl Plajı**. Bei der Straßengabelung hinter dem Hotel Hera hält man sich links.

Über eine Anhöhe – in der Ferne sieht man bereits die Bucht von Limanağzı – geht es zum **Büyük Çakıl Plajı**. Dort passiert man einen Wegweiser des *Likya Yolu* („Limanağzı 3 km"), fortan ist der Weg weiß-rot markiert. Der Weg führt die Straße bergauf bis zu einer Bushaltestelle, wo Sie rechts abbiegen. Bei der nächsten Möglichkeit (hinter der kleinen gelben, minarettlosen **Moschee**) halten Sie sich links. Nun folgen Sie dem anfangs gepflasterten, dann geteerten Sträßlein, bis dieses eine Kehre beschreibt. In der Kehre wandern Sie geradeaus weiter und folgen dem Feldweg. Ca. 6 Min. nach der Kehre passiert man ein einsam liegendes **Gehöft** mit mehreren Verschlägen. Halten Sie hier linker Hand nach dem weiteren Wegverlauf – von nun an ein Pfad – Ausschau. Der Pfad ist weiß-rot markiert, „X" steht für falscher Weg. Rund 150 m nach dem Gehöft, in einem Olivenhain mit Natursteinmauern und -wällen, gabelt sich der Weg – hier müssen Sie auf eine weiß-rote Doppelmarkierung achten und sich rechts halten. Der linke Weg ist der Rückweg oder Ihr Weg, falls Sie die kleine Kletterpartie, bei der Sie schwindelfrei sein sollten, meiden möchten.

**Wanderung 5:
In die Limanağzı-Bucht**

Rund 0:25 Std. nach dem Gehöft bieten sich herrliche Blicke über die Doppelbucht von Limanağzı. Daraufhin beginnt der Abstieg zum zur Limanağzı-Bucht gehörenden **Nuris Beach** (Obacht geben, länger leben!), der an **zwei lykischen Felsengräbern** vorbeiführt. Dort (eine besonders heikle Stelle!) erleichtern Halteseile den Abstieg.

Vom Nuris Beach verläuft der markierte *Likya Yolu* weiter gen Süden. Nach ca. 10 Min. Gehzeit – rechter Hand liegen ummauerte aufgegebene Felder – teilt sich der Wanderweg (Doppelmarkierung an einem Baum). Hier halten Sie sich links! Nach 10 schweißtreibenden Minuten bergauf wird der Weg wieder gemütlich und führt nach weiteren rund 0:30 Std. zurück zu dem einsamen **Gehöft**, das Sie schon auf dem Hinweg passiert haben. Auf bereits bekanntem Weg geht es zurück zum Ausgangspunkt.

Wanderung 6: Ins Almdorf Bezirgan

Charakteristik: *Die* Tour rund um Kalkan! Die wunderschöne Rundwanderung von Sarnıçbaşı ins Almdorf Bezirgan bietet grandiose Landschaftseindrücke. Der Weg ist jedoch weitestgehend schattenlos, zudem muss am Anfang ein nie wirklich steiler, aber mühseliger einstündiger Anstieg bewältigt werden. Für den Abstieg sind Wanderstiefel und Stöcke ratsam. **Länge/Dauer**: 11,7 km, reine Gehzeit 4 Std. **Markierung**: Die Wanderung folgt in weiten Teilen dem weiß-rot markierten *Likya Yolu*. **Einkehr**: Dorfladen in Bezirgan, sonst keine Möglichkeit. **An- und Weiterfahrt**: Zum Ausgangspunkt der Wanderung, der Zisterne im Dorf Sarnıçbaşı rund 4,5 km östlich von Kalkan, gibt es keine Dolmuşe. Taxi einfach von Kalkan ca. 11 €. Selbstfahrer folgen vom Schnellstraßenkreisverkehr oberhalb von Kalkan für 3,9 km der Straße Richtung Elmalı/Sütleğen, bis die Zisterne (zu erkennen an ihrem halbrunden Dach) rechter Hand auftaucht.

Grüße vom Wegesrand

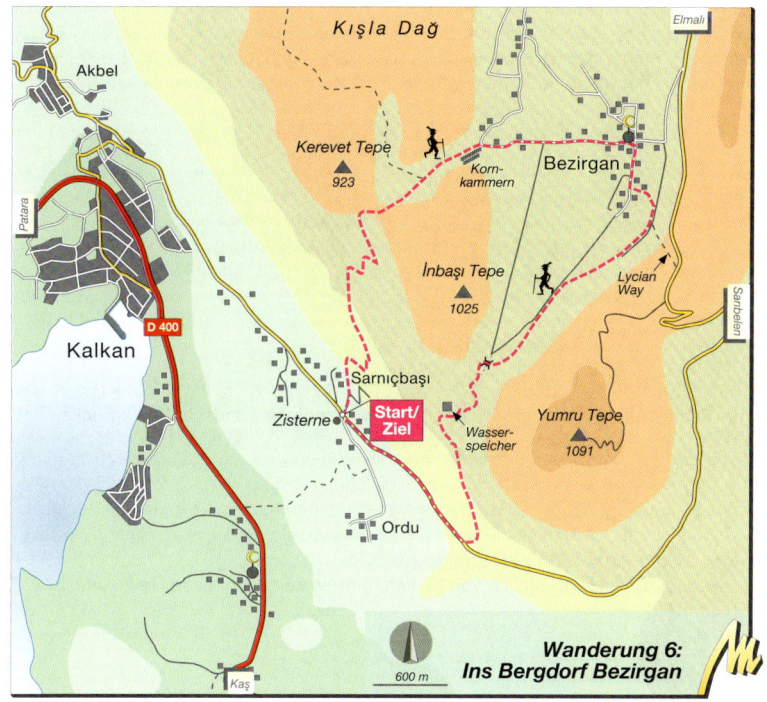

Wegbeschreibung: Ausgangspunkt der Wanderung ist die **Zisterne** an der Verbindungsstraße Kalkan – Elmalı, hoch über Kalkan im Ortsteil **Sarnıçbaşı**. Ein Wegweiser des *Likya Yolu* zeigt gegenüber der Zisterne die Richtung nach Bezirgan (6 km) an – Ihr Weg. Dabei folgen Sie einem Sträßlein, das hinter dem **Friedhof** bergauf führt. Bereits nach 2 Min. Gehzeit, wenn das Sträßlein nach rechts abschwenkt, verlässt man dieses und wandert geradeaus auf einem Schotterweg weiter.

Der Weg verwandelt sich schon bald in einen Pfad, ein alter Maultiersteig, der sich den Hang hinauf windet. Schöne Blicke auf Kalkan tun sich auf, dazu auf die vorgelagerten Çatal-Inseln. In weiten Serpentinen geht es immer höher, weiter oben genießen Sie auch Blicke auf den Strand von Patara und die Gewächshäuser im Hinterland.

Nach rund 0:30 Std. Gehzeit haben Sie den ersten Teil des Aufstiegs geschafft. Sie passieren eine Ebene am Hang mit ein paar **Stallungen** und einer **Zisterne**. Danach führt der Pfad für weitere 0:30 Std. erneut bergauf und überwindet an einem Sattel den Bergzug des Kışla Dağ hoch über Kalkan. Nun wird der Weg wieder breiter und führt – begleitet von Vogelgezwitscher – hinab in ein weites grünes Hochtal, das sich im Frühjahr von seiner Schokoladenseite zeigt. Die Häuser gehören zur beschaulichen Siedlung **Bezirgan**. Das Gros der rund 650 Einwohner zieht übrigens im Winter hinunter ins deutlich wärmere Kalkan.

Kleiner Wanderführer

Bei ein paar **Kornkammern** – Hütten mit Wellblechdach – und einer **Tränke** trifft der Schotterweg auf ein asphaltiertes Sträßlein. Nach links weist ein Schild zu einer Pension, Sie aber wandern geradeaus weiter und durchqueren das pittoresk-pastorale Tal. Linker Hand in der Ferne lassen sich noch bis in den Mai schneebedeckte Gipfel ausmachen. Das Sträßlein bringt Sie zur **Moschee** von Bezirgan (gegenüber der Dorfladen), wo Sie wieder auf Hinweisschilder des Lykischen Weges treffen.

Nun folgen Sie der Beschilderung „Sarıbelen (7 km)", halten sich also rechts. Nach rund 5 Min. fordern Markierungen zum Verlassen der Dorfstraße auf. Es geht links ab und 150 m weiter, hinter einem Haus, rechts ab. Nun führt ein Pfad an Gehöften vorbei zum Talrand. Dort geht es auf einem Feldweg entlang dem Talrand in südwestliche Richtung weiter, dabei verlassen Sie nach rund 200 m den Lykischen Weg (dieser schwenkt als Pfad nach links bergauf, Sie aber wandern weiterhin auf dem Weg entlang dem Talrand). Aus dem Feldweg wird wieder ein Pfad, der mal näher, mal etwas höher, aber stets parallel zum Talrand verläuft.

Am südwestlichen Ende des Tals trifft der Pfad auf einen **Wasserkanal**. Diesen überquert man auf einem Brückchen und folgt dahinter dem Schotterweg, der sich über einen Sattel windet. Hinter dem Sattel führt der Weg, der eine weite Rechtskurve beschreibt, auf ein würfelförmiges Gebäude zu, einen **Wasserspeicher**. Beim Wasserspeicher beginnt der aussichtsreiche Abstieg zur Verbindungsstraße Kalkan – Elmalı. Steigen Sie langsam und vorsichtig ab. Der Weg, eine steile, geröllige, von einem Caterpillar in den Hang gefräste Schneise, ist unschön zu gehen. Wenn Sie die **Verbindungsstraße** erreicht haben, halten Sie sich rechts. Bis zur **Zisterne** sind es dann noch ca. 0:25 Std.

Die Wanderung ins Bergdorf Bezirgan ist ausgesprochen aussichtsreich

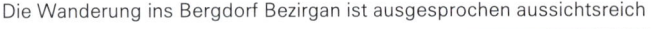

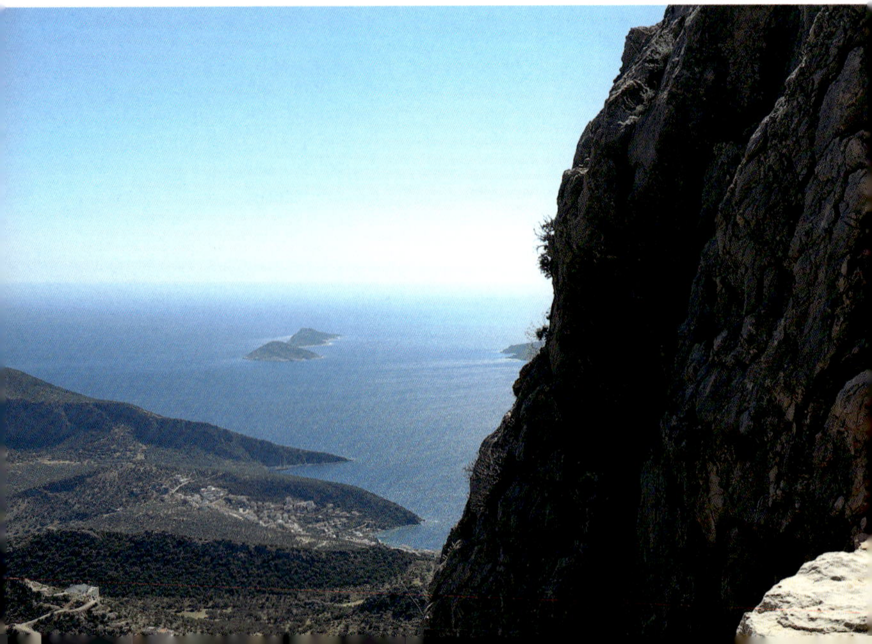

**Wanderung 7:
Von Patara zu
einsamen Buchten**

Wanderung 7: Von Patara zu einsamen Buchten

Charakteristik: Die Wanderung ist für all jene genau richtig, denen der herrliche Sandstrand von Patara zu groß oder zu weit ist und die lieber eine einsame Bucht aufsuchen. Die Wanderung kann man als Rundtour abschließen, aber auch in Kalkan enden lassen. Gutes Schuhwerk ist nötig, der Weg ist stellenweise rutschig oder dornig. **Länge/Dauer**: als Rundtour 19,2 km, reine Gehzeit ca. 6 Std. **Markierung**: Mit Ausnahme des Einstiegs verläuft der gesamte Wanderweg auf dem *Likya Yolu*. **Einkehr**: Wer Glück hat, findet das kleine Restaurant Kocakaya über der Bucht von Pınar Kürü geöffnet, eine einsame Taverne, in der man den halben Urlaub verbringen möchte. Da man dafür aber Glück braucht, packt man besser Verpflegung und viel Wasser ein – die Wanderung ist lang und weitgehend schattenlos. **An- und Weiterfahrt**: → Patara/Verbindungen.

Wegbeschreibung: Vom Zentrum **Pataras** folgt man jener Straße, auf der Sie nach Patara gekommen sind, und zwar dorfauswärts wieder Richtung Schnellstraße. Kurz hinter der **Flower Pension** nimmt man das Sträßlein rechts bergauf, das hier in einem Winkel von fast 180 Grad abzweigt. 400 m weiter – unterwegs lassen Sie die Zufahrt zum Hotel Patara Viewpoint links liegen – geht es hinter der **Schule** bzw. vor dem **Hotel Mehmet** links ab.

Auf dem nun eingeschlagenen Weg lässt man alle Abzweigungen unbeachtet. 50 m vor dem höchstgelegenen Hotel Pataras schwenkt der Weg nach rechts ab, führt auf eine Anhöhe zu und gabelt sich dort unmittelbar vor einer **Ruine des antiken Patara**. Hier halten Sie sich rechts.

Kurz hinter der Anhöhe gabelt sich der Weg erneut, diesmal wählt man den linken. Etwa 50 m weiter trifft man auf Hinweisschilder des Lykischen Wanderweges; Sie folgen der Beschilderung „Kalkan 12 km (Yalıburun)" und **nicht** der Beschilderung „Kalkan (Su Kemeri)", die nach links zeigt. Von dort werden Sie auf dem Rückweg kommen.

Der Weg ist fortan bestens weiß-rot markiert, rote „X" stehen für den falschen Weg. Wenn Sie längere Zeit keine Markierung sehen, drehen Sie um. Anfangs genießen Sie eine herrliche Aussicht auf das Meer, auf den Strand und die Akropolis Pataras. Sobald man den Bergrücken in einer Linkskurve überwunden hat, kann man weit voraus die Çatal-Inseln ausmachen. In Serpentinen steigt man bergab. Auf dieser Serpentinenstrecke fordern Sie Markierungen 2-mal dazu auf, den Hauptweg zu verlassen und auf schmalen, dornigen Pfaden parallel dazu weiterzuwandern. Diese Markierungen rühren noch aus jener Zeit her, als Teile des Serpentinenwegs infolge von Erdrutschen schwierig zu begehen waren. Heute können sie getrost ignoriert werden, wandern Sie einfach auf dem Hauptweg weiter.

Unten angekommen, führt der Weg bald darauf von der Küste weg. Haben Sie die Halbinsel überquert und langsam wieder die Küste erreicht, zweigen schließlich nach rechts Wege ab, über die Sie zu netten Buchten gelangen – die schönsten erkennen Sie im Sommer an den darin ankernden Yachten.

Der weitere Weg verläuft nun mehr oder weniger parallel zur Küste. In der Ferne tauchen die Häuser von Kalkan auf. Auch jetzt noch zweigen immer wieder schmale Pfade und Wege nach rechts zum Meer hin ab.

Um zur Bucht von **Pınar Kürü** zu gelangen, müssen Sie auf Folgendes achten: Nach einem kurzen Anstieg erkennt man auf einem Felsen rechter Hand das mit roter Farbe gepinselte Wort „Restaurant". Hier führt ein Weg hinab zu einer gefassten Quelle, drum herum ein kleines Picknickareal samt einem **Kiosk** der Gemeinde Yeşilköy (meist nur an Wochenenden geöffnet). Links des Kiosks führt ein Weg an einem Toilettenhäuschen vorbei zu einer kleinen Kiesbucht. Der Weg, der rechts des Kiosks bergab führt, bringt Sie zum wildromantischen **Restaurant Kocakaya**, von dem oben schon die Rede war und von dem wiederum ein Pfad in eine Kiesbucht führt.

Zurück vom Pınar-Kürü-Abstecher biegt man wieder in den Hauptweg nach rechts ein. Der Weg, nun eine breite, befahrbare Piste, führt zunächst steil bergauf. Sie genießen schon bald eine herrliche Aussicht über die tief eingeschnittene Bucht von **Fırnaz İskelesi**. Die Markierungen sind hier etwas spärlich gesetzt. Die Linksabzweigung unterwegs bleibt unbeachtet. 300 m weiter thront linker Hand über Ihnen ein mächtiger rosafarbener, villenartiger Gebäudekomplex. Kurz darauf passiert man eine Anhöhe, dahinter erblickt man Gewächshäuser in einem weiten Tal, voraus tauchen Hinweisschilder des *Likya Yolu* auf.

Wollen Sie den Weg **nach Kalkan** fortsetzen, folgen Sie der Beschilderung in die Ortschaft Akbel (6 km). Dieser Weg verläuft anfangs parallel zu bzw. auf einem ehemaligen Wasserkanal und bereits nach 5 Min. rechts an einem noch nahezu vollständig erhaltenen **Aquädukt** aus römischer Zeit entlang. An jener Stelle, wo das Aquädukt durch einen Mauereinsturz unterbrochen ist, gabelt sich der Weg (Doppelmarkierung an einem Baum). Rechts bergab verläuft der direkte Weg nach Kalkan (Ortsteil Kalamar, noch ca. 2:30 Std. Wegstrecke) – **diesen Wanderungsabschluss können wir nur Abenteurern empfehlen**. Meist kraxelt man unter Zuhilfenahme der Hände einen steil abfallenden Hang hinab, nach Regen kann das Unternehmen gefährlich werden. Besser wählen Sie bei der Doppelmarkierung den Weg nach links durch den Durchbruch. Auf diesem Weg Richtung Akbel treffen Sie nach rund 4 km auf den „Küstenhighway", wo Sie auf ein Dolmuş nach Kalkan aufspringen können.

Patara: Dünen über Dünen

Zurück nach Patara (8 km; ca. 1:45–2 Std.) folgt man weiter der Schotterstraße für noch rund 130 m. In der ersten Rechtsserpentine hält man linker Hand nach dem Einstieg in den weiß-rot markierten Pfad nach Patara Ausschau (ca. 10 m vor dem Telefonmast; hier links hinauf). Der Pfad führt gleich zu Beginn entlang einer niedrigen Steinmauer, über der einst ein Kanal angelegt war. Auf den verschiedensten Wegen und Pfaden (gut markiert, aber viele Verzweigungen, aufpassen!) nähert man sich nun **Patara**. Es geht durch Olivenhaine, über Wiesen und durch Wälder, unterwegs grüßen Schmetterlinge und Schildkröten und es singen die Vögel für Sie.

Wanderung 8: Von Ölüdeniz nach Kayaköy

Charakteristik: Die Wanderung verläuft meist auf schattigen Pfaden und bietet herrliche Ausblicke auf die Küste. Sie lässt sich auch in entgegengesetzter Richtung unternehmen, ist dann sogar weniger anstrengend: ab der Yukarı Kilise (Obere Kirche) in Kayaköy gut markiert. Wer will, kann die Wanderung von Kayaköy auf markierten Wegen bis Fethiye fortsetzen, was die Tour aber um weitere 2:30 Std. (ca. 8 km) verlängert. **Länge/Dauer**: von Ölüdeniz bis Kayaköy 6,5 km, reine Gehzeit 2–2:30 Std., retour das Doppelte. **Markierung**: Die Route ist komplett gelb-rot markiert, ein Verlaufen nahezu unmöglich. **Einkehr**: unterwegs keine Möglichkeit. **An- und Weiterfahrt**: → Ölüdeniz/Verbindungen, S. 189 und Kayaköy/Verbindungen, S. 195.

Wegbeschreibung: Von **Belceğız** folgt man der Straße zur Lagune, u. a. vorbei an Post, am Sugar Beach Club und am Hotel Meri, bis zum **Sun City Beach Club**. Vor dem Beach Club nimmt man den Schotterweg, der rechts des Eingangs bergauf führt. Nach ca. 120 m gabelt sich der Schotterweg. Hier halten Sie sich rechts. Nach weiteren 70 m weist ein Wanderwegweiser den Einstig in den Pfad nach Kayaköy.

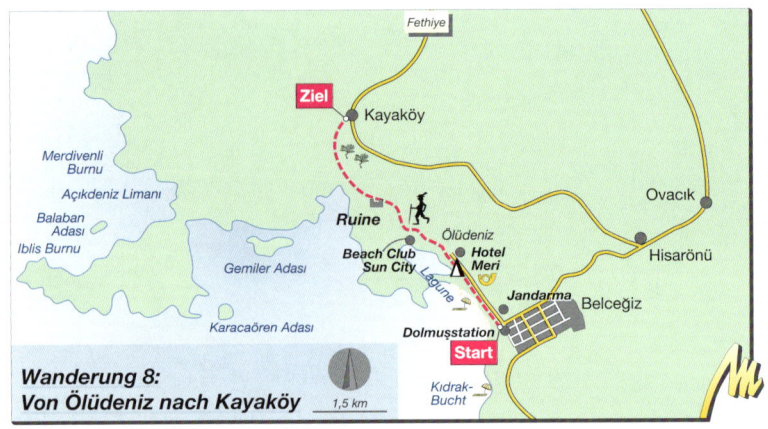

Der Pfad führt zunächst durch den Wald steil bergauf. Man genießt herrliche Ausblicke auf die Lagune und die Berge dahinter. Anschließend überquert man in nordwestlicher Richtung jene Landzunge, die sich westlich von Ölüdeniz ins Meer schiebt. Es geht durch einen duftenden Pinienwald. Ungefähr 1 Std. nach Beginn der Wanderung stößt man auf die **Ruine** eines einsamen Hauses, an der der Weg rechts vorbeiführt.

Wenn ca. 0:15 Min. nach der Ruine linker Hand eine kleine Bucht auftaucht, geht es in vielen Windungen steil bergauf. Oben angekommen, können Sie schon nach kurzer Zeit einen fantastischen Blick auf **Kayaköy** genießen. Nach wenigen Minuten erreichen Sie die ersten **Ruinen**.

Das Geisterdorf Kayaköy ist Ziel der Wanderung 8

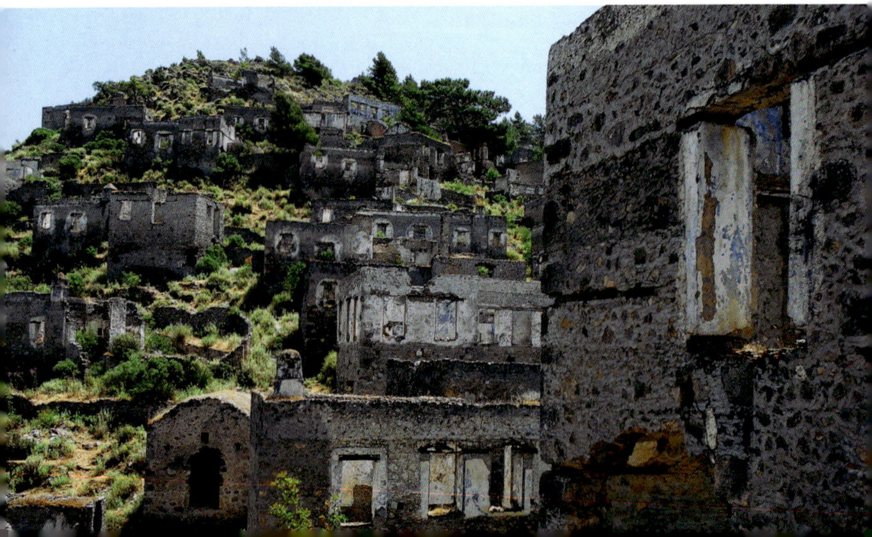

Blick ins Butterfly Valley

Wanderung 9: Von Faralya nach Kabak

Charakteristik: schöne, schattige Küstenwanderung ohne nennenswerte Auf- und Abstiege. Jedoch ist für die erste halbe Stunde absolute Schwindelfreiheit vonnöten, auch ist dieser Abschnitt mit ein wenig Kraxelei verbunden (nicht dramatisch!).

Länge/Dauer: bis Kabak (Parkplatz) 9,5 km, reine Gehzeit 3:45 Std.; wenn man noch in die Bucht von Kabak absteigt, 4:15 Std. **Markierung**: Der Verlauf ist bestens gelb-rot markiert. **Einkehr**: Einkehr- und Bademöglichkeiten am Aktaş-Strand. **An- und Weiterfahrt**: → Südlich von Ölüdeniz/Verbindungen, S. 193. Mit dem eigenen Fahrzeug erreichen Sie Faralya von Ölüdeniz in rund 0:15 Std. Wer mit dem Dolmuş unterwegs ist, steigt in Faralya ca. 80 m hinter der Moschee beim Onur Motel aus. Selbstfahrer finden hier auch eine Parkmöglichkeit.

Wegbeschreibung: Vom **Onur Motel** in **Faralya** (→ An- und Weiterfahrt) nimmt man den im ersten Abschnitt gepflasterten, dann geschotterten Weg vorbei am Montenegro Hotel hinab zur **Pension George House** (Hinweisschild). Auf dem Weg dahin tauchen bereits die ersten rot-gelben Markierungen auf.

Hinter dem Parkplatz der Pension George House gabelt sich der Weg. Rechts geht es ins Butterfly Valley (Hinweisschild „Kelebekler Vadisi"), Sie jedoch halten sich links (Hinweisschild „Kabak 9 km", kurz darauf das Hinweisschild „Aktaş Beach"). Keine 3 Min. später biegt man nach rechts auf einen bergab führenden Pfad ab. Dieser verläuft entlang des Felsmassivs, welches das Butterfly Valley auf seiner Südseite begrenzt. Schon bald offenbaren sich grandiose Blicke auf das Tal. Etwa 0:15 Std. später (zwischenzeitlich mussten Sie ein klein wenig kraxeln) taucht eine Doppelmarkierung auf; nahebei auf einem Felsen die Aufschrift „Seyir Noktası" samt Pfeil. Wer dem Pfeil folgt, gelangt nach wenigen Metern zu einer **Aussichtsstelle** an der Abbruchkante – ein Erlebnis für alle, die absolut **schwindelfrei** sind.

Nach diesem kurzen Abstecher wandert man weiter entlang der Küste und genießt weiterhin spektakuläre Aussichten. Nach ca. 1:15 Std. Gesamtgehzeit mündet der Küstenpfad in einen Schotterweg, wo man sich rechts hält. 10 Min. später stößt dieser Schotterweg auf einen weiteren Schotterweg, jetzt hält man sich links und steht keine 10 m weiter vor einem Wegweiser.

Nach rechts bietet sich ein Abstecher zu einem **lykischen Hausgrab** an („Roman Mezarı"; 400 m; runter und wieder hoch ca. 0:20 Std.) – kein unbedingtes Muss.

Nach links geht es weiter nach Kabak (laut Wegweiser noch 5 km). Der Schotterweg wird zu einem schattigen Pfad und passiert zwei Wohnhäuser. Hinter dem zweiten Wohnhaus müssen Sie aufpassen: Ihr Pfad schwenkt nach rechts ab (rotgelb markiert), folgen Sie nicht dem mit blauen Punkten markierten Pfad geradeaus. So stoßen Sie 5 Min. später auf einen Forstweg, wo Sie sich links halten und zum **Aktaş-Strand** gelangen, einem Felskiesstrand mit Stegen über dem türkisblauen Meer und einer Taverne. Nachdem man den Felsstrand überquert hat, führt der gelb-rot markierte Weg weiter nach Kabak, auf Pfaden wie auf Schotter- und Forstwegen, anfangs sehr nahe an der Küste, später hoch darüber.

Bis Kabak gab es z. Z. d. der letzten Recherche nur noch eine Passage zu meistern, die nicht eindeutig gekennzeichnet war: Ca. 1:15 Std. nach dem Aktaş-Strand stoßen

Abseits der Küstenorte gibt es viel zu entdecken

Sie auf einen durch Planierraupen verbreiterten Erdweg, wo Sie sich links bergauf halten, aber schon 10 m weiter wieder nach rechts auf einen Pfad abzweigen. Hier weisen ausnahmsweise einmal kurz Steinpyramiden den Weg. Der Pfad mündet nach 3 Min. in einen Schotterweg, wo man sich rechts hält, beim nächsten Telefonmasten aber schon wieder links abzweigt. Nun folgt man stets wieder den Markierungen, passiert einige Wohnhäuser und Ställe und gelangt so zu einem Wegweiser.

Wer noch hinunter zur **Bucht von Kabak** will, wählt den hinter dem Wegweiser kreuzenden Schotterweg bergab (Dauer ca. 0:15 Std., später hinauf zur Küstenstraße ca. 0:30 Std.). Wer die Wanderung ohne einen (weiteren) Sprung ins Wasser beenden will, wandert bergauf, folgt den rot-weißen (hier nicht mehr rot-gelben) Markierungen und gelangt so in rund 7 Min. zur **Küstenstraße**, von wo die Dolmuşe zurück nach Ölüdeniz und Fethiye fahren.

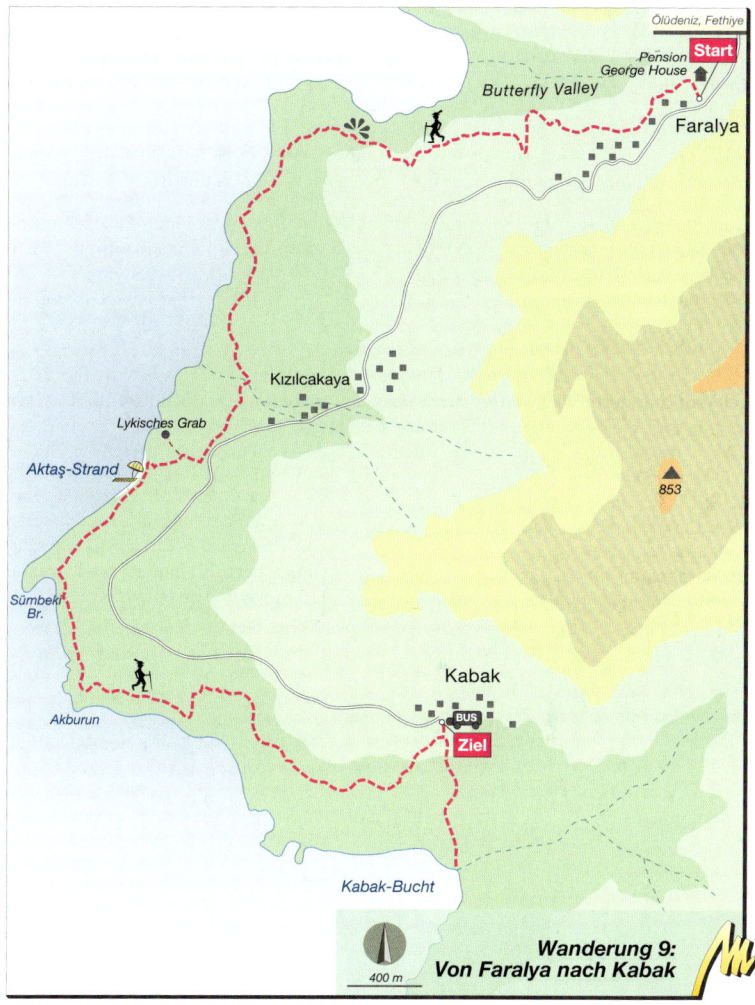

Ölüdeniz, Fethiye
Start
Pension George House
Butterfly Valley
Faralya
Kızılcakaya
Lykisches Grab
Aktaş-Strand
Sümbeki Br.
Akburun
853
Kabak
BUS
Ziel
Kabak-Bucht
Wanderung 9: Von Faralya nach Kabak
400 m

Wanderung 10: Von Dalyan zur Ekincik-Bucht

Charakteristik: Die einfach zu gehende Streckenwanderung führt von Dalyan vorbei am antiken Kaunos und durch das Dorf Çandır in die Bucht von Ekincik. Es geht durch schattige, grüne Nadelwälder mit Blick auf das tiefblaue Meer. Der größte Teil der Strecke verläuft auf schmalen Pfaden. **Länge/Dauer**: 11 km, ca. 3:30 Std., jeweils einfach. **Markierung**: Der Weg folgt in weiten Teilen dem rotweiß markierten, erst 2013 eröffneten Fernwanderweg *Karia Yolu*, der die Südägäis erschließt. **Einkehr**: unterwegs keine Einkehrmöglichkeit. **Rückweg**: Wer nicht auf demselben Weg, den er gekommen ist, von der Ekincik-Bucht zurückmarschieren möchte, gelangt auf dem Landweg nur per Taxi (teuer, ca. 65 €!) oder Dolmuş (mit Umsteigen in Köyceğiz und Ortaca) zurück nach Dalyan (→ Verbindungen Ekincik-Bucht, S. 218, lassen Sie sich vor Antritt der Wanderung die angegebenen Abfahrtszeiten für die Ekincik-Bucht von der Tourist Information in Dalyan oder Köyceğiz bestätigen). Alternativ bietet sich eine Bootsfahrt entlang der Küste und durch das Delta zurück nach Dalyan an. Eine solche wäre an sich der krönende Abschluss der Tour, doch v. a. in der Nebensaison kann diese Variante ebenfalls mächtig zu Buche schlagen. Es ist nämlich möglich, dass man mangels Masse ein Boot für sich allein chartern muss, und das kostet mindestens 85 € (in der Hauptsaison kommen gewöhnlich mehr Leute zusammen oder man kann auf ein ohnehin fahrendes Boot aufspringen, sodass nur ca. 15 €/Pers. fällig werden). Um unliebsamen Überraschungen vorzubeugen, vorher bei einem Reisebüro in Dalyan erkundigen, wann eine organisierte Bootstour in die Bucht angeboten wird und ob die Möglichkeit besteht, mit zurückgenommen zu werden. Eine entsprechende Auskunft kann man auch bei der Bootskooperative Ekinciks einholen (✆ 0252/2660192).

Wegbeschreibung: Bevor die Wanderung als solche beginnt, muss man in **Dalyan** erst den Fluss überqueren; **Ruderboote** setzen auf Höhe des Hotels Caria über (ca. 200 m flussabwärts vom Kai der Ausflugsboote, 1,70 €/Pers.). Auf der anderen Flussseite folgt man dem gepflasterten Weg, der an ein paar einfachen Cafés vorbeiführt. Rechter Hand liegt ein Friedhof, darüber erheben sich die imposanten **Felsengräber**. Der Weg verläuft relativ eben, passiert ein paar Felder und schwenkt schließlich nach rechts bergauf, dabei passiert man die beiden Eingänge des antiken **Kaunos**. Beim unteren Eingang wurde ein Wanderhinweisschild des *Karia Yolu* („Ekincik 10 km") aufgestellt. Wer auf eine Besichtigung der Ruinen verzichtet, wandert einfach rechts des umzäunten Ausgrabungsgeländes weiter; der Pflasterweg (links bald herrliche Aussichten auf das Delta und den İztuzu-Strand) führt direkt in das Bauerndorf **Çandır**.

In Çandır geht es links an der **Moschee** des Ortes vorbei. Kurz darauf steigt das Sträßlein in Serpentinen an. In der dritten Rechtskurve (rechter Hand eine Natursteinmauer) verlässt man die Straße und geht geradeaus auf einem Schotterweg weiter. Von diesem zweigt man nach ca. 200 m (erste Möglichkeit) nach rechts auf einen bergauf führenden Waldweg ab (linker Hand zu Beginn eine rot-weiße Markierung). Etwa 100 m später hält man sich vor einem Strommast (der erste, der vor Ihnen auftaucht) links. Nun beginnt der schönste Teil der Wanderung – auf alten Pfaden und Wegen über den Hügel **Dikmen Tepe** (200 m) bis in die Ekincik-Bucht.

Beim Aufstieg zum Dikmen Tepe (ca. 0:15 Std. nach oben erwähntem Strommast) stößt der Pfad auf einen breiteren Waldweg. Hier hält man sich rechts und folgt dem rot-weiß markierten Waldweg leicht bergauf. Keine 5 Min. später mündet der Waldweg in einen weiteren. Hier halten Sie sich erneut rechts. Keine 10 m weiter müssen Sie jedoch nach links auf einen Pfad, der fast im 180-Grad-Winkel abgeht, in den Wald abbiegen (Markierung an einem Stein).

Bald darauf, am nahezu höchsten Punkt des Dikmen Tepe, trifft Ihr Pfad auf eine Wegkreuzung: hier geht es geradeaus – nun auf einem Schotterweg – weiter. Dabei passiert man einen linker Hand gelegenen, kleinen, alten **Friedhof**. Ca. 150 m hinter dem Friedhof schwenkt der Schotterweg nach rechts bergauf ab. Hier müssen Sie auf einen Pfad nach links abbiegen, der sich bald darauf für kurze Zeit verbreitert. Die Küste liegt zu Ihrer Linken. Evtl. müssen Sie etwas Abstand zu hier aufgestellten Bienenkästen halten – Vorsicht!

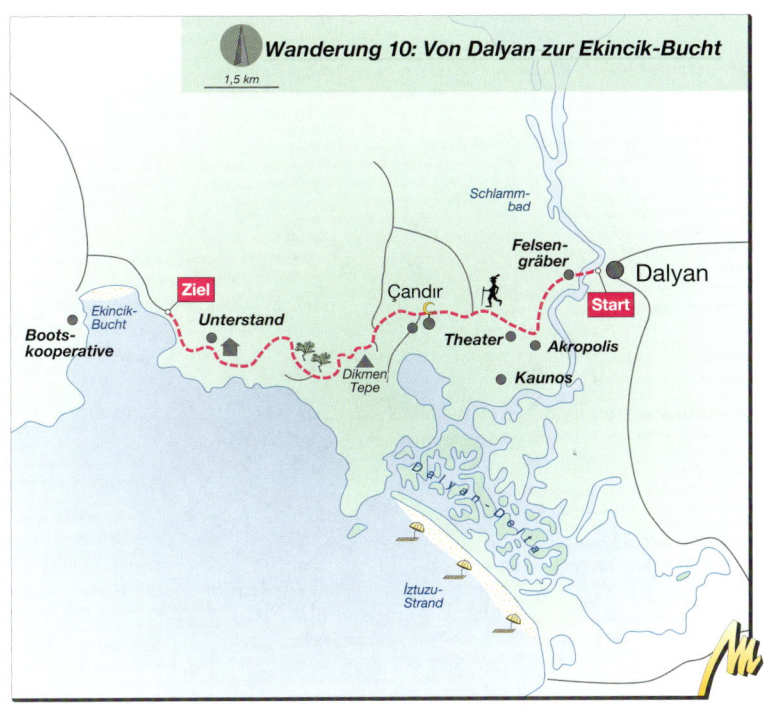

Wanderung 10: Von Dalyan zur Ekincik-Bucht

1,5 km

Schlamm-bad

Felsen-gräber

Ziel

Çandır

Start Dalyan

Ekincik-Bucht

Unterstand

Boots-kooperative

Theater Akropolis

Dikmen Tepe

Kaunos

Dalyan-Delta

İztuzu-Strand

Wenn Sie ein kleines **Häuschen** passieren, liegen noch ungefähr 1:30 Wegstunden vor Ihnen. Ca. 2 Min. hinter dem Häuschen bzw. bei einem rechter Hand gelegenen verfallenen Unterstand fordert Sie eine Markierung auf, nach links bergab abzubiegen. 3 Min. später – folgen Sie den Markierungen – stoßen Sie auf einen kreuzenden Waldweg, hier halten Sie sich links bergab (Achtung: Infolge von Forstarbeiten waren auf diesem Wegabschnitt z. Z. d. letzten Recherche die Markierungen verschwunden)! Folgen Sie diesem Waldweg nur für ca. 2 Min. und halten Sie dann linker Hand nach einem bergab führenden, markierten Pfad Ausschau. (Vielleicht müssen Sie den Einstieg in den Pfad auch suchen: Bei unserer letzten Begehung war er durch entwurzelte Bäume verdeckt.)

Dieser Pfad wiederum bringt Sie in 3 Min. auf die andere Hangseite und damit zu einem Waldweg, dem man für ca. 150 m leicht bergab folgt (nicht nach rechts bergauf gehen!). Dann stößt der Waldweg auf einen breiteren Forstweg, dem man nun rechts bergauf folgt. Nach ca. 7 Min. auf dem breiten Forstweg (die geschotterte Rechtsabzweigung unterwegs bleibt unbeachtet) taucht linker Hand an einem Felsen eine weiß-rote Markierung plus Pfeil auf, die man falsch interpretieren kann. Achtung! Hier geht es links ab auf einen Pfad, der anfangs etwas unterhalb des Forstweges verläuft und wieder bestens markiert ist. Der Pfad endet schließlich an einer Schotterstraße, wo Sie sich rechts halten, also gen Westen, und so nach ca. 0:20 Std. in die **Bucht von Ekincik** gelangen.

Kleiner Sprachführer

Die türkische Schrift verwendet lateinische Buchstaben. Allerdings existieren einige Buchstaben, die es entweder im deutschen Alphabet gar nicht gibt oder die anders als bei uns ausgesprochen werden.

Aussprache

c dsch;

ç tsch;

ğ längt den vorstehenden dunklen Vokal und wird nicht ausgesprochen;

h zwischen zwei Vokalen wie h, sonst wie ch;

ı ein i ohne Punkt wird als nichtbetontes e ausgesprochen (groß: I, dagegen großes i: İ);

j sch (stimmhaft);

s s (stimmlos);

ş sch (stimmlos);

v w;

z s (stimmhaft).

Die türkische Rechtschreibung gibt im allgemeinen den Wortklang wieder; der geschriebene Text ist daher leicht auszusprechen. Die Grammatik ist äußerst logisch aufgebaut, aber von denjenigen der indoeuropäischen Sprachen grundverschieden. Kennzeichen der ural-altaischen Sprachgruppe, zu der neben Finnisch, Ungarisch und Mongolisch auch das Türkische gehört, ist das agglutinierende (=anfügende) Prinzip. Die grammatischen Beziehungen, die ein Wort eingeht, werden durch Anfügung von Suffixen (Nachsilben) an den stets unveränderlichen Wortstamm ausgedrückt. Diese Suffixe unterliegen zudem in den meisten Fällen einer so genannten Vokalharmonie, d. h. ihr Vokal passt sich der Lautfarbe der vorhergehenden Silbe an. Als dunkel gelten die Vokale a, ı, o, u, als hell die Vokale e, i ö, ü.

Beispiele für Suffixe (Nachsilben)

Wortstamm + Plural-Nachsilbe „-ler/-lar" + Possessiv-Nachsilbe

1. Person Singular „ - (i/ı/u/ü)m"

kitap – *Buch*

kitaplar – *Bücher*

kitaplarım – *meine Bücher*

Ortsfälle

Auf die Frage „wo?" („nerede?") antwortet die Nachsilbe „-de/-da".

Auf die Frage „wohin?" („nereye?") antwortet die Nachsilbe „-e/-a".

Auf die Frage „woher?" („nereden?") antwortet die Nachsilbe „-den/-dan". Also:

in İstanbul	İstanbul'da	*in das Hotel*	otele
im Hotel	otelde	*von İstanbul*	İstanbul'dan
nach İstanbul	İstanbul'a	aus dem Hotel	otelden

„mit" wird mit der Nachsilbe „-li/-lı/-lu/-lü", „ohne" mit der Nachsilbe „-siz/-sız/-suz/-süz" ausgedrückt. Also:

şeker	*Zucker*	iş	*Arbeit*
şekerli	*mit Zucker*	işsiz	*arbeitslos (ohne Arbeit)*

Allgemeine Redewendungen

Danke	teşekkürler/mersi	*Gut*	iyi
Herzlich willkommen	hoş geldiniz	*Schlecht*	fena
Antwort	hoş bulduk	*Schön*	güzel
Guten Tag	merhaba	*Groß*	büyük
Auf Wiedersehen	allaha ısmarladık; sagt der Weggehende	*Bitte*	lütfen
		Wie bitte?	efendim?
	güle güle, sagt der Bleibende	*Verzeihung*	pardon (wenn man jemandem auf den Fuß getreten ist)
Guten Morgen	günaydın		
Guten Abend	iyi akşamlar	*Verzeihen Sie (Einleitung vor einer Bitte)*	affedersiniz
Gute Nacht	iyi geceler		
Alles Gute	bol şans	*Wie geht es Ihnen?*	Nasılsınız?
Selbstverständlich	tabii	*Sehr gut*	çok iyiyim
In Ordnung, o.k.	tamam	*Klein*	küçük
Nein, danke	hayır, teşekkür ederim!	*Wie heißt das auf Türkisch?*	Bunun Türkçesi ne?
Vielleicht	belki	*Sprechen Sie Deutsch (Englisch)?*	Almanca (İngilizce) bilir misiniz?
Ja	evet		
Ja, es gibt	var		
Nein	hayır	*Ich habe nicht verstanden*	anlamadım
Nein, es gibt nicht	yok	*Wieviel Lira?*	kaç lira?
Gibt es ...?	... var mı?	*Ich möchte ...*	istiyorum

Zahlen

0 = sıfır, 1/2 = yarım (isoliert), buçuk (z. B. in 1 1/2 etc.)

1 = bir	11 = on bir	101 = yüz bir
2 = iki	20 = yirmi	200 = iki yüz
3 = üç	30 = otuz	300 = üç yüz
4 = dört	40 = kırk	1000 = bin
5 = beş	50 = elli	2000 = iki bin
6 = altı	60 = altmış	10.000 = on bin
7 = yedi	70 = yetmiş	100.000 = yüz bin
8 = sekiz	80 = seksen	500.000 = Beş yüz bin
9 = dokuz	90 = doksan	1.000.000 = Bir milyon
10 = on	100 = yüz	

Allgemeine Zeitbegriffe

Gestern	dün	Woche	hafta
Heute	bugün	Monat	ay
Morgen	yarın	Jahr	sene, yıl
Tag	gün		

Auf der Reise

Flughafen	havaalanı/ havalimanı	Meer	deniz
		Ein gutes Hotel	iyi bir otel
Hafen	liman	Platz	meydan
Stadtzentrum	şehir merkezi	Straße	cadde
Touristeninformation	turizm bürosu/turizm danışması	Straße, Gasse	sokak
		Wo?	nerede?
		Wohin?	nereye?

Fragen nach dem Weg

Wo ist ein/ der Bahnhof	nerede gar/? tren istasyonu?	Links	sol
		Rechts	sağ
Busbahnhof	otogar/ terminal/garaj	Geradeaus	doğru
		Zurück	geri
Billiges Hotel	ucuz bir otel	Hier	burada
Polizeistation	karakol/polis	Dort	orada
Postamt	postane	Nächste(r), örtl.	en yakın
Bank	banka	Ist es weit?	uzak mı?
Türk. Bad	hamam	Straße, Weg	yol
Toilette	tuvalet		

Eisenbahn / Busse / Taxi

Bahnhof	gar, tren istasyon	Abfahrt	hareket, kalkış
Zug	tren	Ankunft	varış
Liegewagen	kuşet	Fahrkarte	bilet
Schaffner	biletçi	Fahrplan	tarife
Busbahnhof	otogar/terminal/garaj	Haltestelle	durak
Bus	otobüs	Schalter	gişe
Gepäck	bagaj	Sammeltaxi	dolmuş
Bahnsteig	peron	Taxi	taksi

Flug / Schiffe

Flughafen	havaalanı/havalimanı	Fähre	feribot
Flug	uçuş	Anlegestelle	iskele
Flugzeug	uçak	kleines Ruder-/ Segelboot	kayık
Schiff	gemi		

Für Autofahrer

Ich möchte 15 Liter Super	15 litre süper istiyorum	Führerschein	ehliyet
Wo ist eine Werkstatt?	tamirhane nerede?	Tankstelle	benzin istasyonu/ benzinci/benzinhane
Wieviel kostet es?	ne kadar/ kaç para?	Panne	arıza

Allgemein

Benzin	Benzin	Reparaturwerkstatt	tamirhane/ tamirci
Diesel	motorin/dizel		
Motoröl	motör yağı	Es funktioniert nicht	çalışmıyor
Ölen	yağlamak	... tropft/läuft aus	... damlıyor
Unfall	kaza		

Fahrzeugteile

Anlasser	marş	Lichtmaschine	şarj dinamosu
Autobatterie	akü	Motor	motör
Blinker	sinyal	Reifen	lastik
Bremsen	frenler	Vergaser	karbüratör
Bremslichter	stop lambaları	Zündkerzen	bujiler
Getriebe	şanjman	Leerlauf	boş vites
Kühler	radyatör	Gang einlegen	vitese takmak
Kupplung	debreyaj	Rückwärtsgang	geri vites

Übernachten

Gibt es heißes Wasser?	Sıcak su var mı?	Zwei Personen	iki kişi
		Ein Doppelzimmer	iki kişilik oda
Wieviel kostet es?	Ne kadar?	Vollpension	tam pansiyon
Ein Zimmer	bir oda	Halbpension	yarım pansiyon

Im Hotel

Ein Zimmer mit Bad	banyolu bir oda	Rechnung	hesap
		Frühstück	kahvaltı
Ein Zimmer mit Dusche	duşlu bir oda	Butter	tereyağı
		Kaffee	kahve
Sehr teuer	çok pahalı	Tee	çay
Billiger	daha ucuz	Milch	süt
Einverstanden	tamam	Zucker	şeker

Camping

Campingplatz	kamp yeri	Platz	yer
Zelt	çadır	schattig	gölgeli
Dusche	duş	Küche	mutfak

Einkäufe

Wieviel kostet das?	Bu ne kadar?	Kupfer	bakır
Das ist sehr teuer!	Çok pahalı!	Laden, Geschäft	dükkân
Buch	kitap	Geld	para
Teppich	halı	Kleingeld	para
Messing	pirinç	Türkische Lira	lira
Gold	altın	Dollar	dolar
Silber	gümüş	Straßenkarte	yol haritası
Leder	deri	Stadtplan	şehir planı

Kugelschreiber	kalem	*Ein Päckchen*	bir paket
Feuerzeug	çakmak	*Zigaretten mit Filter*	filtreli sigara
Streichhölzer	kibrit	*Zigaretten ohne Filter*	filtresiz sigara

Geschäfte

Markt	pazar	*Buchhandlung*	kitapçı
Basar	çarşı	*Lebensmittelgeschäft*	bakkal
Apotheke	eczane	*Reisebüro*	seyahat acentası

Auf der Post

offen	açık	*Postkarte*	kartpostal
geschlossen	kapalı	*Brief*	mektup
Eilpost	kapalı	*Briefmarke*	pul
Zoll	gümrük	*Luftpost*	uçakla
Telefonmünze	jeton		

Gesundheit

Arzt	doktor	*Zahn*	diş
Krankenhaus	hastane	*Hals*	boğaz
Kohletabletten	karbon tableti	*Brust*	göğüs
Schmerztabletten	ağrı hapı	*Magen*	mide
Schmerzen	ağrılar	*Herz*	kalp
Kopf	baş	*Leber*	karaciğer
Auge	göz	*Nieren*	böbrekler
Ohr	kulak	*Insektenstich*	böcek sokması

Im Restaurant

Frühstück	kahvaltı	*Eis (nur Kühleis!)*	buz
Mittagessen	öğle yemeği	*Fleisch*	et
Abendessen	akşam yemeği	*Hammelfleisch*	koyun eti
Portion	porsyon	*Lammfleisch*	kuzu eti
Gabel	çatal	*Rindfleisch*	sığır eti
Messer	bıçak	*Kalbfleisch*	dana eti
Löffel	kaşık	*Huhn*	piliç
Teller	tabak	*Fisch*	balık
Glas	bardak	*Rechnung, bitte*	hesap, lütfen
Brot	ekmek	*Bedienungsgeld*	servis ücreti
Wasser	su	*Trinkgeld*	bahşiş
Mineralwasser	madensuyu		

Kleines Speiselexikon

Vorspeisen („mezeler")

Arnavut ciğeri	gebratene Leberstückchen mit Zwiebeln
Beyaz peynir	Schafskäse
Börek	Blätterteigpastete
Çerkes tavuğu	Hühnerfleisch in Sauce aus Walnüssen
Kabak dolması	gefüllter Kürbis
Midye dolması	gefüllte Miesmuscheln
Patlıcan salatası	Auberginenpüree
Yaprak dolması	gefüllte Weinblätter
Beyin	Hirn

Suppen („çorbalar")

Düğün çorbası	Suppe mit Hammel-Ei und Zitrone
Haşlama	Brühe mit Hammelfleisch
İşkembe çorbası	Kuttelsuppe
Yayla çorbası	Suppe mit Joghurt

Fleischgerichte („etli yemekler")

Bonfile	Beefsteak
Döner kebap	Hammelfleisch vom Drehspieß
Kuzu dolması	mit Reis gefülltes Lammfleisch
Pirzola	Lammkotelett
Şiş kebap	gegrillte Lammstücke
Şiş köfte	gegrillte Hackfleischbällchen
Çiğ köfte	scharfgewürzte Fleischbällchen aus rohem Hack
Lahmacun	Hackfleisch auf Fladenbrot („türkische Pizza")
Güveç	Fleisch-/Gemüseeintopf
Tas kebap	Lammfleisch-Eintopf
Tavuk	Suppenhuhn

Reisgerichte („pilav")

İç pilav	Reis mit Leber Reis mit Auberginen
Bulgur pilavı	Weizengrütze
Patlıcanlı pilav	Reis mit Auberginen

Kalte Gemüsegerichte in Olivenöl („zeytinyağlılar")

İmam bayıldı	gefüllte Auberginen in Olivenöl
Kabak kızartması	gebratene Zucchinischeiben
Patlıcan kızartması	frittierte Auberginenscheiben
Zeytinyağlı fasulye	grüne Bohnen in Olivenöl

Fisch („balık")

Alabalık	Forelle
Barbunya	rote Barbe
Dil balığı	Seezunge
Hamsi	Schwarzmeersardinen
Karides	Garnele
Kılıç	Schwertfisch
Levrek	Seebarsch
Midye	Miesmuscheln
Tekir	Rote Meerbarbe
Palamut	kleiner Thunfisch, Bonito
Pisi	Scholle
Uskumru	Makrele
Yengeç	Krebs

Beilagen

Bezelye	Erbsen
Salatalık	Gurke
Ispanak	Spinat
Karnıbahar	Blumenkohl
Lahana	Kohl

Patates	Kartoffeln
Soğan	Zwiebeln
Beyaz peynir	Schafskäse
Kaşar	mildgelber Käse
Sarımsak	Knoblauch
Karabiber	Pfeffer
Tuz	Salz
Zeytin	Oliven

Zubereitungsarten

Buğulama	gedämpft
Ezme	Püree
Fırın	im Ofen gebacken
Haşlama	gekocht
Izgara	auf Holzkohlen gegrillt
Tava	in der Pfanne
Pişkin	durchgegart
Soslu	mit Sauce
Yoğurtlu	mit Jogurt
Yumurtalı	mit Ei

Salate („salatalar")

Cacık	Joghurt mit Gurken und Knoblauch
Çoban salatası	gemischter Salat mit Tomaten, Gurken, Zwiebeln
Patlıcan salatası	Auberginensalat
Piyaz	Salat aus weißen Bohnen
Domates salatası	Tomatensalat

Nachspeisen („tatlılar")

Baklava	mit Walnüssen oder Pistazien gefülltes Blätterteiggebäck
Helva	türkischer Honig, Helwa
Tel kadayıf	gebackene Teigfäden mit Walnüssen oder Pistazien gefüllt und in Sirup getränkt
Aşure	Pudding aus Weizengrütze mit Walnüssen und Rosinen

Muhallebi	Pudding aus Reismehl und Rosenwasser
Sütlaç	Milchreis
Dondurma	Speiseeis

Obst („meyve")

Armut	Birne
Elma	Apfel
Erik	Pflaume
İncir	Feige
Karpuz	Wassermelone
Kavun	Honigmelone
Kayısı	Aprikose
Kiraz	Kirsche
Muz	Banane
Nar	Granatapfel
Portakal	Orange
Şeftali	Pfirsich
Üzüm	Weintrauben

Getränke

Ayran	Joghurtgetränk
Madensuyu	Mineralwasser
Su	Wasser
Meyve suyu	Fruchtsaft
Elma suyu	Apfelsaft
Portakal suyu	Orangensaft
Şeftali suyu	Pfirsichsaft
Limonata	Limonade
Süt	Milch
Çay	schwarzer Tee
Adaçayı	Salbeitee
Kahve	Kaffee, Mokka
Şekerli	süß
Az şekerli	schwach gesüßt
Bira	Bier
Şarap	Wein
Beyaz	weiß
Kırmızı	rot
Rakı	Anisschnaps

Strand von Kaputaş

Abruzzen • Ägypten • Algarve • Allgäu • Allgäuer Alpen • Altmühltal & Fränk. Seenland • Amsterdam • Andalusien • Andalusien • Apulien • Athen & Attika • Australien – der Osten • Azoren • Bali & Lombok • Baltische Länder • Bamberg • Barcelona • Bayerischer Wald • Bayerischer Wald • Berlin • Berlin & Umgebung • Bodensee • Bretagne • Brüssel • Budapest • Bulgarien – Schwarzmeerküste • Chalkidiki • Chiemgauer Alpen • Cilento • Cornwall & Devon • Dresden • Dublin • Comer See • Costa Brava • Costa de la Luz • Côte d'Azur • Cuba • Dolomiten – Südtirol Ost • Dominikanische Republik • Ecuador • Eifel • Elba • Elsass • Elsass • England • Fehmarn • Franken • Fränkische Schweiz • Fränkische Schweiz • Friaul-Julisch Venetien • Gardasee • Gardasee • Genferseeregion • Golf von Neapel • Gomera • Gomera • Gran Canaria • Graubünden • Griechenland • Griechische Inseln • Hamburg • Harz • Haute-Provence • Havanna • Ibiza • Irland • Island • Istanbul • Istrien • Italien • Italienische Adriaküste • Kalabrien & Basilikata • Kanada – Atlantische Provinzen • Kanada – der Westen • Karpathos • Kärnten • Katalonien • Kefalonia & Ithaka • Köln • Kopenhagen • Korfu • Korsika • Korsika Fernwanderwege • Korsika • Kos • Krakau • Kreta • Kreta • Kroatische Inseln & Küstenstädte • Kykladen • Lago Maggiore • La Palma • La Palma • Languedoc-Roussillon • Lanzarote • Lesbos • Ligurien – Italienische Riviera, Genua, Cinque Terre • Ligurien & Cinque Terre • Liparische Inseln • Lissabon & Umgebung • Lissabon • London • Lübeck • Madeira • Madeira • Madrid • Mainfranken • Mainz • Mallorca • Mallorca • Malta, Gozo, Comino • Marken • Mecklenburgische Seenplatte • Mecklenburg-Vorpommern • Menorca • Midi-Pyrénées • Mittel- und Süddalmatien • Mittelitalien • Montenegro • Moskau • München • Münchner Ausflugsberge • Naxos • Neuseeland • New York • Niederlande • Niltal • Norddalmatien • Norderney • Nord- u. Mittelengland • Nord- u. Mittelgriechenland • Nordkroatien – Zagreb & Kvarner Bucht • Nördliche Sporaden – Skiathos, Skopelos, Alonnisos, Skyros • Nordportugal • Nordspanien • Normandie • Norwegen • Nürnberg, Fürth, Erlangen • Oberbayerische Seen • Oberitalien • Oberitalienische Seen • Odenwald • Ostfriesland & Ostfriesische Inseln • Ostseeküste – Mecklenburg-Vorpommern • Ostseeküste – von Lübeck bis Kiel • Östliche Allgäuer Alpen • Paris • Peloponnes • Pfalz • Pfälzer Wald • Piemont & Aostatal • Piemont • Polnische Ostseeküste • Portugal • Prag • Provence & Côte d'Azur • Provence • Rhodos • Rom & Latium • Rom • Rügen, Stralsund, Hiddensee • Rumänien • Rund um Meran • Sächsische Schweiz • Salzburg & Salzkammergut • Samos • Santorini • Sardinien • Sardinien • Schleswig-Holstein – Nordseeküste • Schottland • Schwarzwald Mitte/Nord • Schwarzwald Süd • Schwäbische Alb • Shanghai • Sinai & Rotes Meer • Sizilien • Sizilien • Slowakei • Slowenien • Spanien • Span. Jakobsweg • St. Petersburg • Steiermark • Südböhmen • Südengland • Südfrankreich • Südmarokko • Südnorwegen • Südschwarzwald • Südschweden • Südtirol • Südtoscana • Südwestfrankreich • Sylt • Teneriffa • Teneriffa • Tessin • Thassos & Samothraki • Toscana • Toscana • Tschechien • Tunesien • Türkei • Türkei – Lykische Küste • Türkei – Mittelmeerküste • Türkei – Südägäis • Türkische Riviera – Kappadokien • Umbrien • Usedom • Venedig • Venetien • Wachau, Wald- u. Weinviertel • Westböhmen & Bäderdreieck • Wales • Warschau • Westliche Allgäuer Alpen und Kleinwalsertal • Westungarn, Budapest, Pécs, Plattensee • Wien • Zakynthos • Zentrale Allgäuer Alpen • Zypern

Reisehandbuch   MM-City   MM-Wandern

Register

ISBN 978-3-89953-860-1

© Copyright Michael Müller Verlag GmbH, Erlangen 1999, 2002, 2005, 2008, 2011, 2014. Alle Rechte vorbehalten. Alle Angaben ohne Gewähr. Druck: Wilhelm & Adam, Heusenstamm.

Unverbesserlich aktiv

Die Wanderführer aus dem Michael Müller Verlag

- für Familien, Einsteiger und Fortgeschrittene
- ausklappbare Übersichtskarte für die Anfahrt
- genaue Weg-Zeit-Höhen-Diagramme
- GPS-kartierte Touren (inkl. Download-Option für GPS-Tracks)
- Ausschnittswanderkarten mit Wegpunkten
- Konkretes zu Wetter, Ausrüstung und Einkehr

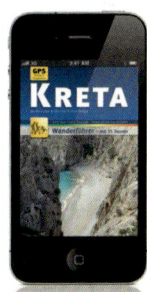

Übrigens: Unsere Wanderführer gibt es auch als App für iPhone™, WindowsPhone™ und Android™

- Allgäuer Alpen
- Andalusien
- Bayerischer Wald
- Chiemgauer Alpen
- Eifel
- Elsass
- Gardasee
- Gomera
- Korsika
- Korsika Fernwanderwege

- Kreta
- La Palma
- Ligurien
- Madeira
- Mallorca
- Münchner Ausflugsberge
- Östliche Allgäuer Alpen
- Pfälzerwald
- Piemont
- Provence
- Rund um Meran

- Sächsische Schweiz
- Sardinien
- Schwarzwald Mitte/Nord
- Schwarzwald Süd
- Sizilien
- Spanischer Jakobsweg
- Teneriffa
- Toscana
- Westliche Allgäuer Alpen
- Zentrale Allgäuer Alpen